Dr. Klaus Maurer
(natürliche Person gemäß §1 des staatlichen BGB)

Die "BRD" - GmbH

oder
zur völkerrechtlichen Situation in Deutschland
und den sich daraus ergebenden
Chancen für ein neues Deutschland

Zweite Auflage
(komplett überarbeitet und umfassend ergänzt)
August 2013

Die "BRD"-GmbH – <u>Zweite</u> Auflage August 2013
　　　　　　　(komplett überarbeitet und umfassend ergänzt)

von Dr. Klaus Maurer

Copyright ©　　Sunflower-Verlag 2013
　　　　　　　Inh. Dr. Klaus Maurer
　　　　　　　sunflower-verlag-dr-klaus-maurer@gmx.net

ISBN:　　978-3-00-044022-9

Printed in the German Empire

Meinen Kindern
Jonathan, Antonia und Raphael

verbunden

– *mit dem Wunsch, daß es Ihnen dereinst vergönnt sein möge, in rechtsstaatlichen Verhältnissen zu leben,*

– *mit dem Versprechen, hierfür das Menschenmögliche zu tun.*

August 2013

Vorwort
(zur zweiten Auflage)

Die große Nachfrage und der damit verbundene Erfolg der ersten Auflage der vorliegenden Abhandlung, wie auch die raschen Erweiterungen des Kenntnisstandes zur allgemeinen rechtlichen Situation in Deutschland machten es erforderlich, umfassende Ergänzungen und Aktualisierungen vorzunehmen.
Aus diesem Grunde war die Erstellung einer zweiten Auflage innerhalb weniger als achtzehn Monaten nach Erscheinen der ersten Auflage des Buches "Die "BRD"-GmbH" sinnvoll und notwendig geworden.

Viele Menschen wissen bereits, daß die "BRD" nach geltendem Völkerrecht kein Staat ist, sondern lediglich eine Kolonialverwaltung der Besatzungsmächte. Als Solche ist sie reines Handelsrecht, also eine Firma.
Auch ist inzwischen vielen bekannt, daß die westlichen Besatzungsmächte im "BRD"-System nichts dem Zufall überlassen, daß das Besatzungsrecht nach wie vor in vollem Umfang in Kraft ist, und zwar als voll wirksames Bundesrecht. Viele wissen bereits, daß die westlichen Besatzungsmächte in den Jahren 2006 bis 2010 umfassende Gesetzesverfügungen für das "BRD"-System getroffen haben, ohne daß der sogenannte "BUNDESTAG" hierbei etwas zu entscheiden gehabt hätte.
Auch ist vielen Menschen bewußt, daß mindestens 75.000 US-amerikanische Besatzungstruppen im Lande sind und die Kosten der Besatzung auch heute noch durch das "BRD"-System gezahlt werden. Viele Menschen wissen neuerdings, daß es für Deutschland keinen Friedensvertrag gibt und deshalb die Hauptsiegermacht des Zweiten Weltkrieges, insbesondere der Präsident der U.S.A. aufgrund des nach wie vor bestehenden Kriegszustandes in der Welt praktisch machen kann, was er will.

Auch die Lügenhaftigkeit und die bestehende Gleichschaltung der "BRD"-Massenmedien können inzwischen sehr viele Menschen durchschauen, auch und gerade im "BRD"-Mittelbau, wo sich viele Menschen Gedanken machen, wessen Interessen sie tatsächlich vertreten und wofür sie mißbraucht werden.

Dennoch dürfte für viele Menschen neu sein, daß die "BRD" zwar nicht Rechtsnachfolger des Deutschen Reiches, jedoch Rechtsnachfolger des "Dritten Reiches" ist, wie der Internationale Gerichtshof in den Haag festgestellt hat.
Für viele wird auch neu sein, daß juristisch betrachtet die "BRD" die Fortsetzung des Dritten Reiches ist. Die Anwendung nationalsozialistischer Gesetze im "BRD"-System ist einerseits alltäglich, gleichzeitig ist sie jedoch Rechtsbruch. Die "BRD" besteht und handelt somit nur noch auf der Basis von permanentem Rechtsbruch. Würde sie sich an ihre eigenen Regeln halten, wäre sie augenblicklich nicht mehr handlungsfähig.

Die Erweiterungen des Kenntnisstandes der vergangenen Monate beziehen sich darüber hinaus auf die Fragen zu den völkerrechtlich und staatsrechtlich rechtsgültigen Verfassungen auf deutschem Boden und den sich hieraus ergebenden Konsequenzen für die Reorganisation der entsprechenden legitimen staatlichen Körperschaften.
Insbesondere wird in der vorliegenden Ausgabe der aktuelle Kenntnisstand in der bestehenden Rechtsstaatlichkeitsbewegung dargelegt, vor allem, welche die legitimen Körperschaften auf deutschem Boden überhaupt sind, und auf welche Weise deren Handlungsfähigkeit wieder hergestellt werden kann.

Dr. Klaus Maurer

August 2013

Abraham Lincoln

"Man kann einige Menschen alle Zeit, alle Menschen einige Zeit, aber nie alle Menschen alle Zeit zum Narren halten."

(Abraham Lincoln (1809 bis 1865); 16. Präsident der U.S.A.**)**

1.	**Einleitung**	8
2.	**Die fehlende Staatlichkeit der "BRD"**	9
2.1.	"BRD" ohne Staatsgewalt	9
2.2.	"BRD" ohne Staatsgebiet	19
2.3.	"BRD" ohne Staatsvolk	22
2.4.	"BRD" ohne Verfassung	26
2.5.	Schlußfolgerungen	29
3.	**Unsere wirkliche Staatsangehörigkeit**	29
3.1.	Abgrenzung Deutsches Reich gegenüber dem sogen. "Dritten Reich"	29
3.2.	Der Fortbestand des Deutschen Reiches	30
3.3.	Das Territorium des Deutschen Reiches	33
3.4.	Die Angehörigen des Deutschen Reiches	35
3.5.	Schlußfolgerungen	36
4.	**Nebenaspekte der Ereignisse von 1990**	36
4.1.	Der sogenannte "2+4-Vertrag" und das Fehlen einer Friedensregelung	37
4.2.	Der sogenannte "Einigungsvertrag" von 1990	41
4.3.	Der sogenannte "Überleitungsvertrag von Berlin" von 1990	43
4.4.	Der frühere und gegenwärtige rechtliche Status von Berlin	43
4.5.	Der gegenwärtige rechtliche Status von Mitteldeutschland	46
4.6.	Die Lügen der Präambel des "Grundgesetzes"	46
4.7.	Der neue Artikel 146 des "Grundgesetzes"	47
5.	**Konsequenzen des Fehlens einer Friedensregelung**	48
6.	**Die internationalen Zusammenhänge der Deutschen Frage**	55
7.	**Die Gesetzesverfügungen der Besatzungsmächte von 2006 bis 2010**	60
8.	**Der Firmencharakter der "BRD" und die Konsequenzen**	62
8.1.	Der rechtliche Trick zur Versklavung	69
8.2.	Das Fehlen von Hoheitszeichen	71
8.3.	Ungültigkeit von "BRD"-Pässen und Ausweisen	73
8.4.	Rechtliche Situation von "BRD"-Bediensteten und der "Bundes"-"Regierung" gegenüber dem Ausland	75
8.5.	Fehlende Staatlichkeit von Zustellungen	76
8.6.	Rechtliche Situation von "Polizisten" im "BRD"-System	76
8.7.	Rechtliche Situation der Firma "BUNDESWEHR"	79
8.8.	Rechtliche Situation von Akteuren des "BRD"-"Rechtssystems"	81
8.8.1.	Rechtliche Situation von "BRD"-"Richtern" und "Gerichten"	81
8.8.2.	Rechtliche Situation von "BRD"-"Staatsanwälten"	85
8.8.3.	Rechtliche Situation von "BRD"-"Rechtsanwälten"	86
8.8.4.	Rechtliche Situation von "BRD"-"Gerichtsvollziehern"	86
8.9.	Schlußbemerkungen	87
9.	**Die wahre Rechtsnachfolge durch das "BRD"-System**	89
10.	**Einige Worte zum Finanzsystem**	96
10.1.	Entstehung und gegenwärtige Struktur	97
10.2.	Betrugscharakter	98
10.3.	Komplizenschaft von Politikern	101
10.4.	Zusammenhänge zu Krieg und Verbrechen	103
10.5.	Die gegenwärtige "Krise"	108
10.6.	Kuriositäten	109
10.7.	Schlußfolgerungen	111
11.	**Die Rolle der Schulen, Medien und Geheimdienste**	111
12.	**Die Lügenmatrix – Nur die Spitze des Eisberges**	119
12.1.	1949 bis heute: Die Lüge von der Staatlichkeit der "BRD"	119
12.2.	2013: Die Lüge von den Chemiewaffen in Syrien	120
12.3.	2003: Die Lügen von den Massenvernichtungswaffen im Irak	121
12.4.	2001: Die Lüge vom "11. September"	123
12.5.	1999: Die Lügen vor dem Jugoslawienkrieg	124
12.6.	1990: Die Lügen vor dem ersten Golfkrieg	125
12.7.	1980: Die Lügen um den Anschlag auf den Bahnhof von Bologna	126
12.8.	1980: Die Lügen um das Oktoberfest- Attentat in München	127
12.9.	1977: Die Lügen um den Mord an Siegfriied Buback	127

12.10.	70er Jahre: Noch mehr Lügen um die sogenannte "RAF"	129
12.11.	seit 1990: Die Lügen über die Morde an Herrhausen, Rohwedder, Kennedy und der Rufmord an Christian Wulff	130
12.12.	1963: Die Lügen vor dem Vietnamkrieg	131
12.13.	1961: "Operation Northwoods"- Inszenierte Anschläge in den U.S.A.	131
12.14.	1943: Die Lüge von Katyn	132
12.15.	1945 bis heute: Die Lügen von der deutschen Kriegsschuld	133
12.16.	1945 bis heute: Die Lügen von den alliierten "Saubermännern"	134
12.17.	Schlußfolgerungen	135
13.	**Noch einige oft unterschlagene Wahrheiten**	135
13.1.	Das "BRD"-System und der Kaufmann/Morgenthau-Plan	135
13.2.	"Links" und "Rechts"	140
13.3.	Die gegenwärtigen Zustände in den U.S.A.	143
13.4.	Die Rothschild-Gesellschaft und das Deutsche Kaiserreich	150
14.	**Die frohe Kunde vom Deutschen Reich**	155
15.	**Gegenwärtig gültiger Rechtsstand in den Territorien des Reiches**	160
15.1.	**Der gültige Rechtsstand auf Reichsebene**	161
15.1.1.	Die Paulskirchenverfassung von 1848	161
15.1.2.	Der Verfassungsvertrag des Deutschen Reiches von 1871	162
15.1.3.	Die "Weimarer Verfassung" von 1919 und das Diktat von Versailles	162
15.1.4.	Das "Ermächtigungsgesetz" von 1933	165
15.1.5.	Die "Verfassungen" der "Länder" von 1945-1947	166
15.1.6.	Das "Bonner Grundgesetz" von 1949	166
15.1.7.	Die "Verfassung der DDR" ("Admiralspalastsverfassung") von 1949	167
15.1.8.	Die "Verfassung der DDR" von 1968	168
15.1.9.	Ergänzungen	168
15.1.10.	Schlußfolgerungen	169
15.2.	**Der gültige Rechtsstand auf Ebene der Einzelstaaten im Staatenbund**	172
15.2.1.	Königreich / Freistaat Preußen	174
15.2.2.	*Thüringische Staaten*	178
15.2.2.1.	Großherzogtum Sachsen Weimar Eisenach	178
15.2.2.2.	Herzogtum Sachsen-Coburg und Gotha	180
15.2.2.3.	Herzogtum Sachsen-Altenburg	181
15.2.2.4.	Herzogtum Sachsen-Meiningen	182
15.2.2.5.	Fürstentum Schwarzburg-Rudolstadt	182
15.2.2.6.	Fürstentum Schwarzburg-Sondershausen	183
15.2.2.7.	*Die beiden Fürstentümer Reuß*	184
15.2.2.7.1.	Fürstentum Reuß ältere Linie	184
15.2.2.7.2.	Fürstentum Reuß jüngere Linie	185
15.2.3.	Königreich Bayern	186
15.2.4.	Königreich Sachsen	187
15.2.5.	Königreich Württemberg	187
15.2.6.	Großherzogtum Baden	188
15.2.7.	Großherzogtum Hessen	189
15.2.8.	Großherzogtum Mecklenburg-Schwerin	190
15.2.9.	Großherzogtum Mecklenburg-Strelitz	190
15.2.10.	Großherzogtum Oldenburg	191
15.2.11.	Herzogtum Anhalt	192
15.2.12.	Herzogtum Braunschweig	192
15.2.13.	Fürstentum Lippe	193
15.2.14.	Fürstentum Schaumburg-Lippe	194
15.2.15.	Fürstentum Waldeck	195
15.2.16.	Freie und Hansestadt Bremen	195
15.2.17.	Freie und Hansestadt Hamburg	196
15.2.18.	Freie und Hansestadt Lübeck	197
15.2.19.	Reichsland Elsaß-Lothringen	197
16.	**Zwischenfazit**	198
17.	**Welche Zukunftschancen bestehen?**	202
18.	**Juristische Hilfen**	216

1. Einleitung

Was für die einen hierzulande völlig neu ist und absolut unglaublich erscheint, ist für viele ein alter Hut. Die "BRD" ist nach den Kriterien des Völkerrechts kein Staat.
Das Grundgesetz ist selbst Besatzungsrecht und damit ist die "BRD" seit jeher lediglich eine Kolonialverwaltung der Besatzungsmächte.
Das gesamte Besatzungsrecht ist weiterhin voll umfänglich in Kraft als "voll wirksames Bundesrecht".
Gesetze werden auch gegenwärtig massenhaft von den westlichen Besatzungsmächten ganz nach Belieben verfügt oder aufgehoben, die Änderungen werden im "Bundesgesetzblatt" veröffentlicht, ohne daß zuvor im "BUNDESTAG" oder im "BUNDESRAT" hierüber diskutiert oder abgestimmt wurde.
Die genannten Gremien "BUNDESTAG" und "BUNDESRAT" können damit sehr leicht als das erkannt werden, was sie sind: Reine Schwatzbuden mit überbezahlten Statisten – weiter nichts.
Aber auch der sogenannte "Bundespräsident" und die sogenannte "Bundeskanzlerin" haben nichts zu entscheiden. Gauck und Merkel sind die Angestellten von Obama, und den westlichen Besatzungsmächten weisungsgebunden. Das ist nicht ironisch gemeint, sondern bittere Realität.
Selbst die für viele noch als erlaucht geltenden Gremien wie das sogenannte "BUNDESVERFASSUNGSGERICHT", welches lediglich ein Grundgesetzgericht ist, hat in der Vergangenheit mehrfach die Maske einer real ohnehin nie dagewesen Rechtsstaatlichkeit fallen gelassen. Was wir sehen ist "Barbara Salisch" in roten Roben.

Dabei wird von den westlichen Besatzungsmächten nichts dem Zufall überlassen. Lehrinhalte in den Schulen, die Medieninhalte, der Grad der wirtschaftlichen Auspressung, die Verschuldungshöhe und der Grad der allgemeinen Enteignung der Deutschen Völker, selbst das Ausmaß an Zuwanderung und die demographische Entwicklung hierzulande, alles wird von den westlichen Besatzungsmächten direkt und indirekt gesteuert.
Wie wir inzwischen genauestens wissen, werden die Menschen in Deutschland hierfür von den Besatzungsmächten bis aufs letzte ausgespitzelt.

Die entsprechenden Beweise sind inzwischen offensichtlich und werden von Repräsentanten des "BRD"-Systems nicht mehr geleugnet. Selbst die gleichgeschalteten Lügenmedien des "BRD"-Systems kommen nicht mehr umhin, das, was früher als "Verschwörungstheorien" bezeichnet wurde, offen auszusprechen, um zu vermeiden, daß deren ohnehin völlig ramponierte Glaubwürdigkeit vollends vor die Hunde geht.

Zahlreiche Menschen haben das "BRD"-System bereits verlassen und immer mehr folgen ihnen und zwar ohne daß es sich hierbei um Auswanderer handelt. Derzeit ist eine "Abstimmung mit den Füßen" im großen Stil im Gange, ohne daß sich hierbei jemand auch nur einen Zentimeter bewegen müßte. Unzählige Menschen weisen sich nicht mehr mit "Personalausweisen" der "BRD" aus, da sie es satt haben, Personal einer Kolonialverwaltung der Besatzer zu sein und mit ihrer Energie Menschenrechtsverletzungen und Kriegsverbrechen des "BRD"-Systems und der U.S.A. zu unterstützen.

Sehr viele Menschen organisieren sich zu Gruppen, solche sind in den vergangenen Monaten wie Pilze aus dem Boden geschossen. Das Internet quillt über mit Inhalten, in denen das "BRD"-System grundlegend hinterfragt und dessen Legitimität verneint werden.
Dabei kommen diese Menschen zu unterschiedlichen Schlußfolgerungen über den richtigen Weg aus der Misere heraus, hin zu rechtsstaatlichen Verhältnissen.

Die vorliegend dargestellten rechtlichen Zusammenhänge sind längst nicht mehr nur ein Wissen einer kleinen Elite, und schon gar nicht irgendein juristisches Geheimwissen. Im Gegenteil. Jeder der Lesen kann, kann alle in der vorliegenden Abhandlung dargestellten Sachverhalte nachlesen und auf einfachste Weise nachvollziehen. Aus diesem Grunde kann man den Drahtziehern der "Neuen Weltordnung" sicher viele Vorwürfe machen, einen jedoch nicht. Nämlich daß sie still und heimlich zu Werke gehen.

2. Die fehlende Staatlichkeit der "BRD"

Um zu beurteilen, ob es sich bei der "BRD" um einen Staat im völkerrechtlichen Sinne handelt, hilft es, sich zu vergewissern, was ein Staat überhaupt ist. Hierfür gibt es ganz klare, eindeutige, völkerrechtlich verbindliche Kriterien.

Die Definition für einen Staat wurde von führenden Rechtswissenschaftlern am Ende des 19. Jahrhunderts entwickelt.
Damals gab es neben Staaten noch staatsähnliche Gebilde wie Kolonien oder Schutzgebiete und Ähnliches. Um festzulegen, welche Kriterien ein Verwaltungskonstrukt erfüllen muß, um als rechtsfähige Hoheitsmacht zu gelten, wurde die Definition für einen Staat geschaffen.
Schließlich hatte es ja kaum Sinn, mit staatsähnlichen Konstrukten Verhandlungen zu führen oder Verträge zu schließen, für die sich im Nachhinein herausstellte, daß sie völkerrechtlich ungültig sind, da eine der verhandelnden Seiten vielleicht gar nicht berechtigt war, in eigener Sache zu verhandeln und Verträge abzuschließen.
In jener Zeit wurde die "Drei-Elemente-Lehre" entwickelt, die bis heute die völkerrechtliche Grundlage für die Beurteilung bestehender Staatlichkeit bildet.

Von erheblicher Bedeutung ist dabei, daß durch die Konvention von Montevideo vom 26.12.1933 die Drei-Elemente-Lehre zum elementaren Bestandteil des Völkerrechtes geworden ist.

Nach der Drei-Elemente-Lehre müssen folgende drei Merkmale erfüllt sein, um die Existenz eines Staates feststellen zu können:
– Staatsgewalt
– Staatsgebiet
– Staatsvolk.

(vgl. Jellinek, Allgemeine Staatslehre, 3. Aufl., 1900,
<u>sowie</u>
Konvention von Montevideo vom 26.12.1933)

Hieraus ergibt sich, daß alle diese drei Kriterien <u>gleichzeitig</u> erfüllt sein müssen, ansonsten kann von einem Staat nicht gesprochen werden.

Interessanterweise erfüllt die "BRD" dabei noch nicht einmal ein einziges dieser drei völkerrechtlich notwendigen Kriterien für einen Staat:

2.1. "BRD" ohne Staatsgewalt

Mit der militärischen Niederlage der Wehrmacht im Jahre 1945 haben die Besatzungsmächte die oberste Regierungsgewalt in Deutschland übernommen. Dies ergibt sich aus der "Berliner Erklärung vom 05.06.1945".

(<u>völkerrechtlich korrekte Zitierweise:</u> *"Erklärung in Anbetracht der Niederlage Deutschlands und der Übernahme der obersten Regierungsgewalt hinsichtlich Deutschlands durch die Regierungen des Vereinigten Königreichs, der Vereinigten Staaten von Amerika und der Union der Sozialistischen Sowjet-Republiken und durch die Provisorische Regierung der Französischen Republik vom 05.06.1945)*

(Amtsblatt des Kontrollrats in Deutschland, Ergänzungsblatt Nr. 1, Seite 7-9)
<u>sowie</u>
(documentArchiv.de [Hrsg.], URL:
http://www.documentarchiv.de/in/1945/niederlage-deutschlands_erkl.html.)

Bekanntermaßen ist die höchste Rechtsnorm in der Welt das Völkerrecht. Für den Sonderfall des Krieges gilt das Kriegsvölkerrecht in Gestalt der Haager Landkriegsordnung und der Genfer Konvention.
Gemäß Artikel 43 der Haager Landkriegsordnung ist eine Besatzungsmacht verpflichtet, alle Vorkehrungen zu treffen, um die öffentliche Ordnung und das öffentliche Leben in einem besetzten Gebiet wieder herzustellen, und zwar, sofern kein zwingendes Hindernis besteht, auf der Basis der jeweiligen Landesgesetze.
(vgl. Haager Landkriegsordnung, Art. 43 vom 18.10.2007; RGBl. 1910, Seite 107)

Zunächst wurden die Gebiete östlich von Oder und Neiße unter die zivile Verwaltung von Polen und der UdSSR gestellt. Im übrigen Territorium wurden "Besatzungszonen" (sowie in Berlin "Besatzungssektoren") eingerichtet.
In diesen Besatzungszonen und -sektoren galt somit das Besatzungsrecht (Militärrecht der Besatzungsmächte).

Besatzungszonen in Mittel- und Westdeutschland; (Ostdeutschland unter polnischer und sowjetischer Zivilverwaltung)

Bereits nach kurzer Zeit wurde in den Jahren 1945 bis 1947 von den Besatzungsmächten die Einrichtung sogenannter "Länder" als Verwaltungskonstrukte verfügt.

Diese "Länder", beziehungsweise späteren "Bundesländer" entsprechen nicht der rechtmäßigen Gebietsgliederung der Einzelstaaten des Deutschen Reiches, es handelt sich dabei um von den Besatzungsmächten per Militärbefehl verfügte, künstliche Konstrukte.

Im Folgenden ist die jeweilige Entstehung einzelner "Länder" nachvollzogen:

– **Gründung des "Landes Niedersachsen" durch**
Verordnung Nr. 55 der britischen Militärregierung vom 01.11.1946;
zusammengesetzt aus dem Territorium der preußischen Provinz Hannover (ohne das Territorium des Kreises Ilfeld), aus dem Territorium des Herzogtums Braunschweig (ohne das Territorium des östlichen Teils des Landkreises Blankenburg und ohne das Territorium der Exklave Calvörde und ohne das Territorium des Landkreises Helmstedt), aus dem Hauptland des Großherzogtums Oldenburg (ohne das Territorium des Fürstentums Lübeck und ohne das Territorium des Fürstentums Birkenfeld) und aus dem Territorium des Fürstentums Schaumburg-Lippe.

– **Gründung des "Landes Schleswig-Holstein" durch**
Verordnung Nr.46 der britischen Militärregierung vom 23.08.1946;

– **Gründung des "Landes Rheinland-Pfalz" durch**
Verordnung Nr. 57 der französischen Militärregierung vom 30.08.1946;
umfaßt das Territorium der bayerischen Pfalz, die Territorien der Regierungsbezirke Koblenz und Trier sowie der preußischen Rheinprovinz, das Territorium der linksrheinischen Teile des Großherzogtums Hessen und Teile des Territoriums der preußischen Provinz Hessen-Nassau (Montabaur) sowie das Territorium des Oldenburgischen Gebietes des Fürstentums Birkenfeld.

– **Gründung des "Landes Großhessen" durch**
Proklamation Nr. 2 der Militärregierung der US-Amerikanischen Zone vom 19.09.1945;
umfaßt das Gebiet von Kurhessen und Nassau (ausschließlich der zugehörigen Exklaven und der Kreise Oberwesterwald, Unterwesterwald, Unterlahn und Sankt Goarshausen) sowie die Gebiete Hessen-Starkenburg, Oberhessen und den östlich des Rheines gelegenen Gebietsteil von Rheinhessen. Die von Hessen fortgefallenen Gebiete der Kreise Oberwesterwald, Unterwesterwald, Unterlahn und St. Goarshausen und Rheinhessens westlich des Rheins kamen zur französischen Besatzungszone und bilden seit dem 23.08.1946 einen Teil des "Landes Rheinland-Pfalz". Ebenfalls nicht mit einbezogen wurde das gebiet der Gemeinde Wimpfen, welches zum hessischen Kreis Heppenheim (zu Hessen Starkenburg) gehörte, aber seit 1945 faktisch von Württemberg-Baden regiert wurde.

– **Gründung des "Landes Thüringen" durch**
Befehl der Sowjetischen Militäradministration in Deutschland (SMAD) vom 09.07.1945;

- **Gründung des "Landes Württemberg-Baden" durch**
  Proklamation Nr. 2 der Militärregierung der US-Amerikanischen Zone vom 19.09.1945;
  umfaßt das nördliche Gebiet des Königreichs Württemberg, und das nördliche Gebiet
  des Großherzogtums Baden.
- **Gründung des "Landes Bayern" durch**
  Proklamation Nr. 2 der Militärregierung der US-Amerikanischen Zone vom 19.09.1945;
  umfaßt das Territorium des Königreiches Bayern (ohne die Gebiete der Pfalz und des
  Kreises Lindau.
  *(Das Territorium des Kreises Lindau gehört zur französischen Besatzungszone (als
  Landbrücke zur französischen Besatzungszone in Österreich).*
  Eingegliedert wurde die Region um die Gemeinde Tiefengrün, die zum Königreich Sachsen gehört,
  da die Grenze der Besatzungszonen von den Alliierten auf den Verlauf der Saale bestimmt wurde.
- **Gründung des "Landes Bremen" durch**
  Proklamation Nr. 3 der Militärregierung der US-Amerikanischen Zone vom 22.01.1947;
  umfaßt das Stadtgebiet Bremen, das Landgebiet Bremen, das Territorium des Stadtkreises
  Wesermünde sowie jenes von Bremerhaven
- **Gründung des "Landes Sachsen" durch**
  Befehl der Sowjetischen Militäradministration in Deutschland (SMAD) vom 09.07.1945;
  umfaßt das Gebiet Sachsens einschließlich des Teiles Schlesiens, welcher östlich der Oder-Neiße-
  Linie liegt, ausschließlich der Region um die Gemeinde Tiefengrün, die dem künstlichen Bundesland
  Bayern eingegliedert wurde, da die Grenze der Besatzungszonen von den Alliierten auf den Verlauf
  der Saale bestimmt wurde.
- **Gründung des "Landes Sachsen-Anhalt" durch**
  Befehl der Sowjetischen Militäradministration in Deutschland (SMAD) vom 09.07.1945;
  bestehend aus dem Gebiet der preußischen Provinz Sachsen (ohne das Gebeit des
  Regierungsbezirkes Erfurt), aus dem Gebiet des Herzogtums Anhalt sowie des
  Landkreises Blankenburg und der Enklave Calvörde des Herzogtums Braunschweig,
  sowie dem Gebiet der Exklave Allstedt des Großherzogtums Sachsen.

etc. etc..

Es handelt sich somit bei den sogenannten "Ländern" und späteren "Bundesländern" nachweislich um künstliche Konstrukte, die mit der rechtmäßigen Gebietsgliederung des Deutschen Reichs nichts zu tun haben.
Sie wurden von den Besatzungsmächten per Militärbefehl verfügt. Die sogenannten "Länder" sind somit als solche selbst unmittelbares Besatzungsrecht.

Bis zum Jahre 1949 haben sich die drei westlichen Besatzungsmächte (U.S.A., Großbritannien und Frankreich) einerseits, und die Besatzungsmacht Sowjetunion andererseits, in Meinungsverschiedenheiten über die weitere Verwaltung Deutschlands verstrickt.
Die drei westlichen Besatzungsmächte haben hierauf in den drei westlichen Besatzungszonen eine Verwaltung namens "BRD" ins Leben gerufen.
Dies sollte für die Besatzungsmächte den Vorteil haben, daß sie sich nicht mehr selbst um notwendige Verwaltungsangelegenheiten sorgen mußten, und sie andererseits die oberste Regierungsgewalt weiterhin ausüben konnten.

Zur Grundlage für die Verwaltung "BRD" wurde das "Grundgesetz <u>für die</u> Bundesrepublik Deutschland" erstellt.

Dabei heißt es nicht "Grundgesetz <u>der</u> Bundesrepublik Deutschland", sondern … <u>für die</u> Bundesrepublik…, da die "BRD" sich dieses Grundgesetz nicht selbst gegeben hat. Schließlich wurde es von den Besatzungsmächten per Militärbefehl verfügt.

"Parlamentarischer Rat"

Zur Erstellung dieses "Grundgesetzes" hatten die drei westlichen Besatzungsmächte willkürlich deutsche Politiker ausgewählt, und zu "Parlamentarischen Räten" ernannt.
Diese wurden mit der Abfassung eines "Grundgesetzes" beauftragt, was sie auch befolgten. Während der Ausarbeitung sind diese "Parlamentarischen Räte" insgesamt 36 Mal auf den Petersberg (nahe Bonn) zu den Vertretern der westlichen Besatzungsmächte zitiert worden. Dort haben die Besatzungsmächte in den "Grundgesetz"-Entwürfen dieser "Parlamentarischen Räte" herumredigiert.

Prof. Dr. Carlo Schmid

Der bekannte Staatsrechtler und stellvertretende Vorsitzende des sogenannten "Parlamentarischen Rates", Professor Dr. Carlo Schmid, hat nach Angaben von Zeitzeugen zur Vorgehensweise der Alliierten geäußert:

"Wir durften beim Grundgesetz nur noch Punkt und Komma setzen, der Rest wurde von den Aliiierten diktiert".

In diesem Zusammenhang sollten wir einmal Herrn Willy Brandt zu Wort kommen lassen, der ausspricht, was sonst im "BRD"-System nicht gerne benannt wird:

Willy Brandt:

Zitat:

"Dieses Grundgesetz haben uns die US-Amerikaner ….. auferlegt."
(vgl. BUNTE; 14.02.1991; Seite 94)

Willy Brandt

Als das "Grundgesetz" im Sinne der westlichen Besatzungsmächte ausformuliert war, wurde es von diesen in Kraft gesetzt. Hierzu verfaßten die Besatzungsmächte ein sogenanntes "Genehmigungsschreiben".
Der Begriff "Genehmigungsschreiben" ist jedoch eine Täuschung, es handelt sich eindeutig um eine Verfügung der Besatzungsmächte.
Schließlich machten die Besatzungsmächte in diesem Schreiben von ihren Vorbehaltsrechten umfassend gebrauch und verfügten umfangreiche Auflagen und Einschränkungen – so zum Beispiel unter anderem:

— *"daß die dem Bunde durch das Grundgesetz übertragenen Vollmachten ebenso wie die durch die Länder und örtlichen Verwaltungskörper ausgeübten Vollmachten den Bestimmungen des Besatzungsstatuts unterworfen sind,"*

— *"daß die ….. Polizeigewalt nicht ausgeübt werden kann, bis dies durch die Besatzungsbehörden ausdrücklich genehmigt ist, und daß in gleicher Weise die sonstigen Polizeifunktionen des Bundes sich nach dem Schreiben der westlichen*

Besatzungsmächte vom 14.04.1949 zu richten haben,"

- *"daß Berlin ..... nicht Stimmberechtigung im Bundestag oder Bundesrat eingeräumt wird, und auch nicht von der Bundesregierung regiert werden kann,"*
- *"daß die Grenzen aller Länder, ausgenommen Württemberg-Baden und Hohenzollern so "wie sie jetzt festgelegt sind", bis zu einem Friedensschluß bleiben,"*
- *"daß nichts in den Verfassungen der Länder als eine Einschränkung der Bestimmungen der Bundesverfassung ausgelegt werden dürfte; daß Konflikte zwischen den Länderverfassungen und der vorläufigen Bundesverfassung deshalb zugunsten der letzteren entschieden werden müssen,"*
- *"daß nach der Einberufung der in dem Grundgesetz vorgesehenen gesetzgebenden Körperschaften ..... das Besatzungsstatut in Kraft treten wird."*

(vgl. Genehmigungsschreiben der Militärgouverneure zum Grundgesetz in der Übersetzung des Parlamentarischen Rates, VOBIZ Seite 416, Frankfurt am Main, den 12.05.1949)

Das "Grundgesetz" gilt somit nur in Verbindung mit diesem "Genehmigungsschreiben". Anders ausgedrückt, dieses "Genehmigungsschreiben" ist nach wie vor <u>Bestandteil</u> dieses "Grundgesetzes"!

(Vorsichtshalber wird von "BRD"-Stellen dieses "Genehmigungsschreiben" in offiziellen Drucken des "Grundgesetzes" nicht mitgedruckt!)

Durch die gesamte Entstehungsgeschichte dieses Grundgesetzes sowie durch die Auflagen und Einschränkungen im sogenannten "Genehmigungsschreiben" ist belegt, daß die Besatzungsmächte dieses "Grundgesetz" voll umfänglich zu verantworten haben. Es handelt sich somit um eine Verfügung der Besatzungsmächte.
Der Begriff "Genehmigungsschreiben" ist deshalb eindeutig eine Täuschung.

Dabei wurde im "Grundgesetz" gewährleistet, daß sonstige Bestandteile des Besatzungsrechts höherrangiges Recht darstellen, und nicht durch die Repräsentanten der "BRD" oder durch deren Mittelbau umgangen oder verändert werden können.

Das "Grundgesetz" und damit die "BRD" sind folglich seit ihrer Gründung selbst reines Besatzungsrecht. Die "BRD" steht innerhalb der Hierarchie des Besatzungsrechtes an aller unterster Stelle. Sämtliche sonstige Bestandteile des Besatzungsrechtes sind dem "Grundgesetz" und damit dem gesamten "BRD"-Recht übergeordnet. Höherrangiges Recht bricht dabei ganz allgemein immer niederrangiges Recht.
Um dies zu gewährleisten wurde im "Grundgesetz" verankert

- *daß keine Vorschriften des übrigen Besatzungsrechts durch die Funktionäre der "Bundesrepublik Deutschland" eingeschränkt werden können,*
  (vgl. Artikel 139 "Grundgesetz")
- *daß die Kosten der Besatzung von der "Bundesrepublik Deutschland" ohne wenn und aber an die drei westlichen Besatzungsmächte gezahlt werden,*
  (vgl. Artikel 120 "Grundgesetz")
- *daß die dem Bunde durch das Grundgesetz übertragenen Vollmachten ebenso wie die durch die Länder und örtlichen Verwaltungskörper ausgeübten Vollmachten den Bestimmungen des Besatzungsstatuts unterworfen sind.*
  (vgl. Genehmigungsschreiben der Militärgouverneure zum Grundgesetz in der Übersetzung des Parlamentarischen Rates, VOBIZ Scholz-Wiegand 416, Frankfurt am Main, den 12.05.1949)

Ab dem Inkrafttreten des "Grundgesetzes" galt somit gleichzeitig das "Besatzungsstatut". Dieses "Beatzungsstatut" beinhaltete, daß es für jedes "Bundesland" einen alliierten Landeskommissar gab, der die oberste Regierungsgewalt in dem jeweiligen "Bundesland" ausübte. Für die Ausübung der obersten Regierungsgewalt über die Bundesebene war die "Alliierte Hohe Kommission" ("AHK") zuständig.

Jede Verordnung und jedes Gesetz auf "Bundesebene" mußte demnach der Alliierten Hohen Kommission vorgelegt werden. Für die Entscheidung, ob sie ein Gesetz oder eine Verordnung genehmigten, ließen sich die drei westlichen Besatzungsmächte die international übliche Frist von 21 Tagen Zeit.

Erst nach Ablauf dieser Frist durfte der "Bundespräsident" die jeweilige Gesetzes- oder Verordnungsvorlage unterzeichnen, was dann zur Folge hatte, daß sie im "Bundesgesetzblatt" veröffentlich werden durfte.

Schließlich sind sämtliche Gesetze der "Bundesländer" und der "BRD", insbesondere auch alle Lehrinhalte beziehungsweise Lehrpläne und Lehrbücher des Schulsystems der "BRD" von den Besatzungsmächten gebilligt oder verfügt. Auf die Konsequenzen dieser Tatsachen wird an andere Stelle noch eingegangen.

Aus dem Geschilderten folgt, daß durch die Gründung der "Länder" und der "BRD" das Besatzungsrecht selbstverständlich nicht aufgehoben wurde.

Es wird von "BRD"-Politakteuren gerne behauptet, die drei westlichen Besatzungszonen seien 1949 in eine "Bundesrepublik Deutschland" umgewandelt worden.

Dies ist jedoch falsch. In der Realität wurde lediglich eine fremdbestimmte Verwaltung namens "BRD" im Gebiete der drei westlichen Besatzungszonen installiert.

Die Besatzungszonen und das übrige Besatzungsrecht wurden hierdurch nicht berührt, geschweige denn "aufgehoben".

Man muß vielmehr richtigstellen:
Die sogenannten "Bundesländer" sowie die sogenannte "BRD" sind selbst reines Besatzungsrecht.

Wenn also ein "BRD"-Vertreter behauptet, das Besatzungsrecht sei nicht mehr in Kraft, behauptet er damit gleichzeitig, daß es die sogenannten "Bundesländer" sowie die sogenannte "BRD" gar nicht gibt!

Und genau das würde passieren, wenn das Besatzungsrecht tatsächlich aufgehoben werden würde: Es wären dann die "Bundesländer" sowie die "BRD" augenblicklich nicht mehr existent!

Daß mit dem Besatzungsrecht auch die Besatzungszonen nach wie vor existieren, zeigt sich darin, daß die Truppen der jeweiligen Besatzungsmächte sich mit ihren Stationierungsorten nach wie vor an die jeweiligen Grenzen ihrer eigenen Besatzungszonen halten.

Die Ausübung der obersten Regierungsgewalt im "BRD"-System durch die Besatzungsmächte ist unter anderem im Notenwechsel aus dem Jahre 1990 schriftlich fixiert.

Zitat:
"Folgende Teile des Überleitungsvertrages bleiben weiterhin in Kraft:

Teil I – Artikel 2:
(1) *"**Alle Rechte** und Verpflichtungen, die durch gesetzgeberische, gerichtliche oder Verwaltungsmaßnahmen **der Besatzungsbehörden** oder auf Grund solcher Maßnahmen begründet oder festgestellt worden sind, **sind und bleiben in jeder Hinsicht** nach deutschem Recht **in Kraft**, ohne Rücksicht darauf, ob sie in Übereinstimmung mit anderen Rechtsvorschriften begründet oder festgestellt worden sind. ….."*

Teil VI – Artikel 3
(1) *Die Bundesrepublik wird in Zukunft keine Einwendungen gegen die Maßnahmen erheben, die gegen das deutsche Auslands- oder sonstige Vermögen durchgeführt worden sind **oder werden sollen (!)**, das beschlagnahmt worden ist für Zwecke der Reparation oder Restitution oder auf Grund des Kriegszustandes* **(der Kriegszustand besteht heute noch! – Anm. d. Verf.)** *oder auf Grund von Abkommen, die die Drei Mächte mit anderen alliierten Staaten, neutralen Staaten oder ehemaligen Bundesgenossen Deutschlands geschlossen haben **oder schließen werden (!)**.*

Teil IX – Artikel 1
Vorbehaltlich der Bestimmungen einer Friedensregelung mit Deutschland dürfen deutsche Staatsangehörige, die der Herrschaftsgewalt der Bundesrepublik unterliegen, gegen die Staaten, welche die Erklärung der Vereinten Nationen vom 01.01.1942 unterzeichnet haben oder ihr beigetreten sind **(inzwischen 191 Staaten! – Anm. d. Verf.)** *….. sowie gegen deren*

Staatsangehörige keine Ansprüche irgendwelcher Art erheben wegen Maßnahmen, welche ..... wegen des in Europa bestehenden Kriegszustandes **(der Kriegszustand besteht heute noch! – Anm. d. Verf.)** *getroffen worden sind; auch darf niemand derartige Ansprüche vor einem Gericht der Bundesrepublik geltend machen......"*

(vgl. Notenwechsel aus dem Jahr 1990 (BGBl. 1990 Teil II Seite 1386 ff.))

Ein weiteres Beispiel dafür, daß das Besatzungsrecht als voll wirksames Bundesrecht weiterhin in Kraft ist, ist der "Überleitungsvertrag von Berlin" von 1990.
In Artikel 2 heißt es dort:

Zitat:
"Alle Rechte und Verpflichtungen, die durch gesetzgeberische, gerichtliche oder Verwaltungsmaßnahmen der alliierten Behörden <u>in oder in Bezug auf Berlin</u> *..... begründet oder festgestellt worden sind, sind und bleiben in jeder Hinsicht nach deutschem Recht in Kraft, ohne Rücksicht darauf, ob sie in Übereinstimmung mit anderen Rechtsvorschriften begründet oder festgestellt worden sind."*

(siehe Verordnung zu dem Übereinkommen zur Regelung bestimmter Fragen in bezug auf Berlin vom 25.09.1990 (BGBL Teil II – 1990 – Nr. 36 vom 02.10.1990)

Die Formulierung "in oder in Bezug auf Berlin" ist dabei bedeutsam! Da <u>alle</u> alliierten Verfügungen in Berlin getroffen und verkündet worden sind, bleiben damit auch <u>alle</u>, nicht nur Berlin, sondern auch das übrige Deutschland betreffenden Rechte der Alliierten in Kraft.

Ein interessantes Beispiel dafür, daß das Besatzungsrecht weiterhin in Kraft ist, ist die Verurteilung des früheren "DDR"-"Devisenbeschaffers" Dr. Alexander Schalck-Golodkowski im Jahre 1996 zu einem Jahr Freiheitsstrafe auf Bewährung.
Er ist nicht etwa nach dem StGB (Strafgesetzbuch) verurteilt worden, sondern nach dem SHAEF-Gesetz Nr. 53 (Besatzungsrecht), was belegt, daß dieses Recht im Jahre 1996 noch galt und bis heute noch gilt.
Das sogenannte "BUNDESVERFASSUNGSGERICHT" hatte die "Verfassungsbeschwerde" von ihm nicht angenommen, da ein Einspruch gegen alliiertes Recht vor bundesrepublikanischen Gerichten nicht möglich ist.

A. Schalck-Golodkowski

Man muß sich in diesem Zusammenhang unbedingt verdeutlichen:
Wenn Herr Schalck-Golodkowski im Jahre 1996 nach Besatzungsrechtsregeln verurteilt wurde, dann kann <u>jeder von uns auch gegenwärtig</u> nach Besatzungsrechtsregeln verurteilt werden!
Dies gilt selbstverständlich auch für Funktionäre des "BRD"-Systems wie Merkel, Schäuble, Gauck etc..

Um zu gewährleisten, daß insbesondere die "Bundeskanzler" die Interessen der drei westlichen Besatzungsmächte im "BRD"-System ausführen, hatten die Besatzungsmächte zudem eine besondere Verfügung getroffen, die im Polit-Jargon als "Kanzlerakte" bekannt geworden ist.

Dabei wurde von den Besatzungsmächten hinter dem Rücken der Öffentlichkeit verfügt, daß der "Bundeskanzler" im Zusammenhang mit seiner Vereidigung sich bei den Alliierten einfindet, um von diesen entsprechende Anweisungen entgegenzunehmen (sogenannte "Antrittsbesuche").
Beim "Bundeskanzler" handelt es sich somit lediglich um den obersten Statisten, der die Interessen der Besatzungsmächte im Besatzungsgebiet durchzusetzen hat.

> **VS-Verschlußsache**
> Nur für den Dienstgebrauch
>
> **BUNDESNACHRICHTENDIENST**
> Kontroll-Abt. II/OP
>
> NUR FÜR MINISTER
>
> S t r e n g s t e   V e r t r a u l i c h k e i t
>
> Vorgang: Geheimer Staatsvertrag vom
> 21.05.1949
>
> Hier: Verlust der Kopie Nr. 4
>
> Sehr geehrter Herr Minister!
>
> Kopie Nr. 4 des geheimen Staatsvertrages zwischen den Alliierten Mächten und der provisorischen Regierung Westdeutschlands vom 21.05.1949 ist endgültig abhandengekommen.
>
> Der geheime Staatsvertrag offenbart u.a.:
>
> - die Medienhoheit der alliierten Mächten über deutsche Zeitungs- und Rundfunkmedien bis zum Jahr 2099,
>
> - die sog. "Kanzlerakte", also jenes Schriftstück, das jeder Bundeskanzler Deutschlands auf Anordnung der Alliierten vor Ablegung des Amtseides zu unterzeichnen hat,
>
> - sowie die Pfändung der Goldreserven der Bundesrepublik durch die Alliierten.
>
> Sofern die Kopie Nr. 4 des geheimen Staatsvertrages in falsche Hände gelangen sollte, empfehle ich dringend, die Echtheit abzuleugnen.
>
> Hochachtungsvoll
>
> Dr. Rickermann
> Staatsminister
>
> Original erhalten am:
> z.d.A. am: 14.9.9?
> Wvl am:

Geheimdienstliches Dokument über den Verlust eines Exemplares der sogenannten "Kanzlerakte".

Interessanterweise ist in dieser "Kanzlerakte" auch geregelt, daß bis zum Jahre 2099 die Besatzungsmächte die Medienhoheit im Beatzungsgebiet inne haben.
Damit ist ersichtlich, weshalb es im "BRD"-System nur gleichgeschaltete "BRD"-Lügenmedien mit alliiertem Maulkorb geben kann, und keine freie Presse.

Das dargestellte geheimdienstliche Dokument ist durch eine Indiskretion an die Öffentlichkeit gelangt, es ist deshalb als Quelle juristisch nicht zitierfähig. Sofern der interessierte Leser Zweifel an der Echtheit dieses Dokumentes hat, möge er dies aus seinem Gedächtnis streichen.

Es sei jedoch darauf verwiesen, daß die Existenz dieser "Kanzlerakte" in den Memoiren des "BND"-Generals Komossa, sowie in den Memoiren von Willy Brandt und Egon Bahr bestätigt wird:

(vgl. Geheimer Staatsvertrag vom 21.05.1949; General a.D. Gerd-Helmut Komossa; Die Deutsche Karte; Ares Verlag, Graz 2007, Seite 21ff.)
sowie
(Egon Bahr "Mein Deutschland" in der Zeitung "Die Zeit" vom 14.05.2009)
sowie
(Egon Bahr "Lebenslüge der Bundesrepublik" in der Zeitung "Junge Freiheit" vom 16.10.2011)

Bemerkenswerterweise ist in den vergangenen Jahrzehnten die komplette Kontrolle der "BRD" durch die drei westlichen Besatzungsmächte mehr und mehr in irgendwelchen Hinterzimmern praktiziert worden, um diese Praxis der Öffentlichkeit gezielt vorzuenthalten.

Dennoch ist ersichtlich, daß der "Bundespräsident" nach wie vor 21 Tage Zeit verstreichen lassen muß, bis er ein Gesetz oder eine Verordnung unterzeichnen darf. Dies ist die Frist, in der die Besatzungsmächte entscheiden, ob sie zustimmen oder ablehnen.

Ein relativ aktuelles Beispiel für die Ausübung der obersten Regierungsgewalt im "BRD"-System durch die drei westlichen Besatzungsmächte, ist die Aufhebung von Tausenden Gesetzen und ebenso die Neuverfügung von Tausenden Gesetzen in den Jahren 2006 bis 2010 (sogenannte "Bereinigungsgesetze").

Diese Gesetze sind weder im "BUNDESTAG" noch im "BUNDESRAT" diskutiert oder beschlossen worden.

Sie wurden von den drei westlichen Besatzungsmächten lediglich verfügt, verlesen, und anschließend im "Bundesgesetzblatt" veröffentlicht.

Gerade mit der Verfügung dieser Gesetze ist belegt, daß die Besatzungsmächte hierzulande nichts dem Zufall überlassen und die oberste Regierungsgewalt im "BRD"-System auch heute noch ausüben. Im Jahre 2007 sind die westlichen Besatzungsmächte besonders deutlich geworden. Sie haben damals vormals aufgehobene Teile des Besatzungsrechts wieder voll umfänglich in Kraft gesetzt.

Beispielsweise finden sich in Artikel 4 §2 des 2. BMJBBG vom 23.11.2007 folgende unmißverständliche Verfügungen:

2. BMJBBG vom 23.11.2007 Artikel 4 §2

Zitat:

§2 Aufhebung bundesrechtlicher Vorschriften über die Bereinigung von Besatzungsrecht

Es werden aufgehoben:

1. das Erste Gesetz zur Aufhebung des Besatzungsrechts vom 30.05.1956 (BGBl. I Seite 437; BGBl. III 104-1),
2. das Zweite Gesetz zur Aufhebung des Besatzungsrechts vom 30.05.1956 (BGBl. I Seite 446; BGBl. III 104-2),
3. das Dritte Gesetz zur Aufhebung des Besatzungsrechts vom 23.07.1958 (BGBl. I Seite 540; BGBl. III 104-3) und
4. das Vierte Gesetz zur Aufhebung des Besatzungsrechts vom 19.12.1960 (BGBl. I Seite 1015; BGBl. III 104-4).

(vgl. Artikel 4 des Zweiten Gesetzes über die Bereinigung von Bundesrecht im Zuständigkeitsbereich des Bundesministeriums der Justiz (2. BMJBBG), v. 23.11.2007 BGBl. I Seite 2614)

Dem weniger aufmerksamen Leser könnte der Interpretationsfehler unterlaufen, das Besatzungsrecht sei aufgehoben worden, was ja im Jahre 2007 ohnehin etwas spät erschiene.

Das Gegenteil ist der Fall:

Die Aufhebung der Aufhebung ist die Wieder-in-Kraft-Setzung!

Das heißt im Jahre 2007 verfügten die westlichen Besatzungsmächte praktisch die vollständige Wiederherstellung des gesamten Besatzungsrechtes als "voll wirksames Bundesrecht"!

Darüber hinaus ist zu erwähnen, daß alleine die Besatzungsmacht U.S.A. noch offiziell 74.000 bis 250.000 US-Soldaten im deutschen Besatzungsgebiet stationiert hat. Die Besatzungskosten werden gemäß Artikel 120 "GG" auch heute noch von der "BRD" gezahlt.

(vgl. Bundeshaushalt 2013, Lasten im Zusammenhang mit dem Aufenthalt bzw. Abzug von ausländischen Streitkräften)

Des Weiteren befinden sich unzählige Atomwaffen der U.S.A. auf deutschem Boden, wogegen keine "BRD"-Bediensteten je etwas ausrichten konnten. Schließlich hatte sich der "BUNDESTAG" im März 2011 mit großer Mehrheit für den Abzug der US-Atomwaffen ausgesprochen, was jedoch völlig bedeutungslos geblieben ist.

(vgl. ZEIT online vom 05.09.2012)

Zudem steht die "BUNDESWEHR" unter dem Oberbefehl der U.S.A..

(vgl. Westdeutsche Allgemeine Zeitung vom 06.9.2012
<u>sowie</u>
Rheinische Post vom 31.10.2012)

In diesem Zusammenhang werden sich die meisten Leser erinnern, daß im Rahmen des Irak-Krieges ab dem Jahre 2003 zahlreiche US-Militärflüge und CIA-Flüge über Deutschland durchgeführt, und geheime CIA-Foltergefängnisse auch in Deutschland unterhalten wurden, wogegen keine "BRD"-Bediensteten etwas ausrichten konnten, obwohl es hierzu im "BUNDESTAG" durchaus Initiativen gegeben hat. Schließlich hatte man früher einmal postuliert, daß von deutschem Boden nie wieder Krieg ausgehen solle.

<u>**Fazit:**</u>
Zusammenfassend ist festzustellen, daß die oberste Regierungsgewalt im "BRD"-System nach wie vor von den drei westlichen Besatzungsmächten ausgeübt wird.
Grundlagen hierfür sind:

- **Die "BRD" ist selbst Besatzungsrecht**, allein die nackte Existenz der "BRD"
   sowie der "Bundesländer" ist auch heute noch ausschließlich vom Willen der
   Besatzungsmächte abhängig.
   Die Besatzungsmächte könnten beispielsweise die "BRD" oder die "Länder"
   jederzeit auflösen.

- **Übriges Besatzungsrecht ist dem "BRD"-Recht gegenüber höherrangig**
   (gemäß **Art. 139 "GG"**)

- **weiterhin bestehende Besatzung Deutschlands** beispielsweise durch
   75.000 – 250.000 US-Truppen mit Atomwaffen, ohne daß der "BUNDESTAG"
   beziehungsweise die "BRD" den Abzug der US-Truppen, ja noch nicht einmal
   den Abzug von deren Atomwaffen erwirken konnte.

- **Besatzungskosten werden auch heute noch von der "BRD" pflichtgemäß gezahlt**
   (gemäß **Art. 124 "GG"**)

- **Überleitungsvertrag von Berlin von 1990**
   (Regelung, daß das gesamte Besatzungsrecht nicht nur für Berlin weiterhin in
   Kraft ist)
   (Beispiel: Verurteilung von A. Schalck-Golodkowski 1996 nach
   Besatzungsrecht - SHAEF-Gesetz Nr. 53 und Abweisung seiner
   "Verfassungsbeschwerde" durch das "Bundesverfassungsgericht" weil
   keine Rechtsmittel gegen alliiertes Recht im "BRD"-System bestehen.

- **Notenwechsel aus dem Jahre 1990**
   (alle Rechte der Besatzungsbehörden weiterhin in Kraft, alliierter
   Beschlagnahme von deutschem Vermögen und keine internationale
   Klagefähigkeit von Stellen der "BRD" gegenüber alliiertem Recht)

- **Kanzlerakte** (persönlicher Unterwerfungseid eines jeden "Bundeskanzlers" gegenüber den Besatzungsmächten von Adenauer bis Merkel)
- **21-Tage-Frist für den "Bundespräsidenten"** (zur Unterschrift von Gesetzen und Verordnungen in der die Alliierten ihre Rechte zur Einrede auch gegenwärtig noch wahrnehmen)
- BUNDESWEHR **unter direktem Oberbefehl der U.S.A.**
- **umfassende Gesetzesverfügungen der Besatzungsmächte 2006 bis 2010 ohne Mitwirkung von "**BUNDESTAG**" oder "**BUNDESRAT**"**
  (Dabei beispielsweise vollständige Wiederherstellung vormals aufgehobener Teile des Besatzungsrechtes (2. BMJBBG vom 23.11.2007 Art. 4.)).

Fazit:
Die "BRD" ist offensichtlich lediglich eine Kolonialverwaltung beziehungsweise der verlängerte Arm der Besatzungsmächte. Die nackte Exisenz der "BRD" ist auch heute noch komplett ausschließlich vom Willen der Besatzungsmächte abhängig. Die Funktionäre der "BRD" sind den Besatzungsmächten weisungsgebunden. Sie sind damit deren Interessenvertreter und Erfüllungsgehilfen.

Es handelt sich folgerichtig bei der "BRD"-"Regierung" um eine Schein- beziehungsweise Marionettenregierung. Sowohl die Legislative ("BUNDESTAG", "BUNDESRAT") als auch die Exekutive ("BRD"-Regierung, "BRD"-Kanzler, "BRD"-Präsident) sind Angestellte der Besatzungsmächte und diesen weisungsgebunden.

Es muß deshalb zwingend geschlossen werden, daß das Kriterium einer eigenen hoheitlichen Gewalt von der "BRD" nicht erfüllt wird.
Die "BRD" ist somit allein wegen des Fehlens dieses völkerrechtlich notwendigen Kriteriums der Drei-Elemente-Lehre nicht als ein Staat anzusehen!

2.2. "BRD" ohne Staatsgebiet

Um zu verstehen, daß die "BRD" über kein staatliches Territorium verfügt, und welche Konsequenzen dies hat, lohnt sich ein kleiner Ausflug in das Körperschaftsrecht:

Die Juristen unterscheiden zwei Arten von Körperschaften, auch "Personen" genannt. Einerseits gibt es natürliche Personen und andererseits juristische Personen.

Eine natürliche Person ist ein Mensch (als beseeltes Wesen) ab dem Zeitpunkt seiner Geburt in seiner Rolle als Rechtssubjekt, d.h. als Träger von Rechten und Pflichten gegenüber anderen Personen und gegenüber dem Staat.

Eine juristische Person hingegen ist eine Vereinigung von natürlichen Personen (oder eine Vermögensmasse), die aufgrund gesetzlicher Anerkennung rechtsfähig ist, das heißt selbst Träger von Rechten und Pflichten sein kann, dabei aber keine natürliche Person ist.

Dabei bestehen innerhalb der juristischen Personen signifikante Unterschiede, weshalb eine Gegenüberstellung von zwei verschiedenen Formen von juristischen Personen für das Verständnis extrem wichtig ist:

Es gibt zwei Arten von juristischen Personen:
1. *Gebietskörperschaften (z.B. Staaten, Bundesstaaten, Kantone, Gemeinden, Kommunen, Landkreise etc.)*
2. *Personenvereinigungen (Firmen, politische Parteien, Gewerkschaften, Vereine, Stiftungen etc.).*

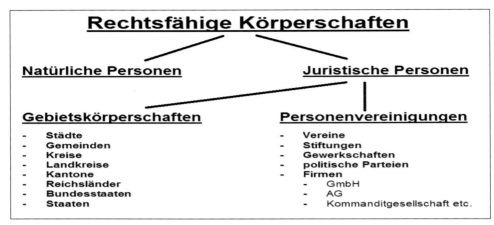

Einteilung von rechtsfähigen Körperschaften. Von besonderer Bedeutung ist die Gegenüberstellung von Gebietskörperschaften und Personenvereinigungen

Gebietskörperschaften

definieren ihr Recht für ein bestimmtes Territorium und wenden dieses nur in ihrem Territorium an. Das heißt, das Recht einer Gebietskörperschaft gilt für alle Menschen, solange sie sich im Territorium dieser Gebietskörperschaft befinden, und muß deshalb gegenüber Jedermann in diesem Territorium angewendet werden ("ohne Ansehen der Person").

Man bezeichnet das Handeln einer Gebietskörperschaft auch als "hoheitliches Handeln". "Hoheitliches Handeln" ist immer gebietsbezogenes Handeln. Man spricht auch von der Ausübung von Hoheitsgewalt, da das Handeln einer Gebietskörperschaft nicht immer im Einverständnis mit den betreffenden Personen stehen muß, die sich im definierten Territorium der jeweiligen Gebietskörperschaft befinden.

Aufgrund der Kriterien der Drei-Elemente-Lehre muß ein Staat ein definiertes Territorium haben. Ein Staat ist somit immer eine Gebietskörperschaft. Aber nicht jede Gebietskörperschaft ist ein Staat. Beispielsweise ist eine Gemeinde auch eine Gebietskörperschaft, aber eben ohne ein Staat zu sein. Schließlich hat eine Gemeinde keine eigene Staatsgewalt beziehungsweise kein eigenes Staatsangehörigkeitsrecht und keine Souveränität.

Personenvereinigungen

definieren demgegenüber ihr Recht für einen bestimmten Personenkreis, unabhängig vom Aufenthaltsort, also unabhängig von einem Territorium. Das Recht einer Personenvereinigung hat mit Gewaltausübung nichts zu tun, da sich natürliche Personen immer freiwillig einer Personenvereinigung anschließen.

Ist man beispielsweise Mitglied in einem Sportverein (Personenvereinigung), muß man das Recht dieses Vereins einhalten, egal wo man sich befindet.

Reisen Mitglieder des Vereines beispielsweise von Deutschland nach Italien (um an Sportwettkämpfen teilzunehmen), und ein Mitglied verstößt gegen irgendeine Regel des Vereins, die zum Ausschluß aus dem Verein führen kann (beispielsweise Doping), so kann sich dieses Vereinsmitglied nicht darauf berufen, daß sich der Vorfall im Ausland ereignet habe, und deshalb keine vereinsrechtlichen Folgen haben könne.

Ein weiteres Beispiel ist der Abschluß von Verträgen durch Vertreter von verschiedenen Firmen (Personenvereinigungen). Es ist völlig unerheblich, in welchem Land Firmenvertreter sich treffen und Verträge abschließen. Beispielsweise könnten zwei in Deutschland ansässige Firmen auch am Südpol oder auf dem Mond Verträge abschließen, es kann sich im Nachhinein niemand darauf berufen, der Vertrag sei ungültig, weil er nicht in Deutschland abgeschlossen worden sei.

Etwas anderes ist es jedoch mit dem Recht einer Gebietskörperschaft. Wenn beispielsweise jemand irgendeine Tat begeht, die nach dem Recht einer Gebietskörperschaft (beispielsweise eines Staates) einen Straftatbestand erfüllt, ist für die rechtlichen Konsequenzen absolut entscheidend, auf welchem Territorium sich der Vorfall ereignet hat.

Man stelle sich einmal vor, daß zwei Franzosen in den Alpen wandern gehen. Plötzlich geraten sie in Streit und der eine bringt den anderen um.

Nun stellt sich heraus, daß sich der Vorfall bereits auf dem Territorium Italiens ereignet hat, was den Beteiligten nicht bewußt war, da sie sich verlaufen hatten.
Es sind für diesen Fall nun ganz eindeutig die italienische Polizei und italienische Gerichte zuständig. Es kann somit nicht einfach ein französischer Polizist oder ein französischer Richter daher kommen und reklamieren, daß er den Fall behandeln werde, weil es sich etwa bei den beiden Beteiligten um Franzosen handele, oder der Vorfall sich nur wenige Meter jenseits der Grenze ereignet habe.
Es leuchtet jedem Leser sofort ein, daß hier entscheidend ist, in welchem Territorium sich unser Beispielfall ereignet hat.

Eine besondere Kuriosität stellt der Umstand dar, daß seit dem Jahre 1990 das "Grundgesetz", seinen territorialen Geltungsbereich nicht mehr definiert.
Zuvor gab es noch den Artikel 23 (alte Fassung) in dem der territoriale Geltungsbereich bestimmt wurde.
Artikel 23 "Grundgesetz" alte Fassung (1990 durch die Alliierten aufgehoben):
Zitat:
1. "Dieses Grundgesetz gilt zunächst im Gebiete der Länder Baden, Bayern, Bremen, Groß-Berlin, Hamburg, Hessen, Niedersachsen, Nordrhein-Westfalen, Rheinland-Pfalz, Schleswig-Holstein, Württemberg-Baden und Württemberg-Hohenzollern.
2. In anderen Teilen Deutschlands ist es nach deren Beitritt in Kraft zu setzen."

Im Rahmen der Ereignisse von 1990 wurde geplant, daß die mitteldeutschen "Länder" dem "Grundgesetz" gemäß Artikel 23 Satz 2 beitreten. Es sollte angeblich keine Lösung bestehen bleiben, die es weiteren Gebietsteilen des Deutschen Reiches ermöglicht hätte, ebenfalls dem Grundgesetz beizutreten. Dies begründete man mit möglichen Mißstimmungen auf Seiten der Polen oder Russen, die die Gebiete Deutschlands östlich der Oder-Neiße-Linie verwalten. Dabei besteht jedoch folgende interessante Besonderheit:
Hätte man lediglich verhindern wollen, daß nach 1990 weitere Gebiete Deutschlands dem Grundgesetz beitreten können, hätte es genügt, nur den zweiten Satz des Artikels 23 aufzuheben, in dem es heißt:
2. "In anderen Teilen Deutschlands ist es nach deren Beitritt in Kraft zu setzen."

Man hat jedoch aus gutem Grund den gesamten Artikel 23 (alte Fassung) komplett aufgehoben. Somit hat man auch den Satz 1 des Artikels 23 entfernt, in dem der territoriale Geltungsbereich definiert war. Dies wurde im "Bundesgesetzblatt" am 28.09.1990 im Rahmen der Verkündung des "Einigungsvertragsgesetzes" verkündet.
Artikel 10 "Einigungsvertragsgesetz"
Zitat:
"Dieses Gesetz tritt am Tag nach seiner Verkündung in Kraft."
(BGBl. II Seite 885, 890, v. 23.09.1990)
Somit ist seit dem 29.09.1990 der gesamte Artikel 23 aufgehoben und kein territorialer Geltungsbereich mehr für das "Grundgesetz" beziehungsweise für die "BRD" definiert.

Zwar wird von "BRD"-Vertretern behauptet, daß der territoriale Geltungsbereich nunmehr in der Präambel des "Grundgesetzes" bestimmt sei.
Allerdings hat eine Präambel keinerlei Rechtsverbindlichkeit, da es sich, wie jedem Juristen bekannt ist, bei einer Präambel lediglich um ein freundliches Vorwort handelt.
Jedwede Normen, die Rechtswirksamkeit entfalten sollen, müssen in Artikeln und Paragraphen gelistet sein.
Zudem fällt beim genauen Lesen zwingend auf, daß auch in der Präambel des "Grundgesetzes" lediglich ein Personenkreis definiert wird, für den das beschriebene Gesetzeswerk gelten soll, und nicht ein Territorium, in dem dieses Recht gegenüber Jedermann angewendet werden muß (wie es der Definition einer Gebietskörperschaft entspricht).

Präambel "Grundgesetz":
Zitat:
…"hat sich <u>das Deutsche Volk</u> …… dieses Grundgesetz gegeben.
"Damit gilt dieses Grundgesetz <u>für das gesamte Deutsche Volk</u>".

Beispielsweise haben sich laut dieser Präambel die Türken, Italiener, Griechen, Russen etc. die hierzulande leben, dieses "Grundgesetz" nicht gegeben und können somit vermutlich selbst entscheiden, ob sie sich diesem Recht unterordnen wollen oder nicht.

Durch die Behauptung diverser "BRD"-Vertreter, daß der territoriale Geltungsbereich des "Grundgesetzes" in dessen Präambel rechtsverbindlich geregelt werden könne und darin auch tatsächlich geregelt sei, soll offenbar der Öffentlichkeit suggeriert werden, daß es sich bei der "BRD" um eine Gebietskörperschaft beziehungsweise um einen Staat handelt.
Derartige Lügen sind ein sehr anschauliches Beispiel dafür, wie von Seiten der "BRD"-Funktionäre versucht wird, die Menschen hierzulande zu desinformieren und zu manipulieren.

Nebenbei:
Auch im 1990 geänderten Artikel 146 des "Grundgesetzes" heißt es:

Zitat:
"Dieses Grundgesetz, das ….. für das gesamte deutsche Volk gilt, ……"
Also auch im Artikel 146 des "Grundgesetzes" wird nur ein <u>Personenkreis</u> definiert und <u>kein Territorium</u>!

Mit Gründung der "BRD" wurde ihr gestattet, Gesetze des Deutschen Reiches zu kopieren und zu ihren eigenen Regeln zu erklären. Hierdurch gab es in den einzelnen Gesetzeswerken (beispielsweise Strafprozeßordnung, Gerichtsverfassungsgesetz etc.) Regelungen zum territorialen Geltungsbereich. Es wurde dann immer das "gesamte Reichsgebiet" als territorialer Geltungsbereich benannt.
Mit den bereits geschilderten Gesetzesverfügungen der Besatzungsmächte der Jahre 2006 bis 2010 sind jedoch sämtliche territorialen Bezüge aus allen Gesetzen komplett entfernt worden. Somit findet sich heute <u>in keiner Regelung des "BRD"-Systems</u> mehr eine Definition eines territorialen Geltungsbereiches!

Fazit:
Mit Aufhebung des Artikels 23 (alte Fassung) des "Grundgesetzes" durch die Alliierten mit Inkrafttreten zum 29.09.1990 sowie mit Aufhebung der territorialen Geltungsbereiche aus sämtlichen "BRD"-Gesetzen durch die Alliierten in den Jahren 2006 bis 2010 ist die "BRD" nur noch eine Personenvereinigung und keine Gebietskörperschaft mehr.
Die "BRD" hat kein Territorium, weshalb auch dieses völkerrechtlich notwendige Merkmal eines Staates nach der Drei-Elemente-Lehre nicht erfüllt ist.

2.3. "BRD" ohne Staatsvolk

Der Begriff "Volk" bedeutet staatsrechtlich eine Kurzform für den Begriff <u>Staats</u>volk. Das Volk ist damit die Gesamtheit aller Staatsangehörigen.
Hiervon zu unterscheiden ist der Begriff "Bevölkerung". Hierbei handelt es sich um alle Menschen, die sich in einem definierten Territorium längerfristig aufhalten, ohne Angehörige des Staates sein zu müssen, beispielsweise auch ausländische Studenten, Wanderarbeiter, ausländische Geschäftsleute etc.
Die Unterscheidung zwischen "Volk" beziehungsweise "Staatsvolk" einerseits und "Bevölkerung" andererseits ist sehr wichtig, da in staatlich relevanten Fragen selbstverständlich nur Angehörige des Staatsvolks abstimmungsberechtigt sind. Dies betrifft beispielsweise Wahlen, Volksbefragungen oder Volksabstimmungen.

Üblicherweise wird von Vertretern des "BRD"-Systems für die von ihnen verwalteten Menschen der Begriff "Bevölkerung" verwendet, da die "BRD"-Funktionäre schließlich nicht offen lügen möchten, denn ein Volk beziehungsweise Staatsvolk hat die "BRD" schließlich nicht:

Ob Sie es glauben oder nicht, es gibt auf der ganzen Welt keinen einzigen Menschen, der die Staatsangehörigkeit der "Bundesrepublik Deutschland" besitzt. Es gibt somit niemanden, der Staatsangehöriger der "Bundesrepublik Deutschland" ist.
Es gibt, genauer gesagt, auf der ganzen Welt keinen einzigen "Bundesbürger".

Auch Bedienstete der so genannten "BRD", wie der so genannte "Bundespräsident", der so genannte "Bundestagspräsident", die so genannte "Bundeskanzlerin", Angehörige der so genannten "Bundesregierung", Angehörige des so genannten "BUNDESTAGES", ferner so genannte "Richter", "Polizeibedienstete" oder "Verwaltungsbedienstete" etc. besitzen keine Staatsangehörigkeit der "Bundesrepublik Deutschland".
Dies folgt zwingend aus der Tatsache, daß es keine Staatsangehörigkeit der "BRD" gibt.

Schaut man sich die Regelungen des "BRD"-Systems an, in denen die Bedingungen für die Zugehörigkeit zur "BRD" definiert sind, vermißt man Sätze wie:
"Staatsangehöriger der Bundesrepublik Deutschland ist, wer ….. (diese oder jene Voraussetzungen erfüllt) ….. "

Die Zugehörigkeit zur "BRD" wird im Artikel 116 des "Grundgesetzes" sowie im sogenannten "Staatsangehörigkeitsgesetz" beschrieben.
Grundgesetz Art. 116:
Zitat:
(1) *"Deutscher im Sinne dieses Grundgesetzes ist ….. wer die deutsche Staatsangehörigkeit besitzt ….. ".*
(vgl. Art 116 Grundgesetz <u>für die</u> Bundesrepublik Deutschland)

Dabei ist die sogenannte "deutsche Staatsangehörigkeit" identisch mit der unmittelbaren Reichsangehörigkeit, wie sie am 05.02.1934 definiert wurde:
Zitat:
"Auf Grund des Artikels 5 des Gesetzes über den Neuaufbau des Reichs vom 30.01.1934 (RGBl. I. Seite 75) wird folgendes verordnet:
§ 1   (1) Die Staatsangehörigkeit in den deutschen Ländern fällt fort.
*   (2) Es gibt nur noch eine deutsche Staatsangehörigkeit (Reichsangehörigkeit)."*

Der oben zitierte Satz des Art. 116 des "Grundgesetzes" lautet deshalb mit anderen Worten:
(1) *"Deutscher im Sinne dieses Grundgesetzes ist ….. wer die unmittelbare Reichsangehörigkeit besitzt ….. ".*

Wie im Artikel 116 des "Grundgesetzes", so wird auch im sogenannten "Staatsangehörigkeitsgesetz" nicht etwa eine Staatsangehörigkeit der "Bundesrepublik Deutschland" definiert, sondern lediglich die unmittelbare Reichsangehörigkeit beschrieben.
Dies ist auch völlig folgerichtig. Da es sich bei der "BRD" nicht um einen Staat handelt, kann die "BRD" auch keine eigene Staatsangehörigkeit definieren oder vergeben.

Die "BRD" kann somit <u>nach ihren eigenen Regeln</u> lediglich die Angehörigen des Deutschen Reiches (mit unmittelbarer Reichsangehörigkeit) verwalten, sie vergibt jedoch keine eigene Staatsangehörigkeit!

Interessant ist in diesem Zusammenhang die Antwort die man bekommt, wenn man eine entsprechende "BRD"-Stelle anschreibt:

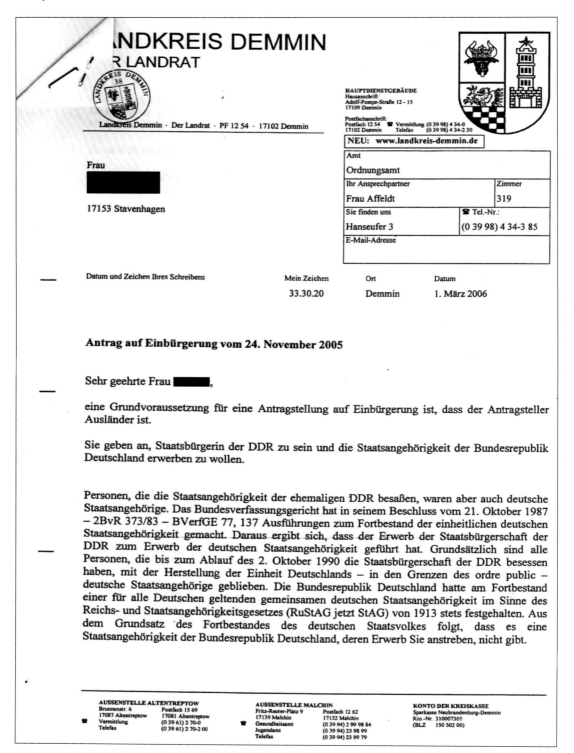

> 2
>
> Ein Antrag auf Einbürgerung kann nur ein Ausländer stellen, also eine Person, die nicht Deutscher im Sinne des Art. 116 Abs. 1 Grundgesetz ist. Ihrer Antragstellung nach zu beurteilen, ist dies bei Ihnen offensichtlich nicht der Fall.
>
> Es wird Ihnen hiermit Gelegenheit gegeben Ihren gestellten Antrag schriftlich zurückzunehmen.
>
> Dieses Schreiben ist gleichzeitig eine Anhörung im Sinne des § 28 des Verwaltungsverfahrensgesetzes.
>
> Mit freundlichem Gruß
>
> Im Auftrag
>
> Affeldt
>
> Die Übereinstimmung der vorstehenden/umstehenden Abschrift/Vervielfältigung mit _dem Antrag auf Einbürgerung v. 24. November 2005_ (genaue Bezeichnung des Schriftstückes) wird hiermit amtlich beglaubigt. Die amtliche Beglaubigung dient zur Vorlage bei _Geidt_ (Behörde)
>
> Demmin, den _10. August 2007_
> Landkreis Demmin
> Der Landrat
> im Auftrag _i.A. Riesebeck_ (Unterschrift)

Anschreiben des "Landkreises Demmin", auf Blatt 1, den untersten Zeilen wird klar zum Ausdruck gebracht, daß es eine Staatsangehörigkeit der "Bundesrepublik Deutschland" nicht gibt.

Man sieht hier gleichzeitig ein Beispiel für eine mögliche Vorgehensweise für sich selbst. Um vom Unwissen zum Wissen zu gelangen, kann ein jeder die "BRD"-"Behörden" selbst anschreiben. Mitunter bekommt man doch sehr aufschlußreiche Antworten und keine Antwort ist ja unter Umständen auch eine Antwort!

"BRD"-"Personalausweis" mit falschem Eintrag der Staatsangehörigkeit "DEUTSCH".

Auch in den sogenannten "Personaldokumenten" der "BRD" wie beispielsweise im "Bundespersonalausweis" oder "Reisepaß" findet sich unter der Rubrik "Staatsangehörigkeit" nicht etwa der Eintrag "Bundesrepublik Deutschland", wie man es erwarten dürfte, sofern die "BRD" tatsächlich ein Staat wäre.

Es findet sich dort vielmehr lediglich der Eintrag "DEUTSCH". Wie Jedem bei weiterem Überlegen sofort einleuchtet, gibt es einen Staat namens "DEUTSCH" jedoch nicht. Oder kennen Sie einen Staat namens "DEUTSCH"?
Zum Thema Staatsangehörigkeitseintrag in Pässen kann man sich international etwas umschauen: In Reisepässen von Großbritannien ist unter der Rubrik >>Staatsangehörigkeit<< völlig korrekt der Name des Staates, nämlich "United Kingdom" zu finden, und nicht etwa der Eintrag "BRITISH".

Nebenbei:
Wenn man noch ausländische Ausweise und Pässe mit korrektem Staatsangehörigkeitseintrag sehen will, muß man sich beeilen, da innerhalb der "EU" die Staatsangehörigkeiten aller Mitgliedsländer in Firmenrecht umgewandelt, und somit abgeschafft werden. Das, was im "BRD"-System bereits seit der Gründung 1949 besteht, nämlich das Fehlen einer Staatlichkeit, wird nunmehr europaweit durchgesetzt (gemäß Vertrag von Lissabon von 2008).
Auf die Folgen wird in einem späteren Kapitel noch eingegangen.

Nicht unerwähnt soll an dieser Stelle bleiben, daß "BRD"-Stellen für durchaus nennenswerte "Euro"-Beträge auch "Staatsangehörigkeitsurkunden" ausstellen. Allerdings wird in diesen Urkunden auch keine Staatsangehörigkeit der "BRD" beurkundet, sondern lediglich die "deutsche Staatsangehörigkeit" (die identisch mit der unmittelbaren Reichsangehörigkeit ist).

Fazit:
Die "BRD" vergibt oder definiert keine eigene Staatsangehörigkeit.
Es gibt somit auf der ganzen Welt keinen einzigen "Bundesbürger".
Die "BRD" hat somit kein eigenes Staatsvolk, womit auch dieses völkerrechtlich notwendige Merkmal eines Staates entsprechend der Drei-Elemente-Lehre nicht erfüllt ist.

2.4. "BRD" ohne Verfassung

Das Vorhandensein einer Verfassungsurkunde, beziehungsweise einer niedergeschriebenen Verfassung ist zwar nach der Drei-Elemente-Lehre kein völkerrechtlich notwendiges Kriterium für einen Staat. Wenn jedoch eine Verfassung vorhanden ist, dann ist sie definitionsgemäß die oberste Rechtsnorm eines Staates.
Das heißt, ein wie auch immer geartetes Verwaltungskonstrukt, welches kein Staat ist, kann somit zwar irgendein Grundregelwerk haben, es ist jedoch staatsrechtlich nicht statthaft, dieses Grundregelwerk dann "Verfassung" zu nennen.

Mitunter werden Grundregelwerke für nichtstaatliche Konstrukte erstellt, und diese werden "Verfassung" genannt. Hierbei handelt es sich jedoch um Etikettenschwindel beziehungsweise um Täuschungen zum Zwecke der Manipulation.
Ein anschauliches Beispiel hierfür ist die Erstellung von sogenannten "Verfassungen" für die sogenannten "Bundesländer".
Da es sich bei den "Bundesländern" nicht um Staaten handelt (ohne eigenes Staatsangehörigkeitsrecht und ohne eigene Staatsgewalt), ist der Begriff "Verfassung" für diese Grundregelwerke nicht statthaft.
Die Tatsache, daß über diese Grundregelwerke einmal von irgendwem abgestimmt wurde, ändert hieran nichts.
Daß man im "BRD"-System die Grundregelwerke der "Bundesländer" als "Verfassungen" bezeichnet, ist ein sehr anschauliches Beispiel für Täuschung, Desinformation und Manipulation.

Um der Öffentlichkeit vorzugaukeln, die "BRD" sei ein Staat, wird von "BRD"-Vertretern immer wieder behauptet, das "Grundgesetzes für die Bundesrepublik Deutschland" sei eine Verfassung.
Dies ist jedoch nicht nur eine ziemlich dreiste Lüge, sondern dazu noch kompletter Unsinn.

Ausgangsgrundlage für die Schaffung des "Grundgesetzes <u>für die</u> Bundesrepublik Deutschland" ist die Haager Landkriegsordnung Art. 43:

<u>Zitat:</u>
"Nachdem die gesetzmäßige Gewalt tatsächlich in die Hände des Besetzenden übergegangen ist, hat dieser alle von ihm abhängenden Vorkehrungen zu treffen, um nach Möglichkeit die öffentliche Ordnung und das öffentliche Leben wiederherzustellen und aufrechtzuerhalten, und zwar, soweit kein zwingendes Hindernis besteht, unter Beachtung der Landesgesetze."
(vgl. Haager Landkriegsordnung, Art. 43 vom 18.10.2007; RGBl. 1910, Seite 107 ff.)

Interessant ist hierbei, daß es im Rechtssystem des Deutschen Reiches durchaus "Grundgesetze" gegeben hat, nämlich für die Kolonialgebiete.
Mit der Verfügung des "Grundgesetzes <u>für die</u> BRD" haben die Besatzungsmächte somit lediglich auf Rechtsbestandteile des Deutschen Reiches zurückgegriffen, und zwar auf das Kolonialgebietsrecht. Sie haben sich somit perfekt an Artikel 43 der Haager Landkriegsordnung gehalten, in dem die Beachtung der Landesgesetze vorgeschrieben wird. Ironischerweise haben die Besatzungsmächte Strukturen des Kolonialrechts des Deutschen Reiches benutzt, um uns eine Kolonialverwaltung aufzuerlegen, um uns sozusagen zu einer Kolonie zu machen.

Zusammenfassend sollte man sich deshalb verdeutlichen:

Ein Grundgesetz
wird **von einer Besatzungsmacht** (*oder einer Kolonialmacht*) **verfügt**.

Es dient der **Organisation** eines **Besatzungsgebietes** (*oder eines Kolonialgebietes*).

Eine Verfassung
Eine Verfassung gibt sich ein Staatsvolk **in freier Selbstbestimmung**.

Durch sie wird der Staat **konstituiert**.

Sie ist die **oberste** Rechtsnorm eines **Staates**.

Ein Grundgesetz und eine Verfassung sind somit zwei Dinge, die aber auch gar nichts miteinander zu tun haben!

Zum besseren Verständnis ist es hilfreich, sich die Rede des Stellvertreters des "Parlamentarischen Rates", Herrn Professor Carlo Schmid vom 08.09.1948 näher anzuschauen.

<u>Zitat:</u>
*"Meine Damen und Herren! .....
Worum handelt es sich denn eigentlich bei dem Geschäft, das wir hier zu bewältigen haben? .....
Wenn in einem souveränen Staat das Volk eine verfassungsgebende Nationalversammlung einberuft, ist deren Aufgabe klar ..... . Sie hat eine <u>Verfassung</u> zu schaffen. Was heißt aber "Verfassung"? Eine Verfassung ist die Gesamtentscheidung eines freien Volkes über die Formen und die Inhalte seiner politischen Existenz. Eine solche Verfassung ist dann die Grundnorm des Staates, sie bestimmt in letzter Instanz ..... die Rechte der Individuen und die Grenzen der Staatsgewalt. Nichts steht über ihr, niemand kann sie außer Kraft setzen, niemand kann sie ignorieren. ..... Eine Verfassung ist nichts anderes als die in Rechtsform gebrachte Selbstverwirklichung der Freiheit eines Volkes .....
... Wir haben (heute) ..... <u>das Grundgesetz</u> ... zu beraten ...... Wir haben <u>nicht die Verfassung Deutschlands oder Westdeutschlands zu machen. Wir haben keinen Staat zu errichten.</u> ..."*
(vgl. Rede des Abgeordneten Carlo Schmid im Parlamentarischen Rat, 08.09.1948 [StenBer. Seite 70ff.])

Ein Grundgesetz unterscheidet sich somit elementar von einer Verfassung. Ein Grundgesetz ist nicht die höchste Rechtsnorm in einem Territorium. Zu einem Grundgesetz gibt es höherrangiges Recht. Dem "Grundgesetz für die Bundesrepublik Deutschland" ist das übrige Besatzungsrecht, das Siegerrecht des Zweiten Weltkrieges und das Kriegsvölkerrecht übergeordnet. Und auf der ganzen Welt gilt:

Höherrangiges Recht bricht niederrangiges Recht!

Und damit können sich die Besatzer jederzeit über das "Grundgesetz" hinwegsetzen. Die Konsequenzen dessen dürften jedem sofort einleuchten. Die Grundrechte wie sie im "Grundgesetz" formuliert sind, sind nichts weiter als Makulatur!

Verfassung	Grundgesetz
Eine Verfassung gibt sich ein Staasvolk in freier Selbstbestimmung.	Ein Grundgesetz wird von einer Besatzungsmacht (oder einer Kolonialmacht) verfügt.
Durch eine Verfassung wird ein Staat konstituiert.	Durch ein Grundgesetz wird ein Besatzungsgebiet (oder ein Kolonialgebiet) organisiert.
Eine Verfassung ist die höchste Rechtsnorm in einem Staat.	Ein Grundgesetz ist niederrangiges Besatzungsrecht (oder Kolonialrecht). Es gibt folglich zu einem Grundgesetz übergeordnetes bzw. höherrangiges Recht, so daß sich die Besatzungsmacht (oder die Kolonialmacht) jederzeit über die Rechtsnormen eines Grundgesetzes hinwegsetzen kann.

Den Unterschied zwischen einer Verfassung und einem Grundgesetz verdeutlicht beispielsweise auch die Tatsache, daß das "Grundgesetz für die Bundesrepublik Deutschland" seit seiner Existenz genau 156 Mal geändert wurde (Stand 08/13).
Im Gegensatz hierzu wurde beispielsweise die Verfassung der U.S.A., die als eine der besten Verfassungen in der Welt gilt, in demselben Zeitraum nur vier Mal geändert, und auch nur in Form von "Verfassungszusätzen"!

Ein Grundgesetz und eine Verfassung, zwei Dinge, die aber auch gar nichts miteinander zu tun haben!

Abgesehen davon, daß das permanente Herummanipulieren am "Grundgesetz" definitiv nichts mit Rechtssicherheit zu tun haben kann, kann man auch hierin den Unterschied zwischen einem Grundgesetz und einer Verfassung unmittelbar erkennen.

Wie sich einige Leser möglicherweise erinnern, ist mit der Besetzung des Irak im Jahre 2003 durch die U.S.A. ebenfalls ein Grundgesetz in Kraft gesetzt worden. Bereits im Jahre 2005 konnten die Iraker über eine Verfassung abstimmen. Im Irak ist man mit der Herstellung rechtsstaatlicher Verhältnisse offensichtlich viel weiter als in Deutschland.

Fazit:
Obgleich die Drei-Elemente-Lehre das Vorhandensein einer niedergeschriebenen Verfassung für einen Staat nicht explizit vorschreibt, ist festzustellen, daß die "BRD" keine Verfassung hat.
Das gesamte "BRD"-System hat demnach <u>keine verfassungsrechtliche Legitimation!</u>

Man beachte dabei die folgende Aussage von Herrn Günter Grass:

"Nach wie vor ist einzuklagen, daß der Schlußartikel des alten Grundgesetzes, Artikel 146, der zwingend vorgeschrieben hat, im Fall der deutschen Einheit dem deutschen Volk eine neue Verfassung vorzulegen, nicht eingehalten worden ist!
Ich bin sicher, daß wir alle einen ungeheuren und kaum auszugleichenden Schaden erleiden, wenn wir weiterhin mit diesem Verfassungsbruch leben!"

(Nobelpreisträger Günter Grass in seinem Buch "Fragen zur Deutschen Einheit")

2.5. Schlußfolgerungen

Wie dargelegt wurde, erfüllt die "BRD" keines der drei völkerrechtlich notwendigen Kriterien für einen Staat. Sie hat weder ein Staatsvolk noch ein Staatsgebiet noch eine Staatsgewalt. Unabhängig von den völkerrechtlich verbindlichen Kriterien der Drei-Elemente-Lehre hat die "BRD" auch keine Verfassung und demnach keine verfassungsrechtliche Legitimation.

Die "BRD" ist somit lediglich eine von den Besatzungsmächten installierte Kolonialverwaltung in Deutschland. Ihre Funktion ist es, die Interessen der Besatzungsmächte durchzusetzen. Ein Staat ist die "BRD" zu keiner Zeit gewesen!

Die "BRD" hat somit weder eine staatsrechtliche noch eine verfassungsrechtliche Legitmiation!!

(<u>Damit ergibt sich zwangsläufig die Frage:</u> **Welche Legitimation hat die "BRD" überhaupt?**)

3. Unsere wirkliche Staatsangehörigkeit

Da die "BRD" kein Staat ist und demzufolge keine eigene Staatsangehörigkeit vergeben kann, erhebt sich zwangsläufig die Frage, welche Staatsangehörigkeit wir inne haben.
Schließlich dürfen wir einmal eine Anleihe bei der Allgemeinen Erklärung der Menschenrechte nehmen, in der es in Artikel 15 heißt:

<u>Allgemeine Erklärung der Menschenrechte Art. 15:</u>
<u>Zitat:</u>
(1) *"Jeder hat das Recht auf eine Staatsangehörigkeit."*
(2) *"Niemandem darf seine Staatsangehörigkeit willkürlich entzogen ..... werden ....."*

Wenn wir eines Tages wieder zu staatlichem Recht gelangen wollen, müssen wir beachten, daß es nicht möglich ist, einen Staat in einem Staat zu gründen, den es bereits gibt. Zudem kann ein Mensch, der eine Staatsangehörigkeit hat, nicht einfach mal eben gegen seinen Willen eine andere Staatsangehörigkeit erhalten.
Wir müssen uns also auf die Suche begeben, wann es das letzte Mal auf deutschem Boden legitimes staatliches Recht gegeben hat. Wir müssen dann untersuchen, ob dieses staatliche Recht legitimerweise abgeschafft wurde. Durch einen illegalen Rechtsakt kann ein Staat nicht aufgelöst werden, der Staat wäre dann lediglich rechtswidrig handlungsunfähig gestellt.
Gehen wir also in den nächsten Kapiteln auf die Suche nach dem letzten legalen, zivilen staatlichen Recht, welches auf deutschem Boden bestanden hat.

Die Antwort ist so einfach wie kaum etwas sonst im Bereich der Rechtswissenschaften, aber leider nur wenigen Menschen bekannt. Doch zunächst noch einige wichtige Ausführungen:

3.1. Abgrenzung Deutsches Reich gegenüber dem sogen. "Dritten Reich"

In der vorliegenden Abhandlung werden häufig historische Zusammenhänge erörtert. Es ist dabei unvermeidlich, daß der Begriff <u>Deutsches Reich</u> verwendet wird.
Vielfach wird aus Unkenntnis das Deutsche Reich und das sogenannte "Dritte Reich" gleichgesetzt. Hier gilt es jedoch unbedingt zu differenzieren!

Das Deutsche Reich und das sogenannte "Dritte Reich" sind zwei Dinge, die unter gar keinen Umständen gleichgesetzt werden können.

Der Begriff <u>Deutsches Reich</u> ist die völkerrechtlich korrekte Bezeichnung für einen Staatenbund wie er im Jahre 1871 gegründet wurde - weiter nichts.
Der Begriff "Drittes Reich" ist demgegenüber kein völkerrechtlicher Begriff, er ist eher als ein Begriff aus dem "Polit-Jargon" anzusehen und bezeichnet das nationalsozialistische Unrechtsregime und die illegale nationalsozialistische Rechtssetzung in der Zeit von 1933 bis 1945.

Das sogenannte "Dritte Reich" hatte zudem keine staatsrechtliche Grundlage, es basierte auf der <u>rechtswidrigen</u> Außerkraftsetzung der verfassungsmäßigen Ordnung des Deutschen Reiches.
Somit stehen sich das Deutsche Reich und das sogenannte "Dritte Reich" völlig konträr beziehungsweise feindlich gegenüber. Deutsches Reich und sogenanntes "Drittes Reich" stehen zueinander wie Feuer und Wasser. Letztlich haben sie nichts miteinander zu tun!
Das Deutsche Reich als legitimes Völkerrechtssubjekt gibt es bereits seit vielen Jahrhunderten (auch wenn es früher zeitweise anders genannt wurde, beispielsweise "Heiliges Römisches Reich Deutscher Nation" etc.).
Des sogenannte "Dritte Reiches" beziehungsweise das nationalsozialistische Unrechtsregime bestand demgegenüber lediglich zwölf Jahre!

Die <u>nationalsozialistische Rechtssetzung</u> des sogenannten "Dritten Reiches" wurde von den Alliierten Siegermächten des Zweiten Weltkrieges auf der Potsdamer Konferenz sowie im SHAEF-Gesetz Nr. 1 <u>aufgehoben</u>. Sie war zudem per se rechtswidrig, da sie bereits illegal zustande gekommen war.

Es wird von den "BRD"-Vertretern wiederholt versucht, die Begriffe <u>Deutsches Reich</u> und "Drittes Reich" gleichzusetzen, um negative Emotionen gegenüber der korrekten Bezeichnung <u>Deutsches Reich</u> zu bewirken. Offensichtlich wird von ihnen mittels Desinformation versucht, eine Entfremdung der Deutschen Völker gegenüber ihrem Staatenbund <u>Deutsches Reich</u> zu erreichen.

3.2. Der Fortbestand des Deutschen Reiches

Von "BRD"-Vertretern, "Politikern" und in Schulen des "BRD"-Systems wird immer wieder behauptet, das Deutsche Reich sei durch diverse Ereignisse "untergegangen" beziehungsweise "verschwunden".
Hierfür wurden und werden immer wieder folgende Behauptungen aufgestellt:

1. das Deutsche Reich sei mit der militärischen Niederlage der Wehrmacht im Jahre 1945 "untergegangen"
2. das Deutsche Reich sei mit der Gründung der "BRD" und der "DDR" im Jahre 1949 "untergegangen"
3. das Deutsche Reich sei mit dem Grundlagenvertrag zwischen der "BRD" und der "DDR" im Jahre 1972 "untergegangen"
4. das Deutsche Reich sei mit dem Beitritt der "BRD" und der "DDR" zur UNO im Jahre 1973 "untergegangen"
5. das Deutsche Reich sei mit dem Einigungsvertrag zwischen der "BRD" und der "DDR" im Jahre 1990 "untergegangen"
6. das Deutsche Reich sei mit dem sogenannten "2+4-Vertrag" aus dem Jahre 1990 "untergegangen".

Zum besseren Verständnis ist folgendes voranzustellen:
Das Völkerrecht, insbesondere das Kriegsvölkerrecht in Gestalt der Haager Landkriegsordnung und der Genfer Konvention, sieht im Falle einer militärischen Niederlage das Verschwinden des unterlegenen Staates überhaupt nicht vor.
Es hat schließlich in der Geschichte schon sehr viele Kriege gegeben, wenn die jeweils unterlegenen Staaten hierdurch untergegangen wären, gäbe es auf der Welt nur noch eine Hand voll Staaten.

Es gibt völkerrechtlich nur drei Möglichkeiten, einen Staat zum "Verschwinden" zu bringen:
1. der oberste Souverän des Staates (also das Staatsvolk oder der Monarch) entscheidet in freier Selbstbestimmung, daß der Staat aufhört zu existieren,
2. nach einer militärischen Niederlage wird das gesamte Staatsvolk bis auf den letzten einzelnen Staatsangehörigen verschleppt oder umgebracht,
3. nach einer militärischen Niederlage wird das gesamte Staatsgebiet vollständig annektiert (von den Siegerstaaten einverleibt).

Eine Annexion würde bewirkten, daß die Staatsangehörigen des annektierten Staates eine neue Rechtsstellung zuerkannt bekommen müssen. Sie müßten dann Staatsangehörige des annektierenden Staates werden, selbstverständlich mit allen Rechten und Pflichten.
Eine Annexion ist jedoch von den Siegermächten des Zweiten Weltkrieges ausdrücklich nicht praktiziert worden.
Bereits im Londoner Protokoll vom 12.09.1944 wurde von ihnen festgelegt, daß das Gebiet des Deutschen Reiches nicht annektiert und das Deutsche Reich nicht ausgelöscht wird, sondern lediglich innerhalb seiner Grenzen vom 31.12.1937 in Besatzungszonen eingeteilt, und ein besonderes Berliner Gebiet geschaffen wird.
(vgl. Londoner Protokoll über die Besatzungszonen in Deutschland und die Verwaltung von Groß-Berlin vom 12.09.1944, letzte Fassung vom 13.08.1945)

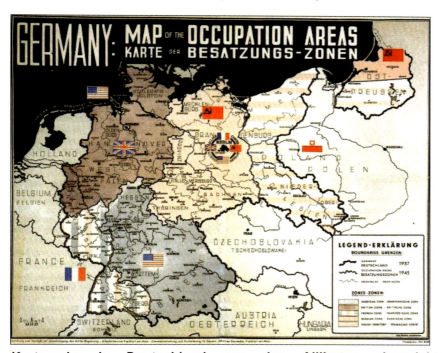

Karte der in Deutschland von den Alliierten eingerichteten Besatzungszonen, Besatzungssektoren und Verwaltungsgebieten

Auch in der "Berliner Erklärung vom 05.06.1945" wurde klargestellt, daß die künftigen Besatzungsmächte die oberste Regierungsgewalt in Deutschland übernehmen, es jedoch nicht annektieren werden, und daß eventuelle Grenzänderungen in einer späteren Friedensregelung festzulegen seien.

Zitat:
"Die Regierungen übernehmen hiermit die oberste Regierungsgewalt in Deutschland ...... Die Übernahme .....bewirkt nicht die Annektierung Deutschlands. Die Regierungen werden später die Grenzen Deutschlands .... festlegen."
**("Erklärung in Anbetracht der Niederlage Deutschlands und der Übernahme der obersten Regierungsgewalt hinsichtlich Deutschlands ..... vom 05.06.1945), in:
Amtsblatt des Kontrollrats in Deutschland, Ergänzungsblatt Nr. 1, Seite 7-9**

Somit wird selbst von den Alliierten Siegermächten klar gesagt, daß das Deutsche Reich allein aufgrund der militärischen Niederlage nicht "untergegangen" ist.

Von "BRD"-Vertretern wird zudem gerne behauptet, mit der Gründung der "DDR" und der "BRD" sei das Deutsche Reich "untergegangen". Dies ist jedoch Unsinn, da die "BRD" und die "DDR" nicht als Staaten, sondern lediglich als Kolonialverwaltungen der Besatzungsmächte gegründet wurden. Folgerichtig waren sie zu keiner Zeit Rechtsnachfolger des Deutschen Reiches. Demzufolge lautet ein entsprechendes Urteil des "BRD"-Grundgesetzgerichtes 1983:

Zitat:
"..... Das Inkrafttreten des Grundgesetzes ..... und der Verfassung der DDR änderte am Fortbestand des deutschen Staates nichts; beide Vorgänge erfüllten nicht einen völkerrechtlichen Tatbestand des Staatsunterganges. ....."
(vgl. BVGU 2 BvR 373/83)

Es wird von "BRD"-Vertretern gerne behauptet, mit dem "Grundlagenvertrag" zwischen der "BRD" und der "DDR" im Jahre 1972 oder mit Beitritt der "BRD" und der "DDR" zur UNO im Jahre 1973 sei das Deutsche Reich untergegangen. Dies ist jedoch ebenfalls Unsinn. Die Tatsache, daß von zwei Kolonialverwaltungen, die keine Rechtsnachfolger des Deutschen Reiches waren, die Außenbeziehungen neu gestaltet werden, kann natürlich nicht zu einem Untergang des Deutschen Reiches geführt haben.
Folgerichtig wurden bereits in einem Grundsatzurteil aus dem Jahre 1973 des sogenannten "Bundesverfassungsgerichtes" folgende Ausführungen gemacht:

Zitat:
"Das Grundgesetz – nicht nur eine These der Völkerrechtslehre und der Staatsrechtslehre! – geht davon aus, daß das Deutsche Reich den Zusammenbruch 1945 überdauert hat und weder mit der Kapitulation, noch durch Ausübung fremder Staatsgewalt in Deutschland durch die alliierten Okkupationsmächte, noch später untergegangen ist; das ergibt sich aus der Präambel, aus Art. 16, Art. 23, Art. 116 und Art. 146 GG. Das entspricht auch der ständigen Rechtsprechung des Bundesverfassungsgerichts, an der der Senat festhält. Das Deutsche Reich existiert fort (BVerfGE 2, 266 [277]; 3, 288 [319 f.]; 5, 85 [126]; 6, 309 [336, 363]), besitzt nach wie vor Rechtsfähigkeit, ist allerdings als Gesamtstaat mangels Organisation, insbesondere mangels institutionalisierter Organe selbst nicht handlungsfähig. [...] Mit der Errichtung der Bundesrepublik Deutschland wurde nicht ein neuer westdeutscher Staat gegründet, sondern ein Teil Deutschlands neu organisiert (vgl. Carlo Schmid in der 6. Sitzung des Parlamentarischen Rates – StenBer. Seite 70). Die Bundesrepublik Deutschland ist also nicht Rechtsnachfolger des Deutschen Reiches .... "
(vgl. BVGU 2 BvF 1/73)

Präziser kann man es nicht formulieren. Dabei gibt es Juristen im "BRD"-System, die behaupten, die "BRD" sei "identisch" mit dem Deutschen Reich. Auch hierbei handelt es sich um völligen Unsinn.
Wenn die "BRD" mit dem Deutschen Reich "identisch" wäre, hätte sie logischerweise auch die Rechte und Pflichten des Deutschen Reiches. Die "BRD" wäre dann logischerweise <u>Rechtsnachfolger</u> des Deutschen Reiches.
Aber genau dies ist in <u>sämtlichen</u> internationalen Gerichtsurteilen wie auch in sämtlichen "Gerichts"-Urteilen des "BRD"-Systems, insbesondere in sämtlichen Urteilen des sogenannten "Bundesverfassungsgerichtes" immer wieder <u>ausgeschlossen</u> worden.
Darüber hinaus ist eine beliebte Behauptung von "BRD"-Vertretern, das Deutsche Reich sei mit dem "2+4-Vertrag" im Jahre 1990 untergegangen.
Worauf sie diese wahrheitswidrige Rechtsbehauptung stützen, können sie nicht belegen. Aber schauen wir selbst, was die Alliierten im "2+4-Vertrag" zum Deutschen Reich festlegen:

In Artikel 7 legen sie fest:

Zitat:

"Die Französische Republik, das Vereinigte Königreich ....., die Union der Sozialistischen Sowjetrepubliken und die Vereinigten Staaten ..... beenden hiermit ihre Rechte und Verantwortlichkeiten in bezug auf Berlin und Deutschland als Ganzes... "

"Deutschland als Ganzes" wurde von den Alliierten Siegermächten immer als Synonym für das Deutsche Reich verwendet, und zwar nicht nur für das Territorium des Deutschen Reiches, sondern für alle drei Elemente aus der Drei-Elemente-Lehre, also für das Territorium, das Staatsvolk und die Staatsgewalt.

Der oben zitierte Satz bedeutet deshalb vereinfacht:

"Die Alliierten beenden ihre Verantwortlichkeiten für das Deutsche Reich".

Dies beinhaltet etwas völlig anderes, als einen Untergang des Deutschen Reiches. Die Alliierten haben nicht festgelegt, daß das Deutsche Reich untergeht, sondern nur, daß sie ihre diesbezüglichen Verantwortlichkeiten beenden.
Damit kann das Deutsche Reich gar nicht untergegangen sein. Wie sollte man denn auch Verantwortlichkeiten erst reklamieren, und dann wieder beenden, für etwas, das es gar nicht gibt?
In diesem Satz ist somit implizit enthalten, daß das Deutsche Reich weiterhin besteht.

Zusammenfassend ist festzustellen:
Der Staatenbund Deutsches Reich besteht nach wie vor. Es gibt keinen völkerrechtlichen Akt, durch den das Deutsche Reich oder eines seiner Einzelstaaten untergegangen wäre.

3.3. Das Territorium des Deutschen Reiches

An dieser Stelle sei vorangestellt, daß es dem Verfasser nicht um international strittige Gebietsansprüche geht. Es soll lediglich geprüft werden, ob das Territorium des Deutschen Reiches entsprechend der Drei-Elemente-Lehre definiert ist, was schließlich völkerrechtlich bedeutsam ist.

Für das Verständnis des Themas ist von besonderer Bedeutung, daß die Hauptsiegermacht des Zweiten Weltkrieges, die U.S.A., in ihrer Sieger-Rechtssetzung im Jahre 1944, einen völkerrechtlich neuen Begriff eingeführt hat, den es bis dahin nicht gab.
Um die Deutschen Völker von ihrem Staatenbund, dem Deutschen Reich, zu entfremden, haben sie den Begriff "Deutschland" eingeführt. Dieser Begriff war zuvor lediglich ein geographischer Begriff.

Um zu einem völkerrechtlichen Begriff zu werden, mußte er definiert werden.
In den entsprechenden Siegerrechtsregelungen im Rahmen der SHAEF-Gesetzgebung tun die U.S.A. dies folgendermaßen:

Zitat:
"Deutschland" bedeutet das Gebiet des Deutschen Reiches, wie es am 31.12.1937 bestanden hat.
(vgl. SHAEF-Gesetz Nr. 52, Artikel VII "Begriffsbestimmungen" Absatz (e)")

Im Weiteren wurde auf der Potsdamer Konferenz vom 17.07.1945 bis zum 25.07.1945 bestätigt, daß eventuelle Grenzänderungen des Deutschen Reiches einer Friedensregelung mit dem Deutschen Reich vorbehalten bleiben.
Die preußischen Gebiete, welche östlich der Oder-Neiße-Linie liegen, wie beispielsweise Ostpreußen, Großteile Pommerns und Schlesiens wurden unter polnische und sowjetische

Verwaltung gestellt, blieben jedoch völkerrechtlich Teile Preußens und damit Teil des Deutschen Reiches:

Zitat:
"Die Häupter der drei Regierungen bekräftigen ihre Auffassung, daß die endgültige Festlegung der Westgrenze Polens bis zur Friedenskonferenz zurückgestellt werden soll. Die Häupter der drei Regierungen stimmen überein, daß bis zur endgültigen Festlegung der Westgrenze Polens die .... deutschen Gebiete östlich der Linie ..... unter die Verwaltung des polnischen Staates kommen ....."
(vgl. Potsdamer Protokoll vom 02.08.1945)

Beispielsweise konnten weder die "Regierung" Brandt 1970, noch die "Regierung" Kohl 1990 Gebiete des Deutschen Reiches an Polen abtreten, sondern nur die Potsdamer Protokolle vom 02.08.1945 bestätigen. Dies ergibt sich aus der Tatsache, daß die Bestätigung einer gegenwärtigen Grenze keine dauerhafte Gebietsabtretung darstellt.

Folgerichtig stellte die "Regierung" Brandt 1970 in den entsprechenden Verhandlungsprotokollen klar, daß sie ausschließlich im Namen der "BRD" handeln kann *(und eben nicht im Namen des Deutschen Reiches oder für das Deutsche Reich – oder etwa für Preußen – Anm. d. Verf.)*.

Zitat:
*"Im Laufe der Verhandlungen, die zwischen der Regierung der Bundesrepublik Deutschland und der Volksrepublik Polen ..... geführt worden sind, ist von der Bundesregierung klargestellt worden, daß der Vertrag .... die Rechte und Verantwortlichkeiten der Französischen Republik, des Vereinigten Königreiches ...... der Union der Sozialistischen Sowjetrepubliken und der Vereinigten Staaten ..... nicht berührt, und nicht berühren kann.
Die Bundesregierung hat ferner darauf hingewiesen, daß sie nur im Namen der Bundesrepublik Deutschland handeln kann."*
(vgl. Warschauer Vertrag vom 07.12.1970)
sowie
(Verbalnote des Bundesdeutschen Botschafters in Bonn vom 19.11.1970)

Ebenfalls folgerichtig hat das sogenannte "Bundesverfassungsgericht" auch im Jahre 1992, in dem das "Gericht" über den Inhalt des deutsch-polnischen Grenzbestätigungsvertrages der "Regierung" Kohl zu befinden hatte, klargestellt, es sei

Zitat:
"..... nur der reine Wortlaut des Vertrages maßgebend, irgendwelche Gebietsabtretungen dürften nicht hineininterpretiert werden."
**(vgl. Grenzbestätigungsvertrag vom 14.11.1990
sowie
BVGU 2 BvR 1613/91)**

Dies bedeutet, wann immer der Begriff "Deutschland" in internationalen Zusammenhängen verwendet wird, ist das Gebiet des Deutschen Reiches vom 31.12.1937 gemeint, und zwar genau deshalb, weil <u>die alliierten Siegermächte</u> dies so wollten und noch immer so wollen (und nicht etwa irgendwelche "Neonazis"). Bis heute haben die Aliierten für diesen Begriff keine neue Definition ersonnen.

Zusammenfassend ist festzustellen:
Das Deutsche Reich hat ein legitimes, international anerkanntes Territorium, nämlich jenes vom 31.12.1937, und zwar genau deshalb, weil die Alliierten Siegermächte des Zweiten Weltkrieges dies so definiert haben.

3.4. Die Angehörigen des Deutschen Reiches

Daß die "BRD" als eine von den Besatzern eingesetzte Kolonialverwaltung keine eigene Staatsangehörigkeit vergeben kann, wurde bereits umfassend dargelegt.
Selbst nach den Regelungen der "BRD" wird in Artikel 116(1) "Grundgesetz" sowie im "Staatsangehörigkeitsgesetz der BRD" eindeutig beschrieben, daß die "BRD" die Angehörigen des Deutschen Reiches (mit unmittelbarer Reichsangehörigkeit) lediglich verwaltet, und keine eigene Staatsangehörigkeit vergeben kann.

Reichs- und Staatsangehörigkeitsgesetz für das Deutsche Reich "RuStAG" vom 22. Juli 1913:
Zitat:
§ 1   "Deutscher ist, wer die Staatsangehörigkeit in einem Bundesstaat ...., oder die unmittelbare Reichsangehörigkeit .... besitzt."

Verordnung über die deutsche Staatsangehörigkeit vom 5. Februar 1934:
Zitat:
"Auf Grund des Artikels 5 des Gesetzes über den Neuaufbau des Reichs vom 30. Januar 1934 (RGBl. I. S. 75) wird folgendes verordnet:
§ 1.   (1) Die Staatsangehörigkeit in den deutschen Ländern fällt fort.
(2) Es gibt nur noch eine deutsche Staatsangehörigkeit (Reichsangehörigkeit)."

Art 116 "GG":
Zitat:
"(1) Deutscher im Sinne dieses Grundgesetzes ist ....., wer die deutsche Staatsangehörigkeit besitzt ......"

Organigramm der Staatsangehörigkeitsregelungen:
<u>Oben:</u> Regelung aus der Zeit des Kaiserreiches,
<u>Mitte:</u> Regelung von Adolf Hitler aus der Zeit des sogen. "Dritten Reiches",
<u>Unten:</u> Regelung im "BRD"-System, Artikel 116 "Grundgesetz".
Die "BRD" übernimmt die illegale Staatsangehörigkeitsdefinition des "Dritten Reiches". Das heißt, die "BRD" wendet nationalsozialistisches Recht von Adolf Hitler an und verwaltet nach ihren eigenen Regeln die Angehörigen des sogenannten "<u>Dritten Reiches</u>", ohne eine eigene Staatsangehörigkeit zu definieren bzw. zu vergeben.
<u>Nebenbei:</u> **Die "BRD" ist damit eine nationalsozialistische Folgeorganisation!**

Da die "BRD" nicht identisch mit dem Deutschen Reich und kein Rechtsnachfolger des Deutschen Reiches ist, ist sie nicht legitimiert, das Staatsangehörigkeitsrecht des Deutschen Reiches zu ändern. Alle Regelungen, die die "BRD" jemals unter dem Namen "Staatsangehörigkeitsgesetz der BRD" erstellt hat, konnten niemals zum Recht des Deutschen Reiches werden, sondern sind nur Bestandteil des Rechtes der "BRD".
Das "Staatsangehörigkeitsgesetz der BRD" in Verbindung mit dem Artikel 116(1) Grundgesetz, kann somit nur die Bedingungen definieren, unter denen eine Mitgliedschaft in der Personenvereinigung "BRD" möglich ist.

Auch die Gesetzesänderungen, die zwischen 1933 und 1945 durch das nationalsozialistische Unrechtsregime vorgenommen wurden, sind ungültig, da sie illegitim zustande gekommen sind, zumal sie von den Alliierten auf der Potsdamer Konferenz und im SHAEF-Gesetz Nr. 1 aufgehoben wurden.

Somit gilt das Reichs- und Staatsangehörigkeitsgesetz für das Deutsche Reich (RuStAG) vom 22.07.1913 bis heute ohne jegliche Einschränkungen!

Im § 1 des RuStag vom 22.07.1913 wird festgelet:
Zitat:
"Deutscher ist, wer die Staatsangehörigkeit in einem Bundesstaat ..... oder die unmittelbare Reichsangehörigkeit ..... besitzt."

Das bedeutet, es gab zwei Konstellationen der Reichsangehörigkeit.
1. Die Menschen in Deutschland waren Staatsangehörige eines Bundesstaates (Preußen, Bayern, Sachsen, Baden etc.) und hatten hierüber <u>mittelbar</u> die Angehörigkeit zum Deutschen Reich.
2. Die Menschen in den Kolonialgebieten hatten keine Staatsangehörigkeit in einem Bundesstaat, sie waren jedoch auch Angehörige des Deutschen Reiches, allerdings <u>unmittelbar</u>.

Wir, die wir in Deutschland geboren und aufgewachsen sind, sind jedoch keine Bewohner von Kolonialgebieten des Deutschen Reiches. Dementsprechend haben wir eine Staatsangehörigkeit eines Einzelstaates des Staatenbundes Deutsches Reich.

3.5. Schlußfolgerungen

Die Einzelstaaten im Staatenbund Deutsches Reich erfüllen derzeit zwei der drei völkerrechtlich notwendigen Staatsmerkmale nach der Drei-Elemente-Lehre. Sie haben ein
- Staatsgebiet und ein
- Staatsvolk.

Sie sind lediglich nicht handlungsfähig, können also gegenwärtig die
- Staatsgewalt nicht ausüben.

Somit sind die Einzelstaaten im Staatenbund Deutsches Reich jedoch <u>auch gegenwärtig</u> viel mehr Staat, als es die "BRD" je gewesen ist, die keines der drei völkerrechtlich notwendigen Merkmale eines Staates (der Drei-Elemente-Lehre) erfüllt.

Fazit:
Wir sind Staatsangehörige eines Einzelstaates beziehungsweise Bundesstaates des Deutschen Reiches (Bayern, Preußen, Sachsen etc.) und hierüber <u>mittelbar</u> Angehörige des Deutschen Reichs!

4. Nebenaspekte der Ereignisse von 1990

Im folgenden Abschnitt werden die juristischen Aspekte der Ereignisse von 1990 näher beleuchtet:
Im Jahre 1990 sind die sowjetischen Truppen aus Mitteldeutschland abgezogen. Im Wesentlichen wurden drei Vertragswerke geschaffen, mit deren Hilfe eine Vereinheitlichung der Verhältnisse von West- und Mitteldeutschland erreicht wurde, und die rechtliche Stellung der Deutschen Völker nach innen und außen hin geklärt werden sollte.
Die sich hieraus ergebenden Aspekte werden im Einzelnen dargestellt.
Es sind dies:
1. Der sogenannte "2+4-Vertrag"
   (und das hieraus resultierende Fehlen einer Friedensregelung für Deutschland)
2. Der sogenannte "Überleitungsvertrag von Berlin aus dem Jahre 1990"
3. Der sogenannte "Einigungsvertrag"
4. Der frühere und gegenwärtige rechtliche Status von Berlin
5. Der gegenwärtige rechtliche Status von Mitteldeutschland
6. Die neue Präambel des "Grundgesetzes"
7. Der neue Artikel 146 des "Grundgesetzes".

4.1. Der sogenannte "2+4-Vertrag" und das Fehlen einer Friedensregelung

Durch den sogenannten "2+4-Vertrag" sollten die äußeren Aspekte der Vereinheitlichung der Verhältnisse im Besatzungsgebiet geregelt werden.

In diesem "2+4-Vertrag" haben die vier Besatzungsmächte einen neuen völkerrechtlichen Begriff eingeführt, namentlich "Vereintes Deutschland".
In Artikel 1 Absatz (1) definieren sie diesen Begriff.
Dabei beschreiben sie eindeutig, daß es sich bei dem "Vereinten Deutschland" um eine Gebietskörperschaft handeln soll, die das Gebiet der früheren "BRD", der "DDR" und ganz Berlins umfaßt.

Dem Wortlaut dieses Vertrages ist eindeutig zu entnehmen, daß dieses "Vereinte Deutschland" nicht souverän sein sollte.
Es findet sich nämlich unter anderem ein Verbot von:
"Herstellung und Besitz von und Verfügungsgewalt über atomare, biologische und chemische Waffen".
(vgl. Vertrag über die abschließende Regelung in bezug auf Deutschland Artikel 3 Abs. (1)

Zudem wurden für dieses "Vereinte Deutschland" Auflagen zur Obergrenze der Zahl der Truppen gemacht (maximal 345.000 Mann).
(vgl. Vertrag über die abschließende Regelung in bezug auf Deutschland Artikel 3 Abs. (2)

Darüber hinaus wurden umfangreiche Auflagen bezüglich der Inhalte der "Verfassung" dieses "Vereinten Deutschland" gemacht, die die "Regierungen" der "BRD" und der "DDR" sicherzustellen hätten.
(vgl. Vertrag über die abschließende Regelung in bezug auf Deutschland Artikel 1 Abs. (4) sowie Artikel 2, BGBl. Jahrgang 1990 Teil II Seite 1318 ff)

(Man darf sich fragen, wie können Besatzungsmächte sowie deren Angestellte in den beiden deutschen Kolonialverwaltungen "BRD" und "DDR" die Verfassung eines angeblich "souveränen Staates" bestimmen, wenn doch in einem legitimen souveränen Staat der oberste Souverän, der über die Verfassung entscheidet, das Staatsvolk ist, und eben nicht Angestellte der Besatzungsmächte?).

Die Sachverhalte sind dabei sehr simpel:
Der sogenannte "2+4-Vertrag" wurde lediglich auf der Ebene des Besatzungsrechtes geschlossen, und nicht auf der Ebene des Siegerrechtes.
Die vier Besatzungsmächte U.S.A., Frankreich, Großbritannien und UdSSR hatten sich in diesem "2+4-Vertrag" lediglich auf ein neues fremdbestimmtes Verwaltungskonstrukt namens "Vereintes Deutschland" geeinigt.
Dieses "Vereinte Deutschland" wäre nach den Bedingungen dieses Vertrages kein souveräner Staat gewesen, und schon gar nicht Rechtsnachfolger eines Einzelstaates des Deutschen Reiches oder des Deutschen Reiches selbst. Es hätte sich bei dem "Vereinten Deutschland" des "2+4-Vertrages" lediglich um ein neues Verwaltungskonstrukt der Besatzungsmächte gehandelt.

Das Besondere an diesem Vertrag ist nun, daß das "Vereinte Deutschland" niemals handlungsfähig hergestellt worden ist.
Sofern es hergestellt worden wäre, hätte es sich dabei um eine Gebietskörperschaft gehandelt, und zwar mit dem in diesem Vertrag definierten Territorium und den entsprechenden Außengrenzen.
Wie in den vorausgegangenen Kapiteln nachgewiesen, gibt es eine solche Gebietskörperschaft jedoch nicht.
Wäre sie existent, würde heute in unseren "Ausweisen" und "Reisepässen" stehen, daß diese von dem "Vereinten Deutschland" ausgestellt worden seien, und nicht von einer "BRD"!

Nicht nur, daß das "Vereinte Deutschland" des "2+4-Vertrages" niemals handlungsfähig hergestellt wurde, es konnte dieser Vertrag auch von keiner der verhandelnden Seiten jemals rechtswirksam ratifiziert werden, wobei in diesem Vertrag genauestens festgelegt wird, wie die Ratifikation zu erfolgen hat.

Zitat:
"Dieser Vertrag bedarf der Ratifikation ..... Die Ratifikation erfolgt auf deutscher Seite durch das Vereinte Deutschland."
(vgl. Vertrag über die abschließende Regelung in bezug auf Deutschland Artikel 8, Abs. 1),
"Die Ratifikations- oder Annahmeurkunden werden bei der Regierung des Vereinten Deutschland hinterlegt."
(vgl. Vertrag über die abschließende Regelung in bezug auf Deutschland Artikel 8, Abs. 2),
"Dieser Vertrag tritt .... am Tag der Hinterlegung der letzten Ratifikations- oder Annahmeurkunde ...... in Kraft."
(vgl. Vertrag über die abschließende Regelung in bezug auf Deutschland Artikel 9,
BGBl. Jahrgang 1990 Teil II Seite 1318 ff)

Da das besagte "Vereinte Deutschland" bis heute nicht handlungsfähig existiert, hat es keine legitimen Vertreter gegeben, die rechtmäßig irgendwelche Ratifikationsurkunden hätten entgegennehmen und hinterlegen können.

Deshalb können sich die Alliierten jederzeit darauf berufen, daß der sogenannte "2+4-Vertrag" von keiner verhandelnden Seite nach den Bedingungen dieses Vertrages ratifiziert worden ist. Sie können reklamieren, er sei nie in Kraft getreten.

Das Fehlen einer Friedensregelung

Von "BRD"-Vertretern wird immer wieder behauptet, bei dem sogenannten "2+4-Vertrag" handele es sich um einen Friedensvertrag.
Dies ist jedoch nicht nur eine ziemlich dreiste Lüge, sondern dazu noch völliger Unsinn.
Ein Friedensvertrag wird zwischen Siegern und Besiegten geschlossen.
Die Siegermächte des Zweiten Weltkrieges sind:
1. U.S.A. (als Hauptsiegermacht)
2. Großbritannien
3. UdSSR (Rechtsnachfolger Rußland).

Frankreich war niemals Siegermacht sondern nur Besatzungsmacht. Deshalb hätte Frankreich einen Friedensvertrag niemals aushandeln und unterzeichnen können!
Auch an diesem Fakt ist ersichtlich, daß der sogenannte "2+4-Vertrag" lediglich auf der Ebene des Besatzungsrechtes und nicht auf der Ebene des Siegerrechts geschlossen wurde.

Folglich hätte es sich bei einem Friedensvertrag doch eher um einen "2+3-Vertrag" handeln müssen!

Allerdings könnte ein Friedensvertrag auch kein "2+3-Vertrag" sein. Schließlich sind die beiden Kolonialverwaltungen "BRD" und "DDR" zu keiner Zeit Rechtsnachfolger des Deutschen Reiches gewesen, und haben am Zweiten Weltkrieg nicht teilgenommen. Sie hätten somit niemals für das Deutsche Reich einen Friedensvertrag aushandeln oder unterzeichnen können.
Ein Friedensvertrag kann nur zwischen den drei Siegermächten einerseits, und dem Deutschen Reich (oder einem Rechtsnachfolger) andererseits ausgehandelt und geschlossen werden.
Ein solcher Friedensvertrag müßte deshalb ein "3+1-Vertrag" sein, den es, wie jedermann weiß, bis heute nicht gibt!

Entgegen allen anderslautenden Behauptungen, sind sich die Verantwortlichen des "BRD"-Systems durchaus bewußt, daß eine Friedensregelung bis heute nicht besteht.

Sie war von den Vertretern des "BRD"-Systems – und damit von ihren Arbeitgebern, den Besatzungsmächten, auch nie gewollt:

> 17. Juli 1990: Anlage 2 Protokoll des französischen Vorsitzenden
>
> 2. Der Wortlaut des 2. Prinzips hinsichtlich der Frage der deutschen Grenzen wird wie folgt geändert: Die Worte „die bestehende Westgrenze Polens" werden durch die Worte „die zwischen ihnen bestehende Grenze" ersetzt.
> 3. Der Außenminister der Bundesrepublik Deutschland, Hans-Dietrich Genscher, erklärt, daß „der Vertrag über die deutsch-polnische Grenze innerhalb der kürzestmöglichen Frist nach der Vereinigung und der Wiederherstellung der Souveränität Deutschlands unterzeichnet und dem gesamtdeutschen Parlament zwecks Ratifizierung unterbreitet werden wird.[11]
> Der Außenminister der Deutschen Demokratischen Republik, Markus Meckel, hat darauf hingewiesen, daß sein Land dieser Erklärung zustimmt.
> 4. Die vier Siegermächte erklären, daß die Grenzen des vereinigten Deutschland einen endgültigen Charakter haben, der weder durch ein äußeres Ereignis noch durch äußere Umstände in Frage gestellt werden kann.
> Der Außenminister Polens, Krzysztof Skubiszewski, weist darauf hin, daß nach Ansicht der polnischen Regierung diese Erklärung keine Grenzgarantie durch die vier Mächte darstellt.
> Der Außenminister der Bundesrepublik Deutschland, Hans-Dietrich Genscher, weist darauf hin, daß er zur Kenntnis genommen hat, daß diese Erklärung für die polnische Regierung keine Grenzgarantie darstellt. **Die BRD stimmt der Erklärung der vier Mächte zu und unterstreicht, daß die in dieser Erklärung erwähnten Ereignisse oder Umstände nicht eintreten werden, d.h., daß ein Friedensvertrag oder eine Friedensregelung nicht beabsichtigt sind.** Die DDR stimmt der von der BRD abgegebenen Erklärung zu.
>
> Erklärungen zu Protokoll
> BM zu deutsch-polnischem Grenzvertrag:
> – „Der deutsch-polnische Grenzvertrag wird innerhalb kürzestmöglicher Zeit nach der Vereinigung und der Herstellung der Souveränität des vereinten Deutschland unterzeichnet und dem gesamtdeutschen Parlament zugeleitet."
> – „Innerhalb kürzester Zeit bezieht sich sowohl auf die Unterzeichnung als auch auf die Zuleitung zur Ratifikation."
> – BM zu Erklärung der Vier:
> „Die Vier Mächte erklären, daß der endgültige Charakter der Grenzen Deutschlands durch keine (äußeren)[12] Umstände oder Ereignisse in Frage gestellt werden kann."
> – BM:
> – Die Bundesregierung nimmt zur Kenntnis, daß die polnische Regierung in der Erklärung der Vier Mächte keine Grenzgarantie sieht.
> – Die Bundesregierung schließt sich der Erklärung der Vier Mächte an und stellt dazu fest, daß die in der Erklärung der Vier Mächte erwähnten Ereignisse und Umstände nicht eintreten werden, **nämlich daß ein Friedensvertrag oder eine friedensvertragliche Regelung nicht beabsichtigt sind.**

Ein ganz verräterisches Schriftstück!!:
Protokoll des französischen Vorsitzenden zu den Verhandlungen über den "2+4-Vertrag" am 17.07.1990.
Klar zum Ausdruck kommt, daß von den Vertretern der beiden Kolonialverwaltungen Genscher ("BRD") und Meckel ("DDR") eine Friedensregelung <u>niemals gewünscht</u> beziehungsweise <u>niemals beabsichtigt</u> war!
Nebenbei: Eine der größten Schweinereien des 20. Jahrhunderts ist ebenfalls in diesem Schriftstück enthalten, weshalb auch der polnische Außenminister protestiert hat: Nämlich daß das Territorium von Polen bis heute nicht definiert ist und die Polen bis heute keine Gebiets- und Grenzgarantie haben. Und daß alles wegen des Fehlens eines Friedensvertrages!

(vgl. Drittes Treffen der Außenminister der Zwei plus Vier am 17.07.1990, Protokoll des französischen Vorsitzenden Nr. 354 B, Anlage 2, Deutsche Einheit, Seite 1369-1370, 4096 Oldenbourg Verlag)

Während der Verhandlungen zum sogenannten "2+4-Vertrag" im Rahmen der Außenministerkonferenz am 17.07.1990 in Paris hat der anwesende damalige polnische Außenminister Skubiszewski protestiert. Er hatte geltend gemacht, daß durch diesen "2+4-Vertrag" keine Friedensregelung realisiert werde und demzufolge eine Grenz- und Gebietsgarantie für die Republik Polen nicht gewährleistet sei.

Man beachte dabei die diesbezügliche Stellungnahme der Vertreter der "BRD" und der "DDR" im Protokoll des französischen Vorsitzenden:

Zitat:
"Die BRD ..... unterstreicht, ...daß ein Friedensvertrag oder eine Friedensregelung nicht beabsichtigt sind. Die DDR stimmt der von der BRD abgegebenen Erklärung zu."

An dieser Stelle paßt ein interessantes Zitat:

"Ironischerweise ist Deutschland keine souveräne Nation, ohne Friedensvertrag und mit über 70.000 US-amerikanischen Besatzungstruppen noch immer auf seinem Boden.
Die U.S.A. und Großbritannien könnten die Bundestagswahl annullieren unter Deutschlands tatsächlicher Verfassung, dem Londoner Abkommen vom 08.08.1945."
("American Free Press" vom 07.10.2002)

Interessant ist hierbei, was ein nicht ganz unbekannter Insider zu diesem Thema zu sagen hat, und was sich jedermann auf Youtube anschauen kann:

Zitat:

"Germany is an occupied country -
- and it will stay that way!"

Übersetzung:
"Deutschland ist ein besetztes Land –
- und das wird es auch bleiben!"

Obama am 05.06.2009 in Ramstein
(größte US-Militärbasis außerhalb der U.S.A.)

Obama – einer von "unseren amerikanischen Freunden".....

Fazit:
Der sogenannte "2+4-Vertrag" ist lediglich auf der Ebene des Besatzungsrechts geschlossen worden, und nicht auf der Ebene des Siegerrechts.
Die vier Besatzungsmächte haben sich in diesem Vertrag lediglich auf die Herstellung eines neuen fremdbestimmten Verwaltungskonstruktes namens "Vereintes Deutschland" geeinigt.
Das im "2+4-Vertrag" beschriebene "Vereinte Deutschland" ist jedoch nie handlungsfähig hergestellt worden.
Sofern es hergestellt worden wäre, hätte es sich um eine Gebietskörperschaft mit dem darin definierten Territorium und den darin definierten Außengrenzen gehandelt.
Zudem wäre dieses "Vereinte Deutschland" alles andere als souverän gewesen, es hätte sich nicht um einen souveränen Staat auf deutschem Boden und nicht um einen Rechtsnachfolger des Deutschen Reiches gehandelt.
Es ist deshalb völlig ausgeschlossen, den sogenannten "2+4-Vertrag" als Friedensvertrag zu interpretieren.

Unabhängig davon, daß der "2+4-Vertrag" kein Friedensvertrag sein kann, konnte er auch nicht rechtswirksam ratifiziert werden. Dies ergibt sich aus der Tatsache, daß das darin beschriebene "Vereinte Deutschland" nicht handlungsfähig hergestellt worden ist. Die Besatzungsmächte können somit jederzeit reklamieren, daß dieser Vertrag nie in Kraft getreten sei.

Im Ergebnis der Vorgänge von 1990 besteht bis zum heutigen Tage keine Friedensregelung zwischen den Alliierten und dem Deutschen Reich. Somit ist völkerrechtlich der Kriegszustand nie beendet worden.

Die Tatsache, daß von "BRD"-Vertretern und von den "BRD"-Medien gebetsmühlenartig herumposaunt wird, und in den Schulen unseren Kindern vorgelogen wird, der "2+4-Vertrag" sei ein Friedensvertrag, ist ein sehr anschauliches Beispiel dafür, wie die Menschen im "BRD"-System gezielt manipuliert und verdummt werden.

4.2. Der sogenannte "Einigungsvertrag" von 1990

Durch den sogenannten "Einigungsvertrag" sollten die inneren Aspekte der Vereinheitlichung der Verhältnisse im Besatzungsgebiet geregelt werden.

Interessant ist hierbei, daß der "Grundgesetz"-Artikel 23 (alte Fassung), nach dem der Beitritt der "neuen Länder" erfolgt sein soll, aufgehoben wurde. Dies wurde im "Bundesgesetzblatt" am 28.09.1990 verkündet. In Artikel 10 heißt es:

Zitat.
"Dieses Gesetz tritt am Tag nach seiner Verkündung in Kraft."
(BGBl. II Seite 885, 890, v. 28.09.1990)
Somit ist seit dem 29.09.1990 der gesamte Artikel 23 aufgehoben.

Somit ist der "Grundgesetz"-Artikel 23 (alte Fassung) ab dem 29.09.1990 nicht mehr existent!

Ein weiterer interessanter Aspekt ist, daß die sogenannten "neuen Länder", die dem "BRD"-Konstrukt beigetreten sein sollen, erst zum 14.10.1990 gebildet wurden:

Verfassungsgesetz zur Bildung von Ländern in der Deutschen Demokratischen Republik
GESETZBLATT
der Deutschen Demokratischen Republik
Berlin, den 14. August 1990, Teil I Nr. 51
Verfassungsgesetz zur Bildung von Ländern in der Deutschen Demokratischen Republik -
Ländereinführungsgesetz -

22. Juli 1990

Territoriale Gliederung
§ 1
1. Mit Wirkung vom 14. Oktober 1990 werden in der DDR folgende Länder gebildet:
   - Mecklenburg-Vorpommern
     durch Zusammenlegung der Bezirksterritorien Neubrandenburg, Rostock und Schwerin,
     o ohne die Kreise Perleberg, Prenzlau und Templin;
   - Brandenburg

Original GESETZBLATT der Deutschen Demokratischen Republik vom 14.08.1990, Teil I Nr. 51;
Datum der Ländereinführung: 14.10.1990

Dabei stellt sich abschließend die Frage, wie können die "neuen Länder" nach dem "Grundgesetzes"-Artikel 23 (alte Fassung) am 03.10.1990 beitreten, obwohl dieser Artikel zu jenem Zeitpunkt längst nicht mehr existierte?
Und weiter: Wie können die "neuen Länder", bereits am 03.10.1990 zu etwas beitreten, obgleich sie erst am 14.10.1990 gebildet wurden?

Juristen kennen den Begriff der "Unmöglichkeit". So sind Vereinbarungen oder Verträge nichtig, die Bestandteile oder Vorraussetzungen enthalten, die unmöglich sind. Und so ist der sogenannte "Einigungsvertrag" als rechtsungültig beziehungsweise nichtig anzusehen, da er gleich mehrere Unmöglichkeiten enthält!

An den Vorgängen um den "Einigungsvertrag" kann man sehr gut erkennen daß die Juristen des "BRD"-Systems alles ihnen Mögliche getan haben, damit auch jedem, der bereit ist hinzusehen, klar wird, daß hier keine staatliche Einigung stattgefunden haben kann.

Sinnbild für den rechtsungültigen "Einigungsvertrag" – Hochzeit zweier Leichen!

Darüber hinaus gibt es ein Urteil des Bundesgrundgesetzgerichtes, in dem festgestellt wird, daß der "Einigungsvertrag" aufgrund anderweitiger Mängel grundgesetzwidrig und damit ungültig ist.
(1 BvR 1341/90 vom 24.04.1991)

> Ein Service des Bundesministeriums der Justiz in
> Zusammenarbeit mit der juris GmbH - www.juris.de
>
> ## Verfassungsgesetz zur Bildung von Ländern in der Deutschen Demokratischen Republik (Ländereinführungsgesetz)
>
> LEinfG
>
> Ausfertigungsdatum: 22.07.1990
>
> Vollzitat:
>
> "Ländereinführungsgesetz vom 22. Juli 1990 (GBl. DDR 1990 I S. 955)"
>
> **Fußnote**
>
> (+++ Textnachweis ab: 3.10.1990 +++)
>
> Im beigetretenen Gebiet in Teilen fortgeltende Rechtsvorschrift der ehem. Deutschen Demokratischen Republik gem. Anlage II Kap. II Sachg. A Abschn. II nach Maßgabe d. Art. 9 EinigVtr v. 31.8.1990 iVm Art. 1 G v. 23.9.1990 II 885, 1150 mWv 3.10.1990.
>
> **Territoriale Gliederung**
>
> § 1
>
> (1) Mit Wirkung vom 3. Oktober 1990 werden in der DDR folgende Länder gebildet:
> - Mecklenburg-Vorpommern
>   durch Zusammenlegung der Bezirksterritorien Neubrandenburg, Rostock und Schwerin,
>   ohne die Kreise Perleberg, Prenzlau und Templin;

Beim Fälschen ertappt:
In elektronischen Medien neuerdings als Datum der Ländereinführung 03.10.1990
(http://www.gesetze-im-internet.de/bundesrecht/leinfg/gesamt.pdf – Ein Service des Bundesministeriums der Justiz in Zusammenarbeit mit der Juris-GmbH www.juris.de)

Nebenbei:
Ein besonders eindrucksvolles Beispiel für Manipulation und Verdummung der Deutschen Völker ist die Fälschung von Gesetzestexten in den elektronischen Medien.
Recherchiert man heute im Internet, findet man den Text zum "Ländereinführungsgesetz der DDR" gefälscht:
Es findet sich neuerdings das Datum des 03.10.1990 als Gründungsdatum der Länder. Man hat es sozusagen im Nachhinein "hingebogen".

Wenn die "BRD" ein Staat wäre, hätte dies natürlich strafrechtliche Konsequenzen wegen dem hiermit verbundenen Tatbestand der Urkundenfälschung etc.
In einer Firma kann die Geschäftsführung jedoch alles bestimmen. Und so werden die Lügen und Manipulationen im "BRD"-System wohl nie ein Ende haben.

4.3. Der sogenannte "Überleitungsvertrag von Berlin" von 1990

Der sogenannte "Überleitungsvertrag von Berlin" ist eine besondere juristische Delikatesse, weshalb es sehr verwundert, daß dieses Übereinkommen nicht nur der Öffentlichkeit, sondern selbst angehenden Juristen an den "BRD"-angeschlossenen Universitäten, verschwiegen wird.
In Artikel 2 heißt es dort:

Zitat:
"Alle Rechte und Verpflichtungen, die durch gesetzgeberische, gerichtliche oder Verwaltungsmaßnahmen der alliierten Behörden in oder in Bezug auf Berlin .... begründet oder festgestellt worden sind, sind und bleiben in jeder Hinsicht nach deutschem Recht in Kraft, ohne Rücksicht darauf, ob sie in Übereinstimmung mit anderen Rechtsvorschriften begründet oder festgestellt worden sind."

(vgl. Übereinkommen zur Regelung bestimmter Fragen in bezug auf Berlin vom 02.10.1990 (BGBl. 1990 Teil II Seite 1274 ff.))

Die Formulierung *"in oder in bezug auf Berlin"* ist dabei von besonderer Bedeutung. Da alle besatzungsrechtlichen Verfügungen sämtlich in Berlin getroffen und verkündet worden sind, bleiben damit auch alle, nicht nur Berlin, sondern auch das übrige Deutschland betreffenden Rechte der Alliierten in Kraft.
Dies war ja schließlich der Sinn der Aufteilung der Reichshauptstadt Berlin unter den Besatzungsmächten. Durch diese Aufteilung konnten sie von der Reichshauptstadt aus gemeinsam die oberste Regierungsgewalt über das gesamte Territorium des Deutschen Reiches ausüben.

Soviel zur immer wieder behaupteten Lüge, mit den "Verträgen" von 1990 sei die "BRD" zu einem "souveränen Staat" geworden.

4.4. Der frühere und gegenwärtige rechtliche Status von Berlin

Gemäß dem Völkerrecht muß die oberste Regierungsgewalt in einem Staat immer von der Hauptstadt ausgehen. Das heißt, das, was in der Hauptstadt gilt, gilt auch im übrigen Land.
Deshalb haben die Alliierten bereits vor der militärischen Niederlage des Deutschen Reiches die rechtlichen Grundlagen geschaffen, um gemeinsam von der Hauptstadt Berlin aus, auch das übrige Deutschland im Rahmen des Besatzungsrechtes zu regieren.
Es sollte schließlich keine Besatzungsmacht das Recht haben, alleine über die Reichshauptstadt zu herrschen, weil sie damit die Herrschaft über das gesamte Territorium des Deutschen Reiches hätte völkerrechtlich geltend machen können.

Folglich wurde gemäß dem Londoner Protokoll über die Besatzungszonen in Deutschland und die Verwaltung von Groß-Berlin vom 12.09.1944 das Berliner Gebiet der gemeinsamen Besatzungshoheit der künftigen Besatzungsmächte unterworfen.

Und im Londoner Abkommen über Kontrolleinrichtungen in Deutschland vom 14.11.1944 verfügten die Siegermächte in Artikel 3, daß Groß-Berlin von den Alliierten gesondert zum übrigen Gebiet des Deutschen Reiches verwaltet wird, daß Berlin also einen Sonderstatus erhalten wird.

Im "Genehmigungsschreiben" zum "Grundgesetz" haben die Alliierten folgerichtig unter Punkt 3, folgenden Vorbehalt gemacht:

Zitat:
" ..... daß Berlin ..... nicht von der Bundesregierung regiert werden kann".

(vgl. Genehmigungsschreiben der Militärgouverneure zum Grundgesetz in der Übersetzung des Parlamentarischen Rates, VOBIZ Scholz-Wiegand 416, Frankfurt am Main, den 12.05.1949)

Auch in späteren Verfügungen haben die drei westlichen Besatzungsmächte den Sonderstatus von Berlin immer wieder bekräftigt:

Im vormals ausgearbeiteten Text für die Verfassung von Berlin sollte es zunächst heißen:

Zitat:
Artikel 1 Absatz 2
"Berlin ist ein Land der Bundesrepublik Deutschland."

und Artikel 1 Absatz 3
Zitat:
"Grundgesetz und Gesetze der Bundesrepublik Deutschland sind für Berlin bindend."

Diese beiden Absätze wurden im Genehmigungsschreiben für die Verfassung von Berlin vom 29.08.1950, durch die westlichen Besatzungsmächte jedoch "zurückgestellt" in dem sie im Punkt 2b verfügten:

Zitat:
"Absätze 2 und 3 (der Verfassung von Berlin – Anm. d. Verf.) werden zurückgestellt."

(vgl. BK/O (50) 75 vom 29.08.1950)

Folgerichtig heißt es im Schreiben der Alliierten Kommandantur Berlin an den Regierenden Bürgermeister von Berlin vom 08.10.1951:

Zitat:
Punkt 1
(a) *"das Abgeordnetenhaus von Berlin darf Bundesgesetze mit Hilfe eines Mantelgesetzes, das die Bestimmungen des betreffenden Bundesgesetzes in Berlin für gültig erklärt, übernehmen..."*
(e) *"das Mantelgesetz muß festlegen, daß alle Hinweise in den Bundesgesetzen, Verordnungen und Bestimmungen auf irgendeine Bundesstelle oder Bundesbehörde als Hinweis auf die zuständige Berliner Stelle oder Behörde ausgelegt werden sollen. ...."*

Punkt 2
Diese Auslegung berührt Absatz 1 und 2 (a) und (b) der Anordnung BK/O (50) 75 in keiner Weise ..... . Solange Artikel 1 Absatz 2 und 3 der Berliner Verfassung zurückgestellt sind, kann Berlin nicht als ein Land der Bundesrepublik Deutschland betrachtet werden."

(vgl. BK/O (51) 56 vom 08.10.1951 - Schreiben der Alliierten Kommandantur Berlin an den Regierenden Bürgermeister von Berlin, betreffend die Übernahme von Bundesrecht)

Über 20 Jahre später bekräftigten die Besatzungsmächte im Viermächte-Abkommen über Berlin am 03.09.1971 diese Position:

Art. II B:
Zitat:
"...Die Regierungen der französischen Republik, des vereinigten Königreiches ..... und der U.S.A. erklären, daß .... die Westsektoren Berlins ..... kein Bestandteil (konstitutiver Teil) der Bundesrepublik Deutschland sind und auch weiterhin nicht von ihr regiert werden."

Hieraus folgt: Auch im Jahre 1972 hat Berlin seinen Sonderstatus und darf nicht von der "BRD" regiert werden.

In Berlin gab es daher bis 1990 keine "Bundespersonalausweise", sondern "Behelfsmäßige Personalausweise". Berliner wurden aus diesen Gründen auch nicht zur "BUNDESWEHR" eingezogen.

Aber auch nach den "Wende-Ereignissen" von 1990 ist Berlin kein Teil der "BRD"!:
Man beachte die "Bekanntmachung des Schreibens der Drei Mächte vom 08.06.1990:
Zitat:
"..... Die Haltung der Alliierten, "daß die ..... Westsektoren Berlins .... wie bisher kein Bestandteil (konstitutiver Teil) der Bundesrepublik Deutschland sind und auch weiterhin nicht von ihr regiert werden, bleibt unverändert. ......".
(vgl. BGBl. Teil I 1990 Seite 1068)

Auch im sogenannten "Einigungsvertrag", wird diesem Umstand Rechnung getragen in dem es dort heißt:

Zitat:
Artikel 1
"Länder"
(1) "*Mit dem Wirksamwerden des Beitritts ..... werden die Länder Brandenburg, Mecklenburg-Vorpommern, Sachsen, Sachsen-Anhalt und Thüringen Länder der Bundesrepublik Deutschland. .....*"
(2) "*Die 23 Bezirke von Berlin bilden das Land Berlin*".

Wie man beim genauen Lesen feststellen kann, ist in diesen Sätzen mit keinem einzigen Wort gesagt, daß Berlin ein Land der "BRD" wird!

Im Artikel 2 findet sich dann der Satz
Zitat:
(2) "*Hauptstadt Deutschlands ist Berlin.*"
(vgl. BGBl. 1990, Teil II, Seite 885, 890 vom 23.09.1990)

In diesem Satz wird lediglich die völkerrechtliche Tatsache festgestellt, daß Berlin die Hauptstadt des Deutschen Reiches ist *(in den Grenzen vom 31.12.1937 – gemäß SHAEF-Gesetz Nr.52 Artikel VII Absatz e)* – weiter nichts.
Hätte man ausdrücken wollen, daß Berlin ein Bundesland und Hauptstadt der "BRD" wird, müßte dort stehen, daß Berlin ein Land der "BRD", und die Hauptstadt der "BRD" werde. Dies ist jedoch eben nicht so formuliert worden. Folgerichtig hat Berlin den "Einigungsvertrag" auch nicht unterschrieben, aus gutem Grund!
Solange die Hauptstadt eines Reiches als besetzt gilt, solange gilt das ganze Land als besetzt.

Die Tatsache, daß sich Berlin als Gebietskörperschaft nicht dem Recht der "BRD" unterordnen kann, (das heißt unter allen Umständen exterritorial zur "BRD" steht), hätte weitreichende Konsequenzen, sofern die "BRD" ein Staat wäre.
Ein Staat kann nämlich nur von der Hauptstadt aus regiert werden, und unter keinen Umständen von einem Territorium, welches nicht zu diesem Staatsgebiet gehört, welches also zu diesem Staat exterritorial steht. Und Berlin steht zur "Bundesrepublik Deutschland" nun einmal exterritorial, weil die drei westlichen Besatzungsmächte dies so wollten und bis heute immer noch so wollen.
Die "BRD" ist jedoch nur eine Kolonialverwaltung in Form einer Firma. Einen Staat kann man nur von der Hauptstadt aus regieren. Eine Firma kann man jedoch von überall aus leiten.
Wo die AGB's der Firma "BRD" fabriziert werden, und wo die Geschäftsführung ihren Sitz hat, ist hierfür schließlich bedeutungslos.
Auch wenn die "BRD" irgendwann wieder in eine Gebietskörperschaft umgewandelt werden sollte, könnte Berlin unter keinen Umständen Hauptstadt einer wie auch immer gearteten "BRD" sein.

Für die Bevölkerung von Berlin bedeutet dies, daß die Ausübung von Hoheitsgewalt durch Stellen der "BRD" auch unter diesem Aspekt in Berlin ohne jede Legitimation ist!

4.5. Der gegenwärtige rechtliche Status von Mitteldeutschland

Da der sogenannte "Einigungsvertrag" ungültig ist und der sogenannte "2+4-Vertrag" nicht rechtswirksam ratifiziert, und dessen Inhalt nicht realisiert wurde, somit nicht zustande gekommen ist, gibt es keinen Vertrag, nach dem sich das Gebiet Mitteldeutschlands als Gebietskörperschaft dem "BRD"-Recht untergeordnet hätte.
Dies bedeutet, daß die Ausübung von Hoheitsgewalt durch "BRD"-Stellen im Gebiete Mitteldeutschlands auch unter diesem Aspekt ohne jede Rechtsgrundlage ist.

Da es bis heute keine Friedensregelung gibt, ist für das Gebiet Mitteldeutschlands (abzüglich der drei westlichen Sektoren von Berlin) nach wie vor die Besatzungsmacht Rußland (als Rechtnachfolger der UdSSR) Hoheitsmacht und für alle Geschehnisse in diesem Territorium endverantwortlich. Dies gilt, auch wenn dieses Recht derzeit von Rußland nicht wahrgenommen wird.

4.6. Die Lügen der Präambel des "Grundgesetzes"

Im Jahre 1990 wurde eine umfassende Änderung der Präambel des "Grundgesetzes" verfügt.

Beim Lesen dieser Präambel muß sich der interessierte Leser die Frage stellen, weshalb man sich für die Änderung derselben derart viel Mühe gegeben hat, da ja in einer Präambel nichts rechtsverbindlich geregelt werden kann.

Es drängt sich der Verdacht auf, daß hierbei die Öffentlichkeit belogen und betrogen werden sollte.

Und genau dies ist es, worum sich der ganze Inhalt der "Präambel" dreht, nämlich um die Frage:
Wie viele Lügen kann man in drei Sätzen unterbringen?

Präambel "Grundgesetz":
Zitat:
"Im Bewußtsein seiner Verantwortung vor Gott und den Menschen, von dem Willen beseelt, als gleichberechtigtes Glied in einem vereinten Europa dem Frieden der Welt zu dienen, hat sich das Deutsche Volk kraft seiner verfassungsgebenden Gewalt dieses Grundgesetz gegeben.
Die Deutschen in den Ländern Baden-Württemberg, Bayern, Berlin, Brandenburg, Bremen, Hamburg, Hessen, Mecklenburg-Vorpommern, Niedersachsen, Nordrhein-Westfalen, Rheinland-Pfalz, Saarland, Sachsen, Sachsen-Anhalt, Schleswig-Holstein und Thüringen haben in freier Selbstbestimmung die Einheit und Freiheit Deutschlands vollendet.
Damit gilt dieses Grundgesetz für das gesamte Deutsche Volk".

Lüge Nr. 1
"..... hat sich das Deutsche Volk ..... dieses Grundgesetz gegeben".
Das "Deutsche Volk" (gemäß nationalsozialistischer Definition von 1934) hat sich nichts dergleichen gegeben! Es hat nie eine Abstimmung, weder eine Volksabstimmung, noch eine Abstimmung von legitimen Delegierten oder Repräsentanten zu diesem "Grundgesetz" gegeben. Wie sollte sich auch ein Volk ein Gesetzeswerk selbst geben, welches auf der Basis des Artikels 43 der Haager Landkriegsordnung von den Besatzungsmächten zur Organisation eines Besatzungsgebietes verfügt wurde?

Lüge Nr. 2
"..... kraft seiner verfassungsgebenden Gewalt ....."
Im "BRD"-System gibt es keine "verfassungsgebende Gewalt". Es ist kein Organ definiert, welches über eine Verfassung abstimmen könnte, weder eine Nationalversammlung, noch

eine Volksabstimmung, noch gibt es nach "BRD"-Recht irgendeine anderweitig definierte, einzuberufende Körperschaft, die über eine Verfassung befinden könnte.

Lüge Nr. 3
"Die Deutschen ..... haben in freier Selbstbestimmung ....."
Wie jedermann weiß, haben die Deutschen in politischen Dingen seit 1933 gar nichts mehr entschieden! Insbesondere nichts in freier Selbstbestimmung!

Lüge Nr. 4
"Die Deutschen ..... haben .... die Einheit ..... Deutschlands vollendet."
Wie vorliegend nachgewiesen, ist eine staatliche Einheit Deutschlands bis heute nicht hergestellt worden, zudem bestehen überhaupt keine staatlichen Verhältnisse.
Die "BRD" ist schließlich kein deutscher Staat, sie ist lediglich eine Kolonialverwaltung der Besatzer.

Lüge Nr. 5
"Die Deutschen ..... haben .... die ..... Freiheit ..... Deutschlands vollendet"."
Völkerrechtlich korrekt bedeutet dieser Satz, daß das Gebiet des Deutschen Reiches in den Grenzen vom 31.12.1937 frei ist, also auch frei von Besatzungsrecht. Interessant oder?

Fazit:
Die neue Präambel des "Grundgesetzes" ist ein Konglomerat von zahlreichen Lügen. Wer mit dieser Präambel für irgend etwas rechtlich argumentiert, disqualifiziert sich damit automatisch selbst!

4.7. Der neue Artikel 146 des "Grundgesetzes"

Im Verlaufe der Ereignisse von 1990 wurde auch der Artikel 146 in dem seit 1949 die Möglichkeit einer verfassungsmäßigen Ordnung im Besatzungsgebiet offen gehalten worden ist, einer Änderung unterzogen.

Der frühere Wortlaut bis 1990 lautete:
Zitat:
"Dieses Grundgesetz, verliert seine Gültigkeit an dem Tage, an dem eine Verfassung in Kraft tritt, die von dem deutschen Volke in freier Entscheidung beschlossen worden ist."

Dieser Artikel wurde jedoch im Jahre 1990 geändert. Hier nun der aktuelle Wortlaut (mit Kennzeichnung der Satzeinschiebung):
Zitat:
"Dieses Grundgesetz, das nach Vollendung der Einheit und Freiheit Deutschlands für das gesamte deutsche Volk gilt, verliert seine Gültigkeit an dem Tage, an dem eine Verfassung in Kraft tritt, die von dem deutschen Volke in freier Entscheidung beschlossen worden ist."

Was soll uns nun diese Änderung des Art. 146 des "Grundgesetzes" sagen?

Übersetzen wir diesen Text in die Sprache der "BRD"-Vertreter, die immer wieder behaupten, das "Grundgesetz" sei eine Verfassung.

Dann lautete dieser Artikel 146:
"Diese "Verfassung", die nach Vollendung der Einheit und Freiheit Deutschlands (das Gebiet des Deutschen Reiches in den Grenzen vom 31.12.1937 – Anm. d. Verf.) für das gesamte deutsche Volk gilt, verliert ihre Gültigkeit an dem Tage, an dem eine Verfassung in Kraft tritt, die von dem deutschen Volke in freier Entscheidung beschlossen worden ist."

Mit diesem Satz bringen die Drahtzieher des "BRD"-Systems nur zum Ausdruck, daß das "Grundgesetz" eben nicht in freier Selbstbestimmung beschlossen worden ist. Damit widersprechen sie sich hinsichtlich ihrer Aussagen in der Präambel selbst.

Unzweifelhaft kann dem Artikel 146 "GG" jedoch entnommen werden, daß das Grundgesetz seine Gültigkeit verliert, sobald eine Verfassung in Kraft tritt, die von dem Deutschen Volke in freier Entscheidung beschlossen worden ist.
Die "Verfassung der DDR von 1949" wurde vom gesamten Deutschen Volk (nach nationalsozialistischer Definition) in freier Selbstbestimmung beschlossen. Das Grundgesetz hat somit <u>nach seinen eigenen Regeln</u> spätestens am 07.10.1949 seine Gültigkeit verloren.

5. Konsequenzen des Fehlens einer Friedensregelung

Aufgrund des Fehlens einer Friedensregelung mit dem Deutschen Reich gilt im hiesigen Besatzungsgebiet als höchste Rechtsnorm das spezielle Völkerrecht für den Sonderfall des Krieges. Es gilt somit das Kriegsvölkerrecht. Dieses besteht aus der Haager Landkriegsordnung und der Genfer Konvention.
Diese Rechtsnormen sind dem Grundgesetz übergeordnet, sie sind höherrangiges Recht.
Auf der ganzen Welt gilt: **Höherangiges Recht bricht niederrangiges Recht**.

Auch hierin ist der Unterschied zu einer Verfassung zu erkennen. Eine Verfassung ist die <u>höchste</u> Rechtsnorm eines Staates.
Gerade weil das <u>Grundgesetz keine Verfassung</u> ist, muß es nicht den Anspruch erfüllen, die <u>höchste</u> Rechtsnorm in einem Territorium zu sein.

Sämtliche Grundrechte, wie sie im "Grundgesetz <u>für die</u> BRD" definiert sind, sind aufgrund des bestehenden, inhaltlich anderslautenden, aber höherrangigen Rechts bedeutungslos.

Im Folgenden sind die Rechtsebenen im hiesigen Besatzungsgebiet dargestellt:
Es sind dies:

1. Völkerrecht / Kriegsvölkerrecht
2. Kriegsrecht / Siegerrecht des Zweiten Weltkrieges
3. Besatzungsrecht
4. Grundgesetz / "BRD"-Recht (als niederrangigstes Besatzungsrecht)

Erklärung zu den Rechtsebenen

Völkerrecht
Das <u>weltweit</u> am höchsten stehende Recht ist das Völkerrecht. Für den Spezialfall des Krieges gilt das Kriegsvölkerrecht bestehend aus der Haager Landkriegsordnung und der Genfer Konvention.
Da der Zweite Weltkrieg völkerrechtlich bis heute nicht beendet wurde, ist das Kriegsvölkerrecht und damit die Haager Landkriegsordnung mit der Genfer Konvention bis heute höchste Rechtsnorm, insbesondere im Gebiet des Deutschen Reichs.

Kriegsrecht / Siegerrecht des Zweiten Weltkrieges
Dem <u>Kriegsvölkerrecht</u> untergeordnet ist das Kriegsrecht des Zweiten Weltkrieges. Es wird auch als das Siegerrecht des zweiten Weltkrieges bezeichnet, da es von den Siegermächten des Zweiten Weltkrieges gemacht wurde.
Das Siegerrecht des Zweiten Weltkrieges umfaßt die Beschlüsse der Konferenzen von Casablanca bis Potsdam, sowie das Recht der "Vereinten Nationen".

1. Völkerrecht

Allgemeines Völkerrecht

- Völkervertragsrecht
- Völkergewohnheitsrecht

Kriegsvölkerrecht

(spezielles Völkerrecht für den Sonderfall des Krieges)

- Haager Landkriegsordnung
- Genfer Konvention

2. Siegerrecht des Zweiten Weltkrieges

Siegermächte des Zweiten Weltkrieges (**"DREIMÄCHTE"**):

U.S.A   **Großbritannien**   **Sowjetunion**   **China**
(Hauptsiegermacht)   (heute Rechts-
                                   nachfolger Rußland)

Siegerrecht des Zweiten Weltkrieges:

Konf. v. Casablanca (04.–14.01.1943)
Washington-Konf. (Trident) (12.– 25.05.1943)
Quebec-Konf. (11.–24.08.1943)
Moskauer Außenministerkonf. (19.– 30.10.1943)
Konf. v. Kairo (22.– 26.11.1943,)
Konf. v. Teheran (28.11.–01.12.1943,)
Zweite Quebec-Konf. (06.–11.09. 1944)
Londoner Protokoll (12.09.1944,)
Konf. v. Moskau (09.–20.10.1944)
Konf. v. Jalta (04.–11.02.1945)
Konf. v. Potsdam (17.07.1945–02.08.1945)

Charta der Vereinten Nationen vom 01.01.1942 sowie das gesamte Recht der Vereinten Nationen, z.B. Allgemeine Erklärung der Menschenrechte (sämtliche Resolutionen der UN0, Recht der WHO, UNESCO etc.)

3. Besatzungsrecht für Deutschland

Besatzungsmächte in Deutschland (**"VIER MÄCHTE"**):

U.S.A   **Großbritannien**   **Frankreich**   **Sowjetunion**

Besatzungsrecht für Deutschland

3.1. Proklamationen an das "Deutsche Volk"
3.2. SHAEF-Gesetze
3.3. Kontrollrats-Gesetze
3.4. 2+4-Vertrag v. 1990 / Überleitungsvertrag für Berlin v. 1990

Besatzungsmächte in Westdeutschschland (**"DREI MÄCHTE"**):

U.S.A   **Großbritannien**   **Frankreich**   **Sowjetunion**

Für Westdeutschland   Für Mitteldeutschland

3.4. Weisungen der Alliierten Hohen Kommision (AHK)   3.4. SMAD-Befehle
3.5. Besatzungsstatut (aufgehoben 1954)   3.5. Verfassung der "DDR"
3.6. Überleitungsvertrag von 1954   (aufgehoben 1990)
3.7. **Grundgesetz** / "BRD"
       (mit Genehmigungsschreiben)

Handlungsunfähig: Die 26 Einzelstaaten im Staatenbund Deutsches Reich und das Deutsche Reich selbst

---

Rechtsebenen hierzulande: Rot hervorgehoben: Die einzelnen heute noch gültigen Rechtswerke. Dabei zu beachten: Höherrangiges Recht bricht immer niederrangiges Recht!

Die "Vereinten Nationen" sind die vereinten Kriegsgegner des Deutschen Reichs. Es sind dies alle Staaten, die die Erklärung der Vereinten Nationen vom 01.01.1942 unterzeichnet haben und dem Deutschen Reich den Krieg erklärt haben. Im Mai 1945 waren es 46 Staaten.

Auf der Potsdamer Konferenz 1945 wurde die Einrichtung eines "Rates der Außenminister" beschlossen, es handelte sich hierbei um die Außenminister der fünf "Hauptmächte des Zweiten Weltkrieges". Es sind dies:

1. *die U.S.A. (als Hauptsiegermacht)*
2. *das vereinigte Königreich von Großbritannien und Nordirland*
3. *die Sowjetunion*
4. *China* und
5. *Frankreich.*

Aus diesem "Rat der Außenminister" wurde später der Sicherheitsrat der "Vereinten Nationen". Die fünf Gründungsmitglieder sind gleichzeitig die fünf ständigen Mitglieder des "Sicherheitsrates" der "Vereinten Nationen".

Das Recht der Vereinten Nationen ist damit nicht etwa Völkerrecht, sondern Kriegsrecht des Zweiten Weltkrieges.
Existenzgrundlage der "Vereinten Nationen" ist damit der noch heute weltweit bestehende Kriegszustand mit dem Deutschen Reich.

Dieses Recht der Vereinten Nationen ist gleichzeitig Grundlage für sämtliche Unterorganisationen wie UNO, WHO, UNICEF UNHCR, IWF, Weltbank, internationale Atomenergiebehörde IAEA sowie sämtliche Resolutionen und Erklärungen der Vereinten Nationen.

Inzwischen sind den "Vereinten Nationen" insgesamt 191 Staaten und eine Kolonialverwaltung ("BRD") beigetreten. Damit befindet sich völkerrechtlich das Deutsche Reich heute mit 191 Staaten im Krieg. Die "BRD" als Kolonialverwaltung der Besatzer hat sich mit ihrem Beitritt zu den "Vereinten Nationen" folgerichtig ebenfalls als Kriegsgegner des Deutschen Reiches und damit als Gegner der Deutschen Völker positioniert.

Wer heutzutage behauptet, der Zweite Weltkrieg sei beendet, der behauptet damit gleichzeitig, daß das Kriegsrecht des Zweiten Weltkrieges nicht mehr bestehe. Er behauptet damit auch, daß es die "Vereinten Nationen" gar nicht gibt.
Gleichzeitig behauptet er damit, daß es das Besatzungsrecht in Deutschland nicht mehr gibt. In Friedenszeiten gibt es schließlich kein Besatzungsrecht!
Da die "Bundesländer" und das "Grundgesetz" auch nur Besatzungsrecht sind, würde er damit gleichzeitig behaupten, daß es die "BRD" nicht mehr gibt.

**Und genau das würde passieren, wenn es zu einem Friedensvertrag käme!
Die "UN" und die "BRD" wären mit einem Friedensschluß augenblicklich aufgelöst.**

Besatzungsrecht

Das "Grundgesetz" und damit die "BRD" ist Besatzungsrecht, und noch dazu niederrangigstes Besatzungsrecht.
Das übrige Besatzungsrecht, ferner das Kriegsrecht des Zweiten Weltkrieges sowie das Kriegsvölkerrecht sind dem "Grundgesetz" übergeordnet.
<u>Höherrangiges Recht bricht immer niederrangiges Recht.</u> Somit sind die Rechte, wie sie im "Grundgesetz" formuliert sind, reine Makulatur.

Gemäß Artikel 24 der Haager Landkriegsordnung ist die Anwendung von Kriegslisten legitim.
Art. 24 HLKO:

Zitat:
"Kriegslisten und die Anwendung der notwendigen Mittel, um sich Nachrichten über den Gegner und das Gelände zu verschaffen, sind erlaubt."
(vgl. RGBl. 1910 Seite 107)

Dies ist die rechtliche Grundlage dafür, weshalb wir von den Verantwortlichen im "BRD"-System getäuscht und ausgetrickst werden, weshalb wir keine klaren Antworten auf präzise Fragen in Anschreiben erhalten, etc..

Art. 24 HLKO ist die rechtliche Grundlage dafür, weshalb wir von den gleichgeschalteten "BRD"-Lügenmedien von vorn bis hinten belogen werden und weshalb unseren Kindern in den systemtreuen "BRD"-Schulen nach Strich und Faden die Hucke voll gelogen wird, zumindest in Fragen der Geschichte der eigenen Nation, des eigenen Staates sowie im Bereich der Sozialkunde.

Dies ist die rechliche Grundlage, weshalb an "BRD"-angeschlossenen Schulen kein Völkerrecht und keine Menschenrechte gelehrt werden.

Die Konsequenzen des Fehlens einer Friedensregelung sind weiter zu präzisieren:
Beispielsweise findet sich im "Grundgesetz" ein ganzer Grundrechtekatalog:

Art. 1	Schutz der Menschenwürde
Art. 2	Allgemeines Persönlichkeitsrecht
Art. 3	**Gleichheit vor dem Gesetz**
Art. 4 (1), (2)	Glaubens-, Gewissens-, Bekenntnisfreiheit
Art. 4 (3)	Kriegsdienstverweigerung
Art. 5	**Meinungs- und Pressefreiheit**
Art. 8	Versammlungsfreiheit
Art. 9	Vereinigungsfreiheit
Art. 10	**Brief-, Post- und Fernmeldegeheimnis**
Art. 11	Freizügigkeit
Art. 12	Freiheit der Berufswahl
Art. 13	Unverletzlichkeit der Wohnung
Art. 14	**Eigentum, Erbrecht und Enteignung**
Art. 16 (2)	Schutz vor Auslieferung
Art. 16a	Asylrecht
Art. 17	Petitionsrecht
Art. 26	**Verbot des Angriffskrieges**
Art. 33	**Staatsbürgerliche Rechte**
Art. 46	Indemnität und Immunität der Abgeordneten
Art. 102	**"Die Todesstrafe ist abgeschafft."**
Art. 103 (2)	Nulla poena sine lege
Art. 116 (2)	**Recht auf Staatsangehörigkeit**

<u>**Die gesamte Auflistung dieser Rechte ist nichts als Makulatur!**</u>
Es zeigt sich abermals ein signifikanter Unterschied zwischen einem Grundgesetz und einer Verfassung. Eine Verfassung ist eben die <u>höchste</u> Rechtsnorm in einem Staat. Ein Grundgesetz ist lediglich niederrangiges Recht in einem Besatzungsgebiet (oder Kolonialgebiet).
Damit können sich die Besatzer beziehungsweise die Kolonialherren jederzeit über die Regelungen im "Grundgesetz" hinwegsetzen.

Eine Siegermacht / Besatzungsmacht kann jede Tat als Straftat definieren und jede Straftat mit jeder Strafe belegen, einschließlich der Todesstrafe.

Da das übrige Besatzungsrecht und das Kriegsvölkerrecht dem Grundgesetz gegenüber höherrangiges Recht sind, und dies im Grundgesetz auch verankert ist (Artikel 139 "GG") ist beispielsweise die Todesstrafe voll wirksamer Bestandteil des "BRD"-Rechts!

Aber damit ist dieser Spaß in seinem ganzen Umfang noch längst nicht durchdekliniert! Da die "BRD" selbst nur ein Organ der Besatzungsmächte ist, können sich auch "BRD"-Funktionäre über das Grundgesetz und die "BRD"-Gesetze jederzeit hinwegsetzen. Solange deren jeweilige Vorgesetzte, oder in letzter Instanz die Besatzungsmächte hiergegen nicht einschreiten, sind auch offene Zuwiderhandlungen gegen Grundgesetz und gegen Gesetze der "BRD" durch Bedienstete der "BRD" immer rechtmäßig.
Das bedeutet im Klartext: Wir sind nicht nur unmittelbar gegenüber den Besatzungsmächten rechtlos, sondern auch und gerade gegenüber Stellen der "BRD", da diese ja die Besatzungsmächte verkörpern.

Ein "BRD"-Richter, ein "BRD"-"Staatsanwalt" oder ein "BRD"-Polizist ist schließlich genauso ein Repräsentant der Besatzungsmächte wie ein alliierter Militärpolizist oder Obama persönlich.

Ein sehr junges Beispiel für die Nachrangigkeit des "Grundgesetzes" und die Gültigkeit der Haager Landkriegsordnung hat ein gewisser Herr Snowden geliefert:
Herr Snowden hatte als Geheimdienstmitarbeiter der US-Administration unter anderem öffentlich gemacht, daß alle Deutschen im Besatzungsgebiet, einschließlich Körperschaften und Funktionäre des "BRD"-Systems, von US-Geheimdiensten umfassend bespitzelt werden.
Und dies entgegen den Grundrechten wie sie im "Grundgesetz" formuliert sind wie Brief- Post und Fernmeldegeheimnis (GG Art. 10).

Edward Snowden

Wenn die "BRD" ein Staat wäre, wären durch die entsprechenden Organe der "BRD" sofort strafrechtliche Ermittlungen gegen die Abhörer eingeleitet worden, da es sich schließlich bei den Bespitzelungen um schwere Straftaten gehandelt hat.

Die "BRD" ist jedoch lediglich die von den Besatzern eingesetzte Kolonialverwaltung. Die Funktionäre der "BRD" sind den Besatzungsmächten weisungsgebunden!
Die Funktionäre der "BRD" haben somit ausschließlich die Interessen der Besatzer gegenüber den Deutschen Völkern durchzusetzen.

Eine strafrechtliche Verfolgung der Abhörer verbietet sich deshalb von selbst.

Diese Aussagen sind jedoch noch weiter zu präzisieren. Da sämtliche Akteure im "BRD"-System den Besatzungsmächten weisungsgebunden sind, haben soche Stellen wie der sogenannte "VERFASSUNGSSCHUTZ" selbstverständlich jedes gesammelte Spitzelmaterial an die CIA oder die NSA zu übergeben.
Präzise formulliert, handelt es sich beim "VERFASSUNGSSCHUTZ" lediglich um den verlängerten Arm beziehungsweise um ein Ausführungsorgan der CIA.
Dies braucht dem kleinen Angestellten beim "VERFASSUNGSSCHUTZ" oder beim "BND" auch gar nicht unbedingt bewußt zu sein, er funktioniert ja trotzdem.

Immer wieder hört man Lügen von Vertretern des "BRD"-Systems, beispielsweise daß es völkerrechtlich wirksame "Verträge" oder "Abkommen" zwischen der "BRD" und den Besatzungsmächten, insbesondere den U.S.A., gebe.
Derartige Aussagen sind jedoch völliger Unsinn und zeigen lediglich die Lügenhaftigkeit der "BRD"-Polit-Akteure und der Vertreter der "BRD"-Lügenmedien.
Die U.S.A. und die "BRD" können überhaupt keine "Abkommen" oder "Verträge" schließen, sie können noch nicht einmal miteinander "verhandeln"!
**Wenn Vertreter der U.S.A. mit Vertretern der "BRD" "verhandeln" würden, würden sie mit ihren eigenen Angestellten verhandeln, die ihnen weisungsgebunden sind.
Die U.S.A. würden damit mit sich selbst "verhandeln". Im Bereich der Rechtswissenschaften nennt man derartiges "Selbstkontrahierung".**
Da die "BRD" lediglich eine von den Besatzern eingesetzte Kolonialverwaltung ist, sind Verträge und Abkommen zwischen der "BRD" und den U.S.A. überhaupt nicht möglich!
Die Verwendung der Begriffe "Verträge" oder "Abkommen" zwischen den U.S.A. und der "BRD" sind deshalb nichts weiter als Etikettenschwindel beziehungsweise Täuschungen. Es sind nur mißbrauchte Begriffe für tatsächliche **Anweisungen** und **Verfügungen** der Besatzer.

Für Skeptiker unter den Lesern läßt sich alles noch präzisieren:
Hier der Artikel 2 aus Teil I des "Überleitungsvertrages" im Original, der heute noch in Kraft ist.

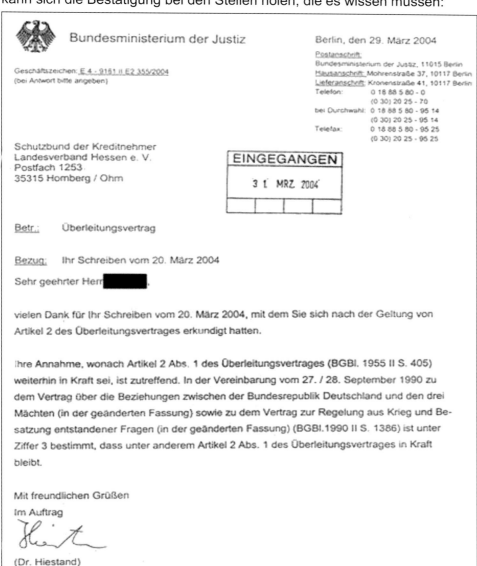

Und wer nicht glaubt, daß diese Regelung des Besatzungsrechts nach wie vor in Kraft ist, der kann sich die Bestätigung bei den Stellen holen, die es wissen müssen:

Eines der seltenen Bestätigungsschreiben die man von "BRD"-Stellen auf präzise Fragen bekommt: Es wird klar geäußert, daß der Artikel 2 des Teil I des Überleitungsvertrages und damit alle Rechte der Besatzungsmächte im "BRD"-System weiterhin in Kraft sind.

Gemäß dem rechtlichen Status, den wir als Angehörige der Koloniaverwaltung "BRD" ohne Friedensvertrag haben, haben die U.S.A. selbstverständlich auf der Basis des Art. 24 der Haager Landkriegsordnung jederzeit das Recht, jeden hierzulande auszuspionieren. Die Behörden der U.S.A. haben das Recht, "BND" oder "VERFASSUNGSSCHUTZ" anzuweisen, Daten zu sammeln und herauszugeben.

Alle Angehörigen der "BRD" sind den Besatzungsmächten weisungsgebunden (nicht nur Merkel, Gauck oder sonstige Konsorten).

Solche Dinge wie "Postgeheimnis" oder "Fernmeldegeheimnis" stehen lediglich als Makulatur im "Grundgesetz für die BRD". Das übrige Besatzungsrecht, das Siegerrecht des Zweiten Weltkrieges und das Kriegsvölkerrecht sind dem Grundgesetz und damit dem gesamten "BRD"-Recht generell übergeordnet.

Die Entrüstung vorspielenden Schlagzeilen in den Medien des "BRD"-Systems und die gespielte Ahnungslosigkeit der "BRD"-Politakteure über die Bespitzelung durch "unsere amerikanischen Freunde" sind deshalb an Scheinheiligkeit nicht zu übertreffen.

Aufgrund des Fehlens einer verfassungsmäßigen Ordnung und aufgrund der Handlungsunfähigkeit der legitimen Staaten des Deutschen Reichs haben die Deutschen Völker eine ähnliche Rechtsstellung wie das palästinensische Volk. Auch dort regiert eine Besatzungsmacht, der Staat Palästina ist zwar mehrfach ausgerufen, jedoch handlungsunfähig, und die dortige "Autonomiebehörde" hat (genau wie in Deutschland die "BRD") lediglich Firmencharakter.

Wegen des weiterhin bestehenden Besatzungsrechtes für "BRD"-Angehörige mit der nach wie vor rechtsgültigen Beschlagnahme durch die U.S.A. ist es Deutschen grundsätzlich bis heute nicht möglich, Eigentum zu bilden. Jederzeit kann ein Bediensteter des "BRD"-Systems oder ein sonstiger Vertreter der Besatzungsmächte einem "BRD"-Angehörigen hierzulande alles wegnehmen, und dies wäre dann auch völlig rechtens.

Dies hat beispielsweise auch die Verurteilung von Herrn Alexander Schalck-Golodkowski nach Besatzungsrecht im Jahre 1996 gezeigt.

Gemäß der im Besatzungsgebiet als oberste Rechtsnorm geltenden Haager Landkriegsordnung kann eine Besatzungsmacht jede Handlung mit jeder Strafe belegen, einschließlich der Todesstrafe. Jederzeit könnte ein "BRD"-Angehöriger von den Alliierten zum Tode verurteilt werden. Damit sind die Deutschen die rechtlosesten Menschen auf der ganzen Welt.

Die einzigen die das nicht wissen, sind die Deutschen!

An dieser Stelle sollte das folgende Zitat nicht fehlen:

"Es gibt kein gutmütigeres, aber auch kein leichtgläubigeres Volk als das Deutsche. Keine Lüge kann grob genug ersonnen werden, die Deutschen glauben sie. Um eine Parole, die man ihnen gab, verfolgen sie ihre Landsleute mit größerer Erbitterung als ihre wirklichen Feinde."

(Napoleon Bonaparte *(1769 bis 1821) französischer Kaiser)***

Napoleon Bonaparte

Nebenaspekt
Eigentlich gibt es <u>vier</u> Siegermächte des Zweiten Weltkrieges:
1. *die U.S.A. (als Hauptsiegermacht)*
2. *das vereinigte Königreich von Großbritannien und Nordirland*
3. *die Sowjetunion* und
4. *China*.

China hatte jedoch von der Mitte der vierziger Jahre bis hinein in die fünfziger Jahre des zwanzigsten Jahrhunderts enorme innere Probleme und hat seine Rolle als Siegermacht nicht wahrnehmen können.

Somit gibt es <u>faktisch</u> nur drei Siegermächte des Zweiten Weltkrieges:
1. *die U.S.A.* (als Hauptsiegermacht)
2. *das vereinigte Königreich von Großbritannien und Nordirland* und
3. *die Sowjetunion.*

Insbesondere hätte China als <u>Sieger</u>macht des Zweiten Weltkrieges auch das Recht gehabt, als <u>Besatzungs</u>macht in Deutschland aufzutreten.
Dies war für die Chinesen jedoch logistisch nicht zu leisten, und so haben sie ihren Titel als <u>Besatzungs</u>macht an Frankreich verkauft.
Hierdurch wurde Frankreich zur <u>Besatzungs</u>macht in Deutschland, <u>ohne Siegermacht zu sein</u>.
Letzteres ist sehr bedeutsam, da "BRD"-Vertreter immer wieder lügenderweise behaupten, Frankreich sei eine Siegermacht. Hiermit wollen sie suggerieren, es könne sich bei dem sogenannten "2+4-Vertrag" doch um so etwas wie einen Friedensvertrag handeln, da nur <u>Sieger</u>mächte an einem Friedensschluß beteiligt sein können.

Fazit:
Das "Grundgesetz" ist niederrangiges Besatzungsrecht. Das übrige Besatzungsrecht, das Siegerrecht des Zweiten Weltkrieges und das Kriegsvölkerrecht sind dem Grundgesetz übergeordnet.
Damit ist der Grundrechtekatalog im "Grundgesetz" lediglich Makulatur. Die Besatzungsmächte können sich jederzeit darüber hinwegsetzen.
Auch hierin kann man den Unterschied zwischen einem Grundgesetz und einer Verfassung erkennen. Eine Verfassung ist immer die <u>höchste</u> Rechtsnorm in einem Staate. Ein Grundgesetz ist lediglich <u>niederrangiges Besatzungsrecht</u> oder Kolonialrecht.
Das höchstrangigste Recht im "BRD"-System und in Deutschland ist das Kriegsvölkerrecht in Gestalt der Haager Landkriegsordnung und der Genfer Konvention.
Und das alles aufgrund des Fehlens einer Friedensregelung beziehungsweise eines Friedensvertrages, den nur das Deutsche Reich mit den Siegermächten schließen kann, und nicht eine "BRD".

Folglich ist das "Grundgesetz" eine komplette Täuschung. Es ist das perfekte Instrument, die "BRD"-Angehörigen komplett zu entrechten, und ihnen nicht vorhandene Rechte vorzugaukeln.

Entgegen allen Propagandalügen der Alliierten ist damit das "Grundgesetz <u>für die Bundesrepublik Deutschland</u>" eben nicht die "freiheitlichste" "Verfassung", sondern vielmehr <u>die größte Katastrophe</u>, die es auf deutschem Boden je gegeben hat!

6.   Die internationalen Zusammenhänge der Deutschen Frage

Um die U.S.A. zu bewegen, in den Zweiten Weltkrieg einzutreten, und eine zweite Front im Westen zu eröffnen, haben die europäischen Mächte bereits im Jahre 1943 den U.S.A. den Titel der "Hauptsiegermacht" zugestanden.

Damit haben diese Staaten eingewilligt, daß der oberste Befehlshaber der US-Streitkräfte (damals General Dwight D. Eisenhower) gleichzeitig <u>weltweit</u> der oberste Befehlshaber <u>aller</u> alliierten Streitkräfte war (beispielsweise auch der Streitkräfte der damaligen Sowjetunion).
Damit haben diese Staaten bis zu einem Friedensvertrag ihre Militärhoheit auf die U.S.A. übertragen.
Dies beinhaltet das Recht für die U.S.A., in sämtlichen alliierten Staaten beispielsweise Truppen zu stationieren, Kampfhandlungen in diesen Ländern auszuführen, auf die Ressourcen der jeweiligen Länder zuzugreifen, Sach- und Geldwerte zu beschlagnahmen etc..
(vgl. SHAEF-Proklamation Nr. 1 der U.S.A. vom 12.09.1944
<u>*sowie*</u>
SHAEF-Gesetz Nr.3 (Amtsbl. US Mil.-Reg. Deutschl. Ausgabe A))

Gleichzeitig haben diese Staaten den U.S.A. damit das Recht eingeräumt, das Besatzungsrecht für das <u>gesamte</u> Deutsche Reich (einschließlich Mitteldeutschland und

Ostdeutschland) zu verfügen. Dies gab den U.S.A. gleichzeitig das Recht, das gesamte Deutsche Reich zu beschlagnahmen, was sie dann auch rechtswirksam gemacht haben. Beispielsweise haben die U.S.A. auch Mitteldeutschland und Ostdeutschland einschließlich Ostpreußen rechtswirksam beschlagnahmt.
(vgl. SHAEF-Gesetz Nr.52 (Amtsbl. US Mil.-Reg. Deutschl. Ausgabe A))

Diese enorme Machtfülle ermöglichte es den U.S.A. später, die Sowjets auf die Palme zu bringen, indem sie 1948 (rechtmäßig) verfügten, daß die D-Mark auch in Mitteldeutschland und im sowjetischen Sektor von Berlin gelten solle.
(vgl. SHAEF-Gesetz Nr. 60, 61 und 67 (Amtsbl. US Mil.-Reg. Deutschl. Ausgabe A))

Dies beantworteten die frustrierten Sowjets mit der Berlin-Blockade, es führte ferner zur Trennung der Deutschen in die Konstrukte "BRD" und "DDR" und beförderte den anschließenden "Kalten Krieg".

Bereits als sich die militärische Niederlage des Deutschen Reiches in den frühen vierziger Jahren des 20. Jahrhunderts abzeichnete, haben noch sehr schnell sehr viele Staaten dem Deutschen Reich den Krieg erklärt. Möglicherweise haben sie sich von der Überlegung leiten lassen, daß sie bei einer Friedensregelung mit dem Deutschen Reich einiges mehr herausschlagen könnten, als ohne Kriegserklärung. Im Mai 1945 waren es insgesamt 46 Staaten, die dem Deutschen Reich den Krieg erklärt hatten.
Alle diese Staaten haben die U.S.A. als Hauptsiegermacht anerkannt. Sie haben die Deklaration der Vereinten Nationen vom 01.01.1942 unterzeichnet und haben sich dem Joch der SHAEF-Gesetzgebung der U.S.A. unterworfen.
Sie alle bleiben solange völkerrechtlich Knechte der U.S.A., bis die U.S.A. einen Friedensvertrag mit dem Deutschen Reich abschließen.
Da die drei Siegermächte U.S.A., Großbritannien und die Sowjetunion beschlossen haben, in Fragen, die "Deutschland als Ganzes" betreffen, gemeinsam zu handeln, wäre ein Friedensvertrag mit dem Deutschen Reich von den drei Siegermächten einerseits und dem Deutschen Reich andererseits zu schließen. Separate Friedensverträge sind somit nicht möglich.
Wie bereits geschildert, wäre ein solcher Friedensvertrag demzufolge ein "3+1 Vertrag" (und eben nicht ein "2+4-Vertrag").

Da die "Vereinten Nationen" bekanntermaßen nichts weiter sind als die vereinten Kriegsgegner des Deutschen Reiches, und es bis heute keinen Friedensvertrag gibt, ist klar zu schließen:
Die Existenzgrundlage der UN ist somit der nach wie vor bestehende Kriegszustand mit dem Deutschen Reich!
Folgerichtig finden sich zwei Artikel in der Charta der vereinten Nationen, die die sogenannte "Feindstaatenklausel" verkörpern. Es sind dies die Artikel 53 und 107.
Artikel 53 der UN-Charta:

Zitat:
(1) *"..... Ohne Ermächtigung des Sicherheitsrats dürfen Zwangsmaßnahmen .... nicht ergriffen werden; ausgenommen sind Maßnahmen gegen einen Feindstaat ....."*
(2) *"Der Ausdruck "Feindstaat" in Absatz 1 bezeichnet jeden Staat, der während des Zweiten Weltkriegs Feind eines Unterzeichners dieser Charta war."*

Artikel 107 der UN-Charta:

Zitat:
"Maßnahmen, welche die hierfür verantwortlichen Regierungen als Folge des Zweiten Weltkriegs in bezug auf einen Staat ergreifen oder genehmigen, der während dieses Krieges Feind eines Unterzeichnerstaats dieser Charta war, werden durch diese Charta weder außer Kraft gesetzt noch untersagt."
(vgl. Charta der Vereinten Nationen BGBl. 1973, Teil II, Seite 431 ff.)
sowie u.a.
n-tv online 22.09.2012)

Laut Verfassung der U.S.A. ist der jeweilige Präsident der U.S.A. der Oberbefehlshaber der Streitkräfte.
(vgl. Verfassung der U.S.A. Artikel 2 Abschnitt 2)

Unabhängig hiervon ist nur der US-Kongreß berechtigt, Krieg zu erklären.
(vgl. Verfassung der U.S.A. Artikel 1 Abschnitt 8)

Da der Kriegszustand nie beendet wurde, muß der Präsident der U.S.A. den Kongreß nicht fragen, ob er Kriegshandlungen ausführen lassen darf.
Der Präsident der U.S.A. kann dies nach eigenem Gutdünken entscheiden, und das alles, weil ja der Kriegszustand als solcher in der Welt nach wie vor besteht.
Damit kann der Präsident der U.S.A. in der Welt praktisch machen was er will. Er kann Foltergefängnisse im Ausland unterhalten, er kann in jedem Land Truppen einmarschieren, und Kampfhandlungen ausführen lassen, er kann Gelder von angeblichen "Schurkenstaaten" einfrieren lassen, er kann die CIA mit Sabotage und "false-flag-Aktionen" beauftragen usw. u.s.w..

Der Präsident der U.S.A. handelt in jedem Falle rechtskonform nach den Buchstaben der genannten völkerrechtlichen Gesetze, wenn auch nicht nach deren Geiste (da diese Gesetze ja für den Krieg gegen das Deutsche Reich und Japan gemacht wurden, und nicht, um Jahrzehnte später andere Völker zu versklaven).
Dennoch kann niemand den Präsidenten der U.S.A. (weder innerhalb noch außerhalb der U.S.A.) wegen Handlungen zur Rechenschaft ziehen, die er unter dem Recht des noch immer fortbestehenden weltweiten Kriegszustandes ausführt, oder ausgeführt hat.

Beispielsweise hat ein Herr Obama nachdem man ihm den "Friedens-Nobelpreis" hinterher geworfen hatte, erst einmal sicherheitshalber seine Schergen in Afghanistan zur Vermarktung des zentralasiatischen Öls um 30.000 erhöht.
Auch das weltweit größte US-Folter-KZ in Guantanamo besteht bis heute, entgegen den markigen Ankündigungen von Obama.

Kaum jemand weiß, daß es zwei Todeslisten gibt, eine CIA-Todesliste und eine militärische Todesliste, und Herr Obama ("Mister Cool") entscheidet jede Woche persönlich, wer entsprechend dieser Listen umgebracht wird, sei es mittels "Drohnenangriffen" oder sonstiger Methoden im In- oder Ausland.
(vgl. "Handelsblatt" vom 07.04.2010)
<u>*sowie*</u>
"n-tv - online" vom 29.05.2012
<u>*sowie*</u>
"Die Welt" vom 02.06.2012
<u>*sowie*</u>
"Herr über Leben und Tod "Süddeutsche.de" vom 06.06.2012) u.a.

Aufgrund ihrer Position als Hauptsiegermacht des Zweiten Weltkrieges brauchen die U.S.A. noch nicht einmal den internationalen Strafgerichtshof in Den Haag anzuerkennen und nehmen sich (völkerrechtlich legal) das Recht heraus, jederzeit in den Niederlanden militärisch zu intervenieren, sofern Angehörige der U.S.A. dort für entsprechende Verbrechen zur Rechenschaft gezogen werden sollen.
(vgl. "Spiegel online" vom 12.06.2002
<u>*sowie*</u>
"De Telegraf" vom 07.06.2002)

In der Folge findet sich eine kleine Zusammenstellung der Kriegshandlungen der U.S.A. seit 1945:

"Tage des Weltfriedens":

1946 – Bolivien – Die CIA organisiert den Sturz und die Ermordung des reformerischen Präsidenten Gualberto Villarroel López, um die Macht wieder der Oligarchie zu übergeben.

1947 – Griechenland – Logistisches, finanzielles und technisches Eingreifen der U.S.A. zur Abwehr des "Kommunismus".
1950 bis 1953 – Korea – Kriegshandlungen der U.S.A. gegen Nordkorea.
1953 – Iran – Die CIA betreibt den Sturz des Premierministers Mohammad Mossadegh zum Zwecke des Einsatzes einer den U.S.A. genehmen Regierung ("Operation Ajax").
1954 – Guatemala – Die CIA organisiert eine Söldnerinvasion gegen Guatemalas Präsidenten Jacobo Arbenz Guzmán, der eine durchgreifende Landreform durchführen und den Grundbesitz der United Fruit Company verstaatlichen will ("Operation PBSUCCESS"). In einem Putsch wird Arbenz mit Unterstützung der U.S.A. gestürzt. In den folgenden drei Jahrzehnten herrschen Militärterror und Bürgerkrieg, dem über 140.000 Menschen zum Opfer fallen. Der Bürgerkrieg endet erst am 30.12.1996 mit der Unterzeichnung eines Waffenstillstandsvertrages.
1956 – Ägypten – Militärisches Eingreifen der U.S.A. in der "Suez-Krise".
1958 – Libanon – Militärisches Eingreifen der U.S.A. im Bürgerkrieg im Libanon ("Operation Blue Bat").
1958 – Militärisches Eingreifen der U.S.A. in der Taiwan-Straße.
1959 – Kuba – Logistisches, finanzielles und technisches Eingreifen der U.S.A. zum Sturz der Regierung von Ministerpräsident Fidel Castro.
1960 – Kongo – Die CIA betreibt den Putsch gegen die legitime Regierung. Der demokratisch gewählte Ministerpräsident Lumumba wird ermordet.
1961 – Kuba – Eine von den U.S.A. ausgebildete und ausgerüstete Guerillagruppe aus Exilkubanern scheitert bei der Invasion in der Schweinebucht auf Kuba. Die Operation wird durch die US-amerikanische Bombardierung kubanischer Luftabwehrstellungen vorbereitet.
1962 – Kuba – Während der so genannten Kubakrise (Oktober/November) wird die Insel durch die U.S.A. mit einer totalen Blockade belegt.
1963 – Dominikanische Republik – Der legitime Präsident wird unter direkter Beteiligung der CIA gestürzt.
1964 – Laos – jahrelange massive direkte Kriegshandlungen der U.S.A. gegen Laos.
1964 – Brasilien – Mit logistischer Unterstützung durch die CIA wird der linksgerichtete Präsident João Goulart gestürzt. Es erfolgt die Errichtung einer Militärdiktatur durch die U.S.A., die bis 1982 das Land beherrscht.
1964 bis 1975 – Vietnam – Kriegshandlungen der U.S.A. gegen Nordvietnam.
1964 bis 1982 – Bolivien – Die U.S.A. inszenieren eine Vielzahl von militärischen Staatsstreichen
1965 – Dominikanische Republik – Millitärintervention der U.S.A. mit Installation einer Marionettenregierung.
1965 – Kambodscha – Kriegshandlungen der U.S.A. gegen Kambodscha zur Ausweitung des Vietnamkrieges.
1965 – Indonesien – Militärputsch unter direkter Beteiligung der CIA. Die Putschisten lassen unmittelbar nach dem Putsch bis zu 1.000.000 Menschen umbringen.
1967 – Logistisches, finanzielles und technisches Eingreifen der U.S.A. für Israel und gegen die arabischen Staaten in Nahost im "Sechs-Tage-Krieg".
1967 – Bolivien – Militärisches Eingreifen der U.S.A., insbesondere der CIA zur Ermordung des kubanischen Revolutionärs Ernesto Che Guevara in Bolivien.
1970 – Kambodscha – Eingreifen der U.S.A. zur Installation einer Marionettenregierung und Ausweitung des Vietnam-Krieges auch auf Kambodscha.
1970 – Jordanien – Im jordanischen Bürgerkrieg ergreifen die Vereinigten Staaten Partei für das Königshaus und entsenden Flugzeugträger und Kriegsschiffe ins östliche Mittelmeer.
1971 – Indien/Pakistan – Im indisch-pakistanischen Konflikt um die Unabhängigkeit Bangladeschs entsenden die Vereinigten Staaten Flottenverbände in den Golf vonBengalen.
1973 – Chile – Die CIA stürzt Präsident Salvador Allende. In der Folge des Putsches werden mindestens 3.000 Menschen umgebracht. Die Macht übernimmt auf Betreiben der U.S.A. eine Militärjunta.
1975 – Peru – Die U.S.A. fördern einen Staatsstreich gegen den peruanischen Präsidenten Alvarado, um Wirtschaftsentscheidungen wieder unter die Ägide des Internationalen Währungsfonds zu bringen.
1976 – Angola – Militärisches Eingreifen der U.S.A. zur Unterstützung von "Rebellen" in ihrem Kampf gegen die Regierung.
1976 – Argentinien – Die CIA betreibt den Militärputsch gegen die legitime Regierung und installiert eine Militärdiktatur, unter der 30.000 Menschen umgebracht werden. Die Militärdiktatur endet erst 1983.
1977 – El Salvador – Logistisches, finanzielles und technisches Eingreifen der U.S.A., Folge: zehn Jahre Bürgerkrieg.
1980 – Iran – Militärisches Eingreifen der U.S.A. zur Befreiung von Geiseln.
1981 – Nicaragua – Finanzielle, militärische und logistische Unterstützung der U.S.A. für

Anhänger der davongejagten Diktatur von Anastasio Somoza und Kampf gegen die Regierung von Nicaragua.

1981 – Panama – Der seit 1970 auf einer geheimen und später vom Kongress veröffentlichten Mordliste des CIA stehende General Omar Torrijos – seit 1968 der führende Politiker in Panama – wird von der CIA durch eine als Hubschrauberabsturz getarnte Aktion umgebracht.

1981 – Afghanistan – Massive finanzielle, militärische und logistische Hilfe der U.S.A. für die Taliban in ihrem Kampf gegen die sowjetische Besetzung.

1982 – Argentinien – Militärische Unterstützung der U.S.A. für die Britische Armee im "Falkland Krieg".

1983 – Libanon – Militärisches Eingreifen der U.S.A. in den libanesischen Bürgerkrieg.

1983 – Grenada – Direkte Kriegshandlungen der U.S.A. gegen die dortige Regierung.

1985 – Nicaragua – Handelsembargo der U.S.A. gegen Nicaragua.

1986 – Libyen – Direkte Kriegshandlungen der U.S.A. gegen die dortige Regierung.

1988 – Iran – Grundloser Abschuß eines Airbus A300 der Iran Air in Verbindung mit Verletzung der Hoheitsgewässer des Iran.

1989 – Panama – Kriegshandlungen der U.S.A. gegen die dortige Regierung, Panama wird besetzt. Der Präsident Panamas, General Manuel Noriega, wird in die U.S.A. entführt.

1990 – Liberia – Kriegshandlungen der U.S.A. im dortigen Bürgerkrieg.

1990 – Kolumbien – Kriegshandlungen der U.S.A. zur Bekämpfung "kommunistischer Rebellen".

1991 – Irak – Kriegshandlungen der U.S.A. nach der Besetzung Kuweits durch den Irak.

1992 – Jugoslawien – Kriegshandlungen der U.S.A. zur Schwächung und Destabilisierung von Jugoslawien.

1992 – Irak – Errichtung und Durchsetzung einer Flugverbotszone durch die U.S.A. für irakische Flugzeuge.

1992 – Somalia – Direktes militärisches Eingreifen der U.S.A. in den dortigen Bürgerkrieg.

1993 – Irak – Kriegsschiffe der U.S.A. feuern 23 Marschflugkörper auf Bagdad ab.

1994 – Haiti – Die U.S.A. setzen militärisch die Reinstallation des 1991 durch einen Militärputsch gestürzten Präsidenten Jean-Bertrand Aristide durch.

1998 – Sudan – Militärische Intervention der U.S.A. in Form eines Luftangriffs auf eine angebliche Giftgasfabrik, die sich im Nachhinein als Arzneimittelfabrik herausstellte.

1999 – Jugoslawien – Kriegshandlungen der U.S.A. in Form von umfangreichen Bombardements gegen Ziele in Jugoslawien zur Abspaltung des Kosovo.

2001 – Afghanistan – massive Kriegshandlungen der U.S.A. zum Sturz des Taliban-Regimes und zur dauerhaften militärischen Besetzung unter dem Vorwand der Lüge vom "11. September".

2002 – Venezuela – Auf Betreiben der CIA wird Präsident Hugo Chávez in einem Militärputsch gestürzt. Die Revolte dauert jedoch nur drei Tage und Chávez kehrt wieder in sein Präsidentenamt zurück.

2003 – Irak – Kriegshandlungen der U.S.A. gegen den Irak zum Sturz des Regimes von S. Hussein sowie zur dauerhaften militärischen Besetzung unter dem Vorwand der Lüge von den Chemiewaffen im Irak.

2004 – Haiti – Truppenstationierung nach dem Sturz von Präsident Jean-Bertrand Aristide.

2011 – Libyen – Kriegshandlungen der U.S.A. zum Sturz von Präsident Gaddafi.

Allein die Länge dieser Liste ist schon bemerkenswert! Viel bedeutsamer scheint dabei jedoch, daß die U.S.A. in höchsten 5% der Fälle die Zustimmung des "Weltsicherheitsrates" eingeholt haben.

Aber wirklich interessant ist nicht, was die U.S.A. alles während dieser Aktionen gemacht haben, sondern was sie (von den meisten unbemerkt) <u>unterlassen</u> haben!

In keinem dieser Fälle hat jemals jemand davon gehört, daß die U.S.A. oder eine sonstige beteiligte Konfliktpartei eine <u>Kriegserklärung</u> abgegeben hätten!

<u>**Und genau das brauchen sie auch nicht!**</u>

Da der Zweite Weltkrieg durch das Fehlen eines Friedensvertrages mit dem Deutschen Reich völkerrechtlich weltweit noch im Gange ist, finden sämtliche Kriegshandlungen der U.S.A. unter dem Kriegsrecht des Zweiten Weltkrieges statt.

<u>Und an dieser Stelle schließt sich der Kreis:</u>
Die Hauptsiegermacht des Zweiten Weltkrieges, die U.S.A., dürfte wohl kaum ein Interesse daran haben, daß das Deutsche Reich einen Friedensvertrag erhält, weil dann die völkerrechtliche Absicherung der Vormachtstellung der U.S.A. in der Welt vorbei wäre.

Das Deutsche Reich wird mit Hilfe der Firma "BRD" (somit vorrangig von den U.S.A.) handlungsunfähig gehalten, damit es keinen Friedensvertrag abschließen kann.
Nicht zuletzt werden hierfür die deutschen Völker gezielt mittels "Lehrpläne" und Massenmedien belogen und mit einem Kollektiv-Schuldkonzept manipuliert, damit sie bloß keine rechtsstaatlichen Verhältnisse und keinen Friedensvertrag einfordern.

Mit Friedensschluß wären die U.S.A. ihrer völkerrechtlichen Vormachtstellung in der Welt umgehend enthoben. Zudem wären dann auch die UN augenblicklich aufgelöst, da die Existenz der UN und das gesamte Regelwerk der UN auf dem nach wie vor fortbestehenden Kriegszustand mit dem Deutschen Reich basiert.

Mit Auflösung der UN würde wieder der Völkerbund handlungsfähig werden, der wesentlich gerechter organisiert war als es die Vereinten Nationen jemals gewesen sind.
Dies käme allen Völkern in der Welt sehr zugute, da die internationale Gemeinschaft hierdurch endlich demokratisch organisiert werden könnte.
Zudem würden die dreckigen Kriege der U.S.A. um Öl und sonstige Rohstoffe oder irgendwelche Privilegien in der Welt, die unter dem Mantel der "Menschenrechte, Demokratie und Rechtsstaatlichkeit" publizistisch verkauft werden, ein Ende haben. Zumindest gebe es dann keine völkerrechtliche Absicherung hierfür mehr.

Schließlich ist es auch ein absoluter Anachronismus, daß die fünf Hauptmächte des Zweiten Weltkrieges (U.S.A., Großbritannien, Frankreich, China, UdSSR – Rechtsnachfolger Rußland) im "Sicherheitsrat" nach wie vor ein Vetorecht haben, und insbesondere die U.S.A. als Hauptsiegermacht des Zweiten Weltkrieges für jedwede Aggressionen nicht einmal die Zustimmung des Sicherheitsrates einholen müssen.

7. Die Gesetzesverfügungen der Besatzungsmächte der Jahre 2006 bis 2010

Wie bereits erwähnt, haben die Besatzungsmächte in den Jahren 2006 bis 2010 Tausende Gesetze im "BRD"-System aufgehoben und ebenfalls Tausende Gesetze neu verfügt.
Diese Gesetze wurden weder im "BUNDESTAG" noch im "BUNDESRAT" diskutiert oder beschlossen, sie wurden lediglich im "Bundesgesetzblatt" veröffentlicht.
Aufgehoben wurden insbesondere zahlreiche Einführungsgesetze, in denen regelhaft der territoriale, zeitliche und personelle Geltungsbereich eines Gesetzeswerkes definiert wird.
Hierdurch haben die Besatzungsmächte das fortgesetzt, was sie mit der Aufhebung des Artikels 23 (alte Fassung) des "Grundgesetzes" im Jahre 1990 begonnen haben. Durch die Entfernung der territorialen Geltungsbereiche aus sämtlichen Gesetzestexten haben sie erneut klargestellt, daß es sich bei der "BRD" um keine Gebietskörperschaft beziehungsweise um keinen Staat handelt.

Es gibt zahlreiche Spekulationen, weshalb die Besatzungsmächte diese umfassenden Gesetzesaufhebungen verfügt haben. Die Alliierten haben sich hierzu nie öffentlich geäußert.
Eine mögliche Erklärung ist, daß seinerzeit im Jahre 2006 ein Herr Sürmeli ein Urteil vor dem Europäischen Gerichtshof für Menschenrechte erstritten hat, in dem klar festgestellt wurde, daß die "BRD" kein Staat ist und daß im "BRD"-Rechtssystem grundlegend gegen die Art. 6 und 13 der Menschenrechtskonvention verstoßen wird.
Insbesondere wurde festgestellt, daß ein wirksames Rechtsmittel gegen Rechtsmißbrauch und Billigkeitsrecht für die Einhaltung des Rechtes auf ein rechtsstaatliches Verfahren im "BRD"-System nicht gegeben ist.

Somit hätte jeder, der im "BRD"-System einen Prozeß verloren hat, die Möglichkeit gehabt, vor alliierten Gerichten (beispielsweise in Großbritannien oder Frankreich) direkt auf Schadensersatz zu klagen. Die Steuerzahler dieser Länder hätten dann automatisch die Haftung übernehmen müssen.

Eine solche Klage wäre vor den Gerichten der Alliierten automatisch gewonnen worden, da ja die Rechtsgrundlage vor dem Europäischen Gerichtshof für Menschenrechte bereits festgestellt worden ist.

Es hätte dann nur noch um die Höhe der Entschädigung verhandelt werden können, nicht mehr jedoch um den grundlegenden Anspruch.

Es ist anzunehmen, daß sich die Alliierten dieser Art von Haftungsansprüchen entziehen wollten, weshalb sie die Bereinigungsgesetze verfügt haben. Vereinfacht gesagt, haben die Alliierten dem Konstrukt "BRD" sämtliche Gesetze entzogen, die im weitesten Sinne bis 1990 hoheitliche (gebietsbezogene) Befugnisse verkörperten.

Aus diesem Grunde ist die "BRD" heute auch nach ihren eigenen rechtlichen Bestimmungen zu keinerlei hoheitlichen Maßnahmen gegenüber jedweden Personen mehr befugt!
Sämtliche Interaktionen mit dem "BRD"-System beruhen daher ausschließlich auf Freiwilligkeit!

Diese Kuriosität zeigt sich beispielsweise im sogenannten "Ordnungswidrigkeitengesetz":

Gemäß §5 des "Ordnungswidrigkeitengesetzes" können

Zitat:
".....nur Ordnungswidrigkeiten geahndet werden, die im räumlichen Geltungsbereich dieses Gesetzes oder außerhalb dieses Geltungsbereichs auf einem Schiff oder in einem Luftfahrzeug begangen werden, das berechtigt ist, die Bundesflagge .....zu führen".
(vgl. Gesetz über Ordnungswidrigkeiten (OWiG) neugefaßt durch B. v. 19.02.1987 BGBl. I Seite 602; zuletzt geändert durch Artikel 2 G. v. 29.07.2009 BGBl. I Seite 2353; Geltung ab 01.01.1975)

Nachdem das Einführungsgesetz zum sogenannten "Ordnungswidrigkeitengesetz" durch das 2. Bereinigungsgesetz vom 23.11.2007, Art. 57 von den Besatzungsmächten aufgehoben worden ist,
(siehe G. v. 23.11.2007 BGBl I Seite 2614 Geltung ab 30.11.2007)
ist ein räumlicher Geltungsbereich dieses "Ordnungswidrigkeitengesetzes" nunmehr nirgendwo mehr definiert, weder im "Ordnungswidrigkeitengesetz" selbst, noch anderenorts.
Daß das "Grundgesetz für die Bundesrepublik Deutschland" keine Definition eines territorialen Geltungsbereiches enthält, wurde bereits umfassend dargelegt.

Dies bedeutet, daß auch nach den Regeln des "BRD"-Systems die Verhängung von Bußgeldern oder Ähnlichem aufgrund von "Ordnungswidrigkeiten" ohne jede Rechtsgrundlage ist.

Aber auch die Unterordnung unter das "Gerichtsverfassungsgesetz", die "Zivilprozessordnung" oder die "Strafprozeßordnung" ist mit den Bereinigungsgesetzen auf freiwillige Basis gestellt worden.
Aufgrund des Fehlens von Festlegungen über den zeitlichen Geltungsbereich ist beispielsweise die gesamte Abgabenordnung des "BRD"-System formalrechtlich nie in Kraft getreten.
Inzwischen gibt es Anwaltskanzleien, die Leuten dazu verhelfen, ihre gesamten "Steuern" der vergangenen zehn Jahre, zurück zu erhalten, und zwar nach den Regeln des "BRD"-Systems selbst (man recherchiere beispielsweise unter "Steuerkanzlei Samieske" oder "Anwaltskanzlei Graf von Andechs" jeweils ansässig in Berlin).

Mit den Bereinigungsgesetzen haben die Besatzungsmächte zudem das Besatzungsrecht als "voll wirksames Bundesrecht" wiederhergestellt und dessen Rechtsgültigkeit für Angehörige der "BRD" bekräftigt, weshalb die Tätigkeit von Notaren und Richtern im "BRD"-System einer

besonderen Genehmigung durch den SHAEF-Gesetzgeber (U.S.A.) bedarf, ansonsten wirken sie illegal.
Damit dürfte auch jedem klar sein, daß man im "BRD"-System keinerlei Eigentumsrechte wie beispielsweise an einer Immobilie erwerben kann, da derzeit kein "Notar" im "BRD"-System berechtigt ist, als solcher tätig zu werden.

Gute Nacht "BRD"-Personal, kann man da nur sagen!

8. Der Firmencharakter der "BRD" und die Konsequenzen

Bereits bei Gründung der "BRD", das heißt bei der Erarbeitung des "Grundgesetzes" wurde berücksichtigt, daß die "BRD" kein Staat sein kann. Es wurde lediglich eine Verwaltung mit Firmencharakter geschaffen.

Dies zeigt sich im Artikel 133 des "Grundgesetzes", in dem es heißt:
Zitat:
Artikel 133 Grundgesetz:
"*Der Bund tritt in die Rechte und Pflichten der Verwaltung des Vereinigten Wirtschaftsgebietes ein.*"

Dies bedeutet, daß die "BRD" von den drei westlichen Besatzungsmächten lediglich wirtschaftliche Verwaltungsbefugnisse zugestanden bekommen hatte.
Dies bedeutet gleichermaßen, daß die "BRD" nicht in die Rechte und Pflichten des Deutschen Reiches oder eines seiner Einzelstaaten eintreten konnte.
Die "Bundesrepublik Deutschland" ist somit kein Rechtsnachfolger des Deutschen Reiches oder seiner Einzelstaaten. Dies ist insofern sehr bedeutsam, da ein legitimer Staat auf deutschem Boden immer auch Rechtsnachfolger des Deutschen Reiches und seiner Einzelstaaten wäre.

Im Weiteren hatte man auch in der Abfassung der übrigen Artikel des "Grundgesetzes" den Firmencharakter dieser reinen Wirtschaftsverwaltung berücksichtigt:
Im "Grundgesetz" wird dementsprechend klar geregelt, daß "Minister" keine Politikbereiche sondern "Geschäftsbereiche" leiten, und daß der "Bundeskanzler" nicht die Politik bestimmt, sondern die "Geschäftspolitik". Er regiert nicht, sondern leitet "Geschäfte":
Zitat:
Artikel 53 Grundgesetz:
"*Der Bundesrat ist von der Bundesregierung über die Führung der Geschäfte auf dem Laufenden zu halten.*"
Artikel 65 Grundgesetz:
"*(Es)... leitet jeder Bundesminister seinen Geschäftsbereich selbständig*" ....
Der Bundeskanzler leitet seine Geschäfte nach einer ... Geschäftsordnung."
Artikel 69 (3) Grundgesetz:
"*Auf Ersuchen ... ist der Bundeskanzler ...... oder ...... ein Bundesminister verpflichtet, die Geschäfte bis zur Ernennung seines Nachfolgers weiterzuführen.*"
Darüber hinaus bestehen keine Verfahrensregeln sondern "Geschäftsordnungen".
Zitat:
Artikel 40 Grundgesetz:
"*Der Bundestag ... gibt sich eine Geschäftsordnung.*"
Artikel 42 (2) Grundgesetz:
"*Für die ... kann die Geschäftsordnung Ausnahmen zulassen.*"
Analoge Aussagen finden sich in Artikel 52 (3), Artikel 77 (2) und Artikel 93 (1) "Grundgesetz":

Darüber hinaus werden sämtliche "Organe" der "BRD" in ihren Internetauftritten inzwischen offen als Firmen präsentiert:

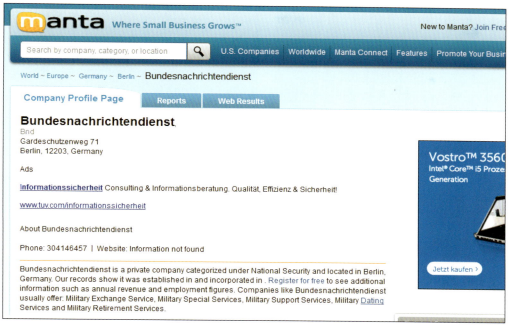

Screenshot bei MANTA; "BUNDESNACHRICHTENDIENST" als "private company" gelistet.

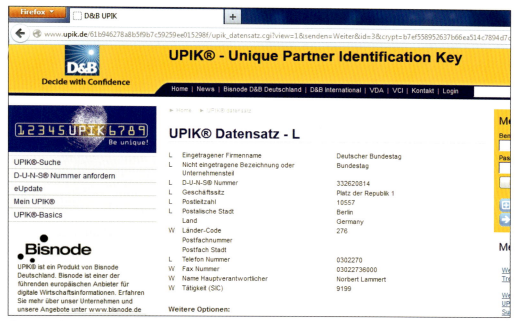

Screenshot bei D&B; "BUNDESTAG" als private Firma gelistet

Es haben sämtliche Unterfirmen der "BRD" Ust.-Ident.-Nummern, was es nur für Firmen gibt, jedoch nicht für Anstalten und Körperschaften des öffentlichen Rechtes.
Man kann über die Finanzverwaltungen die Ust.-Ident.-Nummern der Unterfirmen des "BRD"-Systems herausfinden:
Beispielsweise hat die Firma "BUNDESTAG" die USt-IdNr. DE 122119035.

Folgerichtig ist in internationalen Firmen- und Branchenführern (beispielsweise bei MANTA) **jede** "BRD"-Körperschaft, vom BUNDESPRÄSIDIALAMT bis zum BUNDESVERFASSUNGSGERICHT <u>als Firma</u> ("private company") gelistet, und unter "company research" leicht zu finden.

Des Weiteren ist festzustellen, daß die Drahtzieher des "BRD"-Systems im Jahre 1990 eine "BUNDESREPUBLIK DEUTSCHLAND FINANZAGENTUR GmbH" gegründet haben.

Diese Firma hat die Aufgabe, die finanziellen Verhältnisse des "BRD"-Systems nach innen und außen zu gestalten. Hierzu wurde eine insolvente, frühere "DDR"-Firma umfirmiert und in Frankfurt am Main angemeldet.

Handelsregisterauszug der Firma "BRD"-GmbH im Amtsgericht Frankfurt am Main

Auf der Webseite dieser Gesellschaft findet sich die Behauptung, daß dieses "Unternehmen" im Jahr 2000 gegründet wurde. Auf dem Handelsregisterauszug findet sich jedoch das ausgewiesene Gründungsdatum mit 29.08.1990!

Es stellt sich die Frage, weshalb man versucht, die Öffentlichkeit über das tatsächliche Gründungsdatum bewußt zu täuschen? Vermutlich will man verschleiern, was 1990 wirklich geschehen ist: Die angebliche "Wiedervereinigung". In Wirklichkeit handelte es sich dabei um die endgültige Umwandlung der "BUNDESREPUBLIK DEUTSCHLAND" von einer fremdbestimmten Gebietskörperschaft ohne jede Souveränität in eine Firma der Besatzungsmächte – ebenfalls ohne jede Souveränität.

- Ausfertigung -   01.03.05

Amtsgericht Darmstadt
Insolvenzgericht
Geschäfts-Nr.: 9 IN 248/05
(Bitte stets angeben)

Beschluß

In dem Insolvenzantragsverfahren
Mathias Guthier, Postfach 11 42, 68647 Biblis,
- Antragsteller -

gegen

Bundesrepublik Deutschland GmbH,
- Antragsgegner -

1. Der Antrag auf Eröffnung des Insolvenzverfahrens wird als unzulässig zurückgewiesen.
2. Die Kosten des Verfahrens trägt der Antragsteller.
3. Der Gegenstandswert wird auf 300,00 EUR festgesetzt.

Gründe:

Gemäß § 12 Abs. 1, Ziffer 1 InsO ist die Durchführung des Insolvenzverfahrens über das Vermögen des Bundes unzulässig.

Die Kostenentscheidung beruht auf den §§ 4 InsO, 91 ZPO; die Festsetzung des Gegenstandswertes beruht auf § 37 GKG. Sie ergibt sich aus dem Mindestwert.

Kaschel
Richterin am Amtsgericht

Ausgefertigt
Darmstadt, den 02.03.05

Kipper, Justizsekretärin
als Urkundsbeamtin der Geschäftsstelle

Kopie des "Gerichtbeschlusses" des "Amtsgerichtes Darmstadt" vom 01.03.2005, mit Bezeichnung "BRD"-GmbH" als beklagte Partei.

Amtsgericht Darmstadt 02.03.2005 Insolvenzgericht Geschäfts-Nr.: 9 IN 248/05
Beschluß:
Der Antrag auf Eröffnung des Insolvenzverfahrens wird als unzulässig zurückgewiesen. Gründe: Gemäß § 12 Abs. 1, Ziffer 1 InsO ist die Durchführung des Insolvenzverfahrens über das Vermögen des Bundes unzulässig.

Interessant ist dabei, daß das Gericht als beklagte Partei eine **"Bundesrepublik Deutschland GmbH"** ausweist. Von Seiten des Gerichtes wurde die "Finanzagentur" (bewußt?) unterschlagen (was bei genauerem Überlegen durchaus Sinn macht). Mit diesem Beschluß hat das "Gericht" jedenfalls bestätigt, daß die beklagte GmbH im Besitz des gesamten Vermögens (besser gesagt: der gesamten Schulden) des "Bundes" ist! Damit sind die gesamten "BRD"- Schulden im Besitz einer privaten Körperschaft, welche als GmbH lediglich mit schlappen 25.500,- Euro haftet!
Viel Spaß noch mit ihren "Bundesschatzbriefen".

In Anbetracht der Milliardenbeträge, die von dieser Firma umgesetzt werden (die Medien berichten von Schulden in Höhe von 2–6 Billionen Euro und Neukreditaufnahmen von bis zu 17 Mrd. Euro täglich) – bei lächerlich kleiner Haftungsdecke – wurden bereits mehrfach Konkursanträge gegen diese Firma gestellt. Einen solchen hätte jede andere Firma nicht überlebt, aber bei der Firma "BRD-GmbH" scheint das normale Recht nicht zu greifen. Also, schauen wir uns an, wie das zuständige Amtsgericht einem Konkursantrag begegnet ist:

Hierzu ist noch interessant zu wissen, daß die frühere "DDR"-Firma, die man zu diesem Zweck für eine Ostmark aufgekauft hat, bereits zum Zeitpunkt des Kaufes insolvent gewesen ist. Somit ist die Firma "BRD"-GmbH bereits insolvent gegründet worden. Da diese Firma schon längst nachweislich insolvent ist, müssen weitere Insolvenzanträge nicht bearbeitet, und noch nicht einmal mehr angenommen werden!

Aufgrund der Tatsache daß die "BRD" lediglich eine Firma und kein Staat ist, werden auch "Person**al**ausweise" von Stellen der "BRD" ausgegeben.
Vor der Gründung der "BRD" gab es Person**en**ausweise.
Die Bezeichnung "Bundes**personal**ausweis" ist nur folgerichtig, da der Inhaber schließlich Personal der Firma **"BUNDESREPUBLIK DEUTSCHLAND GmbH"** ist!

Wegen des Firmencharakters der "BRD" gibt es im "BRD"-System beispielsweise keine Ämter, sondern nur Behörden. Der Unterschied sei im folgendem erklärt:

Ämter
sind staatliche Organe, es arbeiten Beamte in ihnen und diese Beamte üben hoheitliche Befugnisse aus. Ämter sind deshalb befugt, hoheitliche Entscheidungen zu treffen.
Aufgrund ihres Beamtenstatus haben die Beamten, die in einem Amt tätig sind, einen Entscheidungsspielraum in ihren Handlungen. Deshalb sind diese Beamten in diesen Ämtern verpflichtet, rechtsmittelfähige Bescheide zu erstellen.
Letzteres dient dem Schutz der Menschen, damit ein Beamter seinen Entscheidungsspielraum nicht in destruktiver Weise nutzt. Es steht dem Menschen nach einer amtlichen Entscheidung in jedem Fall der Rechtsweg offen.
Für Beamte gibt es eine Staatshaftung, für den Fall daß durch ein fehlerhaftes Verhalten eines Beamten ein Schaden eintritt.

Behörden
sind hingegen eine besondere Form von Verwaltungen.
In Verwaltungen wird, wie der Name bereits sagt, lediglich verwaltet. Es werden beispielsweise Daten erhoben, es wird katalogisiert, es wird Schriftverkehr geführt etc..
Die Besonderheit von Behörden besteht darin, daß sie eine besondere Form von Verwaltungen sind, es handelt sich bei Behörden um öffentliche Verwaltungen.

Verwaltungen privater Unternehmen haben keine Befugnisse für hoheitliches Handeln, beziehungsweise zur Ausübung von Hoheitsgewalt. Es ist nicht statthaft, diese privatwirtschaftlichen Verwaltungen "Behörden" zu nennen.

Im Bereich des staatlichen Rechtes haben aber auch Behörden im Gegensatz zu Ämtern keine Entscheidungsbefugnisse und somit auch in ihren Entscheidungen keine Entscheidungsspielräume. Behörden führen lediglich aus, was übergeordnete Stellen mit entsprechender Autorisation vorgeben. Behörden erlassen keine staatlichen / hoheitlichen Zwangsmaßnahmen.

Da die "BRD" kein Staat ist, gibt es im "BRD"-System keine Ämter oder Behörden sondern bestenfalls "Verwaltungen".
Der Begriff "Amt" ist zwar <u>handelsrechtlich</u> nicht geschützt und so kann <u>handelsrechtlich</u> gesehen jeder seine Firma "Amt", "Amtsgericht", "Kraftfahrtamt" oder "Finanzamt" u.s.w. nennen.
Wer allerdings seine Firma beispielsweise "Amtsgericht" oder "Finanzamt" nennt, ohne daß es sich dabei um wirkliche, das heißt staatliche Ämter mit vom Staate berufenen Beamten handelt, begeht drei <u>Straftaten</u>, nämlich "Täuschung im Rechtsverkehr", "Amtsanmaßung" und "Betrug".
Grundsätzlich ist alles was unter der Erfüllung von Straftatbeständen ausgeführt wird, rechtsungültig!

Damit die Akteure des "BRD"-Systems aus den geschilderten Tatbeständen "Täuschung im Rechtsverkehr", "Amtsanmaßung" und "Betrug" herauskommen, werden nunmehr allmählich die Begrifflichkeiten geändert, die einzelnen Unterfirmen, die früher noch als "Ämter" bezeichnet wurden, werden allmählich umbenannt:

<u>Beispielsweise</u>
Akten<u>zeichen</u>	>	Geschäftszeichen
Arbeits<u>amt</u>	>	"Agentur für Arbeit", "Jobcenter"
Einwohnermelde<u>amt</u>	>	"Bürgerservice", "Kundenzentrum"
Sozial<u>amt</u>	>	"ARGE GmbH"
Gewerbe<u>amt</u>	>	"Abteilung Gewerbe"
Post<u>amt</u>	>	"Post AG"
Finanz<u>amt</u>	>	"Steuerverwaltung"
<u>Staats</u>anwaltschaft	>	"Amtsanwaltschaft"
<u>Amt</u>sgericht	>	"Justizzentrum" oder
		"Betreuungsgericht" der Stadt XY
		"Finanzgericht" der Stadt XY
		"Familiengericht" der Stadt XY u.s.w..

Es wird versucht, in allen Bereichen die Begriffe <u>Amt</u> und <u>Staat</u> zu vermeiden.
Folgerichtig werden im jeweiligen Impressum von "BRD"-Unterfirmen nicht etwa <u>Amtsvorsteher</u> benannt sondern "<u>Geschäftsführer</u>".
Dabei sollte man nicht dem Irrtum unterliegen, es habe sich früher bei den genannten Institutionen um Ämter gehandelt, die jetzt privatisiert worden seien. Nein, es waren seit Gründung der "BRD" <u>schon immer</u> Firmen, nur werden jetzt die <u>Begrifflichkeiten</u> angepaßt!

Den Vogel in dieser Hinsicht schießt die Stadt Hamburg ab. Stand beispielsweise vormals in den "Bundespersonalausweisen" unter "ausstellende Behörde" "Freie und Hansestadt Hamburg, Bezirksamt Wandsbeck", findet sich heute der Eintrag "<u>Kundenzentrum Wandsbeck</u>".

Man kann definitiv nicht mehr sagen, man werde betrogen oder getäuscht. Die Dinge werden inzwischen offen vorgetragen:

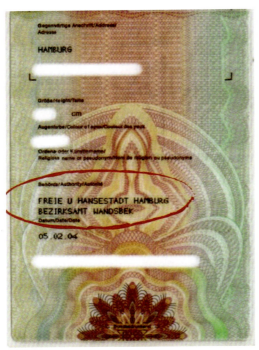

2004: Rückseite "Bundespersonalausweis" ausgestellt vom <u>Bezirksamt</u> Wandsbeck

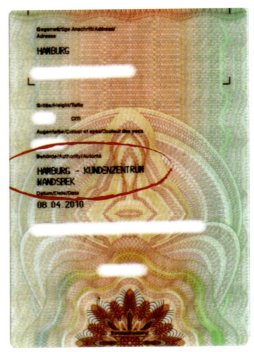

2010: Rückseite "Bundespersonalausweis" ausgestellt vom <u>Kundenzentrum</u> Wandsbeck

Aufgrund des Firmencharakters der "BRD" besteht im "BRD"-System auch keine Staatshaftung. "BRD"-Bedienstete werden zwar teilweise fälschlicherweise als "Beamte" bezeichnet, sie sind jedoch verpflichtet, private Berufshaftpflichtversicherungen abzuschließen.

Wegen des Firmencharakters der "BRD" haben Gesetze dieser Firma den Charakter von Allgemeinen Geschäftsbedingungen.

Die obersten Repräsentanten der Firma "BRD" sind lediglich Geschäftsführer und keine "Staatsoberhäupter" und keine "Verfassungsorgane".

Hieraus ergibt sich auch, daß Stellen der "BRD" keinerlei Legitimation zur Ausübung von Hoheitsgewalt gegenüber jedweden Personen haben.

Wer aber keine Legitimation zur Ausübung von Hoheitsgewalt hat, kann maximal geschäftliche Angebote unterbreiten. Diese kann man annehmen oder auch ablehnen.

Die Einhaltung der Allgemeinen Geschäftsbedingungen der Firma "BRD" ist nur dann nötig, wenn man eine Geschäftsbeziehung mit der Firma "BRD", oder einer ihrer Unterfirmen eingegangen ist, wozu niemand gezwungen werden kann.

Man kann es nicht oft genug wiederholen:

"BRD"-Stellen haben keinerlei Legitimation zur Ausübung von Hoheitsgewalt!

Fazit:
Zusammenfassend ist festzustellen, daß die "BUNDESREPUBLIK DEUTSCHLAND" eine Personenvereinigung, genauer gesagt, eine Firma mit der Binnenstruktur einer GmbH ist.
Man kann deshalb völlig zu Recht von einer "BRD"-GmbH sprechen.
Da die "BRD" lediglich eine Firma ist, dennoch aber den Schein erweckt, ein Staat zu sein, betreiben die Repräsentanten der Firma "BRD" eine <u>Staatssimulation</u>. Wer eine Staatssimulation betreibt, maßt sich an, schwere Eingriffe in die Persönlichkeitsrechte von Menschen vorzunehmen und erweckt dabei den Anschein, hierzu hoheitlich legitimiert zu sein.

Eine Staatssimulation ist somit eine schwere Form organisierter Kriminalität!

Es handelt sich folglich bei den Akteuren des "BRD"-Systems um Schwerstkriminelle, sofern sie wissentlich den Anschein erwecken, sie seien legitimiert, hoheitlich zu handeln.

8.1. Der rechtliche Trick zur Versklavung

Um die Menschen im Besatzungsgebiet zu versklaven, wurde eine sehr interessante juristische Konstruktion entwickelt.

Wie bereits dargelegt, unterscheiden die Juristen zwischen <u>natürlichen</u> und <u>juristischen</u> Personen. Eine natürliche Person ist ein beseeltes Wesen, sie hat unveräußerliche Individualrechte. Ein Mensch kann dabei die Rechte einer natürlichen Person nur wahrnehmen, wenn staatliche Stellen dies gewährleisten. Ein Mensch kann somit nur in Wechselbeziehung zu einem Staat eine natürliche Person sein.

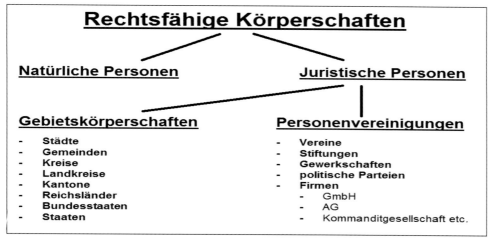

Einteilung von rechtsfähigen Körperschaften. Von besonderer Bedeutung ist die Gegenüberstellung von natürlichen und juristischen Pesonen

Natürliche Personen haben Namen (was wir oft als "Vornamen" bezeichnen, also Klaus, Heinz, Kurt etc.) und <u>Familiennamen</u> (Müller, Meier, Schulze).

Demgegenüber haben juristische Personen NAMEN (und keine <u>Familiennamen</u>).

Da die "BRD" eine Firma ist, kann sie in jedem Menschen nur jeweils eine juristische Person sehen. Das bedeutet, daß die Firma "BRD" aus jedem von uns eine juristische Person, also juristisch gesehen eine Ein-Mann-Firma macht.

Als <u>NAME</u> für diese Firma wird der <u>Familienname</u> des Betreffenden ohne sein Wissen verwendet. Mit dieser so entstandenen Ein-Mann-Firma gestaltet die Firma "BRD" dann diverse Geschäftsbeziehungen.

Auch im sogenannten "Bundespersonalausweis" findet man diese Kriterien einer juristischen Person erfüllt.

Allein die Kategorie "<u>NAME</u>" (und nicht <u>Familienname</u>) ist Beleg dafür, daß hier eine juristische Person benannt wird. Zudem wird dieser Name dann in Großbuchstaben geschrieben, wodurch eine Firma beziehungsweise eine Sache gekennzeichnet wird.

Aus den genannten Gründen wird man vom "BRD"-System auch in der Regel in der folgenden Form angeschrieben:

"Sehr geehrter Herr Max MUSTERMANN, ..."

Auch auf Gerichtsurteilen von "BRD"-"Gerichten" ist angegeben, daß beispielsweise nicht <u>in der Angelegenheit</u> Müller gegen Meier, sondern <u>in Sachen</u> MÜLLER gegen MEIER verhandelt wird!

Die Schaffung der rechtlichen Grundlagen hierfür hat eine sehr lange Vorgeschichte. Es ist der Weg zur modernen Sklaverei. Die rechtlichen Grundlagen hierfür gehen unter anderem auf den Vertrag von Verona vom 03.10.1213 zurück.

Die Regelungen, mit deren Hilfe einer natürlichen Person unwissentlich eine gleichnamige juristische Person übergestülpt wird, wodurch sie zu einer Sache gemacht wird, und dies durch eine entsprechende Schreibweise kenntlich gemacht wird, finden sich unter anderem im Black´s Law Dictionary.

Zitat:
"Die Großschreibung der Buchstaben des Familiennamens einer natürlichen Person ergibt eine Verminderung oder den vollständigen Verlust des rechtlichen Status dieser natürlichen Person oder einer Staatsbürgerschaft, wobei man ein Sklave beziehungsweise ein Element der Inventur wird".

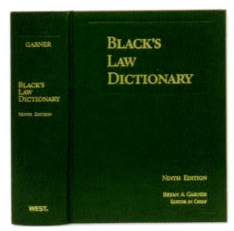

Black´s Law Dictionary

Das Black´s Law Dictionary wurde von Henry Campell Black herausgegeben. Die erste Ausgabe erschien 1891, die zweite Ausgabe 1910.
Die aktuelle neunte Ausgabe erschien im Jahre 2009.

Das Black´s Law Dictionary ist das maßgebende Standard-Rechtswörterbuch für die Juristen der U.S.A.. Es wurde in vielen Fällen vom Supreme Court als juristische Autorität zitiert.

Der rechtliche Akt, mit dem man sich selbst im "BRD"-System zur juristischen Person, das heißt zur Sache und somit zum Sklaven macht, ist die Beantragung eines "Person<u>a</u>lausweises".
Dies tun die meisten Menschen aufgrund entsprechender Unkenntnis freiwillig und zahlen hierfür noch!
Auf dem "Personalausweis" findet sich dementsprechend die Inventur-Nummer des Antragsstellers.
Es kann also niemand behaupten, er sei zu einer Geschäftsbeziehung mit dem "BRD"-System gezwungen worden.

Wenn man sich gegenüber einem "BRD"-"Richter", einem "BRD"-"Polizisten" oder einer sonstigen "BRD"-Stelle mit einem "Person<u>a</u>l"-Ausweis ausweist, behauptet man damit, daß man eine juristische Person, das heißt eine Sache (respektive Sklave beziehungsweise Personal) der Firma "BRD" ist, und man bittet damit gleichzeitig darum, daß die Firmenregeln der Firma "BRD" auf einen angewendet werden.

Das Problem ist nun, daß juristische Personen beziehungsweise Sachen oder Firmen keinen Anspruch auf die Gewährung der Rechte haben, die auf die Staatsangenhörigkeit gründen, wie sie in den ersten Paragraphen des staatlichen BGB postuliert werden.

Aus diesen Gründen wird beispielsweise ein Strafantrag eines "BRD"-Person<u>a</u>langehörigen beim Internationalen Strafgerichtshof in Den Haag nicht bearbeitet, da "BRD"-Personalangehörige dort als Sache, beziehungsweise als Geschäftsführer einer Ein-Mann-Firma auftreten, und nicht als natürliche Personen beziehungsweise als Menschen.

Es ist also zusammenfassend wichtig, sich zur natürlichen Person zu erklären, sofern man sich vom "BRD"-Versklavungssystem und damit vom weltweiten Versklavungssystem abkoppeln möchte. Hierzu findet man über das Internet zuhauf Anregungen unter dem Stichwort "Erklärung zum veränderten Personenstand".

An dieser Stelle soll nicht unerwähnt bleiben, daß das, was im "BRD"-System gemacht wurde, nunmehr weltweit ausgedehnt wird.
Das Muster für die Versklavung ist immer das Gleiche:
Es werden die Staaten handlungsunfähig gestellt, und eine Firmenkonstruktion darüber gesetzt, mit deren Hilfe man die Menschen versklavt.
Genau dies wird europaweit mittels der sogenannten "Europäischen Union" gemacht.
Auch die "EU" ist kein Staat, sie ist eine Firmenkonstruktion, die "EU" hat keine Verfassung, und ihre Entscheidungsträger sind nicht demokratisch legitimiert (oder haben sie beispielsweise den "EU-Präsidenten" oder den "EU-Kommissar" wählen können?).
Auch Stellen der "EU" haben keinerlei Legitimation zur Ausübung von Hoheitsgewalt.

"Personalausweise" gibt es neuerdings auch in Polen, Österreich und Belgien. Es wird in ihnen auch die Staatsangehörigkeit nicht mehr korrekt eingetragen (beispielsweise nicht mehr "Königreich Belgien" sondern nur noch "Belgier / Belgierin" etc..

Allmählich wird also das Versklavungssystem, bei dem die Drahtzieher des "BRD"-Systems bereits umfassend Erfahrungen sammeln konnten, nunmehr auf sämtliche Staaten der "EU" ausgedehnt.
Auch die Reisepässe der EU-Mitgliedskonstrukte werden seit 2008 nach und nach geändert, es wird die Staatsangehörigkeit nicht mehr eingetragen sondern nur noch ein Adjektiv – analog zu DEUTSCH.
Willkommen in Ihrem Club namens "EU"!

8.2. Das Fehlen von Hoheitszeichen

Auf der Vorderseite von Reisepässen und internationalen Urkunden von Staaten muß ein einheitliches Hoheitszeichen vorhanden sein. Ein solches Hoheitszeichen hat jeder Staat.
Man stelle sich beispielsweise einmal vor, daß das Ahornblatt der kanadischen Staatsflagge mal durch ein Kastanienblatt oder mal wieder durch ein Eichenblatt ersetzt werden würde. Niemand würde diesen Quatsch – und damit diesen Staat – noch ernst nehmen.
Im "BRD"-System wird jedoch eine ganze Reihe von Adlern verwendet, deren Ausgestaltung offenbar mehr der künstlerischen Freiheit unterliegt, als irgendwelchen hoheitlichen Regelungen.

Für die Vorderseite des Reisepasses der "BRD" wird der Adler verwendet, wie er in der Zeit von 1919 bis 1933 das gültige Hoheitszeichen der "Weimarer Republik" war.
Die "BRD" muß diesen Adler verwenden, da sie kein eigenes Staatssymbol hat, da sie schließlich kein Staat ist.

Hoheitszeichen / Adler der "Weimarer Republik"
mit zwölf Federn (sechs an jeder Schwinge)
(wird von der "BRD"-GmbH auf Urkunden und der Vorderseite von Reisepässen verwendet – da die "BRD" kein eigenes staatliches Hoheitszeichen hat)

Das Hoheitszeichen / der Adler der "Weimarer Republik" ist somit das einzige gültige Hoheitszeichen für deutsche Dokumente. Man beachte: Es handelt sich um den Reichsadler und nicht um einen "Bundes"-Adler.

Die Gestaltung dieses Adlers hat seine Bedeutung: Die zwölf Federn stehen symbolisch für die zwölf Ministerien, die dreigeteilte Schwanzfeder für die Gewaltenteilung in Legislative, Exekutive und Judikative.

Adler der "Weimarer Republik" mit zwölf Federn mit Bedeutungserklärung der Symbolanteile.

Im Folgenden finden Sie eine kleine Auswahl der von Stellen der "BRD" weiterhin verwendeten Adler-Symbole, bei denen es sich ausnahmslos um diverse Firmenlogos von "BRD"-Unterfirmen handelt.
Die Uneinheitlichkeit dieser Zeichen beweißt, daß die "BRD" kein eigenes Hoheitszeichen hat, da es sich bei der "BRD" nicht um einen Staat handelt.

**Reichswappen ab 1928;
von "BRD"-Stellen ebenfalls verwendet**

Logo der Firma "BUNDESPRÄSIDENT"

sogen. "Bundes"-Siegel (Adler mit 14 Federn)

ein weiterer sogen. "Bundes"-Adler (mit 10 Federn)

ein weiterer sogen. "Bundes"-Adler (mit 14 Federn)

Logo der Firma "BUNDESTAG" (14 Federn)

Logo der Firma "BUNDESWEHR" (Adler mit 10 Federn)

Weitere Varianten:

(8 Federn) *(10 Federn)* *(12 Federn)* *(14 Federn)*

(10 Federn) *(10 Federn)* *(4 Federn; auf* *(10 Federn)*
mal mit Blick   *"Bundes-*
nach rechts   *personalausweis")*

Weitere mannigfaltige Varianten

Die im "BRD"-System **am häufigsten** verwendeten Täuschungen:

Links: Adler der **Mitte:** häufigste Täuschung **Rechts:** zweithäufigste
"Weimarer Republik" mit <u>10 Federn</u> Täuschung mit <u>14 Federn</u>
mit <u>12 Federn</u>

Fazit:
Da die "BRD" kein Staat ist, hat sie auch kein eigenes, einheitliches Hoheitszeichen.
Die "BRD" verwendet auf der Vorderseite von Reisepässen und internationalen Urkunden das Zeichen beziehungsweise den Adler der "Weimarer Republik".

Einen "Bundesadler" gibt es nicht.

8.3. Ungültigkeit von "BRD"-Pässen und Ausweisen

In Reisepässen muß zwingend die Staatsangehörigkeit des Inhabers angegeben sein.
In den Reisepässen der "BRD" wird die Staatsangehörigkeit mit "DEUTSCH" angegeben.
Dies ist absolut unzulässig, da ein Staat namens "DEUTSCH" nicht existiert.
Nebenbei bemerkt ist die Angabe "DEUTSCH" im nationalen und internationalen Rechtsverkehr irreführend, da ja beispielsweise Österreich oder Liechtenstein auch deutsche Staaten sind.

Interessanterweise sind sämtliche Reisepässe der Firma "BRD" selbst nach "BRD"-Firmenrecht ungültig. Dies ergib sich aus dem "BRD"-Paßgesetz §4 Punkt 10, da die Staatsangehörigkeit auch in einem "BRD"-Reisepaß verbindlich angegeben werden muß.

(siehe G. v. 19.04.1986 BGBl. I Seite 537; zuletzt geändert durch Artikel 4 Abs. 2 G. v. 30.07.2009 BGBl. I Seite 2437; Geltung ab 01.01.1988)

Da für den Reiseverkehr in den meisten europäischen Ländern der "Bundespersonalausweis" als Paßersatz gilt, sind auch sämtliche "Bundespersonalausweise" nach den Allgemeinen Geschäftsbedingungen der Firma "BRD" ungültig. Schließlich wird auch in den "Bundespersonalausweisen" keine Staatsangehörigkeit angegeben.

Wie bereits ausgeführt, verwendet die "BRD" auf internationalen Urkunden und damit auf der Außenseite von Reisepässen das Hoheitszeichen der Weimarer Republik. Auf der Innenseite der "BRD"-Pässe für Erwachsene wird ein Adler verwendet, der dem Hoheitszeichen der "Weimarer Republik" sehr ähnlich sieht, er hat jedoch im Gegensatz zu diesem 14 Federn (und nicht 12). Hierbei handelt es sich um eine Täuschung, da man den Unterschied nicht leicht erkennen kann.

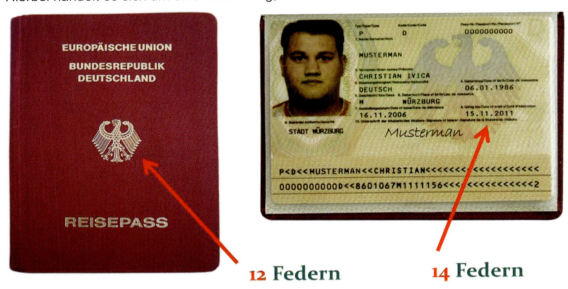

"BRD"-Reisepass: Außenseite mit Hoheitszeichen der "Weimarer Republik", 12 Federn, Innenseite eines der "BRD"-Firmenlogos mit 14 Federn – eine Täuschung!

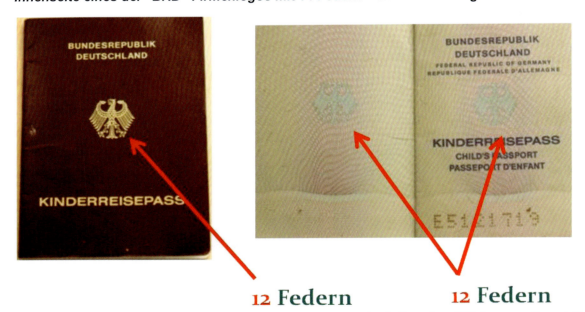

"BRD"-Kinderreisepaß Außenseite und Innenseite mit Adler der "Weimarer Republik", da Kinder noch kein Personal der Firma "BRD" sein können

Jeder Erwachsene ist somit nach außen hin Angehöriger der "Weimarer Republik" und im Inneren findet sich ein Firmenlogo der "BRD", da der Paßinhaber schließlich Personal der Firma "BRD" ist. Bei Kinderpässen ist jedoch auch auf den Innenseiten das Hoheitszeichen der "Weimarer Republik" abgebildet. Die Erklärung hierfür ist sehr einfach. Kinder sind noch nicht geschäftsfähig, und können deshalb keine rechtswirksame Erklärung abgeben, Personal der Firma "BRD" sein zu wollen.

8.4. Rechtliche Situation von "BRD"-Bediensteten und der "Bundes"-"Regierung" gegenüber dem Ausland

Die Tatsache, daß die "BRD" kein Staat, sondern lediglich eine Firma in Deutschland ist, hat natürlich weitere weitreichende Konsequenzen:
Es gibt beispielsweise keine Beamten im "BRD"-System, da nach staats- und völkerrechtlichen Kriterien ein Beamter nur durch einen Staat berufen werden kann und selbst Staatsangehöriger des berufenden Staates sein muß.
Aus dem bisher Geschilderten folgt zwingend, daß kein "Richter", kein "Polizist", kein "Staatsanwalt" oder sonstiger "BRD"-Funktionsträger, Staatsangehöriger der "BRD" sein kann, und daß diese Personen somit keine Beamten der "BRD" sind.

Da die "BRD" kein Staat ist, sondern lediglich eine Kolonialverwaltung auf der Basis von Handelsrecht, kann sie kein Vollmitglied bei den Vereinten Nationen sein. Sie hat dort lediglich den Status einer NGO (NGO = Non Gouvernement Organisation = Nichtregierungsorganisation). Wenn man bis Anfang 2012 auf der Homepage der UN unter <u>United Nations Departement of Economic and Social Affairs</u> und nach Germany recherchiert hatte, fand man dort den Eintrag namens "Germany" als NGO (Nicht-Regierungsorganisation). Merkwürdigerweise ist dieser Eintrag im Laufe des Jahres 2012 gelöscht worden:

http://esango.un.org/civilsociety/showProfileDetail.do?method=showProfileDetails&sessionCheck=false&profileCode=43653

Organization name:	*Germany*
Address:	*Not Available*
Country:	*Not Available*
Organization type:	*Non-governmental organization*
Languages:	*English.*

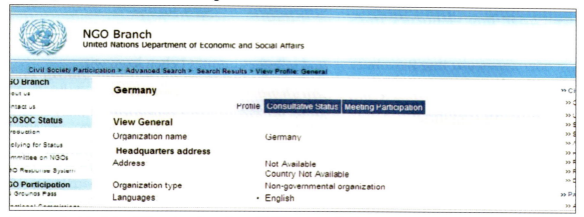

Screenshot bei der UN unter dem Begriff "Germany". Germany als NGO gelistet.
Im Laufe des Jahres 2012 zum Zwecke der Verschleierung plötzlich verschwunden.

Die "BRD" ist lediglich eine Kolonialverwaltung der Besatzungsmächte. Die Funktionäre der "BRD" sind weisungsgebundene Angestellte der Besatzumgsmächte. Dementsprechend dürfen sich "BRD"-Funktionäre im Ausland nirgendwo als Vertreter von Deutschland ausgeben. Wer mit Merkel verhandelt, verhandelt damit automatisch mit Obama. Man kann es nicht oft genug wiederholen:

Die "BRD" ist eine Firma <u>in</u> Deutschland, sie ist jedoch nicht Deutschland!

8.5. Fehlende Staatlichkeit von Zustellungen

Früher Post__amt__

Heute "Post __AG__"

Unter staatlichen Verhältnissen gibt es **Amtliche Zustellungen**. Dies bedeutet, daß ein Beamter, der eine besondere Loyalitätspflicht gegenüber dem jeweiligen Staate hat, eine Zustellung vornimmt, die dann amtlich ist.
Dies ist mitunter sehr wichtig, da gerichtliche Zustellungen oder bestimmte amtliche Schreiben eben zuverlässig zugestellt werden müssen.

Da es im "BRD"-System keine Post__ämter__ und keine Be__amte__ gibt, (die Post ist schließlich lediglich eine "AG" und die Zustellungen erfolgen zumeist durch Aushilfskräfte) wird die Zustellung in gelben Umschlägen heute nicht mehr als "__Amt__liche Zustellung" sondern nur noch "__Förmliche__ Zustellung" bezeichnet. Hierdurch wollen die Akteure verhindern, daß sie die Straftatbestände Betrug, Täuschung im Rechtsverkehr und Amtsanmaßung erfüllen.

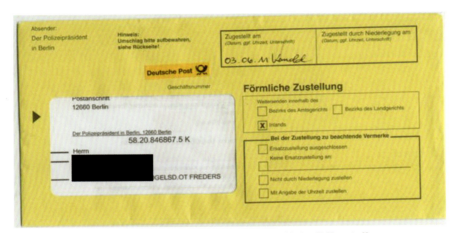

Statt __Amt__licher Zustellung nur noch "__Förmliche__" Zustellung

8.6. Rechtliche Situation von Polizisten im "BRD"-System

Die Tatsache, daß die "BRD" kein Staat ist, und keinerlei Legitimation für hoheitliches Handeln besitzt, hat erhebliche Konsequenzen insbesondere für die Arbeit von "Polizisten" im "BRD"-System:

Zunächst sind "Polizisten" im "BRD"-System keine "Beamten". Schließlich sind sie keine Staatsangehörigen der "BRD" und können deshalb keine Beamten der "BRD" sein. Folgerichtig haben "BRD"-"Polizisten" auch __Dienst__ausweise und keine __Amts__ausweise.

Die Angehörigen der "BRD"-"Polizei" sind deshalb einem Werkschutz oder privaten Sicherheitsdienst gleichzusetzen. Sie haben keine Legitimation zur Ausübung von Hoheitsgewalt.

Rechtlich genau betrachtet handeln Polizeibedienstete im "BRD"-System als Privatpersonen, die verpflichtet sind, sich über ihren rechtlichen Status eigenverantwortlich Klarheit zu verschaffen, wobei sie gegebenenfalls persönlich haften (gem. §§ 823 und 839 BGB).
Da die "BRD" kein Staat ist, gibt es folgerichtig im "BRD"-System keine Staatshaftung.
Die Polizisten im "BRD"-System müssen sich deshalb private Berufshaftpflichtversicherungen zulegen, was natürlich auch absolut unwürdig ist.

Um zu verhindern, daß andere Privatleute ebenfalls einen Sicherheitsdienst eröffnen, und diesen "Polizei" nennen, ist der Begriff "POLIZEI" durch den sogenannten "Freistaat Bayern" beim Deutschen Patentamt in München handelsrechtlich geschützt worden (Aktenzeichen "30243782").
Die Abwicklung der Anmeldung lief über die Anwaltssozietät BOEHMERT & BOEHMERT in Bremen.
Der sogenannte "Freistaat Bayern" ist somit Markeninhaber. Die anderen "Bundesländer" haben mit dem "Freistaat Bayern" hierüber entsprechende Nutzungsvereinbarungen.

Registernummer: 30243782
Marke eingetragen
Stand am: 20.11.2012

INID	Kriterium	Feld	Inhalt
	Datenbestand	DB	DE
111	Registernummer	RN	30243782
210	Aktenzeichen	AKZ	302437827
540	Wiedergabe der Marke	WM	POLIZEI
550	Markenform	MF	Wortmarke
220	Anmeldetag	AT	04.09.2002
151	Tag der Eintragung im Register	ET	01.08.2006
156	Verlängerung der Schutzdauer	VBD	01.10.2012
730	Inhaber	INH	Freistaat Bayern, vertreten durch den Staatsminister des Innern, 80539 München, DE
740	Vertreter	VTR	BOEHMERT & BOEHMERT, 28209 Bremen, DE
750	Zustellanschrift	ZAN	Anwaltssozietät BOEHMERT & BOEHMERT, Postfach 107127, 28071 Bremen
	Version der Nizza-Klassifikation		NCL8
511	Klasse(n) Nizza	KL	**38**, 9, 16
	Aktenzustand	AST	Marke eingetragen
180	Schutzendedatum	VED	30.09.2022
450	Tag der Veröffentlichung	VT	01.09.2006
	Beginn Widerspruchsfrist	BWT	01.09.2006
	Ablauf Widerspruchsfrist	EWT	01.12.2006
510	Waren- / Dienstleistungsverzeichnis	WDV	Klasse(n) Nizza 09: Registrierkassen, Rechenmaschinen, Brillen Klasse(n) Nizza 16: Papier, Pappe (Karton) und Waren aus diesen Materialien, soweit in Klasse 16 enthalten; Sch (ausgenommen Möbel) Klasse(n) Nizza 38: E-Mail-Datendienste

Registerauskunft des Patentamtes München zur Wortmarke "POLIZEI".

Bei Polizisten im "BRD"-System handelt es sich rechtlich um nichts weiter als um Mitglieder eines privaten Sicherheitsdienstes. Weniger wohlwollend könnte man auch schließen, daß es sich bei Polizisten im "BRD"-System um Mitglieder eines Trachtenträgervereines handelt, wobei der Name dieses Vereins handelsrechtlich geschützt wurde.
Dabei fällt auf, daß der Begriff "POLIZEI" immer in Großbuchstaben geschrieben wird, da es sich hierbei um eine Art Firma und nicht um eine staatliche Institution handelt.

In diesem Zusammenhang ist das Beispiel des sogenannten "BUNDESGRENZSCHUTZ" sehr interessant. Da die "BRD" kein Staat ist und kein Territorium und somit keine Außengrenzen hat, ist diese Sicherheits-Firma von vormals "BUNDESGRENZSCHUTZ" kurzerhand in "BUNDESPOLIZEI" umbenannt worden.

Umbenennung von "BUNDESGRENZSCHUTZ" in "BUNDESPOLIZEI", da die "BRD" kein Territorium und damit keinen Außengrenzen hat.

In den vergangenen Jahren sind im "BRD"-System einige polizeiähnliche Firmen gegründet worden. In vielen Städten sieht man eine Firma namens "STADTPOLIZEI" oder eine Sicherheits-Firma namens "ORDNUNGSAMT".
Kaum jemand weiß, wem diese Sicherheitsfirmen unterstehen und welche Befugnisse sie haben.
Zudem gibt es im "BRD"-System ein heilloses Durcheinander, was die Gestaltung und das Aussehen der Uniformen angeht. Jede lokale polizeiähnliche Sicherheitsfirma hat offenbar ihr eigenes "Design"!

Polizeiähnliche private Sicherheitsfirmen "STADTPOLIZEI", "ORDNUNGSPOLIZEI" und "ORDNUNGSAMT"

Die privatrechtliche Ausgestaltung der Dienstverhältnisse der Polizeibediensteten im "BRD"-System geht teilweise soweit, daß die meisten Angehörigen ihre Uniform selbst kaufen müssen, und als Ein-Mann-Firma der jeweiligen polizeiähnlichen Firma angeschlossen werden.

Der Umgang mit dieser Berufsgruppe zeigt einmal mehr, wie verantwortungslos die Drahtzieher des "BRD"-Systems sich verhalten. Sie lassen die Polizeibediensteten auf die Menschheit los, ohne die nötigen Rechtsgrundlagen herzustellen und ohne diese Personen auch nur ansatzweise rechtlich zu schützen.

8.7. Rechtliche Situation der Firma "BUNDESWEHR"

Besonders brisant ist in diesem Zusammenhang die rechtliche Situation von "BUNDESWEHR"-Angehörigen.
Da die "BRD" kein Staat ist, kann sie auch keine reguläre Armee im Sinne des Völkerrechts (Haager Landkriegsordnung, Genfer Konvention) unterhalten.
Es handelt sich somit bei der "BUNDESWEHR" völkerrechtlich betrachtet eindeutig um eine reine Söldnertruppe.
Die "BUNDESWEHR" ist eine Söldnertruppe einer Firma (der Firma "BRD") und steht unter dem Oberbefehl der U.S.A..

Söldnertruppe BUNDESWEHR: Nach dem Motto: "Ich morde und sterbe gern für billiges Öl ...."

Der Söldnercharakter der Firma "BUNDESWEHR" zeigt sich darin, daß die in der Genfer Konvention genannten Kriterien für Söldner von ihr erfüllt werden.
Besondere Kriterien sind dabei, daß die Angehörigen der Firma "BUNDESWEHR" keine Angehörigen einer staatlichen Armee sind, unter dem Oberbefehl einer ausländischen Macht stehen und durch den Einsatz im Ausland erhebliche materielle Vorteile in Anspruch nehmen.
(vgl. Genfer Konvention Teil III Abschnitt 2 Artikel 47, Satz 2 Punkt a–f)

Die "BUNDESWEHR"-Angehörigen werden deshalb vor der Teilnahme an Kriegen schriftlich belehrt und müssen für die Belehrung ihren Vorgesetzten gegenüber unterschreiben, daß sie keinen Anspruch darauf haben, nach der Genfer Konvention als Kriegsgefangene oder Kombattanten behandelt zu werden. Selbstverständlich bleiben diese Dokumente dann unter Verschluß.

Sofern Angehörige der Söldnertruppe "BUNDESWEHR" in Gefangenschaft geraten, haben sie keinen Anspruch darauf, gemäß der Genfer Konvention als Kriegsgefangene behandelt zu werden. Solche Personen werden auch nicht aus der Gefangenschaft freigehandelt, sondern sie werden freigekauft.
In den zahlreichen Gegenden dieser Welt, in denen die Söldnertruppe "BUNDESWEHR" Krieg führt, ist dies auch bereits hundertfach geschehen.

Der gegenwärtig brisanteste Kriegsort, an dem die Firma "BUNDESWEHR" Krieg führt, ist Afghanistan. Vor wenigen Jahren wurden dort über einhundert Zivilisten von der Firma "BUNDESWEHR" massakriert, bis heute hat es hierzu keine Gerichtsverhandlung gegeben!
Zudem ist die Begründung für den Afghanistankrieg der sogenannte "11. September", bei dem offensichtlich ist, daß die offizielle Erklärungsversion, die die Grundlage zur Kriegsführung ist, erstunken und erlogen ist.
- *Am "11. September" sind in New York drei Wolkenkratzer eingestürzt, es soll jedoch nur zwei Flugzeugeinschläge gegeben haben. Dabei ist auch der dritte Wolkenkratzer in der Geschwindigkeit des freien Falles eingestürzt.*
- *Ein Flugzeug mit über 10 Metern Durchmesser verschwindet in einem nicht mal 5 Meter breiten Loch im "Pentagon", ohne daß Flugzeugteile, Gepäck oder Leichen gesehen*

wurden, und dort, wo in dem Gebäude die Triebwerke hätten einschlagen müssen, noch nicht einmal die Fensterscheiben beschädigt waren. Dabei sind die Triebwerke das einzige Stabile und Schwere an einem Flugzeug, da sie aus gehärtetem Material bestehen.

- *vom meistbewachten Gebäude der Welt ("Pentagon") gibt es merkwürdigerweise keine Bildaufnahmen über den Einschlag eines angeblichen Flugzeuges.*

(Weitere Details unter dem Kapitel "12. Die Lügenmatrix – Die Lüge vom 11.September")

Man kann es nicht deutlich genug sagen: Die Teilnahme der Firma "BUNDESWEHR" am Afghanistankrieg ist ein Verbrechen allerersten Ranges!
Es kann kein Zweifel daran bestehen, daß die Afghanen, die dort ihr Land verteidigen und auf Angehörige der Söldnertruppe "BUNDESWEHR" schießen, eindeutig im Recht sind, und zwar völkerrechtlich wie auch moralisch!

Um dies zu verschleiern wird im "BRD"-System, insbesondere in den gleichgeschalteten "BRD"-Medien gebetsmühlenartig wiederholt, bei dem Krieg in Afghanistan handele es sich nicht etwa um eine Vermarktungsaktion für das zentralasiatische Öl, nein es gehe lediglich um eine humanitäre Aktion, damit dort junge Mädchen nun auch zur Schule gehen dürften etc..

Die meisten Leser erinnern sich vermutlich noch an die Lügen des Jahres 2003 der Herren Powell und Blair, es gebe Beweise, daß im Irak Massenvernichtungswaffen lagerten. Dies wurde als Vorwand für den Irak-Krieg benutzt. Bis heute wurden jedoch keine derartigen Waffen dort gefunden. Die US-Aggressoren sind jedoch bis heute nicht verschwunden.
Für das, was die beiden Herren verbrochen haben, sind seinerzeit entsprechende Verantwortliche in Nürnberg gehenkt worden.

(vgl. Zeit online vom 19.06.2012)

Inzwischen ist bekannt geworden, daß auch Angehörige der Firma "BUNDESWEHR" am Irak-Krieg beteiligt sind.
(vgl. "Süddeutsche Zeitung" 10.05.2010)
<u>sowie</u>
"DER SPIEGEL" 09.06.2006)

Mindestens 500.000 Iraker, vermutlich über eine Million Iraker sind in diesem Krieg ums Leben gekommen.
(vgl. "THE LANCET", vom 13.10.2006)
<u>sowie</u>
(Iraq Body Count Company Limited by Guarantee (No. 6594314) registered in England and Wales Registered address: PO Box 65019 Highbury Delivery Office Hamilton Park, London N5 9BG)

Auch die Iraker, die ihr Land verteidigen und auf die US-Besatzer sowie auf Söldner der Firma "BUNDESWEHR" schießen, sind damit völkerrechtlich und moralisch im Recht!

Aber die Situation um die Firma "BUNDESWEHR" ist noch weitaus brisanter!
Wie in den vorausgegangenen Kapiteln dargestellt wurde, ist das Besatzungsrecht in Deutschland formalrechtlich in vollem Umfang in Kraft und wird auch umfassend angewandt.
Die Firma "BUNDESWEHR" steht dabei unter dem Oberbefehl der U.S.A..
Gemäß dem Völkerrecht (Haager Landkriegsordnung) ist es einer Besatzungsmacht jedoch untersagt, im Besatzungsgebiet Militär auszuheben, zu mustern, für tauglich zu erklären und zu vereidigen.
(vgl. Haager Landkriegsordnung, vom 18.10.2007, Art. 45, RGBl. 1910, Seite 107 ff.)

Insbesondere wenn es sich um eine Wehrpflichtigen-Armee handelt. Bekanntermaßen ist die Wehrpflicht in der Firma "BUNDESWEHR" nur ausgesetzt und nicht abgeschafft.

Hieraus folgt, daß allein die Existenz der Firma "BUNDESWEHR" seit ihrer Gründung eine Verletzung des Völkerrechtes, sowie eine Grundgesetzverletzung gem. Art. 25 darstellt.
(vgl. Artikel 25 "Grundgesetz <u>für die</u> Bundesrepublik Deutschland")

Die unglaubliche Verantwortungslosigkeit im Umgang mit den Menschen, die sich unter der Verfolgung von Idealen wie Rechtsstaatlichkeit, Menschenrechte und Demokratie in Unkenntnis der Rechtslage zum Dienst in der Söldnerfirma "BUNDESWEHR" verpflichtet haben, ist ein besonders eindrucksvolles Beispiel dafür, mit welcher Gewissenlosigkeit von den Drahtziehern des "BRD"-Systems die Deutschen Völker für fremde Interessen verheizt werden.

Dies wäre nicht möglich, wenn es den längst überfälligen Friedensvertrag gäbe und das Deutsche Reich in seiner Verfassung die strikte außenpolitische Neutralität verankert hätte.

8.8. Rechtliche Situation von Akteuren des "BRD"-"Rechtssystems"

Die Kenntnis der Rechtsstellung der Akteure des "BRD"-"Rechtssystems" ist sehr bedeutsam für die Beurteilung, wie man sich vor Übergriffen selbiger schützen kann.

8.8.1. Rechtliche Situation von "BRD"-"Richtern" und -"Gerichten"

Wie aus dem Fehlen der Staatlichkeit der "BRD" folgt, gibt es im "BRD"-System logischerweise keine staatlichen Richter und keine Staatsgerichte.

Um dies zu legitimieren, haben die westlichen Besatzungsmächte bereits im Jahre 1950 den §15 des Gerichtsverfassungsgesetzes aufgehoben, worin es hieß:

Zitat:
"Alle Gerichte sind Staatsgerichte."

(Nebenbei bemerkt wird dieser Satz zu Verschleierungszwecken in Gesetzessammlungen der "BRD"-GmbH nicht mehr zitiert, es wird lediglich noch erwähnt, daß der §15 "weggefallen" sei).

Sämtliche Gerichte im "BRD"-System sind als "BRD"-Unterfirmen lediglich private Schiedsgerichte. Man könnte sie auch als Ausnahme- oder Sondergerichte beziehungsweise als Standgerichte bezeichnen.

Jedoch heißt es im Grundgesetzartikel 101:
Zitat:
(1) "Ausnahmegerichte sind unzulässig. Niemand darf seinem gesetzlichen Richter entzogen werden."
(2) "Gerichte für besondere Sachgebiete können nur durch Gesetz errichtet werden."

An Staatsgerichten wird gefordert, daß ein Richter sich mit einem Amtsausweis ausweisen kann. An "Gerichten" der Firma "BRD" haben "Richter" jedoch lediglich Dienstausweise.

Laut §99 VwGO, §§138, 139 ZPO sowie 16,21 GVG und Art. 97 Absatz 1 GG ist ein "Richter" im "BRD"-System verpflichtet, eine Legitimation vorzulegen.
Ein jeder kann in einem "BRD"-"Gerichts"-"Verfahren" die Frage an den "Richter" stellen, ob er Richter nach Art. 101 "Grundgesetz" ist und ob er sich legitimieren kann.
Dies kann jedoch ein "Richter" im "BRD"-System bedauerlicherweise nicht.

Aus diesen Gründen haben schon viele Betroffene in "BRD"-Verfahren dem jeweiligen "Richter" im "BRD"-System das Angebot gemacht, daß sie sich seinem Recht unterwerfen, sofern er ihnen im Gegenzug schriftlich eidesstattlich versichert, daß er der zuständige gesetzliche und staatliche Richter ist.
Dies dürfte normalerweise doch kein Problem sein oder?

Eine solche eidesstattliche Versicherung hat ein "BRD"-"Richter" aus reinem Selbstschutz heraus noch nie gegeben, und wird dies auch mit Sicherheit in Zukunft niemals tun. Schließlich ist die Abgabe einer falschen eidesstattlichen Versicherung eine Straftat, die selbst nach den allgemeinen Geschäftsbedingungen der Firma "BRD" mit Freiheitsstrafe nicht unter einem Jahr zu bestrafen ist.

Da der "BRD"-"Richter" diese eidesstattliche Versicherung aus reinem Selbstschutz heraus nicht unterschreibt, zudem keinen Amtsausweis vorweisen kann, kann man ihn ablehnen. Das kann man mit sämtlichen "BRD"-"Richtern" tun, und sofern die "Richter" der Firma "BRD" sich an ihre eigenen Regeln halten, was sie bisher meistens noch getan haben, kann man das durch sämtliche Instanzen machen. Hierdurch ist man innerhalb des "BRD"-Systems rechtlich nicht mehr greifbar.

Typischer Haftbefehl eines "BRD"-Richters
– ohne richterliche Unterschrift

Da die "Richter" im "BRD"-System die Rechtslage kennen, wissen sie auch, daß sie die Tatbestände "Täuschung im Rechtsverkehr", "Betrug" sowie "Amtsanmaßung" erfüllen, wenn sie sich als "Amtsrichter" bezeichnen und vortäuschen, legitimiert zu sein, amtlich beziehungsweise hoheitlich zu handeln.

Aber auch wegen der von Ihnen ausgesprochenen Zwangsmaßnahmen sind sie persönlich haftbar, sofern sie diese in Zusammenhang mit den Tatbeständen "Täuschung im Rechtsverkehr" oder "Amtsanmaßung" verfügen. Denn alle Handlungen, die im Zusammenhang mit Straftaten erfolgen, sind per se rechtswidrig und damit ungültig.

Für hieraus enstehende Schäden haftet der Verursacher.

Aus diesem Grunde tragen seit 1990 keine Schriftstücke, welche "BRD"-"Gerichte" verlassen, eine richterliche Unterschrift.
Damit sind die Haftbefehle, Beschlüsse und Urteile jedoch nur Entwürfe, beziehungsweise Scheindokumente, und selbst nach den Allgemeinen Geschäftsbedingungen der Firma "BRD" rechtsungültig.

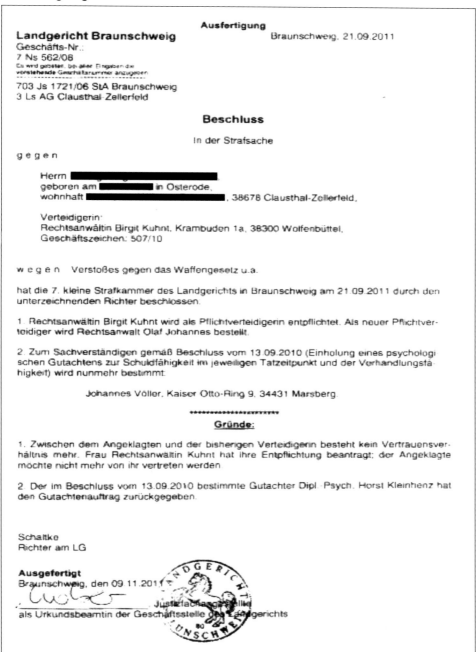

Typischer Beschluß eines "BRD"-Gerichtes
- *ohne richterliche Unterschrift*
- *Bezeichnung Richter am LG ("Landgericht")*
- *Bezeichnung XY als Urkundsbeamter der Geschäftsstelle*

Die Rechtsungültigkeit dieser Papiere selbst nach "BRD"-Recht ergibt sich aus dem §126 BGB und den §§315 und 317 der ZPO (für zivilgerichtliche Dokumente), den §275 StPO für

Strafurteile und dem § 34VwVfG für sonstige Gerichtsurteile aus dem Bereich des öffentlichen Rechts.

In diesem Zusammenhang erscheint es folgerichtig, daß in "BRD"-"Gerichtsurteilen" die "Richter" mit der Floskel "Richter am Amtsgericht" bezeichnet werden. Hierbei handelt es sich jedoch lediglich um eine geographische Bezeichnung. Weshalb steht dort nicht "Richter des Amtsgerichtes"? Weil es keine Amtsgerichte mit Richtern gibt!
Aus diesem Grunde wird ein "Richter" im "BRD"-System in aller Regel in "Verhandlungen" von "Anwälten" und "Staatsanwälten" nicht als "Herr Richter" oder "Frau Richterin" angesprochen, sondern als "Herr Vorsitzender" oder "Frau Vorsitzende".

In der Regel findet sich unter Gerichtsbeschlüssen auch die Angabe "Mustermann, Max als Urkundsbeamter". Es steht nicht geschrieben, daß derjenige auch tatsächlich der Urkundsbeamte ist. Mustermann, Max spielt also offensichtlich nur einen Urkundsbeamten, er ist es jedoch nicht!

In einer ähnlichen Weise ist die Floskel "Im Namen des Volkes" zu interpretieren. Da die "BRD" kein Staat ist und kein Staatsvolk hat, heißt es heute "Im Namen des Volkes". Kein Mensch kann nun sagen, um welches Volk es sich dabei handeln soll, um das chinesische, das portugiesische, oder gar um ein Bienenvolk in den Anden, wer soll das wissen?

Typisches Urteil eines "BRD"-Gerichtes:
–   Bezeichnung "Im Namen des Volkes".

Man kann also auch in dieser Hinsicht nicht behaupten, daß man belogen oder betrogen wird. Man muß nur genau lesen, und die deutsche Sprache erweist sich einmal mehr als sehr präzise!

Im "BRD"-System gibt es jedoch noch eine Reihe weiterer Kuriositäten.
Im "BRD"-System üben die "Justizminister" die oberste Aufsicht über die "BRD"-Richter aus. Die Schnittstellen sind die jeweiligen Gerichtspräsidenten. Diese sind dem jeweiligen "Justizminister" nachgeordnet. Sie sind somit Organe der Exekutive.
Es entscheiden vorrangig die jeweiligen "Justizminister" über Auswahl, Anstellung und Beförderung von Richtern.
Damit bleiben sämtliche "BRD"-Richter in ihren Karrierechancen und in ihrem Einkommen die gesamte Zeit ihres beruflichen Lebens vom "Justizministerium", das heißt von der jeweiligen Exekutive abhängig.
Im "BRD"-System müssen Richter, die sich beispielsweise über die Zustände an den "BRD"-Gerichten öffentlich kritisch äußern, mit Disziplinarmaßnahmen rechnen.

Darüber hinaus sind die Mitglieder des sogenannten "BUNDESVERFASSUNGSGERICHT" (welches lediglich ein Grundgesetzgericht ist) ebenfalls parteipolitisch eingesetzte politische Angestellte und keine unabhängigen Richter.

Das sogenannte "BUNDESVERFASSUNGSGERICHT" ist eine private Körperschaft, bzw. eine Unterfirma des "BRD"-Systems und parteipolitisch besetzt! – Es wird eine Show veranstaltet, um die Maske einer Rechtsstaatlichkeit aufrecht zu erhalten.
Barbara Salisch in roten Roben ....

Dazu bemerkt Richter Udo Hochschild vom Verwaltungsgericht Dresden:

Zitat:
"In Deutschland (im "BRD"-System – Anm. d. Verf.) ist die Justiz fremdbestimmt. Sie wird von einer anderen Staatsgewalt – der Exekutive – gesteuert, an deren Spitze die Regierung steht. Deren Interesse ist primär auf Machterhalt gerichtet. Dieses sachfremde Interesse stellt eine Gefahr für die Unabhängigkeit der Rechtsprechung dar. Richter sind keine Diener der Macht sondern Diener des Rechts. Deshalb müssen Richter von Machtinteressen frei organisiert sein. In Deutschland (im "BRD"-System – Anm. d. Verf.) sind sie es nicht. In den stenografischen Protokollen des Parlamentarischen Rats ..... ist wörtlich nachzulesen, daß die Verfasser des Grundgesetzes eine nicht nur rechtliche, sondern auch tatsächliche Gewaltenteilung ..... wollten: ‚Die Teilung der Staatsgewalt in Gesetzgebung, ausführende Gewalt und Rechtsprechung und ihre Übertragung auf verschiedene, einander gleichgeordnete Träger' [Zitat aus der Sitzung des Parlamentarischen Rats vom 08.09.1948]. ..... Das Grundgesetz ist bis heute unerfüllt. ..... Bereits in den Kindertagen der Bundesrepublik Deutschland wurde die Gewaltenteilung ..... erfolgreich zerredet."

(vgl. "Gewaltenteilung im deutschen Bewußtsein", Udo Hochschild, Betrifft JUSTIZ 2005, Seiten 18 ff.)

An dieser Stelle sei eine kleine Anekdote erwähnt:
Am 25.07.2012 urteilte das "BRD"-Grundgesetzgericht, daß das "Wahlgesetz" grundgesetzwidrig sei. Ohne dieses Wahlgesetz zu ändern, wurde die "Bundestagswahl" im September 2013 abgehalten. Damit war diese Wahl selbst nach den Regeln des "BRD"-Systems illegal. Der "BUNDESTAG" ist somit illegal zustande gekommen. Merkel und Konsorten haben somit keinerlei Legitimation, zur Ausübung von Hoheitsgewalt sowieso nicht, aber auch nicht einmal, um sich als Geschäftsführung des "BRD"-Systems aufzuspielen.
Aber wen interessiert es schon, was Barbara Salisch in Rot so alles von sich gibt?
*– **Merkel und Konsorten jedenfalls interessiert es offensichtlich nicht!***

8.8.2. Rechtliche Situation von "BRD"-"Staatsanwälten"

Was für die übrigen Akteure des "BRD"-"Rechtssystems" zutrifft, gilt natürlich auch für die "BRD"-"Staatsanwaltschaften". Auch "Staatsanwälte" im "BRD"-System sind keine Beamten, sie sind keine Staatsangehörige der "BRD" und können deshalb keine Beamten der "BRD" sein. Deshalb haben "BRD"-"Staatsanwälte" auch <u>Dienst</u>ausweise und keine <u>Amts</u>ausweise.

Neuerdings werden "Staatanwaltschaften" im "BRD"-System umbenannt in "Amtsanwaltschaften". Offenbar versuchen die Drahtzieher des "BRD"-Systems auch in diesem Bereich aus den Tatbeständen "Betrug", "Täuschung im Rechtsverkehr" und "Amtsanmaßung" herauszukommen.

Ein Skandal im "BRD"-"Rechtssystem" ist, daß "Staatsanwälte" politische Entscheidungsträger sind, und nach parteipolitischen Gesichtspunkten von den jeweiligen Justizministern eingesetzt werden und diesen weisungsgebunden sind.
(vgl. §146 GVG)

Damit können die jeweiligen "BRD"-"Politiker" nach Belieben "Strafverfahren" in Gang setzen und unterbinden. Es handelt sich somit bei den sogenannten "Staatsanwaltschaften" im "BRD"-System um politische Staatsanwaltschaften.
Da die Polizei ein Ausführungsorgan der Staatsanwaltschaften ist, besteht im "BRD"-System folglich eine politische Polizei.

8.8.3. Rechtliche Situation von "BRD"-"Rechtsanwälten"

Interessant ist, daß "BRD"-"Rechtsanwälte" über ihre Anwaltskammer in ihrer Berufsausübung kontrolliert und reglementiert werden. Rechtsanwälte haben im "BRD"-System die Aufgabe, dem "Gericht" zuzuarbeiten.
Indem man im Rahmen eines "Verfahrens" im "BRD"-System einen "Rechtsanwalt" beauftragt, holt man sich sozusagen den Feind ins Boot. Man bezahlt damit einen Angestellten des Gerichts.

Es gibt im Rechtssystem der Firma "BRD" eine weitere Kuriosität: In vielen "Gerichts"- "Verfahren" wird ein Anwaltszwang postuliert. Dies ist jedoch absolut unzulässig, insbesondere nach der Allgemeinen Erklärung der Menschenrechte Artikel 6:
Zitat:
"Jeder hat das Recht, überall als rechtsfähig anerkannt zu werden."
Der durch die "BRD"-Justitz aufgestellte Anwaltszwang ist ein direkter Verstoß gegen Art. 6 der Allgemeinen Erklärung der Menschenrechte.

8.8.4. Rechtliche Situation von "BRD"-"Gerichtsvollziehern", Justizvollzugsangestellten etc.

Man kann es nicht oft genug wiederholen:
"BRD"-"Gerichtsurteile" sind selbst nach den Allgemeinen Geschäftsbedingungen der Firma "BRD" rechtsungültig!

Dennoch werden die Inhalte dieser rechtsungültigen Schriftstücke von mutigen "Gerichtsvollziehern" und hierzu mißbrauchten "BRD"-"Polizisten" und "Justizvollzugsangestellen" gelegentlich noch durchgesetzt, womit sich diese Herrschaften vor richtigen Gerichten strafbar machen.

Nicht ohne Grund liegen beim Internationalen Strafgerichtshof in Den Haag 4.000.000 Strafanträge gegen Bedienstete der "BRD"-GmbH vor (Stand 08/13).
(vgl. http://www.dpvm.de/icc-anklageliste.html
sowie
http://www.dpvm.de/icc-liste-hessen-ltg.html)

Diese bleiben jedoch liegen, da die U.S.A. ihren Einfluß geltend machen, daß diese nicht bearbeitet werden.

Gemäß §113 und §114 StGB ist tätlicher Widerstand gegen Vollstreckungsbeauftragte strafbar.
§113 StGB Widerstand gegen Vollstreckungsbeamte:

Zitat:
(1) "Wer einem Amtsträger ..... der zur Vollstreckung von Gesetzen, Rechtsverordnungen, Urteilen, Gerichtsbeschlüssen oder Verfügungen berufen ist, bei der Vornahme einer solchen Diensthandlung mit Gewalt oder durch Drohung mit Gewalt Widerstand leistet oder ihn dabei tätlich angreift, wird ..... bestraft."

Dabei beachte man den Satz 3 dieses Gesetzes:
Zitat:
(3) "Die Tat ist nicht (!) nach dieser Vorschrift strafbar, wenn die Diensthandlung nicht rechtmäßig ist. ..... ".

Da die "Gerichtsbeschlüsse" im "BRD"-System gemäß §44 Verwaltungsverfahrensgesetz aufgrund fehlender richterlicher Unterschriften immer unrechtmäßig sind, ist Widerstand, auch tätlicher Widerstand, gegen Vollstreckungsbedienstete durchaus legitim!
Aus diesem Grunde rücken "BRD"-Bedienstete für Enteignungs- und Plünderungsaktionen (beispielsweise wegen angeblicher Schulden gegenüber einer Firma namens "Finanzamt") zumeist mit 30 Mann starken Überfallkommandos an, um zu verhindern, daß jene, denen die Rechtslage bekannt ist, sich rechtmäßig gegen derartige Übergriffe zur Wehr setzen.

Auf jeden Fall sollte man bei jedem einzelnen Übergriff des "BRD"-Systems unbedingt einen Strafantrag beim internationalen Strafgerichtshof in Den Haag stellen. Auch wenn es zunächst nur eine ideelle Bedeutung hat, ist der langfristige psychologische Effekt doch nicht zu unterschätzen.

8.9 Schlußbemerkungen

Zusammenfassend ist festzustellen, daß das gesamte "BRD"-System fest in der Hand der Besatzungsmächte ist. Dies betrifft sämtliche Bereiche:

Legislative
- Gesetze werden routinemäßig von den Besatzungsmächten verfügt oder aufgehoben ohne Mitwirkung von "BUNDESTAG" oder "BUNDESRAT".
- Es werden nicht Abgeordnete gewählt sondern Pateien.
- Die Parteivorsitzenden entscheiden über die Listenplätze und damit über die Wahlchancen der "Abgeordneten".
- Es wird im "BUNDESTAG" und "BUNDESRAT" nicht geheim sondern offen abgestimmt.
- Über den "Fraktionszwang" wird die Abstimmungsweise vorgeschrieben.
- Die 5%-Hürde gewährleistet die Verbannung von kleineren volksnahen Parteien.

Judikative
- Richter sind in Einkommen und Karrierechancen abhängig von den Justizministerien.
- Es gibt Maulkorbparagraphen für Richter und "Staatsanwälte", die sich zu Mißständen äußern.
- Die sogenannten "Staatsanwaltschaften" sind ein Organ der Exekutive und den Justizministern weisungsgebunden.
- Das "Bundesverfassungsgericht" ist parteipolitisch besetzt.

Exekutive
- Die Söldnertruppe "BUNDESWEHR" steht unter direktem Oberbefehl der U.S.A..

Eine besondere geistige Leistung von Juristen des "BRD"-Systems ist die Rechtfertigung der "BRD" mit Hilfe eines Konstruktes, genannt "Normative Kraft des Faktischen". Dies will sagen, daß die faktisch bestehenden Verhältnisse an sich zur Normgebung berechtigen sollen.

Hiermit wird jedoch nichts anderes zum Ausdruck gebracht, als:

"Wir pfeifen auf Recht und Gesetz, und schaffen Fakten, weil wir die Macht dazu haben, und behaupten, allein dadurch sei unser Handeln legitim!"

Es können nur Leute ein Interesse haben, sich auf ein Konstrukt namens "Normative Kraft des Faktischen" zu berufen, die sich anmaßen, hoheitlich zu handeln, und dabei sehr genau wissen, daß sie hierzu keinerlei Legitimation haben.
Sonst würden sie sich ja schließlich nicht auf ein solches Konstrukt berufen.

Aufgrund der Tatsache, daß es sich bei "BRD"-Gerichten um private Schiedsgerichte handelt, braucht sich diesen Gerichten niemand unfreiwillig unterzuordnen.
Im "BRD"-System ist zudem die gesamte "Justiz" fremdbestimmt, genauer gesagt, der Exekutive unterworfen.
Dies widerspricht dem Gewaltenteilungsprinzip des "Grundgesetzes" (Art. 20 Abs. 2), was ein recht eindrucksvolles Beispiel dafür ist, daß das gesamte Grundgesetz von den Drahtziehern des "BRD"-Systems wohl nur noch als Witz angesehen wird.

Darüber hinaus erhebt sich abschließend die Frage, wieso man im "BRD"-System überhaupt einen Anwalt benötigt, um das Recht zu verstehen. Gesetze müssen doch schließlich so abgefaßt sein, daß jeder sie verstehen kann. Wie ist es möglich, daß zu fast jedem Gesetz im "BRD"-System Berge von Literatur existieren, in denen beschrieben wird, wie das eine oder andere Gesetz "auszulegen" sei?
Diese Tatsache allein ist ein absoluter Skandal, da es nicht einmal einem Richter zustehen dürfte, Gesetze "auszulegen". Schließlich macht er sich damit zum Ersatzgesetzgeber.
Unabhängig hiervon ist die willkürliche "Gesetzes<u>auslegung</u>" durch "Richter" im "BRD"-System Alltag.
Daß "BRD"-"Gerichte" Befugnisse beanspruchen, welche vom "Grundgesetz" eindeutig dem "BUNDESTAG" übertragen worden sind, ist ein weiterer Beweis, daß das "Grundgesetz" (in diesem Falle Artikel 20 Abs. 3.) nur eine verbale Show ist – weiter nichts.

Die Juristen im "BRD"-System müssen eine sehr gute Lobby haben. Sie sorgen dafür, daß Regelungen derart unverständlich fabriziert werden, daß hierdurch ein gigantisches Beschäftigungsprogramm für Juristen besteht.

In diesem Zusammenhang sollte das folgende Zitat nicht fehlen:

"Wir ordnen und befehlen hiermit allen Ernstes, daß die Advocati wollene schwarze Mäntel, welche bis unter das Knie gehen, unserer Verordnung gemäß zu tragen haben, damit man diese Spitzbuben schon von weitem erkennen und sich vor ihnen hüten kann."

(König Friedrich Wilhelm I. in Preußen; Kabinettsorder vom 15.12.1726)

Der Alte Fritz

Völlig zu Recht hat der Europäische Gerichtshof für Menschenrechte (EGMR) im Urteil EGMR 75529/01 am 08.06.2006 die Menschenrechtsverletzungen nach Art. 6 und 13 der Menschenrechtskonvention in der "BRD" festgestellt.
Dieses Urteil des EGMR Art. 36 Menschenrechtskonvention besagt im Tenor, daß ein wirksames Rechtsmittel gegen Rechtsmißbrauch und Billigkeitsrecht für die Einhaltung des Rechtes auf ein rechtsstaatliches Verfahren in der "BRD" nicht gegeben ist.
Die "BRD" hat dabei zugegeben, daß Staatsaufbaumängel vorliegen.

Zum Thema Menschenrechte äußerte sich Professor Kishore Mahbubani, ehemaliger Botschafter Singapurs und brillanter Intellektueller Asiens, im Spiegel 21/2008 Seite 62 wie folgt:
"Die "BRD" – nicht Deutschland – hat all ihre moralische Glaubwürdigkeit verloren und sollte andere nicht über Menschenrechte belehren!"

In seinen weiteren Ausführungen konnte der ansonsten im diplomatischen Umgang geübte Politiker dann nicht einmal mehr an sich halten und äußerte sich aufgebracht:

"BRD-ler, wenn es um Menschenrechte geht, dann müßt ihr das Maul halten!"

Dies soll dann einmal unkommentiert so stehen bleiben.

Verstöße gegen das Völkerrecht können niemals verjähren und so ist das Schicksal der "BRD" als eine US-amerikanische Kolonialverwaltung mit Firmenstruktur bereits heute Geschichte. Die Frage ist nicht mehr, ob sie eines Tages abgewickelt wird, sondern nur noch wann. Es ist völlig undenkbar, daß ein auf Lüge, Betrug und permanentem Rechtsbruch basierendes Unrechtsregime wie die "BRD" dauerhaft existieren könnte!
Die "BRD" ist bereits tot. Die Leiche ist nur noch nicht umgefallen, weil die Massen den Leichnam noch nicht "angetippt" haben.
Die Einzelstaaten sind gemeinsam mit dem Deutschen Reich nach wie vor legitime Völkerrechtssubjekte, jeder der auf deutschem Boden gegen die verfassungsmäßige Ordnung handelt, begeht Verfassungshochverrat und macht sich strafbar.

In diesem Zusammenhang von Interesse ist **Artikel 74 der Verfassung des Deutschen Reichs vom 16.04.1871**, in dem die Strafbarkeit eindeutig bestimmt wird.
Zitat:
"Jedes Unternehmen gegen die Existenz, die Integrität, die Sicherheit oder die Verfassung des Deutschen Reichs ..... werden ..... bestraft ....."

Abschließend ist jedoch noch anzumerken, daß in einem künftigen Rechtsstaat auch Richter, Staatsanwälte, Justizfachangestellte und sonstige Mitarbeiter des Justizwesens selbstverständlich gebraucht werden, weshalb es völlig falsch wäre, auf diese Menschen mit dem Finger zu weisen oder irgendwelche Schuldzuweisungen zu machen. Diese Menschen gewährleisten schließlich auch derzeit unter den gegenwärtig katastrophalen rechtlichen Bedingungen eine öffentliche Ordnung und auch einen Schutz, beispielsweise vor Kriminalität.
Diese Menschen werden nur oft genug für die politischen Interessen der "BRD"-Drahtzieher, insbesondere für diverse Enteignungen mißbraucht.
Dieser Umgang mit den Angehörigen des Justizsystems zeigt, wie verantwortungslos die Besatzungsmächte und ihre "BRD"-Drahtzieher auch mit den Menschen dieser Berufsgruppen umgehen, indem sie sie ohne die vorherige Schaffung der nötigen Rechtsgrundlagen agieren lassen.

9. Die wahre Rechtsnachfolge durch das "BRD"-System

Im "BRD"-System gibt es einen Gesetzeskomplex, der "Staatsangehörigkeitsgesetz" genannt wird. Dieses Gesetzeswerk basiert auf dem Artikel 116 des "Grundgesetzes".
Wie bereits nachgewiesen, kann die "BRD" keine eigene Staatsangehörigkeit vergeben, da sie kein Staat ist.
Die "BRD" kann deshalb in diesem sogenannten "Staatsangehörigkeitsgesetz" nur definieren, wer die Firmenvoraussetzungen erfüllt, um im "BRD"-System Personal werden zu können.
Der Artikel 116 Grundgesetz ist dabei der Schlüssel zur Regelung der Zugehörigkeit zur Firma "BRD". In diesem wird die "deutsche Staatsangehörigkeit" als Mitgliedsvoraussetzung für die Firma "BRD" beschrieben.

Die "deutsche Staatsangehörigkeit" hat es im Deutschen Reich nie gegeben! Es handelt sich hierbei um eine nationalsozialistische Erfindung von Adolf Hitler. Hitler hatte als Chef einer großen linken Bewegung, der NSDAP, die Gleichschaltung im Reich gefordert, nach dem Motto: **"Ein Volk – ein Reich – ein Führer!"**

Hiernach hat er illegalerweise eine einheitliche "deutsche Staatsangehörigkeit" definiert, die die Grudlage für die Angehörigkeit zum sogenannten "Dritten Reich" bildete.

Im Deutschen Reich hatte man die Staatsangehörigkeit in einem der Bundesstaaten:

Reichs- und Staatsangehörigkeitsgesetz für das Deutsche Reich "RuStAG" vom 22.07.1913:

Zitat:
§ 1   *"Deutscher ist, wer die Staatsangehörigkeit in einem Bundesstaat (§§ 3 bis 32) oder die unmittelbare Reichsangehörigkeit (§§ 3 bis 35) besitzt."*

Die unmittelbare Reichsangehörigkeit konnten nur Menschen in den Kolonialgebieten des Deutschen Reiches haben. Die Menschen, die im Kernland lebten (unsere Vorfahren) konnten nur durch die Staatsangehörigkeit in einem Bundesstaat die Reichangehörigkeit inne haben. Es handelte sich somit um eine mittelbare Reichsangehörigkeit.
Mit der Etablierung des Weimarer Grundgesetzes vom 11.08.1919 wurden diese Bundesstaaten rechtswidrig zu "Ländern" degradiert.
Adolf Hitler machte in der Folge daraus eine Gleichschaltungsverordnung nach dem Motto:
"Ein Volk – ein Reich – ein Führer!":.

Verordnung über die deutsche Staatsangehörigkeit vom 05.02.1934:

Zitat:
"Auf Grund des Artikels 5 des Gesetzes über den Neuaufbau des Reichs vom 30.01.1934 (RGBl. I. Seite 75) wird folgendes verordnet:
§ 1   *(1) Die Staatsangehörigkeit in den deutschen Ländern fällt fort.*
       (2) Es gibt nur noch eine deutsche Staatsangehörigkeit (Reichsangehörigkeit)."

Dies ist die "deutsche Staatsangehörigkeit" wie sie als Mitgliedsvoraussetzung für die Angehörigen zum "Dritten Reich" von Adolf Hitler verfügt wurde.
Mit Artikel 116 GG und dem Staatsangehörigkeitsgesetz der "BRD" wird die Zugehörigkeit zum Dritten Reich gleichgesetzt mit der Zugehörigkeit zur "BRD"!

Art 116 "GG":
Zitat:
"(1) Deutscher im Sinne dieses Grundgesetzes ist ….. wer die deutsche Staatsangehörigkeit besitzt ……"

Das bedeutet im Klartext: "BRD"-Personal ist derjenige, der sich zur nationalsozialistischen Gleichschaltungsregelung von Adolf Hitler vom 05.02.1934 bekennt, in der die "deutsche Staatsangehörigkeit" definiert wird.
Die "BRD" ist somit eine nationalsozialistische Folgeorganisation.

Dabei haben die Besatzungsmächte die Anwendung von nationalsozialistischem Recht verboten:
Hierfür wurde zunächst der Artikel 139 des Grundgesetzes von den Besatzungsmächten geschaffen, der bis heute Gültigkeit hat:

Art. 139 GG

Zitat:
"Die zur Befreiung des deutschen Volkes vom Nationalsozialismus und Militarismus erlassenen Rechtsvorschriften werden von den Bestimmungen dieses Grundgesetzes nicht berührt."

Diese Regelung ist in Verbindung mit dem nach wie vor gültigen SHAEF-Gesetz Nr. 1 anzuwenden:

Zitat:
Artikel II – Nichtanwendung von Rechtssätzen
4. *"Die Auslegung oder Anwendung des deutschen Rechtes nach nationalsozialistischen Grundsätzen, gleichgültig wann und wo dieselben kundgemacht wurden, ist verboten."*

11. *"Jeder Verstoß gegen die Vorschriften dieses Gesetzes soll nach Schuldigsprechung des Täters durch ein Gericht der Militärregierung nach dessen Ermessen mit allen gesetzlich zulässigen Strafen ….. geahndet werden."*

Artikel VI – Inkrafttreten
"12. Dieses Gesetz tritt am Tage der ersten Verkündung in Kraft."
Im Auftrage der Militärregierung
(Verkündung und Gültigkeit ab dem ersten Tag der Besetzung am 18.09.1944)

Aber es kommt noch besser:
Sämtliche für die Funktion des "BRD"-Systems maßgeblichen Gesetze sind nationalsozialistische Gesetze.
Dies betrifft beispielsweise das "BRD"-Richtergesetz.

Deutsches Richtergesetz
§ 9 Voraussetzungen für die Berufungen
Zitat:
"In das Richterverhältnis darf nur berufen werden, wer
1. Deutscher im Sinne des Artikels 116 des Grundgesetzes ist, ….."

Damit wird klar gesagt, daß jemand der im "BRD"-System behauptet, Richter zu sein, allein durch diese Behauptung nationalsozialistisches Recht zur Anwendung bringt, was nach wie vor von den Besatzungsmächten verboten ist.

Ein weiteres Beispiel ist das Einkommenssteuergesetz
Zitat:
§ 1 Steuerpflicht
(2) "Unbeschränkt einkommensteuerpflichtig sind ….. deutsche Staatsangehörige, die ….."
(vgl. BGBl. I Seite 3366, ber. Seite 3862)
Auch hier die Bezugnahme auf nationalsozialistische Rechtssetzung von Adolf Hitler.

Dies ist jedoch verboten durch Art. 139 "GG" in Verbindung mit SHAEF-Gesetz Nr. 1.
Die wenigsten Menschen wissen überhaupt, daß Adolf Hitler das Einkommenssteuergesetz und die Lohnsteuerklassen sowie das Ehegattensplitting eingeführt hat, womit er es Frauen schmackhaft machen wollte, zuhause zu bleiben……

Ein weiteres vortreffliches Beispiel für die rechtswidrige Anwendung von nationalsozialistischem Recht ist die Justizbeitreibungsordnung (JBeitrO) welche im täglichen Gebrauch, bei "Gerichtsvollziehern" des "BRD"-Systems Anwendung findet.

Nach dieser Justizbeitreibungsordnung werden folgende Ansprüche beigetrieben, soweit sie von Justizbehörden des Bundes einzuziehen sind:
1. Geldstrafen und andere Ansprüche, deren Beitreibung sich nach den Vorschriften über die Vollstreckung von Geldstrafen richtet
2. gerichtlich erkannte Geldbußen und Nebenfolgen einer Ordnungswidrigkeit, die zu einer Geldzahlung verpflichten
2a. Ansprüche aus gerichtlichen Anordnungen über den Verfall, die Einziehung oder die Unbrauchbarmachung einer Sache
2b. Ansprüche aus gerichtlichen Anordnungen über die Herausgabe von Akten und sonstigen Unterlagen nach § 407a Abs. 4 Satz 2 der Zivilprozeßordnung
3. Ordnungs- und Zwangsgelder
4. Gerichtskosten.

Eingangsformel Justizbeitreibungsordnung (JBeitrO)
Zitat:
"Auf Grund des Artikels 5 des Ersten Gesetzes zur Überleitung der Rechtspflege auf das Reich vom 16.02.1934 (Reichsgesetzbl. I Seite 91) in Verbindung mit Artikel VII des Zweiten Gesetzes zur Änderung der Rechtsanwaltsordnung vom 13.12.1935 (Reichsgesetzbl. I Seite 1470) wird folgendes verordnet: … "
(vgl. BGBl. I Seite 2258, 2270)

Somit wird in der Justizbeitreibungsordnung der Staatssimulation "BRD" auf nationalsozialistsiches Recht vom 11.03.1937 (RGBl. I Seite 298) Bezug genommen.

Und so lassen sich noch mehr Beispiele finden für Anwendung nationalsozialistischer Rechtssetzung....
Folgerichtig hat der Internationale Gerichtshof in Den Haag anläßlich eines Schadensersatzprozesses von Griechenland und Italien gegen die "BRD" am 03.02.2012 festgestellt, die "BRD" sei Rechtsnachfolger des "Dritten Reiches" (und nicht des Deutschen Reiches).

Da wir nun wissen, daß die "BRD" kein Rechtsnachfolger des Deutschen Reiches sein kann, aber nachgewiesenermaßen Rechtsnachfolger und Fortsetzung des "Dritten Reiches" ist, ist abermals belegt, daß daß das Deutsche Reich und das "Dritte Reich" zwei Dinge sind, die miteinander nichts zu tun haben.

ZDF-Nachrichten vom 03.02.2012:   Klare Ansage, daß der internationale Gerichtshof in Den Haag am 03.02.2012 festgestellt hat, die "BRD" sei Rechtsnachfolger des "Dritten Reiches" (und nicht des Deutschen Reiches)

Straßenplakate aus Griechenland. Was dort ironisch gemeint war, ist leider bittere Realität. Die "BRD" ist der Rechtsnachfolger nicht des Deutschen Reiches, sondern des "Dritten Reiches"! Sie ist nicht nur Rechtsnachfolger sondern juristisch sogar die Fortsetzung des "Dritten Reiches"! Die "BRD"-Vertreter agieren mit ihrer scheinheiligen Anti-"Nazi"- Dauerkampagne nach dem Prinzip:

"..... und aus dem Kaufhaus rannte der ertappte Dieb und schrie am lautesten "Haltet den Dieb!"....."

Fazit:
Die "BRD" existiert und handelt voll umfänglich auf der Basis von verbotenen NS-Gesetzen. Ihr Handeln basiert damit auf permanentem Rechtsbruch.
Ab dem Augenblick, an dem sich die "BRD" an ihre eigenen Regeln hielte, wäre sie augenblicklich nicht mehr handlungsfähig.

Niemand braucht die Anwendung von NS-Gesetzen zu dulden. Im Gegenteil. Es ist sogar ein jeder verpflichtet, die Kooperation mit dem "BRD"-System zu unterlassen, sofern durch eine solche Kooperation NS-Gesetze zur Anwendung gebracht werden.

Obgleich uns von "BRD"-Lügenmedien täglich vorgelogen wird, wir hätten Rechte, ist offensichtlich, daß die Versklavung im "BRD"-System rechtlich bereits komplett geregelt ist, und so muß man sich nicht wundern, daß im "BRD"-System

- <u>gegen den mehrheitlichen Willen des "BRD"-Personals</u> keine Volksentscheide durchgeführt werden, noch nicht einmal die rechtlichen Grundlagen hierfür geschaffen werden,
- <u>gegen den mehrheitlichen Willen des "BRD"-Personals</u> Mitte der fünfziger Jahre eine Wiederbewaffnung umgesetzt wurde, und in der Folge eine Westintegration und NATO-Mitgliedschaft vorangetrieben wurde,
- <u>gegen den mehrheitlichen Willen des "BRD"-Personals</u> Atomwaffen der U.S.A. noch heute im Besatzungsgebiet lagern,
- <u>gegen den mehrheitlichen Willen der des "BRD"-Personals</u> eine Einführung der Atomkraft betrieben wurde,
- <u>gegen den mehrheitlichen Willen des "BRD"-Personals</u> eine Einführung der Gentechnik in der Lebensmittelherstellung und in der Landwirtschaft betrieben wurde,
- <u>gegen den mehrheitlichen Willen des "BRD"-Personals</u> ein Impfzwang realisiert wird,
- <u>gegen den mehrheitlichen Willen des "BRD"-Personals</u> eine Söldnertruppe "BUNDESWEHR" Krieg führt (Afghanistan, Kosovo, Irak, Libyen) und Kriegsverbrechen begeht, und daß bei Begehung von Kriegsverbrechen (wie in Kunduz, wo über einhundert Zivilisten massakriert worden sind) noch nicht einmal eine Gerichtsverhandlung stattfindet,
- die D-Mark <u>gegen den mehrheitlichen Willen des "BRD"-Personals</u> durch ein anderes "Zahlungsmittel" ersetzt wurde,
- <u>gegen den mehrheitlichen Willen des "BRD"-Personals</u> "EU"-Verträge geschlossen werden, durch die die Grundrechte abgeschafft werden (Verträge von Maastricht, Lissabon etc.),
- <u>gegen den mehrheitlichen Willen des "BRD"-Personals</u> eine Osterweiterung der EU betrieben wurde,
- <u>gegen den mehrheitlichen Willen des "BRD"-Personals</u> eine "EU"- Mitgliedschaft der Türkei betrieben wird,
- <u>gegen den mehrheitlichen Willen des "BRD"-Personals</u> eine Militarisierung der Firma "EU" betrieben wird ("EUROGENDFOR"),
- <u>gegen den mehrheitlichen Willen des "BRD"-Personals</u> "Euro-Rettungsschirme" fabriziert werden,
- <u>ohne Befragung des "BRD"-Personals</u> eine Einführung der Gesamtschule/Einheitsschule betrieben wurde,
- <u>ohne Befragung des "BRD"-Personals</u> eine "Rechtschreibreform" realisiert wurde,
- <u>ohne Befragung des "BRD"-Personals</u> Waffenlieferungen in Spannungsgebiete unter eindeutigem Verstoß gegen Art. 26 "GG" und das "Kriegswaffenkontrollgesetz" durchgeführt werden, etc. etc.

Die Liste ließe sich beliebig weiterführen.

Auf der Basis der genannten rechtlichen Grundlagen wurde schließlich im "BRD"-System eine Form der "Demokratie" installiert, deren Besonderheit es ist, keine Demokratie zu sein:
Jedoch auch in diesem Bereich wird man nicht betrogen, es ist hilfreich, sich darauf zu besinnen, daß die deutsche Sprache sehr präzise ist:
Man geht in ein Wahl<u>lokal</u> (*Definition Lokal: "Ort zur allgemeinen Erheiterung und Benebelung der Sinne"*), man gibt dort seine Stimme <u>ab</u>, womit man sie nicht mehr hat, die Stimme landet

in einer Urne (*Definition Urne: "Ort zur Aufbewahrung sterblicher Überreste"*) womit man dann seine Mitsprache- und Einflußmöglichkeiten aus eigener Initiative heraus aufgegeben hat.
Auch in diesem Falle kann man nicht sagen, man sei betrogen worden, allein die Kenntnis der deutschen Sprache ermöglicht jedermann, die geschilderten Sachverhalte zu durchschauen.

Am 22.09.2013 hat mal wieder eine "Bundestagswahl" stattgefunden. Wie wir bereits wissen, haben Bundestagsfuzzis nichts zu entscheiden, da die Gesetze von den Besatzungsmächten gemacht werden und von diesen nichts dem Zufall überlassen wird.
Eine zusätzliche Kuriosität ist jedoch, daß das Bundesgrundgesetzgericht am 25.07.2012 entschieden hat, daß das "Wahlgesetz" grundgesetzwidrig sei.
Dennoch wurde an diesem "Wahlgesetz" nichts geändert, somit war die "Wahl" am 22.09.2013 auch und gerade nach den Regeln des "BRD"-Systems illegal.
Aber auch dies ist bedeutungslos, da die "BRD" kein Staat ist sondern eine Firma und in einer Firma immer die Geschäftsführung bestimmt, was gemacht wird, und nicht das Personal, auch wenn dabei die AGB´s ignoriert werden.

Zusammengefaßt bedeutet dies alles, daß das Handelsrecht dazu benutzt wurde, um im "BRD"-System aus Menschen Sachen beziehungsweise Sklaven zu machen.
Man muß sich verdeutlichen:

Menschen und Staatsangehörige haben definierte Rechte und müssen gefragt werden.

Personal und Sklaven haben keine Rechte und werden angewiesen.

Da man aus den Menschen im Handelsrecht des "BRD"-Systems juristisch Sachen beziehungsweise Sklaven gemacht hat, haben diese dann auch keine verbrieften Rechte. Alle Rechte, wie Recht auf Eigentum, Recht auf Familiengründung, Recht auf Bildung, auf körperliche Unversehrtheit, etc. etc. werden nur dem Schein nach, sozusagen auf Kulanzbasis gewährt. Es handelt sich nicht um verbriefte Rechte. Diese Scheinrechte können jederzeit verweigert werden.
Im staatlichen Recht hat der kleine Mann noch Mitsprachemöglichkeiten. Schließlich geht in einem Staate jede Staatsgewalt vom Volke aus.
In einer Firma entscheidet demgegenüber die Geschäftsführung was gemacht wird und nicht das Personal.

Randglosse
Einige Leser haben sich sicher schon einmal gefragt, weshalb das Firmenlogo der "EU" zwölf Sterne enthält. Bei Gründung der "EU" gab es sechs Mitglieder, aber man hatte damals bereits als Firmenlogo zwölf Sterne (Pentagramme), heute hat die "EU" 27 Mitglieder und immer noch sind es 12 Sterne.
In diesem Zusammenhang erscheint es durchaus recht interessant, was eine konservative Zeitung hierzu schreibt:

"Die Zwölfzahl der Sterne ist ein Hinweis auf die zwölf Stämme Israels und somit auf das auserwählte Volk Gottes."
("Die Welt" vom 26.09.1998 Seite 12)

Firmenlogo der Firma "EU" mit 12 Pentagrammen als Symbol für die "zwölf Stämme Israels" und das angeblich "auserwählte Volk Gottes"

Sechseckiges Hoheitszeichen der "Weimarer Republik"

Es erhebt sich nun die Frage, was hat die Firma "EU" – oder was haben wir mit Israel und dem angeblich "auserwählten Volk Gottes" zu tun?

An dieser Stelle könnte man sich einmal fragen, weshalb die "Weimarer Republik" ein sechseckiges Hoheitszeichen hat, welches ja auch von Stellen der "BRD" verwendet wird.

Man kann sich auch fragen, weshalb man sich sehr viel Mühe gegeben hat, um merkwürdige satanische Symbole auf dem sogenannten "Bundespersonalausweis" zu verewigen....

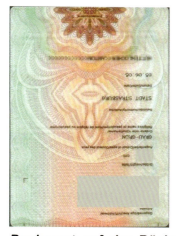 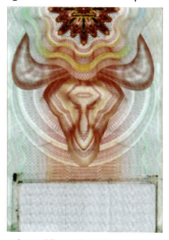 

Baphomet auf der Rückseite des "Bundespersonalausweises", links Original, mitte und rechts Interpretationen

Manch einer hat sich auch schon gefragt, weshalb das "Grundgesetz <u>für die</u> Bundesrepublik Deutschland" in der "Villa Rothschild" in Bad Godesberg fabriziert wurde, ...
("Villa Rothschild – Die Wiege der Bundesrepublik", Die Welt, 20.05.2009)

.......oder weshalb das "EU"-"Parlamentsgebäude" in Straßburg dem Turmbau zu Babel angeglichen wurde ....

Symbolhafte Achitektur: Turmbau zu Babel.

.......oder weshalb es geheimgesellschaftliche Symbole auf FED-Dollar-Scheinen gibt

Geheimgesellschaftliche Zeichen auf dem FED-Dollarschein

Aber bestimmt ist alles nur Zufall....

Abschließend sei angemerkt, daß es auf der ganzen Welt nur drei Farben für Reisepässe gibt:

Blau: Angehörige unabhängiger Staaten und Diplomaten,
Grün: provisorische Reisepässe, längstens ein Jahr gültig,
Rot: Abhängige Staaten, die sich der Charta der Vereinten Nationen uneingeschränkt untergeordnet, und sich dem Joch der SHAEF-Gesetze unterworfen haben.

Bedeutung der verschiedenen Farben von Reisepässen:
Blau: unabhängige Staaten und Diplomaten, Rot: abhängige Konstrukte; Grün: provisorische Pässe, längstens ein Jahr gültig.

Fazit:
Die Vorlage von "BRD"-Personaldokumenten ist in vielfacher Hinsicht peinlich:
Erstens weist man sich (durch die rote Farbe des Passes) als Angehöriger eines nicht souveränen beziehungsweise abhängigen Verwaltungskonstruktes aus.
Zweitens weist man sich (durch den aufgeführten "Namen" und die Schreibweise in Großbuchstaben) als juristische Person, beziehungsweise als Sache / Sklave aus.
Drittens ist der "BRD"-Paß / "Bundespersonalausweis" selbst nach den AGB´s der Firma "BRD" ungültig, da darin keine gültige Staatsangehörigkeit angegeben ist.
Viertens ist die Eintragung der falschen Staatsangehörigkeit "DEUTSCH" eine Anwendung einer nationalsozialistischen Gleichschaltungsverordnung von Adolf Hitler vom 05.02.1934. Wer sich mit einem solchen Dokument ausweist, bekennt sich zur nationalsozialistischen Rechtssetzung und ist somit bekennender Nationalsozialist.
Fünftens finden sich satanische Symbole auf der Rückseite des sogenannten "Bundespersonalauswieses".

Die abschließende Frage ist letztlich für Jeden Einzelnen, ob wir die Abschaffung jeglichen staatlichen Rechts und die uferlose Ausbreitung von Handelsrecht überhaupt wollen. Offensichtlich ist, daß wir wieder staatliches Recht brauchen. Im Handelsrecht werden wir versklavt. Im staatlichen Recht haben wir noch Rechte, schließlich geht in einem Staat alle Staatsgewalt vom Staatsvolke aus. Demgegenüber wird in einer Firma gemacht, was die Geschäftsführung anordnet, und nicht, was den Vorstellungen des Personals entspricht.

10. Einige Worte zum Finanzsystem

Das Verständnis des gegenwärtigen Finanzsystems ist wichtig, um die rechtlichen Gegebenheiten hierzulande zu verstehen. Schließlich ist das Finanzsystem das eigentliche Herrschaftssystem in der Welt.
Mit ein wenig Faktenwissen ist es sehr leicht zu durchschauen, auch hier kann man sich fragen, weshalb in unserer angeblich aufgeklärten Zeit mit so tollen, hochkarätigen Qualitätsjournalisten des "BRD"-Systems so wenig Wissen über das weltweite Finanzsystem besteht.

10.1. Entstehung und gegenwärtige Struktur

Zur Funktionsweise des gegenwärtigen weltweiten Finanzsystems ist die Meinung sehr verbreitet, es gebe auf der einen Seite Menschen, die über Geldguthaben verfügen, welche sie gerade nicht benötigen. Andererseits gäbe es Menschen, die gerade jetzt Geld bräuchten. Deshalb gebe es Banken, bei denen man sein Guthaben einzahlen könne, damit diese Guthaben dann Bedürftigen in Form von Krediten gegeben werden könnten.
Vielfach besteht die Meinung, daß die Bank ihren Gewinn dann aus der Zinsdifferenz zwischen Guthabenzinsen und Kreditzinsen beziehe.
Dies ist jedoch im Wesentlichen falsch. Zumindest ist eine solche geschäftliche Vorgehensweise bestenfalls ein minimaler und völlig bedeutungsloser Geschäftsbereich von Banken.

In der Realität haben Banken kein Geld. Das Hauptgeschäft von Banken besteht darin, Geld aus dem **NICHTS** zu erschaffen! Im heutigen Finanzsystem entsteht das Geld ausschließlich durch Verschuldung beziehungsweise durch Kreditaufnahme.
Man kann es nicht oft genug wiederholen:
Eine Bank hat kein Geld. – Eine Bank kreiert Geld, aus dem NICHTS!
Um diesen Sachverhalt besser zu verstehen, ist ein kleiner historischer Abriß sehr hilfreich:

*Im Jahre 1913 wurde einer Clique von Privatleuten in den U.S.A. das Recht gegeben, das Geld der U.S.A. herauszugeben. Das hierfür nötige Gesetz wurde "Federal Reserve Act" genannt, von der damaligen Hochfinanz bereits im Jahre 1910 auf der Atlantik-Insel Jekyll Island ausgearbeitet und noch vor der Amtszeit des Präsidenten Wilson diesem vorgelegt und von diesem unterzeichnet.
Die Unterzeichnung dieses Gesetzes durch Wilson war die Bedingung dafür, daß Herr Wilson von der Hochfinanz in seiner Vermarktung zum US-Präsidenten (genannt "Wahlkampf") derart finanziell unterstützt wurde, daß schließlich kein sonstiger Bewerber damals eine Chance hatte.
Am 23.12.1913, als die meisten Abgeordneten bereits im Weihnachtsurlaub waren, wurde dieses Gesetz dann durch den Kongreß gepeitscht.*

*Damit wurde das <u>zinsbasierte Zentralbanksystem</u> in den U.S.A. eingeführt. Dabei verschenkten die U.S.A. das Hoheitlichste, was ein Staat haben kann, nämlich die Kontrolle über die eigene Währung, die Geldmenge und die Zinspolitik, an eine Clique von Privatleuten.
Viele Menschen sind der Meinung, daß die Zentralbank Federal Reserve ("FED") eine staatliche Notenbank der U.S.A. sei. Dies ist jedoch völliger Nonsens. Bei dieser Zentralbank handelt es sich um ein rein privates Konstrukt.
Die "Federal Reserve" ist so "Federal" wie beispielsweise "Federal Express".*

Der verantwortliche US-Präsident, der den "Federal Reserve Act" unterzeichnet, und durch den Kongreß gepeitscht hat, äußerte sich später zu seinem Handeln wie folgt:

"Ich bin ein sehr unglücklicher Mensch. Ich habe ..... mein Land ruiniert. Eine große Industrienation wird von ihrem Kreditsystem beherrscht. Unser Kreditsystem ist zentralisiert. Das Wachstum der Nation und alle unsere Aktivitäten befinden sich in den Händen von einigen wenigen Männern.
Wir sind zu einer der am schlechtesten geführten, am meisten kontrollierten und fremdbestimmtesten Regierungen der zivilisierten Welt geworden, keine Regierung der freien Meinung mehr, keine Regierung der Überzeugung und der Mehrheitsentscheidung, sondern eine Regierung, die von der Meinung und der Nötigung einer kleinen Gruppe dominanter Männer abhängt."
(*Thomas Woodrow Wilson* (1856 -1924) 28. Präsident der U.S.A.)

Woodrow Wilson

Ein Zentralbanksystem bedeutet, daß Geld überhaupt nur durch Verschuldung beziehungsweise Kreditaufnahme entsteht.

Jeder, der Geld benötigt, muß sich dieses Geld bei der Zentralbank ausleihen. Die Zentralbank erschafft dieses Geld dann aus dem NICHTS. Dies bedeutet, daß alles in Umlauf befindliche Geld überhaupt nur durch Kreditaufnahme beziehungsweise Verschuldung entstanden ist.
Dies bedeutet, nach Rückzahlung aller Schulden gäbe es kein Geld mehr.
Beispielsweise stammt der Begriff "Geld" nicht etwa von dem Wort "Gold", wie viele Menschen meinen, sondern von althochdeutsch "Gilt", was soviel bedeutet wie "Schuld".
Man findet zu diesem Begriff Ähnlichkeiten im Englischen: "guilty", was "schuldig" bedeutet.

Im Jahre 1944 ist der US-Dollar aufgrund des Status der U.S.A. als Hauptsiegermacht des Zweiten Weltkrieges zum "Geld der Welt" geworden.
Die U.S.A. haben nämlich verfügt, daß alle Staaten sich dem "Federal Reserve"-System anschließen müssen.
Um die Sache den anderen Teilnehmerstaaten des Zweiten Weltkrieges schmackhaft zu machen, haben die U.S.A. im Jahre 1944 zugesagt, den Federal-Reserve-Dollar mit Gold zu unterlegen. Es war also rechtlich verbrieft, daß man den Federal-Reserve-Dollar in wirkliches Geld, also in Gold, jederzeit eintauschen konnte ("Bretton-Woods-Abkommen").

Dabei haben es die U.S.A. so eingerichtet, daß auch der "Euro" zu über 80% mit Dollar unterlegt ist, auch der Schweizer Franken, dieser jedoch "nur" zu über 70%.
Es gibt somit ausschließlich Dollar in der Welt, andere Währungen wie "Euro" oder "Schweizer Franken" sind somit eine Art Etikettenschwindel.
(Andreas Clauss, 3. Anti-Zensur-Konferenz 2008 Vortrag "Geld und Recht" 21.02.2009)

Das bedeutet, daß jeder, auch jemand der in Europa einen Kredit aufnimmt, beispielsweise bei seiner Bank "um die Ecke", sich bei der Federal Reserve verschuldet. Die kleine Hausbank "um die Ecke" refinanziert sich nämlich auch nur über die Zentralbank und jede größere Bank refinanziert sich über die Federal Reserve.
Alles im Umlauf befindliche Geld ist somit reines Schuldgeld, und muß über kurz oder lang an die Zentralbank zurückgezahlt werden. Durch die Rückzahlung an die Zentralbank verschwindet das Geld dann wieder aus der Welt.

10.2. Betrugscharakter

Im Jahre 1969 hat der Französische Staatspräsident de Gaulle einmal testen wollen, wie seine "Freunde" in den U.S.A. reagieren, wenn er die Auszahlung seiner französischen Dollar-Reserven in Gold einfordert.
Die Jungs in den U.S.A. haben daraufhin einseitig, vertragsbrüchig, das heißt betrügerisch beschlossen, Herrn De Gaulle nicht auszuzahlen, sondern stattdessen die Golddeckung des Federal Reserve-Dollars umgehend zu beenden. Im Jahre 1973 wurde dies dann auch rechtlich verankert (Aufhebung des "Bretton-Woods-Abkommens").
Bereits hierdurch wurde offensichtlich, daß ein groß angelegter Betrug die Grundlage des internationalen Geldsystems war.

Im gegenwärtigen zinsbasierten Zentralbanksystem entsteht das Geld ausschließlich durch Verschuldung.
Dabei verlangt die Zentralbank nicht nur das Geld zurück, welches sie aus dem NICHTS erschaffen und verliehen hat, sondern zusätzlich Zinsen.
Diese Zinsen hat die Zentralbank jedoch nie herausgegeben, beziehungsweise in Umlauf gebracht.
Die Erhebung von Zinsen hat damit zur Folge, daß die Zentralbank dem Geldkreislauf ständig Geld entzieht, welches sie zuvor gar nicht herausgegeben hat.
Das bedeutet:

In der Gesamtheit können Schulden niemals beglichen werden!

An dieser Stelle sei ein kleines, anschauliches Beispiel für den Betrugscharakter des aktuellen zinsbasierten Zentralbanksystems gegeben:

Angenommen, auf dem gesamten Planeten gäbe es nur zehn Wirtschaftsteilnehmer. Einer von ihnen stellt beispielsweise Kochtöpfe her, der andere Sandalen, der nächste Hemden, usw..
Ursprünglich erfolgt der Austausch der Produkte nach dem Muster "Ware gegen Ware".
Man stelle sich vor, Jemand beobachtet dies und hat die Idee, ein universelles Austauschsystem zu etablieren. Diese elfte Person betreibt nun eine Bank. Sie erklärt den anderen zehn Personen, daß es für sie einen großen Vorteil darstellt, ein universelles Austauschmittel in Form von Geld zu haben.
Dabei macht der Bankier den übrigen zehn Personen den Vorschlag, zu Beginn des Jahres jedem Einzelnen jeweils 10.000 € zu geben. Am Jahresende sollen diese 10.000 € von jedem der Wirtschaftsteilnehmer jedoch an die Bank zurückgezahlt werden.
Damit der Bankier nicht umsonst arbeiten muß, besteht er darauf, daß ihm am Jahresende nicht nur die jeweils 10.000 € zurückgezahlt werden, sondern zusätzlich hierzu weitere 5% der genannten Summe (Zinsen).
Die genannten zehn Wirtschaftsteilnehmer erklären sich mit dieser Vorgehensweise einverstanden. In dem betreffenden Jahr handeln diese zehn Wirtschaftsteilnehmer nunmehr sowohl als Produzenten als auch als Konsumenten. Sie erarbeiten wie bisher ihre Waren und tauschen diese Waren dann unter Zuhilfenahme des Geldes untereinander aus.

<u>Fassen wir zusammen:</u>
Der Bankier gibt am Jahresanfang 10 x 10.000 €, das heißt insgesamt 100.000 € aus, die er aus dem NICHTS geschaffen hat. Am Jahresende fordert er jedoch insgesamt 105.000 € zurück. Er fordert somit am Jahresende 5000 € (Zinsen), die er jedoch am Jahresanfang überhaupt nicht herausgegeben hat. Diese 5000 € (Zinsen) sind somit gar nicht im Umlauf, sie sind im System überhaupt nicht vorhanden! Dies hat zur Folge, daß mindestens einer der zehn Wirtschaftsteilnehmer seine Verbindlichkeiten gegenüber dem Bankier nicht begleichen kann. Es ist dabei völlig unbedeutend, wie viele oder wie wenige materielle Güter in dieser Zeit geschaffen worden sind. Selbst wenn alle Wirtschaftsteilnehmer das zehn- oder hundertfache an Wirtschaftsgütern im Vergleich zum Vorjahr herstellen, können doch diese 5000 € (Zinsen) niemals beglichen werden, weil sie im System einfach nicht vorhanden sind!
Dies hat zwangsläufig zur Folge, daß in jedem Jahr ein gewisser Prozentsatz an Wirtschaftsteilnehmern zahlungsunfähig werden <u>muß</u>.
Dabei sind die Banken clever genug, für verliehenes Geld "Sicherheiten" zu fordern. Diese "Sicherheiten" sind <u>immer</u> reale Wirtschaftsgüter beziehungsweise natürliche Ressourcen.
Diese physischen Werte fallen mit der unvermeidbaren Insolvenz augenblicklich an die Bank. Dabei ist von extremer Bedeutung, daß dieses Spiel nicht nur über <u>ein</u> Jahr läuft, in der Realität läuft es über <u>Jahrzehnte</u> und sogar <u>Jahrhunderte</u>.
Somit verschaffen sich die Eigentümer der Zentralbank über kurz oder lang die Eigentumsrechte an sämtlichen in der Welt vorhandenen natürlichen Ressourcen (Grund und Boden, Rohstoffe, Immobilien etc.).
Diese realwirtschaftlichen Ressourcen kann die Bank dann wieder veräußern, wobei die Käufer sich für den Kauf dieser Dinge wieder verschulden müssen. Wie wir gesehen haben, können jedoch Schulden in der Gesamtheit niemals zurückbezahlt werden. Die Käufer / Kreditnehmer werden wieder mehrheitlich unvermeidbar zahlungsunfähig, und die realen Wirtschaftsgüter bleiben somit zwangsläufig langfristig in der Hand der Zentralbank.
Über die Jahre und Jahrzehnte bedeutet dies, daß die realwirtschaftlichen Ressourcen in die Hand der Bank gelangen und langfristig dort verbleiben, und die Masse der Wirtschaftsteilnehmer gegenüber der Zentralbank immer tiefer im Schuldenmorast versinkt.
Das zinsbasierte Zentralbanksystem ist damit das perfekte Betrugs- und Versklavungssystem schlechthin.

Welcher gigantische Betrug in einem zinsbasierten Zentralbanksystem steckt, läßt sich am Beispiel des sogenannten "<u>Josephspfennig</u>" veranschaulichen.
Wenn der gute Joseph vor etwa 2000 Jahren einen einzigen Pfennig zu 5% Zinsen angelegt hätte, und hätte nie eine Abhebung gemacht, hätten seine Erben heute einen Anspruch auf mehrere hundert Milliarden Erdkugeln aus purem Gold!
Dieser Anspruch kann natürlich niemals bedient werden.
Das Beispiel zeigt sehr anschaulich, welcher gigantische Betrug im gegenwärtigen Geldsystem steckt, und daß dieser Betrug schleichend stattfindet und nur allmählich über lange Zeiträume sichtbar wird.

Andersherum betrachtet, muß sich in einem zinsbasierten Geldsystem die Geldmenge immer weiter, bis in astronomische Höhen vermehren, so daß den bestehenden Geldeinheiten immer weniger kaufbare Sachwerte gegenüber stehen.

Heutzutage werden nur noch weniger als 0,5 Prozent des am Tag auf der Welt rotierenden Geldes für den Zweck verwendet, für den es ursprünglich erfunden wurde, nämlich zum Austausch von Waren und Dienstleistungen.

Über 99,5 % und damit mehr als das 200-fache wird im Casino der Banken für irgendwelche Leerverkäufe verwendet. Dieser Anteil war in der Menschheitsgeschichte noch niemals so hoch wie heute.

Allein der Blick auf die vergangenen Jahrzehnte verdeutlicht das Problem:

In den vergangenen 30 Jahren hat sich weltweit die Produktion von Gütern und Dienstleistungen vervierfacht, die vorhandene Geldmenge jedoch vervierzigfacht.

(Andreas Clauss, Das Deutschlandprotokoll II; J.K. Fischer Verlag 3. Auflage 10/2010 Seite 21-22; ISBN (neu) 978-941956-42-1)

Da die Verschuldeten die Illusion haben, ihre Schulden begleichen zu können, beginnen sie, im Hamsterrad der Wirtschaft zu rennen, zumeist ohne Rücksicht auf die eigene Gesundheit, die eigene Familie usw..

Dieses zinsbasierte Zentralbanksystem wird deshalb von vielen Autoren als ein System der permanenten Umverteilung von "Arm" nach "Reich" beschrieben. Man muß es jedoch präziser beschreiben: Es ist ein System zur ständigen Umverteilung von "Fleißig" nach "Reich".

Viele Menschen glauben, daß man sein Geld für sich arbeiten lassen könne. Geld kann jedoch nicht arbeiten, niemand hat jemals einen Geldschein arbeiten gesehen. Es sind selbstverständlich immer Menschen, die für die Zinsen arbeiten.

Um Geld zu verdienen, bräuchte man in diesem System vor allem eins: Geld! Es ist wesentlich einfacher, eine Milliarde zu verdoppeln, als durch ehrliche Arbeit sein Häuschen abzubezahlen.

Selbst wenn einige wenige Wirtschaftsteilnehmer noch ein Guthaben in ihrer persönlichen Gesamtbilanz haben, dann nur deshalb, weil andere um so mehr verschuldet sind.

In der volkswirtschaftlichen Gesamtbilanz können Geldschulden, wie wir gesehen haben, niemals beglichen werden, da das Geld zur Schuldentilgung gar nicht in Umlauf ist.

Man kann es auch anders formulieren: Selbst wenn man sämtliche in der Welt vorhandene Guthaben zusammenkratzen würde, um die Verbindlichkeiten gegenüber der Zentralbank zu begleichen, würde dieses Geld nicht ansatzweise hierfür ausreichen.

Das heißt, in der weltwirtschaftlichen Gesamtbilanz können die bestehenden gigantischen Schulden niemals zurückgezahlt werden. Im Gegenteil, die Verschuldung ist eine Einbahnstraße und kann nur zunehmen, niemals jedoch geringer werden.

Das zinsbasierte Zentralbanksystem gibt es allerdings in der Welt nicht erst seit 1913. Bereits in den Jahrhunderten zuvor war die Bank von England das entsprechende Vorläufermodell.

An dieser Stelle soll deshalb ein ausgewiesener Experte und Nutznießer jenes Zentralbanksystems zu Wort kommen:

Zitat:

"Die wenigen, die das System verstehen, werden so sehr an seinen Profiten interessiert oder so abhängig sein von der Gunst des Systems, daß aus deren Reihen nie eine Opposition hervorgehen wird. Die große Masse der Leute aber, mental unfähig zu begreifen, wird seine Last ohne Murren tragen, vielleicht sogar ohne zu mutmaßen, daß das System ihren Interessen feindlich ist."

(A. Rothschild 1863)

Schon sehr viel früher hat ein Ahne dieses Herrn eine richtungsweisende Einschätzung gegeben, welche Macht mit der Kontrolle über das Geldsystem verbunden ist:

"Gib mir die Kontrolle über das Geld einer Nation und es interessiert mich nicht, wer deren Gesetze macht."

(Mayer Amschel Rothschild (1744 - 1812), Gründer der Rothschild Banken Dynastie)

Aber auch ein weiterer Insider soll an dieser Stelle gerne einmal zu Wort kommen:

"Eigentlich ist es gut, daß die Menschen unser Banken- und Währungssystem nicht verstehen. Würden sie es nämlich, so hätten wir eine Revolution noch vor morgen früh."

(Henry Ford (1863 - 1947), Gründer der Ford Motor Company**)**

Wie der interessierte Leser feststellen kann, ist der Betrugscharakter des aktuellen Finanzsystems mit ein wenig Faktenwissen leicht zu durchschauen. Man darf sich fragen, wie es in unserer, ach so aufgeklärten Medienwelt möglich ist, daß diese Informationen überhaupt nicht gegeben werden, weder in den tollen, hoch wissenschaftlichen Talkshows à la Maischberger, Illner, Will, Beckmann etc. etc., noch in angeblich politisch anspruchsvollen Sendungen auf "ARTE", "Phoenix", "n24", oder in ach so informativen Zeitschriften wie "Spiegel", "Focus" etc..
Man muß sich in diesem Zusammenhang unbedingt verdeutlichen, daß die gleichgeschalteten "BRD"-Massenmedien gerade in diesem Bereich die Funktion haben, uns zu desinformieren und nicht etwa, uns wirklich zu informieren!

10.3. Komplizenschaft von Politikern

Es ist sehr leicht zu erkennen, daß das zinsbasierte Zentralbanksystem reiner Betrug ist und daß <u>alle</u> öffentlichen Haushalte überschuldet sind, egal ob sie "BRD" oder "Griechenland" oder sonstwie heißen.
Wenn "BRD"-Stellen beispielsweise nach Griechenland Geld verschieben, so handelt es sich hierbei um ein Spiel nach dem Muster "rechte Tasche – linke Tasche". In der wirtschaftlichen Gesamtbilanz kann dies niemals eine Lösung sein, da das Geld, welches "BRD"-Stellen nach Griechenland überweisen, auch nur wieder neue Schulden sind, welche an die Zentralbank irgendwann zurückgezahlt werden müssen, nebst Zinsen, versteht sich, wobei diese Zinsen die Gesamtverschuldung immer weiter in die Höhe treiben.
Durch die Vergabe von immer mehr "neuem Geld", von "fresh money" an Banken oder Schuldnerländer wird das Schuldenproblem niemals gelöst.
Im Gegenteil, es ist gerade, als würde man in ein Feuer immer mehr brennbares Material hineinwerfen, und sich wundern, daß das Feuer sich hierdurch nicht löschen läßt.

Gegenwärtig wird beispielsweise Griechenland zu horrenden Zinssätzen wieder "fresh money" gewährt. Gleichzeitig besteht die Weltbank auf umfassende Privatisierungen.
Im Klartext bedeutet dies:
Das gegenwärtig in Europa aufgetriebene Geld "für Griechenland" landet wieder bei den Banken, und nicht etwa beim kleinen Mann in Griechenland.
Gleichzeitig wird Griechenland in immer höhere Schulden hineingetrieben und zu guter Letzt werden die Griechen komplett enteignet (genannt Privatisierung). Man beachte, das Wort Privatisierung hat seinen Ursprung in lateinisch "privare" = berauben.
Das heißt:
Am Ende
– hat Griechenland noch mehr Schulden,
– hat die Hochfinanz noch mehr Geld,
– geht es den kleinen Leuten in Griechenland noch schlechter,
– sind die Menschen in Griechenland über Privatisierungen enteignet.
Ist doch eine tolle "Rettungsaktion" oder?
Und nach diesem Muster werden alle europäischen Länder nacheinander bearbeitet.

Bekanntermaßen gibt es drei Gruppen, die sich verschulden können. Es sind dies
1. Privatpersonen
2. Firmen
3. Staaten (als die ultimativen Schuldner).

Sofern Privatpersonen und Unternehmen sich nicht mehr verschulden wollen, da sie sich noch wirtschaftlich vernünftig verhalten wollen, dann verschulden sich eben stellvertretend für sie die Staaten.

Da diese Schulden jedoch aus mathematischen Gründen niemals zurückgezahlt werden können, müssen zur Abzahlung alter Schulden immer neue Kredite aufgenommen werden.

Aufgrund entsprechender Abkommen haften heute alle Staaten dieser Welt gegenüber der Federal Reserve mit all ihren physischen beziehungsweise realwirtschaftlichen Ressourcen sowie dem Steueraufkommen für ihre Geldschulden.
Durch den Zinseszinseffekt gehört den Eigentümern der FED über kurz oder lang praktisch der gesamte physische Reichtum dieser Welt.
Aus der Tatsache, daß selbst Staaten sich bei der Hochfinanz verschulden, und Zinsen zahlen müssen, folgt, daß die Hochfinanz mächtiger ist, als alle Staaten.
Die Regierungen von allen Staaten sind letztlich vom Wohlwollen dieser Hochfinanz abhängig. Sie sind real betrachtet Marionetten der Hochfinanz und handeln letztendlich auch in deren Interesse.

Man kann mit Recht behaupten, daß das eigentliche Herrschaftssystem in der Welt das gegenwärtige zinsbasierte Zentralbanksystem ist und die "Staaten" nur die Erfüllungsgehilfen dieses Herrschaftssystems darstellen.
Es gibt heute seriöse Rechnungen, daß kein Staat der Welt noch Steuern erheben müßte, wenn die Geldschöpfung in staatlicher, beziehungsweise in gemeinnütziger Hand wäre.
Der "kleine Mann" merkt, daß der "Staat" (bzw. in Deutschland die Staatssimulation "BRD") der Erfüllungsgehilfe (beziehungsweise der bewaffnete Arm) der Hochfinanz ist, wenn er beispielsweise über ein völlig überdimensioniertes Steuersystem bis aufs Letzte ausgepreßt wird oder der "Gerichtsvollzieher" sein Haus oder sein Konto oder sonstige Dinge wegpfändet.
Unter anderem kann man dies an einer Abgabequote von bis zu 85% erkennen, das heißt daß jeder Artikel, den man beispielsweise im "BRD"-System einkauft bis zu 85% mit versteckten Steuern und Zinsen belastet ist – alles Geld, was hierüber an reiche Leute und die Firma "BRD" umverteilt wird.

Steuern und Zinsen sind folglich der Motor für die Umverteilung von "Fleißig" nach "Reich".

Der Irrsinn wird allein dadurch sichtbar, daß ein abhängig beschäftigter Arbeiter in etwa einen ganzen Tag lang arbeiten muß, um eine einzige Arbeitsstunde eines anderen abhängig beschäftigten Arbeiters bezahlen zu können.

Das klassische Beislpiel ist ein Tischler, der sich von einem Schlosser sein Auto reparieren lassen möchte. Er muß mindestens acht Stunden arbeiten, um eine Arbeitsstunde des Schlossers bezahlen zu können. Man darf sich fragen, wohin gehen die übrigen 85% seiner Arbeitsleistung?

Vor vierzig Jahren lebten beispielsweise mehr als die Hälfte der Menschen im "BRD"-System in Wohneigentum, welches auch tatsächlich abgezahlt war.
Heute ist das privatgenutzte Wohneigentum in über 80% der Fälle mit Hypotheken belastet. Damit steht in über 80% des privatgenutzten Wohneigentums die Bank im Grundbuch, als kleines Beispiel zum Thema schleichende Enteignung!
Dies ist auch der Grund, weshalb heute jede noch so kleine Bankfiliale eine Immobilienabteilung unterhält.

Die Herrschaften Merkel, Gauck und Schäuble sind folglich lediglich die Angestellten von Rothschild, Rockefeller und Konsorten – weiter nichts.
Ihre Aufgabe ist es, die schleichende Enteignung der Deutschen Völker für diese Leute durchzusetzen.

Interessant ist, was ein Insider der US-amerikanischen Politik bereits vor Jahrhunderten zu diesem System zu sagen wußte:

"Ich glaube, daß Banken gefährlicher für unsere Freiheiten sind als stehende Armeen....

..... Wenn das US-amerikanische Volk jemals privaten Banken erlaubt, die Währung zu kontrollieren, dann werden die Banken zuerst durch Inflation, dann durch Deflation das Volk all seines Eigentums berauben, bis die Kinder obdachlos auf dem Kontinent aufwachen, den ihre Vorväter eroberten. .....

..... Die Geldschöpfung sollte den Banken weggenommen und dem Volk zurückgegeben werden, dem sie rechtmäßig gehört....

.....Die moderne Theorie der Verschuldung hat die Erde mit Blut getränkt und ihre Bewohner in ein Schuldsystem gebracht, das ohne Ende wächst."

(Thomas Jefferson (1743 -1826); 3. Präsident der U.S.A.**)**

Beim näheren Betrachten fällt auf, daß es auf der ganzen Welt ein Verteilungsverhältnis zu geben scheint, welches offenbar überall gleichermaßen gilt:
Den oberen 2% einer Bevölkerung gehören etwa 50% des materiellen Reichtums einer Gesellschaft. Und den oberen 10% gehören immerhin 90% des materiellen Wohlstandes.
Dies gilt nicht nur für das "BRD"-System oder für die U.S.A., sondern für die gesamte Welt. Egal, welche Gesellschaft oder territoriale Einheit man wählt.
Da könnte man sich doch mal fragen, wem dienen Regierungen, die UN, die UNO, die (private) Weltbank, der (private) internationale Währungsfond, die WHO, und wie sie alle heißen, wem dienen die wirklich?

Hierzu paßt das folgende Zitat:

"Mich interessiert nicht, wie die Wirtschaftskrise überwunden wird, für mich zählt nur der Profit. Nicht die Regierungen beherrschen die Welt. Goldman Sachs regiert die Welt."

(Alessio Rastani Astani, BBC-Interview vom 26.09.2011)

Sehr oft ist im Alltag die Meinung zu hören, die hiesigen "Politiker" seien inkompetent, sonst würden sie doch viele unsinnige Dinge nicht machen. Dies ist jedoch sicher eine Fehleinschätzung. Die Politiker im "BRD"-System sind die besten die man sich denken (und kaufen) kann.
Man muß nur genau hinsehen, für wessen Interessen sie handeln!
Es erscheint immer sinnvoll, sich zu fragen, wer genau von dieser oder jener dumm anmutenden Entscheidung oder Situation profitiert.
Es genügt, einfach gesagt, immer der Spur des Geldes zu folgen, um zu wissen, was in der Welt von den Machthabern so getrieben wird.

10.4. Zusammenhänge zu Krieg und Verbrechen

Solange die "BRD"-"Politiker", Banker oder auch die US-Präsidenten ihre Enteignungsaufgaben für die Hochfinanz erfüllen, gewähren ihnen ihre Arbeitgeber ein gutes Auskommen. Ansonsten inszeniert die Hochfinanz auch schon gerne einmal ein Exempel.

Herr Alfred Herrhausen hatte in den 80er Jahren als Vorstand und Vorstandssprecher der Deutschen Bank seinen internationalen Einfluß zur Entschuldung der "Dritten Welt" geltend gemacht.
Dies stand jedoch in krassem Gegensatz zu den Interessen der anglo-amerikanischen Großbanken, insbesondere der internationalen Hochfinanz in Form der der Federal Reserve.

Herrhausen wurde extrem professionell ermordet, und zwar mit einer High-Tech-Lichtschranken- und Punktladungstechnik, wie sie nur Militärs, beziehungsweise militärische Geheimdienste verwendet haben können.

Alfred Herrhausen
† 30.11.1989
in Bad Homburg

Tatort Bad Homburg: *Der Chef der Deutschen Bank Alfred Herrhausen extrem professionell ermordet. Die Hochfinanz statuierte offenbar ein Exempel.*

Normale Minen oder Bomben sind relativ primitive Sachen. Im Falle Herrhausen wurde eine komplizierte Panzerabwehrmine speziell gebaut. Dies war für das Verbrechen erforderlich, da die Limousine von Herrhausen gepanzert war. Allein hierfür benötigte man Insider-Wissen.

Bereits im Vorfeld wurden wochenlang Straßenarbeiten durchgeführt, zur Verlegung von Kabeln für eine Lichtschranke. Die Lichtschranke wurde dann erst beim Herannahen des Zielobjektes aktiviert.
Die Schußanlage war unauffällig getarnt auf dem Gepäckträger eines Fahrrades am Wegesrand abgestellt.

Einen interessanten Hinweis dafür, daß der Herrrhausenmord von der Hochfinanz in Auftrag gegeben wurde, um einen Schuldenschnitt zu verhindern, erbrachte der spätere Chef der Deutschen Bank, Herr Josef Ackermann in einem ZDF-Interview mit Frau Maybrit Illner am 13.05.2010:

Josef Ackermann 13.05.2010
Damals Chef der Deutschen Bank

ZDF Interview von Josef Ackermann durch Maybrit Illner am 13.05.2010:

Minute 13:

Auf die Frage von Illner, ob Ackermann in der Finanzkrise nicht auch einen Schuldenverzicht hätte vertreten können, antwortete Ackermann mit einem maliziösen Lächeln:

"Ich glaube, es wäre mir genauso ergangen wie Herrn Herrhausen."

Nebenbei:
Nun ist es eigentlich der Beruf des Journalisten, Fragen zu stellen. Frau Illner, als brave Angestellte eines "BRD"-Lügenmediums dagegen fragte nichts, sondern sprach weiter, als wenn nichts gewesen wäre…...

Ein weiteres Beislpiel für das Statuieren eines Exempels durch die Hochfinanz ist der Mord an dem früheren Chef der Treuhand-Gesellschaft zur Abwicklung des "DDR"-Wirtschaftsvermögens Rohwedder.

Detlev Karsten Rohwedder
† 01.04.1991 in Düsseldorf

Herr Detlev Karsten Rohwedder hatte sich als Chef der Treuhandverwaltung bei der Abwicklung der "DDR"-Wirtschaft dafür eingesetzt, daß Sanierung vor Privatisierung stattfindet. Das wäre für die Hochfinanz natürlich nicht so lukrativ gewesen, wie die entsprechenden Sachwerte direkt über das betrügerische Zentralbanksystem zu vereinnahmen.

Rohwedder wurde aus fast vierhundert Meter Entfernung mit einem einzigen Schuß gezielt getötet, was nur von einem jahrelang militärisch ausgebildeten Scharfschützen ausgeführt werden konnte. Zudem brauchte man hierzu Insider-Wissen bezüglich seines Aufenthaltsortes.

Gleichzeitig hatte man die Öffentlichkeit dahinghend belogen, der Schuß sei von nur 60 m Entfernung aus einer Gartensiedlung erfolgt. Hierzu hätte der Attentäter beim Schuß einen Höhenunterschied und Baumkronen zu überwinden gehabt.

Um die extrem professionellen Morde an Herrhausen und Rohwedder der Öffentlichkeit plausibel zu machen, hat man schnell eine "dritte Generation" der "RAF" erfunden, was natürlich völliger Nonsens und sehr leicht durchschaubar war.

In ihrem Buch "Das RAF-Phantom" weisen die Autoren um Gerhard Wisniewski nach, daß die offizielle Version der Morde an Rohwedder und Herrhausen erstunken und erlogen ist.

Christian Wulff

<u>Herr Wulff</u> hatte in seiner Funktion als "Bundespräsident" im Herbst 2012 angekündigt, daß er den sogenannten "ESM"- Vertrag nicht unterschreiben werde.

Mit diesem "ESM"-Vertrag sollte eine Brüssler Behörde eingerichtet werden, die uneingeschränkten Zugriff auf alle staatlichen, unternehmerischen und privaten Konten haben sollte, jede Geldsumme von diesen Konten abziehen können sollte, und nur selbst, das heißt einseitig klagefähig sein sollte.

Im Gegenzug sollte diese Institution sowie deren Mitarbeiter voll umfängliche rechtliche Immunität genießen. Ihre Handlungen und Dokumente sollten sie zudem geheim halten dürfen.

Es handelt sich somit bei dem "ESM"-Vertrag um ein Ermächtigungsgesetz zur endgültigen Versklavung aller in Europa existierenden "Staaten", Unternehmen und Privatleute.

Bei der ganzen Schmutzkampagne gegen Herrn Wulff hatte man nichts gegen ihn in der Hand. Nichts von dem, was man ihm vorgeworfen hatte, war auch nur ansatzweise justiziabel.

Zudem lagen die vorgeworfenen Dinge viele Jahre zurück. Warum man sie ihm deshalb nicht bereits Jahre zuvor vorgehalten hatte, hat jedoch offenbar seinen guten Grund:

Der Umgang mit Herrn Wulff zeigt nicht nur, daß die Hochfinanz die wirkliche Macht hierzulande ist. Es wird nebenbei auch noch gut sichtbar, daß es im "BRD"-System eine käufliche Gossenpresse gibt, die auf Kommando bereits viel früher angelegte Dossiers herausholt, um über Jahre gesammeltes und konserviertes Material aufzubereiten, um jemanden gefügig zu halten, oder zu diskreditieren, sofern er nicht für das System funktioniert, wie er es soll.

Dies sind ganz klar Stasi- beziehungsweise Gestapo-Methoden!

Noch heute, fast zwei Jahre nach seinem Rücktritt, werden Wulff und seine Ehefrau von der CIA-gesteuerten und gleichgeschalteten "BRD"-Gossenjournaille ("BILD") diskreditiert, wobei man auch über Frau Wulff gezielt Gerüchte verbreitet.

Offenbar versucht die Hochfinanz auch in diesem Falle, ein Exempel zu statuieren.

PS.: Was war wohl eine der ersten Diensthandlungen des "Gaucklers", der als Nachfolger von Wulff agiert?? – richtig! Er hat schön brav das Ermächtigungsgesetz "ESM" für die Hochfinanz unterschrieben!

"BRD"-Präsident Gauck – hat den "ESM" brav unterschrieben und damit die Deutschen ohne Skrupel an die Hochfinanz verraten und verkauft.

Ein weiteres Beispiel dafür, daß die internationle Hochfinanz gerne einmal ein Exempel statuiert, wenn einer ihrer Angestellten aus der Reihe tanzt, ist der Mord an JFK:

**John Fitzgerald Kennedy
35. Präsident der U.S.A.**

Präsident Kennedy hat am 04.06.1963 durch die Executive Order No. 11110 das Federal Reserve System aufgehoben. Kennedy hatte erkannt, daß das Zentralbanksystem zu einer gigantischen Macht hinter der Regierung der U.S.A. und der ganzen Welt geworden war. Kennedy hat auch erkannt, daß das zinsbasierte Geldsystem nur funktionieren kann, wenn ständig eine Expansion des Wirtschaftssystems stattfindet. Er hat hierin die Ursache von früheren, aktuellen und künftigen Kriegen, von Kriegstreiberei und einer ungeheuerlichen Rüstung erkannt.

Zitat:
"Denn wir haben es mit einer monolithischen und rücksichtslosen weltweiten Verschwörung zu tun, die sich hauptsächlich auf verdeckte Mittel zur Erweiterung ihres Einflußbereichs stützt – auf Infiltration statt Invasion, auf Subversion statt freier Wahlen, auf Einschüchterung statt Selbstbestimmung, auf Guerillas in der Nacht, anstatt Armeen bei Tag. Es ist ein System, welches beträchtliche menschliche und materielle Ressourcen in den Aufbau einer eng geknüpften, hocheffizienten Maschinerie verstrickt hat, die diplomatische, geheimdienstliche, ökonomische, wissenschaftliche und politische Operationen kombiniert."

(John F. Kennedy am 27.04.1961)

Deshalb hat er die FED mit der Executive Order No. 11110 kurzerhand entmachtet. Für einige Monate gab es wieder staatliches Geld in den U.S.A., herausgegeben vom US-Finanzministerium, und nicht mehr von der Privatbank FED. Auf der Vorderseite der Dollarscheine stand dann auch wieder "United States Note" und nicht mehr "Federal Reserve Note".

Dollarnote des <u>US-Finanzministeriums</u>, wie sie vorübergehend im Jahre 1963 herausgegeben wurden.
(ganz oben zu sehen, die Aufschrift "<u>United States</u> Note")

Dollarnote der Federal Reserve
(ganz oben zu sehen, die Aufschrift "Federal Reserve Note")

Dann mußte natürlich alles sehr schnell gehen: Man hat Präsident Kennedy umgebracht, es einem Unbeteiligten namens Oswald in die Schuhe geschoben, und was war die erste Amtshandlung, die Nachfolger Johnson unternommen hat? – Richtig! – Er hat die früheren Rechte der Eigner der FED in vollem Umfang wieder hergestellt.

Aber auch alle Medien spielten mit, bis heute wird immer wieder behauptet, ein Herr Oswald habe Kennedy umgebracht. Oswald soll innerhalb von 8 Sekunden drei Schüsse auf Kennedy (als bewegtes Ziel) aus einem alten Repetiergewehr durch eine voll belaubte Baumkrone hindurch abgefeuert haben. Er soll Kennedy mit einer im Zick-Zack-fliegenden "magischen Kugel" tödlich getroffen haben, was natürlich völliger Nonsens ist.

Der Film eines Passanten (der sogenannte "Zapruder-Film"), auf dem ganz klar zu sehen ist, daß Kennedy von vorne erschossen worden ist, und nicht durch Oswald von hinten, wurde der Öffentlichkeit fünf Jahre lang vorenthalten und wäre heute noch unter Verschluß, wenn nicht ein mutiger Staatsanwalt aus New Orleans noch nachträglich einen Prozeß ins Rollen gebracht hätte. Aber recherchieren sie selbst!

Man kann heute mit Fug und Recht behaupten, daß seit dem Tode Kennedys es kein Präsident der U.S.A. jemals mehr gewagt hat, sich in die wirkliche Politik, die von der Hochfinanz gemacht wird, einzumischen!

Im übrigem ist ja allgemein bekannt, daß die Hochfinanz regelmäßig den Präsidenten der U.S.A. fabriziert, indem sie Milliardensummen für dessen Vermarktung (genannt "Wahlkampf") zur Verfügung stellt.

Aus diesem Grunde muß man sich nicht wundern, daß der jeweilige Präsident der U.S.A. die Interessen der Hochfinanz weltweit (gegebenenfalls auch militärisch) durchsetzt.

Beispielsweise wurde ein Herr Obama wie kaum ein anderer US-Präsident zuvor von der Hochfinanz in seiner Vermarktung als Präsidentschaftskandidat finanziert. Da muß man sich nicht wundern, daß dieser Herr die Interessen der Hochfinanz besonders rücksichtslos durchsetzt.

Die Überschuldung ist offensichtlich das Hauptinstrument des weltweiten Versklavungssystems und die U.S.A. sind diejenigen, die dieses Versklavungssystem für die Hochfinanz gegebenenfalls auch mit militärischen Mitteln durchsetzen.

Beispielsweise hat einmal ein Herr Hussein damit begonnen, Wirtschaftsgüter mit diversen Ländern nach dem Prinzip "Ware gegen Ware" zu handeln, oder auf Euro-Basis zu verrechnen. Hierbei hatte die angloamerikanische Hochfinanz nicht mehr voll umfänglich mitverdient, was der Grund war, weshalb er beiseite geschafft wurde. Und natürlich wegen der "Menschenrechte"!

Auch ein Herr Gaddaffi hat den "Fehler" gemacht, seine Landeswährung mit Edelmetall zu decken. Hierdurch wäre im Falle einer Krise der Libysche Dinar eine Fluchtwährung geworden, was dazu geführt hätte, daß der Wert dieser Währung im Falle des Euro-Dollar-Verfalls in astronomische Höhen gestiegen wäre.

Überspitzt gesagt hätte sich Herr Ghaddaffi ganz Europa dann "für 'nen Appel und 'n Ei" kaufen können. Deshalb mußte er beseitigt werden, und natürlich wegen der "Menschenrechte"!

Wegen der Bedeutung des Zentralbanksystems für die Enteignung der Massen und der Machtausübung werden alternative Währungen oder alternative Austauschsysteme vom System radikal bekämpft. Als Beispiel sei hier der Propaganda-Feldzug gegen die Währung "Bitcoin" und die entsprechenden Verbotsbemühungen genannt.

10.5. Die gegenwärtige "Krise"

Von den Vertretern der Politik wird unsere Aufmerksamkeit immer wieder auf die Höhe der sogenannten "Staatsverschuldung" gelenkt.
Diese ist jedoch völlig unbedeutend, zumal diese Schulden sowieso nie zurückgezahlt werden können.
Wie alle Schulden dieser Welt, die gegenüber der Hochfinanz entstanden sind, sind auch die "Staatsschulden" entstanden durch Geldschöpfung aus dem NICHTS. Und wenn dieses NICHTS nicht zurückgezahlt wird, entsteht schließlich niemandem ein Schaden!
Bedeutsam ist nicht die Höhe der Schulden, sondern das Schuldanerkenntnis des Schuldners, der hierüber enteignet und versklavt wird.
Letztlich ist der eigentlich interessante Punkt, welche Summen von diesen "Staaten" (beziehungsweise von der Kolonialverwaltung "BRD") im Laufe der Jahrzehnte an <u>Zinsen und Zinseszinsen</u> an die Eigentümer der FED gezahlt wurden.
Beispielsweise hat die Firma "BRD" seit ihrer Existenz 6 Billionen Euro Zinsen und Zinseszinsen an die Hochfinanz gezahlt. Das bedeutet, wenn die Geldschöpfung nicht in der Hand einer privaten Clique, sondern in der Hand der Staatssimulation "BRD" wäre, wäre diese Firma "BRD" heute komplett schuldenfrei!

Wie wir seit Jahren immer wieder hören, bestehe gegenwärtig eine chronische "Finanzkrise". Diese sei dadurch entstanden, daß die Menschen allgemein, und die "Staaten" (oder die Staatssimulation "BRD") im Besonderen "über ihre Verhältnisse" gelebt hätten.
Diese Behauptung ist nicht nur eine ziemlich dreiste Lüge sondern noch dazu eine unglaubliche Frechheit.
Schließlich sind sämtliche Dienstleistungen und Konsumgüter, die in der Vergangenheit verbraucht worden sind, irgendwann einmal erarbeitet worden, sonst hätte die Menschheit sie schließlich gar nicht konsumieren können!
Die Behauptung, daß die Menschheit oder die "Staaten" "über ihre Verhältnisse" gelebt hätten, ist somit völliger Quatsch.
Es ist lediglich das Finanzsystem auf betrügerische Weise so organisiert worden, daß nunmehr sämtliche Wirtschaftsteilnehmer bei der Hochfinanz nicht rückzahlbare Geldschulden haben.
Dies wird nun von "Politikern" als Vorwand benutzt, um jedwede soziale Absicherungen der einfachen Leute zu eliminieren. Das Ziel hierbei ist offenbar, jeglichen sozialen Halt der Menschen weltweit abzuschaffen, um sie noch abhängiger und somit noch steuerbarer zu machen.

Die derzeit bestehende Finanzkrise ist zudem nicht vom Himmel gefallen, wie uns immer wieder eingeredet wird, sondern sie wurde von den Betreibern des Finanzsystems gemacht. Dies ist sehr leicht möglich, es genügen hierzu nur einfachste mathematische Kenntnisse.
Man muß nur zur rechten Zeit die in der Welt vorhandene Geldmenge über die Zinshöhe verringern und die "Rating-Agenturen" und Massenmedien richtig instruieren, um die entsprechenden psychologischen Wirkungen für seine Ziele einsetzen zu können.

Daß die gegenwärtige Finanzkrise gewollt und gesteuert ist, zeigen die beiden folgenden Zitate:

Zitat:
"Ich weiß nicht, ob eine Veränderung mit einem Knall oder einem Wimmern kommen wird, ob früher oder später. Aber so wie die Dinge stehen, ist es eher wahrscheinlich, daß es eine Finanzkrise als politische Weitsicht sein wird, welche die Veränderungen herbeiführt."
(**Ben Bernanke** am 10.04.2005 (Chef der Federal Reserve Bank))

Und sein Arbeitgeber hatte bereits Jahre zuvor die Richtung vorgegeben:
"Wir stehen am Rande einer weltweiten Umbildung, alles was wir brauchen, ist die richtige allumfassende Krise und die Nationen werden in die neue Weltordnung einwilligen."
(**David Rockefeller** im Jahre 1994 (vor dem Wirtschafts-Ausschuß der Vereinten Nationen / UN-Business Council))

Nun können die interessierten Leser selbst recherchieren oder sich Gedanken machen, was die Ziele der Hochfinanz sein könnten, für die sie die gegenwärtige Krise brauchen, in welche Art von Ordnung also die Völker dieser Welt einwilligen sollen.

Es läßt sich heute sehr leicht erkennen, ob ein Autor, ein Journalist oder ein Politiker ein Spieler des Systems ist oder wirklich alternative Ansichten vertritt.
Man muß nur seine Position abfragen, die er zum zinsbasierten Zentralbanksystem einnimmt. Dabei ist nicht bedeutsam, ob er eine oberflächliche Kritik am Finanzsystem übt nach dem Muster, man braucht ein bischen mehr Kontrolle über die Banken und ein bischen Reduktion der Leerverkäufe etc..
Entscheidend ist, welche Position er zu diesem <u>Geld s y s t e m</u> <u>grundlegend</u> bezieht!

10.6. Kuriositäten

Die heutzutage im Umlauf befindlichen "Euro"-Scheine sind nach den Kriterien der bürgerlichen Ökonomie kein Geld, noch nicht einmal "Banknoten". Es sind deshalb keine "Noten", da sie nichts, also keinen Gegenwert beurkunden (Note bedeutet Urkunde, weshalb beispielsweise ein Notar jemand ist, der etwas beurkundet).
Es ist zwar die Unterschrift von einem Herrn Duisenberg hineinkopiert, es steht jedoch nicht darauf, wofür dieser Schein überhaupt steht.
Der "Euro" ist deshalb nicht mehr, als mit Druckerschwärze beschmutztes Papier.
Es handelt sich bei den Euro-Scheinen somit um offizielles Spielgeld.
(Herr Duisenberg hatte wohl mit dieser Lösung auch so seine Probleme, was vielleicht der Grund dafür gewesen sein wird, weshalb er eines Tages in seinem eigenen, 1,50 Meter tiefen Pool ertrunken ist).
Die Fälschung von Euro-Scheinen erfüllt deshalb nicht den Straftatbestand der Fälschung von Banknoten, sondern ist im Gegensatz zur Fälschung von echten Banknoten lediglich eine Copyright-Verletzung!

Aus diesem Grunde befindet sich auf jedem Euro-Schein ein Copyright-Zeichen (©).

500-Euro-Schein mit ©-Copyright-Zeichen

Copyright-Recht ist US-amerikanisches Recht. In Europa gibt es dieses Recht nicht, da die Urheberrechte in Europa nach hiesiger Rechtsauffassung mit der Entstehung eines Werkes selbst entstehen, und nicht eines gesonderten Rechtsaktes bedürfen. Und somit sieht man auch bei den "Euro"-Scheinen, daß wir in einer Scheinwelt leben. Der "Euro" ist eben keine eigenständige Währung, sondern nur eine Unterform des FED-Dollars.

Nebenbei bemerkt, findet sich auf der Rückseite der FED-Dollarscheine wofür der Dollar steht, das heißt, welchen Wert er beurkundet und wie die Stabilität dieses Wertes gewährleistet werden soll:

"IN GOD WE TRUST" – "Wir vertrauen auf Gott".

Rückseite einer FED-Dollar-Note: "IN GOD WE TRUST" – "Wir vertrauen auf Gott".

Einige Leser werden sich noch daran erinnern, daß im Jahre 2008 von den "BRD"-Vertretern vermittelt wurde, es gebe eine "Einlagensicherung". Hierbei handelt es sich jedoch um eine Manipulation der breiten Bevölkerung! Schließlich kann man bereits im §6 Punkt 10 der Satzung des Einlagensicherungsfonds nachlesen:

"Ein Rechtsanspruch auf ein Eingreifen oder auf Leistungen des Einlagensicherungsfonds besteht nicht."

Bekanntermaßen wurde auch für den Bereich der EURO-Einführung ursprünglich etwas ganz anderes behauptet, als es heute praktiziert wird.

Anbei eine Werbeanzeige der "CDU" aus dem Jahre 1999 für die Euroeinführung.

Also auch in diesem Bereich hat sich das "BRD"-System als reines Lügengebäude erwiesen!

Zitat:
"Muß Deutschland für die Schulden anderer Länder aufkommen? .....

Ein kanz klares Nein! .....
Der Maastrichter Vertrag verbietet ausdrücklich, daß die EU oder .... EU-Partner für die Schulden eines Mitgliedsstaates haften .....
..... die EURO-Teilnehmerstaaten werden .... auf Dauer ohne Probleme ihren Schuldendienst leisten können.
Eine Überschuldung eines EURO-Teilnehmerstaates kann daher von vornherein ausgeschlossen werden."

Werbeanzeige der "CDU" 1999 für die Euroeinführung.

10.7. Schlußfolgerungen

Aus allem Geschilderten folgt zwingend, daß die Geldschöpfung unter demokratische Kontrolle, das heißt, in die Hand des Rechtsstaates gehört.
Wenn es dereinst in unserem Lande eine Verfassungsdiskussion geben wird, wird die Hochfinanz alles unternehmen, um die Menschen mit Hilfe der käuflichen Medien dahingehend zu beeinflussen, daß das Recht zur Geldschöpfung weiterhin in Privathand bleibt.
Dies muß jedoch unbedingt verhindert werden, das heißt, wir werden alle darauf aufpassen müssen, daß in einem künftigen Rechtsstaat die Geldschöpfung verfassungsmäßig in der Hand des Staates bleibt, und nicht einer Clique von Privatleuten, die keiner demokratischen Kontrolle unterliegen, geschenkt wird.
Dies ist sicher nicht das Einzige, so doch Eines der wichtigsten Mittel, um schwere soziale Verwerfungen und Kriege in der Zukunft wirksam verhindern zu können.

11. Die Rolle der Schulen, Medien und Geheimdienste

Wie jeder Leser leicht erkennen kann, ist die Lüge die Existenzgrundlage der "BRD". Es ist somit völlig folgerichtig, daß die "BRD" mit der Verbreitung der Wahrheit fallen muß.

Interessant ist hierbei, welche Rolle die Schulen im Besatzungsgebiet spielen, um von frühester Kindheit an zu verhindern, daß die Lügenhaftigkeit des Besatzerregimes durchschaut wird.
Nicht zu vergessen ist, daß die Lehrpläne beziehungsweise Lehrinhalte im "BRD"-System auch heute noch von den Besatzungsmächten erstellt beziehungsweise genehmigt werden. Dementsprechend werden unseren Kindern eine politische Mißbildung und ein unglaubliche Geschichtsverfälschung zugemutet.

In diesem Zusammenhang beantwortet sich die Frage von selbst, weshalb an Schulen des "BRD"-Systems keine Menschenrechte, und auch nicht die elementarsten Grundzüge des Völkerrechts gelehrt werden.

Interessant auch, wie bereitwillig Lehrer und Erzieher die vorgegebenen Inhalte repetieren, ohne das zu tun, was sie ihren Schülern beibringen müßten, nämlich die Inhalte zu hinterfragen.

Und so werden unsere Kinder in den "BRD"-Schulen mißgebildet, in Nachmittagsserien und Abendserien verblödet und durch gewaltartige und pornographische Inhalte verroht.

("Die Verblödete Republik", Thomas Wieczorek; Knaur Verlag 2012, ISBN 3426780984)

Es verwundert daher nicht im Geringsten, daß in Schulbüchern der "BRD"-GmbH tatsächlich behauptet wird, der "11. September" sei von Höhlenmenschen in Afghanistan fabriziert worden und die Teilnahme der sogenannten "BUNDESWEHR" an diversen Kriegen sei eine ganz besonders großartige Errungenschaft.

Es ist nur durch eine systematische Desinformation vom frühesten Kindesalter erklärbar, daß den Deutschen in den vergangenen Jahrzehnten wie einem Pawlowschen Hund ankonditioniert werden konnte, das "Grundgesetz" sei die "freiheitlichste" "Verfassung", die es auf deutschem Boden je gegeben habe und daß es hierzulande Demokratie und Rechtsstaatlichkeit gebe und noch dazu die Menschenrechte eingehalten würden, wie nirgendwo sonst auf der Welt.

Nicht ohne Grund sind im "BRD"-System fast 40.000 Bücher verboten, das sind etwa 30.000 mehr, als es zur Zeit des sogenannten "Dritten Reiches" waren.

Dabei wird die Verbotsliste der Bücher, die nach 1945 erschienen sind, nicht einmal öffentlich bekannt gegeben, angeblich um Reklame-Effekte zu vermeiden, in Wirklichkeit jedoch, um die gigantische Zahl zu verschleiern.

Das Verbot einzelner Buchtitel ist im Buchhandel abfragbar, allerdings muß man hierzu den jeweiligen Buchtitel kennen.

Um an eine Liste der verbotenen Bücher im "BRD"-System heranzukommen, muß man Insider-Wissen aus dem Bibliothekswesen haben.

http://de.scribd.com/doc/125565706/Zensur-in-Der-BRD-34-Tausend-Verbotene-Buecher

Nicht zuletzt haben die Schulen im "BRD"-System die Aufgabe, vom frühesten Kindesalter an ein umfassendes universelles Schuldkonzept in jedem Menschen einzupflanzen, um die Deutschen Völker weiterhin in einem geistigen Gefängnis halten und kontrollieren zu können.

Ein gut funktionierendes Schuldkonzept ist etwa in der folgenden Form aufgebaut:

1. **Es wird eine <u>universelle</u> Schuld kreiert (diese gilt für <u>alle</u> Menschen).**
2. **Diese Schuld ist so definiert, daß sie <u>niemals abgetragen</u> (getilgt) werden kann.**
3. **Jeder kann sich punktuell von der Schuld ("Sünde") entlasten, und zwar durch irgendeine Form der Zahlung (der eigentliche geschäftliche Teil des Schuldkonzepts), eine Entlassung aus dem Schuldverhältnis darf jedoch unter keinen Umständen möglich sein.**

Das älteste Beispiel für ein gut funktionierendes Schuldkonzept ist die institutionalisierte Kirche. Dabei spielt es keine Rolle, welche Religion man für sich favorisiert, das Beispiel der katholischen Kirche ist jedoch besonders anschaulich:

1. **Es wird eine <u>universelle</u> Schuld kreiert (diese gilt für <u>alle</u> Menschen).**
   (Bekanntermaßen kommt man in der katholischen Kirche wegen einer sogenannten "Erbsünde" bereits schuldig auf die Welt).
2. **Diese Schuld ist so definiert, daß sie <u>niemals abgetragen</u> (getilgt) werden kann.**
   (Hierzu wird von der katholischen Kirche ein Verhaltenskodex aufgestellt, der so gestaltet ist, daß ihn niemand befolgen kann. Es werden somit alle Menschen zu permanenten "Sündern" gemacht).
3. **Jeder kann sich punktuell von der Schuld ("Sünde") entlasten, und zwar durch irgendeine Form der <u>Zahlung</u> (das eigentliche Geschäft).**

Als Beispiel ist hier der Ablaßhandel, die Beichte oder die Spende an die Kirche zu nennen, durch die der "Sünder" vorübergehende Entlastung von seiner konstruierten "Schuld" zugesprochen bekommt, und durch die die institutionalisierte Kirche das Geschäft macht. Eine endgültige Entlassung aus dem Schuldverhältnis kann jedoch unter keinen Umständen erreicht werden.

Ein weiteres sehr eindrucksvolles Beispiel für ein gleichermaßen aufgebautes Schuldkonzept ist das Finanzsystem:

1. **Es wird eine <u>universelle</u> Schuld kreiert (diese gilt für <u>alle</u> Menschen).**
   Bekanntermaßen kommen aufgrund einer so definierten "Staatsverschuldung" bereits alle Kinder als "Schuldner" beziehungsweise "Schuldensünder" auf die Welt).

2. **Diese Schuld ist so definiert, daß sie <u>niemals abgetragen</u> (getilgt) werden kann.**
   (Wie im Kapitel über das Finanzsystem dargelegt, können Schulden aus rein mathematischen Gründen in der Gesamtheit niemals beglichen werden).

3. **Ein jeder kann sich punktuell von der Schuld ("Sünde") entlasten, und zwar durch irgendeine Form der <u>Zahlung</u> (das eigentliche Geschäft mithilfe des Schuldkonzepts).**
   (Durch den Versuch der Zahlung der Kreditsumme sowie der <u>Zinsen</u>, durch strampeln im Hamsterrad kann der "Schuldner", der in Anlehnung an die Religions-Schulden-Sprache gerne als "Schulden<u>sünder</u>" bezeichnet wird, Aufschub bekommen. Eine endgültige Befreiung aus dem Schuldsystem ist jedoch unter gar keinen Umständen möglich).

Ein sehr anschauliches Beispiel für ein schlau konstruiertes Schuldkonzept ist ein speziell für die Deutschen entwickeltes. Es wird den deutschen Kindern von frühester Kindheit an eingepflanzt. Man könnte es als das ideologische Konzept der "BRD" bezeichnen, eine Ideologie, die den ideologischen Klebstoff des "BRD"-Systems darstellt.
Es ist die **"BRD"-Religion**:

1. **Es wird eine <u>universelle</u> Schuld kreiert (diese gilt für <u>alle</u> Menschen).**
   (Angeblich sind <u>alle Deutschen kollektiv schuldig</u>, egal in welchem Alter sie sind. Und zwar am Ersten Weltkrieg, am Zweiten Weltkrieg und natürlich am sogenannten "Holocaust". Zudem ist jeder Deutsche angeblich "Nazi".

2. **Diese Schuld ist so definiert, daß sie <u>niemals abgetragen</u> (getilgt) werden kann.**
   (Bekanntermaßen reisen "BRD"-Funktionäre in der ganzen Welt herum und faseln von "Deutscher Schuld". Aber auch in den Schulen und in den gleichgeschalteten "BRD"-Medien wird immer wieder gebetsmühlenartig Derartiges behauptet.

3. **Ein jeder kann sich punktuell von der Schuld ("Sünde") entlasten, und zwar durch irgendeine Form der <u>Zahlung</u> (das eigentliche Geschäft).**
   (Durch Verschiebung von gigantischen Geldbeträgen ins Ausland sowie durch Kritiklosigkeit gegenüber Menschenrechtsverletzungen und Kriegsverbrechen, die der Staat und die Besatzungsmacht Israel begeht, wie auch durch massive Waffenschenkungen dorthin, kann die "deutsche Schuld" wohl vielleicht doch ein wenig abgemildert werden, jedoch wird niemals eine endgültige Entlassung aus dem konstruierten Schuldverhältnis ermöglicht).

Die "BRD"-Religion ist sehr simpel gestrickt. Es ist für einen "BRD"-Akteur immer eine sichere Bank, in Alltagsreden und Sonntagsreden von ihr Gebrauch zu machen.
Ohne diese "BRD"-Religion könnte die "BRD" vermutlich gar nicht mehr ideologisch zusammengehalten werden, zumindest scheinen die "BRD"-Drahtzieher dies anzunehmen. Schließlich haben sie es nach 70 Jahren immer noch nötig, die "BRD"-Religion zu predigen, es ist erbärmlich und beschämend zugleich, daß ihnen nach so langer Zeit noch nichts Originelleres eingefallen ist, die Deutschen Völker in einem geistigen Gefängnis zu halten.

Das folgende Zitat bringt dies auf den Punkt:
"Als verloren kann ein Krieg nur dann gelten, wenn das eigene Territorium vom Feind besetzt ist, die führende Schicht des besiegten Volkes in Kriegsverbrecherprozessen abgeurteilt wird und die Besiegten einem Umerziehungsprozess unterworfen werden.

Ein naheliegendes Mittel ist, die Geschichte in der Sicht der Sieger in die Hirne der Besiegten einzupflanzen. ..... Erst wenn die Kriegspropaganda der Sieger Eingang in die Geschichtsbücher der Besiegten gefunden hat, und von der nachfolgenden Generation auch geglaubt wird, dann erst kann die Umerziehung als wirklich gelungen angesehen werden."
(Deutscher Anzeiger vom 15.05.1970)

Oder jenes:
*"Mit Greuelpropaganda haben wir den Krieg gewonnen .... und nun fangen wir erst richtig damit an. Wir werden diese Greuelpropaganda fortsetzen, wir werden sie steigern bis niemand mehr ein gutes Wort von den Deutschen annehmen wird. ..... Wenn das erreicht ist, werden sie beginnen, ihr eigenes Nest zu beschmutzen und das etwa nicht zähneknirschend, sondern in eilfertiger Bereitschaft den Siegern gefällig zu sein, dann erst ist der Sieg vollendet.
Die Umerziehung bedarf sorgfältiger, unentwegter Pflege wie englischer Rasen. Nur ein Augenblick der Nachlässigkeit und das Unkraut bricht durch – jenes unausrottbare Unkraut der geschichtlichen Wahrheit."*
(Sefton Delmer, britischer Chefpropagandist zum deutschen Völkerrechtler Professor Grimm nach der militärischen Kapitulation)

Und wer seine Kinder der Verdummung durch "BRD"-Schulen entziehen will, wird letztlich gewaltsam gezwungen, seine Kinder diesem System auszuliefern.

Wie Rico Albrecht in seinem Buch "Steuerboykott" treffend beschreibt: Ohne die Medien wäre die Herrschaft der Hochfinanz nicht denkbar. Da die Hersteller des Geldes über unbegrenzte finanzielle Mittel verfügen, fällt es ihnen leicht, alle kapitalintensiven Medien – also Fernsehen, Radio und Presse – unter ihre Kontrolle zu bringen und fortan die "öffentliche Meinung" nach den eigenen Wünschen zu gestalten.
Alle relevanten Medienkonzerne befinden sich in den Händen einiger weniger Persönlichkeiten ("Medien-Mogule"), die nicht im Lichte der Öffentlichkeit stehen und deren Namen man in keinem Impressum findet. Auch die "öffentlich-rechtlichen" Medien gehören nicht den Staatsangehörigen, solange der verschuldete Staat privaten Gläubigern gehört.
Wie in jeder anderen Firma, so herrschen auch in Medienkonzernen und "staatlichen" Medien hierarchische Strukturen. Jeder Journalist hat seinen Vorgesetzten, der wiederum seine Weisungen von der nächsthöheren Ebene erhält. Jeder Reporter, Nachrichtenvorleser, Moderator, "Promi", Ressortleiter, Chefredakteur und so weiter ist auf seinen Job angewiesen und hat somit den Weisungen von oben Folge zu leisten. "Wes Brot ich ess, des Lied ich sing." Selbst der Vorstandsvorsitzende eines Medienkonzerns ist nur eine kleine Nummer im Vergleich zum Eigentümer. Wer ausschert wird mundtot gemacht oder fliegt raus.

Viele Menschen wischen Zweifel an den offiziellen Darstellungen der Ereignisse vom "11. September" damit weg, daß es unrealistsich sei, daß alle Journalisten lügen. Diese Vorstellung ist jedoch naiv.
Es ist schlichtweg nicht nötig, daß alle Journalisten einer "Verschwörung" angehören. Sie hinterfragen in aller regel die Meldungen, die sie zu kopieren oder vorzulesen haben, erst gar nicht. Investigative Journalisten, die das Rückgrat haben, sich gegen den Mainstream zu stellen, sind rar und meist ohne Job.
Genau wie in anderen Bereichen kommen auch unter den Journalisten nur die hinterhältigsten, gerissensten, charakterlosesten und verlogensten Elemente nach oben.
Es gilt auch hier die Regel:
– Wer klug und ehrlich ist, fliegt raus oder geht selbst.
– Wer naiv und folgsam ist, verdient seine Brötchen in den unteren Ebenen.
– Wer schlau und gerissen ist, spielt mit und steigt auf.

Geheimdienstliche und mediale Inszenierung einer angeblichen "Terrorgefahr" als Vorwand für verbrecherische Kriege, Überwachung, Kontrolle und endgültige Versklavung

Massenpsychologie wird von den Gestaltern der "Öffentlichkeit" perfekt beherrscht. Jeder von uns ist manipulierbar. Wenn Manipulation nicht funktionieren würde, gäbe es keine Werbepsychologen, sie wären dann nutzlos.
Werbung ist nicht ohne Grund so teuer. Jede Sendesekunde schafft Zugang zu Millionen von ungeschützten Gehirnen, in denen man das gewünschte Verhalten auslösen kann.
Ähnliche Methoden wie in der Werbung werden selbstverständlich auch in der Meinungsmache eingesetzt.

Die angewandten psychologischen Techniken sind dabei sehr einfach. Die Botschaften werden mit emotionalen Reizauslösern kombiniert. Hierdurch werden gezielt definierte Emotionen mit Propagandaaussagen kombiniert. Somit läßt sich das Verhalten prächtig steuern.

Stärkste Waffe der Meinungsmache ist die "öffentliche Diskussion", bei der natürlich stets nur Systemlinge und Scheinoppositionelle anwesend sind. Der Zuschauer bekommt dabei vermittelt, daß in einer gemeinsamen Runde eine gemeinsame Meinung gefunden worden sei. Er selbst wundert sich mitunter, daß seine vermeintliche Außenseitermeinung nicht vertreten war. Er hält die künstlich generierte Meinung für die tatsächliche Mehrheitsmeinung und schließt sich an.

Weiteres Manipulationspotential steckt in "Umfrageergebnissen" der "renomierten" Meinungsforschungsinstitute. Wiederkehrend werden wir informiert, wie beliebt bestimmte Polit-Funktionäre seien, oder wie die Bevölkerung zu diversen Fragen stehe. Die Veröffentlichung dieser "Meinungen" dient jedoch ausschließlich dazu, genau diese Meinungen beim Medienkonsumenten überhaupt erst zu erzeugen.

Es empfliehlt sich deshalb nach Georg Christoph Lichtenbergs Devise vorzugehen.
Zitat:
"Was jedermann für ausgemacht hält, verdient am meisten hinterfragt zu werden."

Die Parteien haben vor allem die Aufgabe, die Zinssklaven in Untergruppen einzuteilen und deren Interessen dann gegeneinander auszuspielen: Mann gegen Frau, Jung gegen Alt, geringverdienende Zinssklaven gegen besserverdienende Zinssklaven, Inländer gegen Ausländer, Christen gegen Moslems, Raucher gegen Nichtraucher, Linke gegen Rechte, Dicke gegen Dünne, Homo gegen Hetero, Hund gegen Katz und so weiter und so fort. Sollen die einen mehr Steuern oder Pflichten bekommen oder die anderen mehr Transferleistungen und Rechte oder umgekehrt? Täglich wird eine neue Sau durchs Dorf getrieben, damit Arbeitgeber, Arbeitnehmer, Selbständige, Arbeitslose, Hartz-IV-Empfänger, Rentner sowie Minderheiten, gleich welcher Art, nur nicht bemerken, daß sie alle zur Gruppe der Zinssklaven gehören.

Die Massenmedien haben das Wahlvolk dabei so gut unter Kontrolle, daß Wahlfälschungen erst gar nicht nötig werden. Rückständige Diktaturen manipulieren Wahlen, moderne Diktaturen manipulieren die Wähler. Letzteres ist nicht nur unauffälliger und effizienter, sondern sorgt sogar noch dafür, daß ein Verdacht auf Wahlfälschungen erst gar nicht aufkommt und regimekritische Demonstrationen von Anfang an gar keinen Nährboden finden.

Die Lügenhaftigkeit der "BRD"-Medien hat zur Folge, daß man den üblichen Informationsquellen nicht vertrauen kann, da die "BRD"-Vertreter einen Infokrieg betreiben.
Selbst in der Wikipedia, die inzwischen bei vielen "Lügipedia" heißt, finden sich bei politischen Themen mitunter völlig abstruse Abhandlungen, beispielsweise daß es eine "BRD"-Staatsangehörigkeit gebe, daß der sogenannte "2+4-Vertrag" ein Friedensvertrag sei, daß die "BRD" Rechtsnachfolger des Deutschen Reiches oder mit diesem gar identisch sei, daß ein Grundgesetz und eine Verfassung Ein und das Selbe seien etc. etc., und das alles natürlich ohne jede Quellenangabe!
Es gilt deshalb, beim Recherchieren stets auf die Quelle der Informationen zu achten!

Mitunter finden sich beispielsweise hochgradig verwirrende juristische Abhandlungen, in denen der Schreiber dann nach etwa 200 Seiten zu dem Ergebnis gelangt, daß die "BRD" ein "souveräner" "Staat" sei. Es ist wichtig, sich nicht manipulieren zu lassen. Man muß einfach nur seinen gesunden Menschenverstand benutzen!
Die rechtlich saubere Existenz eines legitimen Staates ließe sich völlig kurz und knapp in der folgenden Form darlegen:

Hier bitte schön ist die Verfassung, nachzulesen da und dort,
da bitteschön ist das Abstimmungsergebnis, sauber dokumentiert hier und da.

Die Darstellung der Legitimation eines souveränen Staates benötigt damit noch nicht einmal eine halbe A4-Seite!
Die Tatsache, daß man offenbar Hunderte von Seiten juristisch höchst komplizierter Abhandlungen benötigt, um die angebliche Existenz und Legitimation eines angeblich "souveränen" "Staates" "BRD" zu belegen, beweist nichts anderes, als daß man Menschen einlullen, belügen und betrügen muß, um Ihnen derartiges vorzugaukeln.

Bekanntermaßen hängen Denken und Sprache unmittelbar zusammen. Beispielsweise hat man im Laufe der Christianisierung den Naturvölkern immer als erstes verboten, ihre eigene Sprache zu sprechen, um sie auch im Denken gefügig zu machen.
Ein besonders eindrucksvolles Beispiel für die Verdummung der Deutschen ist die "BILD"-Zeitung. Während Goethe einen aktiven Wortschatz von 20.000 Vokabeln hatte, kommt die "BILD"-Zeitung mit 300 Wörtern aus.
Gegenwärtig gibt es Anschläge auf die deutsche Sprache wie zu keiner Zeit zuvor. Die in allen Bereichen zu beobachtende gezielte Verprimitivierung und Anglifizierung der deutschen Sprache, und nicht zuletzt die vor Jahren gegen den Willen der Deutschen Völker durchgesetzte "Rechtschreibreform" sind somit direkte Angriffe auf die Denkfähigkeit der Deutschen Völker.

Hierdurch sollen offenbar die Menschen in Deutschland noch manipulierbarer und steuerbarer gemacht werden.

Aber auch die gezielte Verdummung durch Fernsehsender hat Konjunktur.
Ein durchschnittlicher Abiturient, der im "BRD"-System sein Abitur ablegt, hat im Laufe seines Lebens mehr Zeit vor dem Fernseher verbracht als auf der Schulbank.
Wie Fernsehen (das Medium selbst, auch unabhängig von den Inhalten) die Persönlichkeit eines Menschen durch Interessenverlust, Passivität und Initiativemangel beschädigt, hat unter anderem Herr Professor Spitzer von der Universität Ulm eindrucksvoll nachgewiesen.
Die Inhalte tun dabei ihr Übriges und führen dazu, daß Heranwachsende kaum noch ihr eigenes Gewordensein reflektieren können und kaum noch bereit sind, komplexe Inhalte zu verstehen und zu hinterfragen.

(vgl. "Vorsicht Bildschirm!", Prof. Manfred Spitzer, Klett, Stuttgart, 2005, ISBN 3120101702
sowie
"Digitale Demenz – Wie wir uns und unsere Kinder um den Verstand bringen", Droemer, München, 2012; ISBN 978-3426276037)

 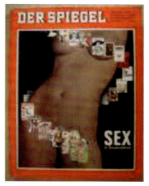 

…"ihre Botschaft ist nichts als Arsch und Titten"….

Die entscheidende Rolle im Herrschaftssystem spielen die Massenmedien. Eine Ausnahme stellt zurzeit noch das Internet dar. Dementsprechend wird mit fadenscheinigen Argumenten die allgemeine Internet-Zensur eingeführt werden.

Internetüberwachung und Zensur um die letzten unabhängigen Informationsquellen zu beschneiden.

Nicht ohne Grund wird die neue, gigantische "BND"-Zentrale in Berlin 10.000 Bedienstete beschäftigen, das sind fast doppelt so viele, wie seinerzeit in der Gestapo-Zentrale in Berlin in der Zeit des sogenannten "Dritten Reiches" beschäftigt waren.

Gigantische "BND"-Zentrale in Berlin zur umfassenden Bespitzelung und Unterdrückung der Deutschen Völker

Überall Kameras und Bespitzelung wie zu keiner Zeit zuvor, auch nicht in der Stasi-Zeit der sogenannten "DDR".

Beispielsweise enthüllte am 19.06.1982 das in den U.S.A. erscheinende Wochenmagazin "The Nation" unter dem Titel »Covert Charge«, daß die "BILD-Zeitung" eine Kreatur der CIA ist. Die Gründung erfolgte mit etwa sieben Millionen Dollar, die in den fünfziger Jahren aus den Kassen der CIA in die Kassen des bundesdeutschen Pressezaren Springer gelangt sind.
Noch heute unterschreiben Mitarbeiter der "BILD-Zeitung" dafür, entsprechende ideologische Vorgaben einzuhalten, beispielsweise daß sie in ihrer Berichterstattung keine Kritik an den U.S.A. oder Israel äußern.

Herr Andreas von Bülow gehörte viele Jahre der "Parlamentarischen Kontrollkommission der Nachrichtendienste" im "BRD"-System an. Er ergänzte und präzisierte dies dahingehend, indem er ausführte, daß die Medien im "BRD"-System allesamt nach 1945 gegründet worden sind. Sie haben Presse-Lizenzen der U.S.A. bekommen, ohne die sie nicht hätten arbeiten dürfen. Die CIA leitet die Redaktionen direkt und indirekt. Mitarbeiter der Springer-Presse ("BILD", "Welt") bekommen Arbeitsverträge, in denen sie sich verpflichten, keine Kritik an den U.S.A. oder Israel zu üben.

Ganzes Interview: http://www.alpenparlament.tv/video/covert-operation-und-deren-erahnung-durch-den-laien/

Bildzeitung – eine Gründung der CIA: Mit 7 Millionnen Dollar gegründet; Mitarbeiter unterschreiben einen Unterwerfungseid, daß sie keine Kritik an den U.S.A. oder an Israel üben.

Mit diesem Wissen wundert man sich nicht mehr, weshalb in den Massenmedien kein Journalismus mehr betrieben wird, sondern nur noch Propaganda im Sinne der Besatzer.

Man darf sich auch fragen, wer die Gratis-Propaganda-Ausgabe der BILD-Zeitung finanziert hat, die vor der illegalen "Bundestagswahl" am 22.09.2013 für 43 Millionen Haushalte gratis herausgegeben wurde!

Fazit:
Solange es keinen Friedensvertrag zwischen den Alliierten und dem Deutschen Reich gibt, solange gilt hierzulande das Kriegsvölkerrecht in Gestalt der Haager Landkriegsordnung und der Genfer Konvention als höchste Rechtsnorm. Solange gilt zudem das Besatzungsrecht.
So lange haben wir keine Chance auf einen lügenfreien Alltag, solange wird jeder Einzelne von uns von den Besatzern und ihren Helfershelfern im "BRD"-System wie "BND" oder "VERFASSUNGSSCHUTZ" bespitzelt, solange werden die Deutschen Völker unterdrückt.
Solange haben wir auch keine sonstigen Grundrechte gegenüber den Besatzern.
Solange müssen wir die Lügenpropaganda der gleichgeschalteten "BRD"-Lügenmedien ertragen. Solange wird unseren Kindern in den "BRD"-Schulen die Hucke voll gelogen.

12. Die Lügenmatrix – nur die Spitze des Eisberges

Wie wir sehen, basiert das gesamte "BRD"-System ausschließlich auf einem umfassenden Lügengebäude. Im Folgenden sollen nicht die Einzelsachverhalte untersucht werden, die sind geklärt. Es soll nur illustriert werden, daß alles im "BRD" System auf Lüge basiert.
Die dargestellten Sachverhalte sind jedoch nur die berühmte Spitze des berühmten Eisberges, in Wirklichkeit basiert die ganze "Westliche Wertegemeinschaft", ausschließlich auf Lügen.

Lügen ohne Ende. Jeden Tag. 24 Stunden lang. Nichts als Lügen ….

Auch hier lohnt es sich zu verdeutlichen, daß die deutsche Sprache sehr präzise ist.
Allein der Begriff "Nachrichten".
Er meint wohl, daß hier etwas vermittelt wird, wonach man sich zu richten hat, oder daß hier etwas "nachgerichtet" wird, damit das Weltbild der Zuhörer schön manipuliert werden kann.

12.1. 1949 bis heute: Die Lüge von der Staatlichkeit der "BRD"

In sämtlichen Lehrbüchern an "BRD"-Schulen, in Fernsehsendungen der gleichgeschalteten "BRD"-Lügenmedien und auch im Internet wie in der Wikipedia wird immer wieder behauptet, die "BRD" sei ein "souveräner Staat", der sogenannte "2+4-Vertrag" sei ein Friedensvertrag, das "Grundgesetz" sei eine Verfassung u.s.w..

Anschauliches Beispiel für Lügenhaftigkeit von "BRD"-Medien:
Wikipedia unter kompletter Kontrolle von "BND", "CIA" und "VERFASSUNGSSCHUTZ". Die übliche Frage auch hier: Wie viele Lügen kann man in drei Sätzen unterbringen?

Ansonsten sind die zahlreichen Lügen um die Geschichte der "BRD" und deren rechtlchem Status in der vorliegenden Abhandlung umfassend dargestellt worden. Die Lügenhaftigkeit der gleichgeschalteten "BRD"-Lügendmedien in diesem Bereich ist damit für jeden offensichtlich.

12.2. 2013: Die Lügen von den Chemiewaffen in Syrien

Die Bereitschaft zur Führung von Angriffs-Kriegen gegen Länder, die den Aggressoren nichts getan haben, wurde bereits im Ersten Weltkrieg mit Hilfe von Greuel-Propaganda erkauft. Dabei wurden von den Alliierten des Ersten Weltkrieges die verschiedensten Greuelpropaganda-Lügen erfunden, um für unsagbare Zerstörungen und Massenmorde eine schäbige Rechtfertigung zu finden.

Teilweise wurde Greuelpropaganda von den Alliierten so massiv eingesetzt, daß die Glaubwürdigkeit erheblich litt und damit die beabsichtigte Wirkung ausblieb oder gar in das Gegenteil umschlug, wenn offenkundige Lügen entlarvt wurden. Bekannteste Beispiele waren die Behauptung, deutsche Soldaten hätten – auf ausdrückliche und detaillierte Anweisung Kaiser Wilhelms II. – belgischen Kindern die Hände abgehackt, sie vergewaltigt und gefoltert, oder z.B. die Meldung des Daily Telegraph vom März 1916, Österreicher hätten 700.000 Serben "vergast".

Mit Hilfe dieser Gaskammer-Lüge haben sich die U.S.A. in den Krieg gegen das Deutsche Reich 1917 eingemischt und diesen europäischen Krieg somit zu einem Weltkrieg ausgeweitet. Ziel der U.S.A. war es schon seinerzeit, Europa langfristig unter seine hegemoniale Kontrolle zu bringen.

Der Daily Telegraph veröffentlichte 1916 die entscheidende Gaskammer-Lüge, die die Zustimmung der US-Amerikaner zu einem Weltkrieg bewirkte:

Zitat:
"... Ganze Bezirke, Städte und Dörfer, wurden durch Massaker entvölkert. Frauen, Kinder und alte Männer wurden in Kirchen erschossen oder teils mit Bajonetten erstochen, teils mit Giftgas erstickt ... Die Verteilung von Bomben und Maschinen zur Erzeugung von Giftgas an die Bulgaren erfolgt durch die Deutschen und Österreicher. Die Bulgaren wurden von den Deutschen und Österreichern instruiert, wie sie diese Instrumente anwenden müssen, um die serbische Bevölkerung auszurotten ..."

(vgl. "GRAUSAMKEITEN IN SERBIEN; 700.000 OPFER" The Daily Telegraph (London), 22.3.1916, Seite 7)

Gegenwärtig wird sehr viel Werbung gemacht für einen Krieg gegen Syrien. Greulpropaganda in der Gossenpresse wohin man schaut. Vorläufiger Höhepunkt, ein Assad unterstellter Giftgasangriff auf die Stadt Ghouta (Syrien) am 21.08.2013. Welche Motive Assad haben sollte, Giftgas schwachsinnigerweise gegen die eigene Zivilbevölkerung einzusetzen, wurde nie erörtert.

Greul- und Kriegspropaganda in der Gossenpresse – Werbung für einen Krieg gegen Syrien.

Das Massachusetts Institute of Technology (MIT) stellte in seinem Gutachten über den Giftgasangriff auf die Stadt Ghouta (Syrien) am 21.08.2013 abschließend fest, daß nicht die syrischen Streitkräfte von Präsident Bashar al Assad die Täter waren.
Die eingesetzten Raketen hätten dafür eine Reichweite von 8 km haben müssen, aber sie hatten nur eine Reichweite von 1,5 bis 2 km. Sie konnten also nur aus einem von den Rebellen kontrollierten Gebiet abgefeuert worden sein.

US-Außenminister Kerry

<u>US-Außenminister Kerry am 30.08.2013:
Gegenüber der Weltöffentlichkeit:</u>

"Höchste Überzeugung, absolut offensichtlich, das sind Beweise, das sind Fakten, Präsident Assad hat den Giftgas-Angriff auf Ghouta ausgeführt."

Richard Lloyd, UN-Waffeninspektor

<u>Richard Lloyd, UN-Waffeninspektor und Co-Autor des MIT-Gutachtens:</u>

"Wir untersuchten drei Monate lang alle technischen Einzelheiten und Fakten. Wir kamen zu dem Schluß, daß die eingesetzten Raketen mit dem Giftgas niemals von einem Gebiet unter Regierungskontrolle abgefeuert worden sein konnten…"

In dem Gutachten untersuchten der UN-Waffeninspektor Richard Lloyd und Professor Theodore Postol vom Massachusetts Institute of Technology (MIT) die Raketen, die bei dem Giftgasangriff auf Ghouta eingesetzt wurden. Sie untersuchten die Flugbahn der Geschosse unter Zugrundelegung des Gewichts der zu befördernden Ladung. Beide Wissenschaftler kommen zu dem Schluss, daß der Angriff mit Saringas unter keinen Umständen auf Ost-Ghouta von den syrischen Regierungstruppen ausgegangen sein konnte, da deren Stellungen gemäß den US-Aufklärungsfotos, wie sie vom Weißen Haus am 30.08.2013 veröffentlicht wurden, viel zu weit entfernt vom Angriffsziel lagen.

Zudem wurden diese Art Waffen im Rahmen der mit den USA und Russland vereinbarten Vernichtung der syrischen Chemiewaffen von der syrischen Regierung nicht aufgelistet. Und die OPCW-Inspektoren, die mit der Vernichtung der syrischen Chemiewaffen-Bestände beauftragt sind, konnten derartige Waffen in den syrischen Waffenarsenalen auch nicht finden.

Somit ist völlig offensichtlich, daß die von den USA, Israel und Saudi Arabien bezahlten Terroristen einen Giftgasangriff auf die Zivilbevölkerung ausführten.

12.3.   2003: Die Lügen von den Massenvernichtungswaffen im Irak

Bei der Greulpropaganda gegen Syrien hat man zwangsläufig ein Déjà vu - Erlebnis: Unweigerlich fühlt man sich an die Lügen vor dem Irakkrieg 2003 erinnert. Diese Lügen zeigten damals erstaunliche Blüten.
Am 05.02.2003 präsentierte US-Außenminister Powell im UN-Sicherheitsrat angeblich unumstößliche Beweise dafür, daß Saddam Hussein im Besitz von biologischen und chemischen Massenvernichtungswaffen sei. Er zeigte beispielsweise 3D-Computergrafiken von LKWs, die als mobile C-Waffen-Fabriken im Irak dienen sollten. Diese stellten sich später als frei erfunden heraus.

Lügner und Kriegstreiber Powell – bis heute nicht zur Rechenschaft gezogen.
Rechts: Springer / BILD – Hetzpresse.

Powell zeigte auch eine "Kaufvereinbarung" der irakischen Regierung mit der Regierung des Niger über waffenfähiges Plutonium.
Sobald die Internationale Atombehörde im März 2003 endlich die Dokumente erhalten hatte, die angeblich beweisen sollten, daß der Irak unter Saddam Hussein versucht habe, 500 Tonnen Uranoxid vom Niger zu kaufen, stellte sich schnell heraus, daß die Dokumente eine plumpe Fälschung waren.

Am 29.05.2003 erklärte US-Vize-Verteidigungsminister Wolfowitz im US-Magazin "Vanity Fair", daß die Frage irakischer Massenvernichtungswaffen vor allem aus politischen Gründen für die Invasion genutzt wurde. Die angeblichen Massenvernichtungswaffen Bagdads seien nie der Kriegsgrund für die U.S.A. gewesen. "Aus bürokratischen Gründen" habe sich die US-Regierung auf dieses Thema konzentriert, weil das ein Grund gewesen sei, dem jeder.... habe zustimmen können.
(Wolfowitz reveals Iraq PR plan, The World Today, 29.05.2003)

Am 09.02.2004 räumte US-Präsident George W. Bush in einem NBC-Interview zum ersten Mal ein, daß Zweifel an Geheimdienstberichten über Massenvernichtungswaffen im Irak berechtigt seien.
(Bush als Präsident: Kleiner außenpolitischer Rückblick; Süddeutsche Zeitung vom 27.02.2004)

Im September 2005 bedauerte Powell in einem ABC-Fernsehinterview seine Präsentation und bezeichnete sie als "Schandfleck seiner Karriere".
(Powell: "Schandfleck meiner Karriere"; FAZ vom 09.09.2005)

Am 12.01.2005 erklärten die U.S.A. die Suche nach Massenvernichtungswaffen im Irak für eingestellt. Es wurden keine gefunden.
Im September 2006 veröffentlichte der US-Senat einen Bericht zu den von der Bush-Regierung genannten Kriegsgründen. Danach fanden sich keinerlei Hinweise auf Chemiewaffen oder auf eine Verbindung des irakischen Regimes unter Saddam Hussein und einem "Terrornetzwerk Al-Qaida". Auch hatte dem Bericht zufolge die irakische Führung kein aktives Atomprogramm und auch kein mobiles Labor zur Herstellung biologischer Waffen.
(ORF Artikel vom 09.09.2006 zum US Senatsbericht über die Kriegsgründe)

Es fragt sich nun, weshalb nach über zehn Jahren noch immer Truppen der U.S.A. den Irak besetzt halten, obgleich bis heute keine Massenvernichtungswaffen gefunden wurden. Schließlich wurde uns diese Lüge doch nicht zuletzt auch von den gleichgeschalteten "BRD"-Lügenmedien als Kriegsgrund verkauft!

12.4. 2001: Die Lüge vom "11. September"

Rechts: 11.09.2001 17:20 Uhr: Einsturz des Gebäudes Nummer 7 des World Trade Centers in der Geschwindigkeit des freien Falles. <u>Einmalig in der Geschichte der Architektur:</u> Ein Stahlgebäude mit 47 Stockwerken und einer Höhe von 174 Metern stürzt ohne plausiblen Grund in der Geschwindigkeit des freien Falles ein.

Inzwischen fragen sich viele Menschen, wieso in New York am "11. September" drei Wolkenkratzer eingestürzt sind, wo es doch nur zwei Flugzeugeinschläge gegeben haben soll. Dabei ist auch der dritte Wolkenkratzer (Gebäude Word Trade Center Nummer 7) wie die beiden ersten, in der Geschwindigkeit des freien Falles eingestürzt.
Es fragt sich, warum wir in einer Endlos-Schleife in den gleichgeschalteten "BRD"-Lügenmedien die Einstürze der zwei ersten Wolkenkratzer gezeigt bekommen, nicht jedoch den Einsturz des dritten.
(Im hoch offiziellen Untersuchungsbericht der hoch offiziellen Untersuchungskommission wurde der Einsturz des dritten Wolkenkratzers noch nicht einmal erwähnt).

Man darf sich zudem fragen, wie ein Flugzeugrumpf mit weit über 10 Metern Durchmesser in einem nicht mal 5 Meter breiten Loch im "Pentagon" verschwindet, ohne daß Flugzeugteile, Gepäck oder Leichen gesehen wurden. Dort, wo in dem Gebäude die Triebwerke hätten einschlagen müssen, waren noch nicht einmal die Fensterscheiben beschädigt.

Ein Flugzeug hätte ein ganz anderes Schadensmuster hinterlassen als das, welches wir präsentiert bekommen. Rechts. Die kleine kreisrunde Scheibe wird als Teil eines Triebwerkes einer Boing 767 präsentiert – wie immer ist die Wahrheit auch hier sichtbar.

Und überhaupt, wieso gibt es vom meistbewachten Gebäude der Welt keine Bildaufnahmen über den Einschlag eines angeblichen Flugzeuges?

Man braucht zur Beurteilung dieser Ereignisse keine Spezialkenntnisse, es genügt einfach nur, die Eckdaten zu registrieren und seinen eigenen gesunden Menschenverstand zu benutzen und die Wahrheit ist immer sichtbar!
Es reicht die Offensichtlichkeit anhand der einfachsten Eckdaten um zu sehen, daß die offizielle Erklärung für den "11. September" erstunken und erlogen ist.

12.5. 1999: Die Lügen vor dem Jugoslawienkrieg

Zum größten Lügner innerhalb des "BRD"-Systems zur Entfesselung eines Angriffskrieges gegen das frühere Jugoslawien stilisierte sich der damalige "BRD"-"Verteidigungsminister" Scharping.

Scharping hatte öffentlichkeitswirksam einige Geschichten erlogen, nach der Serben im Stadion von Pristina ein Konzentrationslager betreiben würden. Er hat zudem ein Massaker in der Nähe des kosovarischen Dorfs Petershtica erfunden. Hierfür erbrachte er "Fotobeweise" in Form von nachträglich aufgenommenen und gestellten Bildern.
Eine besonders spektakuläre Geschichte hatte er erfunden, als er behauptete, in das kleine Kosovo-Dorf Petershtica seien Serben eingedrungen und hätten in den Kellern die Gashähne geöffnet und dann auf den Dachböden Kerzen angezündet.
Zudem hatte Scharping gemeinsam mit Fischer (damals sogenannter "BRD"-"Außenminister") eine noch größere Lüge der Öffentlichkeit aufgetischt: Es war die Lüge vom sogenannten "Hufeisenplan".
Ein präziser Inhalt dieses angeblichen Planes kam nie an die Öffentlichkeit. Die einzigen Informationen lauteten in etwa, daß die jugoslawische Armee ihre Hauptstellungen in Form eines Hufeisens formiert habe, um die Kosovo-Albaner zu terrorisieren.
Daß es sich beim "Hufeisenplan" um eine plumpe Fälschung aus dem sogenannten "BRD"-"Verteidigungsministerium" handelte, wußten etliche engagierte Journalisten schon, als Scharping am 07.04.1999 mit dieser Räuberpistole hausieren ging. Scharpings Lügen haben ihre Wirkung dennoch nicht verfehlt.

Selbst Systemlinge kommen mitunter nicht um die Wahrheit herum:
Zitat:
"Der Jugoslawien-Krieg war ein ordinärer Angriffskrieg"
(Willi Wimmer (CDU) früherer OSZE-Vizepräsident; Berliner Morgenpost v. 11.02.2001)

"BRD"-"Verteidigungsminister" Scharping ("SPD"): Lügner, Kriegstreiber und Kriegsverbrecher, bis heute nicht zur Rechenschaft gezogen!

Der damalige NATO-Sprecher Shea bescheinigte Scharping später:
Zitat:
"Im Kampf um die öffentliche Meinung spielte Scharping eine entscheidende Rolle!"

Shea betonte immer wieder öffentlich, wie wichtig es in der "Demokratie" sei, daß die politischen Führer ihre Meinung der Bevölkerung beibringen. Dies sei kriegsentscheidend.
Shea weiter:
Zitat:
"Scharping hat einen sehr guten Job dabei gemacht, denn wenn die öffentliche Meinung in Deutschland gekippt wäre, hätte das fatale Folgen für Europa und die NATO gehabt und den Krieg möglicherweise gefährdet."

Und das alles ist fein säuberlich in einer Dokumentation der Mainstream-Medien belegt, gut recherchiert und für jeden leicht verständlich und leicht nachvollziehbar aufbereitet:
***"ES BEGANN MIT EINER LÜGE"** – Eine Dokumentation des Westdeutschen Rundfunks, Erstausstrahlung am Donnerstagabend, 08.02.2001, zwischen 21.45 und 22.30 Uhr!*

12.6. 1990: Die Lügen vor dem ersten Golfkrieg

Am 10.10.1990 berichtete das damals fünfzehnjähriges Mädchen "Nayirah" unter Tränen vor dem Menschenrechtsausschuß des US-Repräsentantenhauses, wie Irakis in das kuwaitische Krankenhaus, in dem sie seinerzeit einen freiwilligen Dienst absolviert haben wollte, einfielen und Babies aus ihren Brutkästen holten, um sie auf dem kalten Fußboden liegend sterben zu lassen:

"Nayirah" vor dem Menschenrechtsausschuß der U.S.A.

Das Mädchen wirkte aufgewühlt und geschockt – die Tränen schienen echt und auch die Tatsache, daß sie aus Angst vor Rache gegenüber sich und ihrer Familie in Kuwait ihren Familiennamen nicht nennen wollte, schien nachvollziehbar. Die Geschichte von "Nayirah" und ihr Auftritt vor dem Menschenrechtsausschuß wurden so oft wiederholt, daß sich beides in die Gehirne einbrannte.

Am 27.11.1990 wiederholte "Nayirah" ihre Geschichte sogar vor dem UN-Sicherheitsrat – diesmal in Begleitung eines weiteren "Augenzeugen", dem "Chirurgen Dr. Behbehani", der die Vorfälle bestätigte und sogar vorgab, an der Beerdigung von 40 Babies teilgenommen zu haben, die auf diese Weise gestorben sein sollen!

Am 19.12.1990 veröffentlichte Amnesty International einen 84-seitigen Bericht über irakische Menschenrechtsverletzungen in Kuwait, in dem die Brutkasten-Lüge ebenfalls enthalten war. Und auch am 08.01.1991 wurde diese von einem führenden Mitarbeiter von Amnesty International vor dem Komitee für auswärtige Angelegenheiten wiederholt.

Die Brutkasten-Lüge hielt sich nicht nur bis Ende des Krieges in den Massenmedien, sondern wurde auch von den Regierungen der am Krieg beteiligten "Anti-Hussein-Koalition" immer wieder zur innenpolitischen Legitimation der Kriegshandlungen gegen den Irak vorgebracht. Der ABC-Reporter John Marti war der erste Journalist, der nach der Befreiung Kuwaits den Behauptungen über die Ermordung kuwaitischer Babies nachging. Er interviewte Krankenhausärzte, die während der irakischen Besetzung im Land geblieben waren und niemand von ihnen konnte Nayirahs und Dr. Behbehanis Behauptungen bestätigen. Auch verschiedene Menschenrechtsgruppen forschten nach und konnten ebenfalls keine Hinweise darauf finden, daß die "Brutkasten-Story" einen realen Hintergrund hatte. Amnesty International distanzierte sich von der Geschichte.

Wie sich später herausstellte, war Dr. Behbehani ein Zahnarzt und kein Chirurg, der nach dem Krieg offen zugab, daß er gelogen hatte. Bei Nayirah handelte es sich in Wirklichkeit um die Tochter des kuwaitischen Botschafters in den U.S.A., Saud Nasir al-Sabah. Wo sie sich im August und September 1990 aufgehalten hatte, konnte MacArthur damals nicht ermitteln. Die kuwaitische Botschaft reagierte auf seine Nachfragen schroff; sie verweigerte jegliche Stellungnahme und schirmte Nayirah vor der Presse ab.

Und das alles ist von Mainstream-Medien schön säuberlich dargestellt, jedermann zugänglich und leicht verständlich.
(vgl. WDR-Magazin Monitor am 29.03.1992)

Konfliktforscher Prof. Dr. Wolfgang Vogt: "Es war eine perfide Inszenierung, ein tiefer Griff in die Manipulationskiste, um einen Krieg zu legitimieren. Um ..... die Öffentlichkeit hinter sich zu stellen und klar zu machen: Man kämpft gegen einen Teufel, gegen unmenschliche Barbaren, die selbst vor solchen Taten angeblich nicht zurückschrecken. Tatsächlich weiß man: Es war ein PR-Trick der perfiden Art."
(PANORAMA Nr. 622 vom 06.2.2003)

12.7. 1980: Die Lügen um den Anschlag auf den Bahnhof von Bologna
(Rubrik: Weitere Lügen vom "Internationalen Terrorismus"

Gladio (ital. "Gladius") für römisches Kurzschwert ist eine paramilitärische Geheimorganisation der NATO, der CIA und des britischen MI6.
Die Gladio-Mitglieder waren eine Terrortruppe der NATO auf westlichem Gebiet. Die Organisation existiert seit etwa 1950 und arbeitete in allen Ländern der NATO.
Vorwand für die Existenz dieser Terrortruppe war das Argument, im Fall einer Besetzung des jeweiligen Landes durch Truppen des Warschauer Pakts sollten Guerillaoperationen und Sabotage durchgeführt werden (so genannte "stay-behind"-Operationen).
Das US-Außenministerium bestätigte 2006 in einer Pressemitteilung die Involvierung der CIA.
Diese Terrortruppe der NATO wird mit Terrorakten und Morden in mehreren europäischen Ländern in Verbindung gebracht, die meist so inszeniert waren, daß man sie Rechtsextremisten anlasten konnte.
Insbesondere mit der so genannten Strategie der Spannung in Italien.

Zu diesem Zweck wurden europaweit geheime, illegale Waffendepots angelegt. Die Mitglieder der so gebildeten Geheimarmeen rekrutierten sich unter anderem aus militärischen Spezialeinheiten und Geheimdienstkreisen.
Die Existenz der Untergrund-Armeen wurde gegenüber der Bevölkerung und den Parlamenten geheim gehalten und war in den einzelnen Ländern jeweils nur einem kleinen Kreis von Regierungsmitgliedern bekannt. In den einzelnen Ländern wurde die Anwerbung und Führung der Agenten meist von Unterabteilungen der jeweiligen Geheimdienste übernommen, im "BRD"-System von einer eigenen Dienststelle des "BUNDESNACHRICHTENDIENST". Die militärische Befehlsgewalt hatten die geheimen Kommandostellen Allied Clandestine Committee und Clandestine Planning Committee im NATO-Hauptquartier SHAPE im belgischen Mons.
(vgl. Daniele Ganser: Nato-Geheimarmeen und ihr Terror. In: Der Bund. Bern 20.12.2004, Seite 2 ff.)

In Italien wurde Gladio zwecks Verhinderung einer Regierungsteilnahme der Kommunistischen Partei Italiens aktiv, die zeitweilig die stärkste Partei im italienischen Parlament war.
Mitglieder des italienischen Militärgeheimdienstes SISMI, Neofaschisten und Teile des Gladio-Netzwerks waren Urheber zahlreicher Terroranschläge, die zwischen 1969 und 1985 als sogenannte "false-flag-Aktionen" verübt wurden.
Behörden betrieben die Diffamierung linksgerichteter Personen und Gruppierungen als Verantwortliche für die Taten, indem Beweismittel gefälscht wurden. Durch die Empörung der Öffentlichkeit über die Anschläge sollte die in Italien traditionell starke Kommunistische Partei geschwächt werden. Dies stellte den Höhepunkt einer bereits in den 1950er Jahren mit der verdeckten Operation "Demagnetize" der CIA begonnenen Strategie dar. In diesem Zusammenhang ist auch die in Gerichtsverfahren festgestellte Verbindung zu der Geheimloge Propaganda Due (P2) relevant. Das 1990 wegen Mordes an drei Carabinieri verurteilte Gladio- und Ordine Nuovo-Mitglied Vincenzo Vinciguerra erklärte zu den Hintergründen der Verbrechen:

"Man musste Zivilisten angreifen, Männer, Frauen, Kinder, unschuldige Menschen, ... Der Grund dafür war einfach. Die Anschläge sollten das italienische Volk dazu bringen, den Staat um größere Sicherheit zu bitten. ..... Diese politische Logik liegt all den Massakern und Terroranschlägen zu Grunde ....."

(Vincenzo Vinciguerra)

Vier Bombenexplosionen in Mailand und Rom, bei denen allein an der Piazza Fontana in Mailand 17 Menschen getötet und 88 verletzt wurden, standen im Dezember 1969 am Anfang einer Serie von Anschlägen, die im August 1980 ihren Höhepunkt erreichte: Der Bombenanschlag auf den Hauptbahnhof von Bologna forderte 85 Tote und 200 Verletzte. Zwei Sündenböcke namens Valerio Fioravanti und Francesca Mambro wurden 1995 für diese Tat vor Gericht gestellt und verurteilt.
Im selben Prozeß wurden zwei Mitarbeiter des Militärgeheimdienstes SISMI wegen Behinderung der Ermittlungen zu langjährigen Haftstrafen verurteilt.

12.8. 1980: Die Lügen um das Oktoberfest- Attentat in München
(Rubrik: Weitere Lügen vom "Internationalen Terrorismus"

Auf dem Münchner Oktoberfest starben am 26.09.1980 durch die Explosion einer Bombe 13 Menschen, 211 wurden zum Teil schwer verletzt. Die offizielle Lesart dazu lautet: "Das Oktoberfestattentat war ein rechtsterroristischer Anschlag in München".

Bilder zum Anschlag auf das Münchner Oktoberfest 1980 vom "BND" inszeniert.

Der Duisburger Historiker Andreas Kramer sorgte mit einer spektakulären Aussage in einem Prozeß in Luxemburg für Aufsehen. Das Oktoberfest-Attentat im September 1980 sei von seinem Vater, der für den "BND" in Zusammenarbeit mit der NATO-Geheimarmee "Gladio" arbeitete, geplant und durchgeführt worden.

(taz-online 07.05.2013)

Diese Aussage machte der Sohn des Attentäters unter Eid vor einem luxemburgischen Gericht, da diverse Bomben-Anschläge der 1980er Jahre in Luxemburg ebenfalls von seinem Vater im Auftrag des "BND" in Zusammenarbeit mit der NATO-Geheimarmee "Gladio" durchgeführt worden seien. Es waren Anschläge auf Vorrat, die bei Bedarf später sogenannten "Rechtsextremisten" untergeschoben werden sollten, für den Fall, daß das Volk wieder einmal vor dem Aufwachen stünde, wie man annehmen kann.

Kenner der "BRD"-Lügenmedien wundern sich selbstverständlich nicht, daß die Aussagen von Andreas Kramer vor dem Luxemburger Gericht keinen Niederschlag in den "BRD"-Systemmedien fanden. Für Denkfähige auch ein Beleg, was im "BRD"-System abläuft.

12.9. 1977: Die Lügen um den Mord an Siegfried Buback
(Rubrik: Weitere Lügen vom "Internationalen Terrorismus"

Am 07.04.1977 meldeten die Nachrichten, "Generalbundesanwalt" Siegfried Buback sei von Terroristen der "RAF" erschossen worden.
Michael Buback, Sohn des Opfers, stellte private Ermittlungen an und sorgte damit dafür, daß der Buback-Mord am 30.09.2010 wieder aufgerollt wurde. Angeklagt wurde Verena Becker. Das Problem: Becker war zum Zeitpunkt des Buback-Mordes nur oberflächlich für die sogenannte "RAF" tätig, tatsächlich war sie eine Angestellte des sogenannten "VERFASSUNGSSCHUTZ".

Süddeutsche Zeitung vom 17.05.2010
Zitat:
"Am 02.02.1978 tippte der Stasi-Major Siegfried J. eine Notiz über die "BRD-Terroristin" Verena Becker: "Es liegen zuverlässige Informationen vor, wonach die B. seit 1972 von westdeutschen Abwehrorganen wegen der Zugehörigkeit zu terroristischen Gruppierungen bearbeitet bzw. unter Kontrolle gehalten wird. Diese Informationen wurden durch Mitteilungen der HVA von 1973 und 1976 bestätigt".

Süddeutsche Zeitung vom 17.05.2010

Und hier das Dokument aus der Stasi-Akte von Verena Becker:

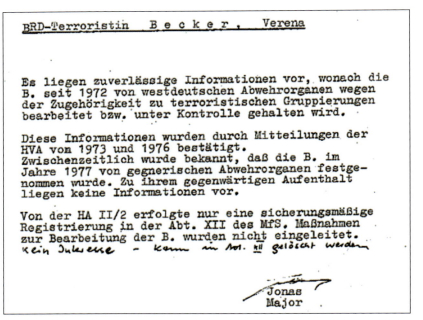

Auszug aus der Stasi-Akte von Verena Becker

Übersetzt heißt das: Becker war heimliche Angestellte des sogenannten "Verfassungsschutz" (und damit – wie wir wissen – der CIA).

Buback wurde hinten in seinem Mercedes vom Sozius eines Motorrades aus mit einer Maschinenpistole erschossen. Zwanzig Zeugen beobachteten als Täter eine zierliche Person auf dem Rücksitz eines Motorrads. In einem Motorradhelm am Tatort fand man Haare der "Verfassungsschutz"-Mitarbeiterin Verena Becker. Als sie festgenommen wurde, verteidigte sie sich mit der Tatwaffe, man fand bei ihr einen Schraubschlüssel des beim Attentat verwendeten Motorrads, und später wurde ihre DNA noch auf einem Bekennerschreiben der "RAF" gefunden. Der "Verfassungsschutz" schützte Becker und die Staatsanwaltschaft ermittelte nicht gegen sie. Becker erhielt vom "Verfassungsschutz" Geld und eine Wohnung. Michael Buback recherchierte, daß die Aussagen der Augenzeugen vor Gericht nicht gehört und stattdessen in der Verhandlung Zeugen präsentiert wurden, die eigentlich nichts gesehen hatten. Verurteilt wurden stattdessen Christian Klar, Knut Folkerts und Brigitte Mohnhaupt, und die Geschäftsführung der "BRD"-GmbH hält seitdem die Akten zum Mord an Buback unter Verschluß.

Wenn eine Angestellte vom sogenannten "VERFASSUNGSSCHUTZ" einen "Generalbundesanwalt" erschießt und anschließend von "BRD"-Funktionären der "Justiz" und vom "VERFASSUNGSSCHUTZ" gedeckt wird, sollte für Denkfähige eigentlich alles klar sein.

Die Buchautorin Regine Igel, die über die verdeckte Zusammenarbeit der NATO-Geheimarmee Gladio mit italienischen Terrorgruppen ein Sachbuch verfaßt hat, hat das Motiv für den Mord prägnant erklärt:

"Buback war als Generalbundesanwalt auch mit der Anklage gegen den "DDR"-Spion Günter Guillaume befaßt gewesen, über den Bundeskanzler Willy Brandt 1974 gestürzt war.
Buback war während seiner Ermittlungen darauf gestoßen, daß die westdeutschen Geheimdienste ..... von den US-Amerikanern gesteuert ..... schon lange über die Rolle Guillaumes Bescheid wußten, jedoch zögerten, seine Doppelrolle auffliegen zu lassen, um den richtigen Zeitpunkt abzuwarten, um die Wirkung des Rücktritts von Brandt zu erzielen."
Den Hardlinern beim "BND" und der CIA war Brandt wegen seiner Entspannungsbestrebungen gegenüber Moskau nicht vertrauenswürdig genug. Buback hatte herausbekommen, daß und wie der "BND" zum Sturz Brandts beigetragen hatte - und mußte deswegen sterben".

Skandal ohne gleichen: Es gibt geheime Akten zum Buback-Mord und die sollen der Öffentlichkeit vorenthalten bleiben, offenbar damit niemand die Beweise sehen kann, daß der sogenannte "VERFASSUNGSSCHUTZ" (und damit die CIA) den Mord inszenierte.

12.10. 70er Jahre: Noch mehr Lügen um die sogenannte "RAF"
(Rubrik: Weitere Lügen vom "Internationalen Terrorismus"

Inzwischen ist bekannt, daß der "VERFASSUNGSSCHUTZ"-Mitarbeiter Peter Urbach schon in den sechziger Jahren die RAF aufbaute und massiv mit Waffen, Molotow-Cocktails und mit Sprengmaterial versorgte. Dabei wurden von ihm Bombenanschläge auch auf jüdische Einrichtungen in Deutschland geplant. Die diesbezügliche Geheimhaltung durch die Geschäftsführung der "BRD"-GmbH spricht ebenfalls für verdeckte Morde durch den sogenannten "VERFASSUNGSSCHUTZ".

(vgl. Verschwundener Agent des Berliner Verfassungsschutzes starb in den USA. In: Der Spiegel, 18.03.2012
sowie
Gerd Koenen: Rainer, wenn du wüsstest! Der Anschlag auf die Jüdische Gemeinde am 09.11.1969 ist nun aufgeklärt
sowie
Die RAF und die Geheimdienste. Interview mit Wolfgang Kraushaar. Telepolis, 10.11.2010.
sowie
Michael Baumann: Wie alles anfing. ISBN 3-86789-000-5
sowie
Wolfgang Kraushaar: Achtundsechzig und die Anfänge des westdeutschen Terrorismus. In: Einsichten und Perspektiven 01/2008
sowie
Bommi Baumann: Über die Versorgung der Szene mit Drogen durch Peter Urbach und Parallelen zur Geheimdienstorganisation Gladio. Interview mit Marc Burth von 2010, Teil 2)

In neuer Zeit öffentlich gewordene Fernschreiben beweisen, daß die RAF mit Gudrun Ensslin und Andreas Baader bereits 1972 von Angestellten des "VERFASSUNGSSCHUTZ" Waffen und gefälschte Autokennzeichen erhalten hatten.

Auch Akten zum Mord am italienischen Präsidenten Aldo Moro 1978 werden im "BRD"-System noch unter Verschluß gehalten. Der wurde wie Buback von einem Motorrad aus erschossen, und Zeugen gaben an, daß auf dem Motorrad Deutsch gesprochen wurde. Die Entführung und Ermordung von Aldo Moro war vom CIA gewollt und deutsche "RAF"-Mitglieder der "zweiten Generation" wirkten daran mit. Um zu verhindern, daß durch eine Gerichtsverhandlung herauskommt, daß die erste Generation der "RAF" für den Mord an Buback nicht verantwortlich war, werden von der Geschäftsführung der "BRD"-GmbH weitere Akten ebenfalls unter Verschluß gehalten, und die gefangenen drei "RAF"-Mitglieder können sich dazu nicht mehr äußern. Sie kamen in der Haft ums Leben, bei einem mysteriösen simultanen Selbstmord, gleichzeitig von jedem in seiner eigenen Gefängniszelle verübt. Der "Untersuchungsbericht" dazu ist ebenfalls "geheim".

(vgl. Udo Schulze: Gesperrte Becker-Akte nur die Spitze des Eisbergs. Telepolis, 16.9.2009)

Die Protektion von Terroristen durch Staaten wird gelegentlich recht deutlich. In Lillehammer in Norwegen wurde 1973 Ahmed Bouchki von einer MOSSAD-Todesschwadron auf offener Straße vor den Augen seiner schwangeren Frau ermordet. Die Agenten hatten ihn mit jemand anderem verwechselt, wurden gefaßt und zu 5½ Jahren Gefängnis verurteilt. Sie wurden aber schon nach weniger als zwei Jahren wieder entlassen. Und als die polnische Polizei 2010 einen der Mörder des MOSSAD-Kommandos verhaften konnte, die an der Ermordung eines Hamas-Funktionärs in einem Hotel in Dubai mitgewirkt hatte, mischten sich Stellen der "BRD"-GmbH ein und ließen sich den Mann unter fadenscheinigen Gründen ausliefern. Und dann ließen sie ihn frei.

(vgl. Dr. Alexander von Paleske: Eine Visitekarte und die Mossadaffäre von Lillehammer. oraclesyndicate.twoday.net, 14.6.2009)

Aus allem darf als erwiesen angesehen werden, daß die sogenannte "RAF" von Anbeginn eine Kreatur der CIA gewesen ist. Ein weiterer Beleg, daß es keinen eigenständigen "internationalen Terrorismus" gibt, außer jenem, der von den U.S.A. gemacht oder veranlaßt wird. Der einzige Terrorist in der Welt sind die U.S.A..

12.11. seit 1990: Die Lügen über die Morde an Herrhausen, Rohwedder, Kennedy und der Rufmord an Christian Wulff

siehe hierzu Kapitel "10.4. Zusammenhänge zu Krieg und Verbrechen"....

12.12. 1963: Die Lügen vor dem Vietnamkrieg

USA 1963: Die Bevölkerung der U.S.A. will den Frieden, ganz anders als ihre Regierung. Denn US-Präsident Johnson ist fest entschlossen, die Geschäftsinteressen des Militärisch-Industriellen Komplexes zu bedienen und Krieg in Vietnam zu führen. Und da kommt ein "Zwischenfall" sehr gelegen. Am 04.08.1964 wird der US-Zerstörer 'Maddox' angeblich torpediert, angeblich von einem nordvietnamesischen Torpedoboot. Ein grundloser Angriff, behaupten die U.S.A.. Sie bringen den Fall vor die Vereinten Nationen. Die Stimmung dreht sich, keine Spur mehr von Friedenssehnsucht in den U.S.A.. Und US-Präsident Johnson hat endlich einen Anlaß, Nordvietnam zu bombardieren.
Umgehend wurden massiv Truppen ins Land verlegt und ein Krieg begonnen, der trotz ständigen Abwiegelns durch die Regierung der U.S.A. immer mehr ausgeweitet wurde und schließlich zu den größten und folgenschwersten Flächenbombardements seit dem Zweiten Weltkrieg führte.

(PANORAMA Nr. 622 vom 06.2.2003)

1971, als der Vietnamkrieg seinen Höhepunkt erreicht hatte, veröffentlichte Daniel Ellsberg einen als "Pentagon-Papiere" bekannt gewordenen Bericht, der die Darstellung des Zwischenfalls durch Präsident Johnson und US- Verteidigungsminister McNamara als vorsätzliche Falschinformation beziehungsweise als Lüge enthüllte.
Am 30.11.2005 gab der US-Geheimdienst Dokumente frei und bestätigte, daß das militärische Eingreifen der U.S.A. in den Vietnamkrieg mit einer Propagandalüge durch US-Präsident Johnson begründet worden war.

Die Pentagon-Papiere (englisch United States-Vietnam Relations, 1945-1967: A Study Prepared by the Department of Defense, kurz Pentagon Papers) sind ein ehemals geheimes Dokument des US-Verteidigungsministeriums.
Das 7.000 seitige Dokument wurde im Sommer 1971 von Daniel Ellsberg unter Mithilfe seiner Kinder kopiert und – nach Versuchen der US-Regierung, die Pressefreiheit einzuschränken – von der New York Times und der Washington Post in Teilen publiziert.
Die partielle Veröffentlichung der Pentagon-Papiere 1971 durch die New York Times deckte die gezielte Irreführung der US-amerikanischen Öffentlichkeit in Bezug auf den Vietnamkrieg durch alle Präsidenten von Harry S. Truman bis Richard Nixon auf. Die Bevölkerung erfuhr, daß entgegen vieler Beteuerungen beteiligter Präsidenten der Krieg schon lange vorher geplant war und die Sicherung der "Demokratie" in Südvietnam nicht das eigentliche Ziel war. Die Veröffentlichung gelang nur gegen den Widerstand der Regierung aufgrund der Entscheidung des höchsten US-Gerichtes und trug wesentlich zur Beendigung des Krieges bei.

Daniel Ellsberg, der als hochrangiger Mitarbeiter im US-Verteidigungsministerium an den Vorarbeiten gerade auch des Bombenkrieges beteiligt war, bekam Kontakt zur Friedensbewegung und zu Aktivisten, die bereit waren, für ihre Überzeugung Jahre ins Gefängnis zu gehen. Spätestens ab diesem Zeitpunkt begann er den Vietnamkrieg kritisch zu sehen.

Daniel Ellsberg 2006

12.13. 1961: "Operation Northwoods"– Inszenierte Anschläge in den U.S.A.

Die Regierenden in den U.S.A. planten in den 60er Jahren inszenierte Anschläge, um sie anschließend Kuba anzulasten. Ziel solcher Aktionen sollte sein, eine allgemeine Zustimmung und Unterstützung für eine militärische Invasion in Kuba zu gewinnen. Die Stabschefs gingen davon aus, daß die Bevölkerung der U.S.A. einen Militärangriff auf Kuba nur dann unterstützen würde, wenn dem Angriff bedrohliche und aggressive Aktionen von Kuba gegen Soldaten, Zivilisten, Kubaflüchtlinge oder Exilkubaner vorausgegangen wären.

Niedergeschrieben wurden die Pläne in einem vom 13.03.1962 datierten ursprünglich geheimen Dokument, das erst Ende der neunziger Jahre durch eine Anfrage auf Basis des Freedom of Information Act freigegeben wurde.
Operation Northwoods ist ein US-amerikanischer Geheimplan. Er wurde 1962 vom Generalstab des Pentagon verfaßt.

Am 13.03.1962 wurde er Präsident John F. Kennedy vorgelegt. Die Planungen zu diesem Vorhaben wurden bereits unter Präsident Eisenhower vorgenommen.

Einige Empfehlungen der Operation Northwoods lauteten:
- Verbreitung von Gerüchten über Kuba durch geheime Radiosender
- Anschläge gegen kubanische Flüchtlinge in den U.S.A., für die man Castro verantwortlich machen wollte
- Versenkung eines US-amerikanischen Schiffes in Guantanamo Bay, Zerstörung einer US-amerikanischen Militärbasis oder eines US-amerikanischen Flugzeuges und anschließende Beschuldigung kubanischer Truppen
- Störung des zivilen Luftverkehrs
- Angriffe auf Schiffe und Zerstörung eines US-Militärflugzeuges durch Flugzeuge vom Typ MIG
- Inszenierung einer Terroraktion mittels des tatsächlichen oder simulierten Versenkens kubanischer Flüchtlinge
- Inszenierung von kommunistischen kubanischen Terroraktionen im Bereich Miami und in anderen Städten Floridas sowie in Washington
- Angriff und Abschuß eines mit Ferienreisenden gefüllten Passagierflugzeuges durch ein angeblich kubanisches Flugzeug.
(Hierfür sah man vor, ein genaues Duplikat eines tatsächlich registrierten Zivilflugzeuges von der CIA anfertigen zu lassen. Vorgesehen war hierfür der Luftwaffenstützpunkt Eglin. Das Duplikat sollte durch ein Rendezvous beider Flugzeuge südlich von Florida ausgetauscht werden. Zuvor hätten bereits Passagiere mit falschem Namen das tatsächlich registrierte Flugzeug betreten. Das Duplikat sollte als Drohne weiter Richtung Kuba fliegen und dort einem simulierten Angriff durch ein angeblich kubanisches Kampfflugzeug zum Opfer fallen. Indem das darauf abgesetzte Notsignal von der International Civil Aviation Organization aufgefangen wird, würde der Vorfall von ganz allein genug Aufsehen erregen, ohne großes Zutun der US-Administration).

Da das Dokument von Präsident Kennedy abgelehnt wurde, blieb "Operation Northwoods" ein Entwurf ohne tiefgreifende Folgen für die kurz darauf folgende Kubakrise.
Aber wie nachzulesen, waren die "Vorschläge" für die möglichen Anschläge sehr konkret und allein die Tatsache, daß solche Pläne gegen die eigene Bevölkerung von Mitarbeitern des Pentagon in einem Dokument zusammengefaßt und dieses dann auch unterschrieben wurde (unter anderem vom späteren Oberkommandeur der NATO in Europa, Lyman L. Lemnitzer) ist bestürzend genug.

12.14. 1943: Die Lüge von Katyn

Katyn – der Name dieses Ortes bei Smolensk in Rußland wurde 1943 plötzlich weltbekannt, als deutsche Truppen dort eines von drei Massengräbern mit insgesamt 15.000 polnischen Berufs- und Reserveoffizieren entdeckten, die der sowjetische Geheimdienst NKWD drei Jahre zuvor in einer minutiös geplanten Aktion liquidiert hatte. Für die Polen bedeutete der Massenmord eine nationale Katastrophe, da es sich vor allem bei den Reserveoffizieren um die Führungsschicht ihres Landes handelte.
Stalin lastete das Verbrechen nach seiner Entdeckung der Deutschen Wehrmacht an. Der britische Premier Churchill und der US-amerikanische Präsident Roosevelt deckten ihn wider besseres Wissen. Die polnische Exilregierung wurde unter Druck gesetzt, die Medien

manipuliert, Beamte und Offiziere zum Schweigen verpflichtet, ein Botschafter kaltgestellt. Somit steht Katyn für eine der großen politischen Verschwörungen des 20. Jahrhunderts.
Mit allen Mitteln hat die Sowjetunion auch nach 1945 versucht, der Geschichtslüge von Katyn Geltung zu verschaffen. In ihrem gesamten Machtbereich, also auch im kommunistischen Polen und in der "DDR", wurde die Geschichtsfälschung als wissenschaftlich erwiesene Tatsache dargestellt, die Lüge in Beton-Denkmäler gegossen.

Eine der großen Verschwörungen des 20. Jahrhunderts:
Massenmord der Roten Armee an 15.000 Polnischen Intellektuellen. Von den Sowjets lügenhaft der Deutschen Wehmacht zugeschrieben. Die Lüge wurde von Churchill und Roosevelt durchorganisiert mit Druck auf die polnische Exilregierung und Manipulation der Medien.

Die Katyn-Lüge hatte noch länger Bestand als die Leugnung der geheimen Zusatzprotokolle zum Hitler-Stalin-Pakt. Im April 1990 gestand die Sowjetunion die Lüge ein und ordnete den Massenmord von 1940 Stalin zu. Und das alles penibel genau recherchiert nachzulesen in:

Katyn – Das zweifache Trauma der Polen;

(Franz Kadell, Herbig Verlag ISBN 10: 3776626607)

12.15.   1945 bis heute: Die Lügen von der deutschen Kriegsschuld

Zunächst ist zu klären, daß die Unterteilung in "Ersten" und "Zweiten Weltkrieg" unsinnig ist. Der sogenannte "Zweite Weltkrieg" war nur ein weiteres Kapitel des "Ersten".
Die Lüge von der deutschen Kriegsschuld ist ein Teil der "BRD"-Religion, und pflichtgemäß faseln die von den Alliierten bestellten Kolonialverwalter Merkel und Gauck im Ausland von "deutscher Schuld". Das will heißen, jeder Angehörige der Deutschen Völker habe am Krieg Schuld, egal in welchem Alter er sich heute befindet und egal was er während des Krieges gemacht hat, allein aufgrund der Tatsache, daß er Deutscher ist.
Dies steht jedoch im Widerspruch zum Grundsatz, daß Schuld immer individuell ist und eine Kollektivschuld oder eine Sippenhaft nicht statthaft ist.
Offenbar haben die Alliierten die Deutschen Völker über diese Schuldkonzepte erfolgreich in ein geistiges Gefängnis gebracht.

Christopher Clark "Die Schlafwandler"

Neuerdings erscheinen Bücher, wie dies vor wenigen Jahren nicht möglich gewesen wäre. Beispielsweise das Buch von Christopher Clark "Die Schlafwandler" oder das Buch von Gerd Schulze-Ronhof "Der Krieg, der viele Väter hatte". In diesen Büchern weisen die Autoren nach, daß Deutschland keine Schuld am Ersten oder Zweiten Weltkrieg hat, zumindest nicht mehr als alle anderen Konfliktparteien.

Offenbar ändert sich in diesem Bereich die Geschichtsschreibung, da man sich nicht komplett unglaubwürdig machen will.

Gerd Schulze-Ronhof "Der Krieg der viele Väter hatte"

Wenn die Alliierten schon ein derartiges Schuldkonzept aufbauen, sollte man doch erwarten dürfen, daß wenigsten die historischen Tatsachen stimmen, auf die sie ihr Schuldkonzept gründen. Aber nichts von all dem Schuldgefasel gründet auf Tatsachen.

Da wundert es nicht, wenn Putin bei der letzten großen Siegerveranstaltung der Alliierten 2010 auf der Westernplatte sinngemäß sagt, die Briten und Polen sollten doch mal ihren Anteil an der Kriegsschuld eingestehen, und nicht immer auf Unbeteiligten herumhacken.
Ein jeder lese die bestens recherchierten Bücher, wodurch sich offenbart, daß wir in diesem Bereich jahzehntelang systematischen Lügen der Alliierten aufgesessen sind.

12.16. 1945 bis heute: Die Lüge von den alliierten "Saubermännern"

In der alltäglichen "BRD"-Propaganda werden die Alliierten des Ersten und Zweiten Weltkrieges grundlegend als die "Saubermänner" dargestellt. Ein kritisches Wort zu den Kriegsverbrechen der Alliierten ist praktisch in der gesamten Medienlandschaft nicht zu finden. Beispielsweise werden die Abwürfe von zwei Atombomben auf Zivilisten nicht als das präsentiert, was sie sind, nämlich schwerste Kriegsverbrechen, sondern als "heroische Leistungen". Auch die spätere Weiterentwicklung von Atomwaffen und die entsprechenden Tests werden als tolle Leistungen "unserer amerikanischen Freunde" in entsprechenden Dokumentationen auf den Propagandasendern "N24" oder "Phönix" etc. gepriesen.
Zur Rechtfertigung wird uns immer präsentiert, daß durch die Atombombenabwürfe auf Zivilisten angeblich die Verluste beim eigenen Militär gering gehalten werden konnten.
Dies ändert jedoch nicht das Geringste daran, daß es sich hierbei völkerrechtlich um schwerste Kriegsverbrechen der dreckigsten Sorte handelt.
Man stelle sich einmal die Schuldpropaganda der Alliierten heute noch vor, wenn es vor 70 Jahren deutsche Atombombenabwürfe auf zwei ausländische Großstädte gegeben hätte, mit der Begründung, die eigenen Verluste habe man hiermit minimieren wollen.
Daß wir die alliierte Propaganda und die vorgebrachten Begründungen schlucken, ohne sie zu hinterfragen, zeigt, wie verdreht wir in unseren Köpfen schon seit langem sind.

Nicht weniger verbrecherisch war das gezielte Verhungernlassen von Tausenden deutschen Kriegsgefangenen in den Rheinwiesenlagern oder die Bombardierungen von Zivilisten in deutschen Großstädten durch die "Royal Air Force" und die "US-Air Force". Hierbei handelte es sich nicht ansatzweise um militärische Ziele. Wer etwas Nachhilfe benötigen sollte, was als Kriegsverbrechen zu werten ist, lese sich einmal in Ruhe die Haager Landkriegsordnung durch. Bombenterror gegen Zivilisten, systematische Massenvergewaltigungen und ethnische Säuberungen, wie von den Alliierten massenhaft routinemäßig veranstaltet, zählen auf jeden Fall zu den ganz gewöhnlichen Kriegsverbrechen.

Unvergessen sind die mutigen Taten von alliierten Militärangehörigen, die ihre Bomben bereits vor ihrem zivilen Großstadtziel irgendwo über kaum besiedeltem Gebiet abgeworfen haben, oder die sich den angeordneten Massenvergewaltigungen und sonstigen Gewaltorgien verweigert haben.
Bei all den Denkmälern die durch das verlogene "BRD"-Kolonialsystem in den vergangenen 70 Jahren aufgestellt wurden, hat niemals jemand davon gehört, daß für jene Menschen eines dabei gewesen wäre.

Ein besonders anschauliches und leicht nachvollziehbares Beispiel über die diesbezügliche Verlogenheit der Kolonialverwaltung "BRD" ist der Umgang mit dem alliierten Bombenterror über Dresden.
Es ist seit jeher unbestritten, daß in dieser Stadt in der Nacht des britischen Bombenterrors bis zu zwei Millionen Flüchtlinge gehaust haben und in jener Nacht mindestens 500.000 Zivilisten, wenn nicht eine Million Zivilisten durch die Alliierten massakriert worden sind. Heute findet man beispielsweise in der CIA-gesteuerten Wikipedia die Auskunft, das nach "allerneuesten Erkenntnissen" "nur" 25.000 Menschen in Dresden ums Leben gekommen sein sollen.

Welche "allerneuesten Erkenntnisse" nach 70 Jahren urplötzlich ans Licht gekommen sein sollen, bleibt natürlich im Dunkeln. Offenbar geht es hierbei nur um eine Verhöhnung der Opfer.

Aber auch in diesem Bereich dürfen wir unseren Augen in der Gegenwart trauen. Was wir sehen ist neben Folter-KZs auch der Verschuß von uranhaltiger Munition durch die Alliierten in ihren heutigen Kriegen, wodurch massenhaft Zivilisten, insbesondere ungeborene Kinder zu Schaden kommen.
Von den durch die U.S.A. im Vietnamkrieg eingesetzten Chemiewaffen ("Agent Orange") und den Menschen, die noch heute Schäden davon tragen, hört man in den gleichgeschalteten "BRD"-Lügenmedien interessanterweise nichts.

12.17. Schlußfolgerungen

Bei den dargestellten Lügen handelt es sich nur um die Spitze eines gigantischen Eisberges.
Aus allem bisher dargelegten folgt zwingend, daß im "BRD"-System und in der gesamten westlichen Welt das gesamte öffentliche Leben ausschließlich auf Lügen basiert.

Insbesondere was den "internationalen Terrorismus" anbelangt, können wir davon ausgehen, daß es überhaupt keinen gibt, außer jenen, der von den U.S.A. zu Propagandazwecken gemacht oder veranlaßt wird. Der einzige Terrorist in der Welt sind die U.S.A..

**Kleinere Lügen wurden in der vorliegenden Abhandlung nicht berücksichtigt, die Aufdeckung größerer Geschichtslügen der Alliierten ist vermutlich für die meisten Menschen heute noch nicht verkraftbar, weshalb auf deren Darstellung an dieser Stelle verzichtet wird.
Der Autor verweist in diesem Zusammenhang auf künftige Auflagen.**

**Die sogenannte "westliche Wertegemeinschaft" ist folglich nichts weiter als eine verkommene Bande von kleinen miesen Lügnern und Verbrechern.
Jeder Leser ist gehalten sich zu entscheiden, ob er sich mit dieser "westlichen Wertegemeinschaft" identifizieren möchte – beziehungsweise ob er mit dieser identifiziert werden möchte.**

13. Noch einige oft unterschlagene Wahrheiten
13.1. Das "BRD"-System und der Kaufmann-Morgenthau-Plan

Bereits im Jahre 1944 haben der damalige US-Außenminister Morgenthau und der Intellektuelle Kaufmann (mit traditionell sehr guten Beziehungen zum Weißen Haus) einen Plan vorgestellt, in dem die allmähliche Auslöschung der Deutschen Völker vorgesehen war.
Hauptpunkt dieser Pläne war, Deutschland komplett zu entindustrialisieren, also in ein reines Agrarland umzuwandeln und die Deutschen Völker durch Kontrolle der demographischen Entwicklung drastisch zu reduzieren.
Man fand dies angemessen, schließlich hatten sich die Deutschen in den Augen der Hochfinanz als allzu widerspenstig dargestellt. Die Deutschen hatten schließlich in den 30er Jahren die eigene Wirtschaft aus dem internationalen Finanzsystem herausgelöst. Hierdurch konnte die internationale Hochfinanz die permanente Enteignung, wie sie gegenüber allen sonstigen Völkern praktiziert wird, an den Deutschen Völkern nicht mehr in bisheriger Weise ausüben.

Einer der es wissen mußte, hat sich hierzu folgendermaßen geäußert:

Zitat:

"Das unverzeihliche Verbrechen Deutschlands vor dem Zweiten Weltkrieg war der Versuch, seine Wirtschaftskraft aus dem Welthandelssystem herauszulösen und ein eigenes Austauschsystem zu schaffen, bei dem die Weltfinanz nicht mitverdienen konnte."

(vgl. Winston Churchill in Propaganda in the next war Originally published in 1938, Foreword to the next edition 2001)

"Sie müssen sich darüber im klaren sein, daß dieser Krieg nicht gegen Hitler oder den Nationalsozialismus geht, sondern gegen die Kraft des deutschen Volkes, die man für immer zerschlagen will, gleichgültig, ob sie in den Händen Hitlers oder eines Jesuitenpaters liegt."

(Winston Churchill 1940; Emrys Hughes: Winston Churchill – His Career in War and Peace, Seite 145)

"Wir werden Hitler den Krieg aufzwingen, ob er will oder nicht!"

(vgl. Winston Churchill 1936; Emil Maier-Dorn: Anmerkungen zu Sebastian Haffner, Seite 13)

Die Pläne zur Entindustrialisierung und Auslöschung der Deutschen Völker konnten wegen des "Kalten Krieges" nicht zeitnah umgesetzt werden, schließlich brauchte man Westdeutschland als Bollwerk gegen die Sowjets. Da der "Kalte Krieg" nunmehr vorbei ist, werden die Menschen in Deutschland für internationale Strategiespiele nicht mehr benötigt.

Weil im "BRD"-System die Alliierten die oberste Regierungsgewalt ausüben, lohnt es sich zu beleuchten, wie der Trend der Entwicklung der Deutschen Völker aussieht. Schließlich wissen wir allerspätestens seit der Verfügung der "Bereinigungsgesetze" durch die Alliierten, daß hier von ihnen nichts dem Zufall überlassen wird. Letztlich wird ja im "BRD"-System die gesamte Gesetzgebung endverantwortlich von den Alliierten nach wie vor geregelt.

Zunächst wäre ein Friedensvertrag notwendig, um nach dem Völkerrecht Reparationsforderungen überhaupt rechtswirksam vereinbaren zu können. Das haben die Sieger nach dem Zweiten Weltkrieg nicht für nötig erachtet, sondern völkerrechtswidrig sofort und ohne rechtliche Grundlagen Demontagen durchgeführt, den Kohle- und Holzexport erzwungen, deutsches Eigentum im In- und Ausland beschlagnahmt, Patente geraubt und Wissenschaftler verschleppt. Letztlich wurden so viele Milliarden an Werten aus deutschem Eigentum geraubt. Über die Gesamthöhe dieser entzogenen Werte besteht bis heute keine Gewißheit. Die Bewertung vieler Statistiken, soweit sie überhaupt vorhanden sind, ist nach wie vor strittig. Auch der Gesamtwert des enteigneten deutschen Auslandsvermögens ist unklar.

Durch das Fehlen eines Friedensvertrages sind sämtliche Handlungen der Alliierten, durch die Eigentum von Deutschen an Alliierte übertragen wurden, Demontagen, Reparationen, Entwendung von Patenten, Verschleppung von Wissenschaftlern etc., nichts weiter als Plünderungen im Besetzten Gebiet, und damit Kriegsverbrechen.

Auch Gebietsabtrennungen sind bis zu einem Friedensvertrag Rechtsbruch und damit rechtsungültig. Wohlwollend könnte man formulieren, daß gegenwärtig bestehende faktische Gebietsabtrennungen rechtlich bestenfalls schwebend unwirksam sind, solange sie nicht durch einen Friedensvertrag legitimiert werden.

Alles, was bis heute an Abzahlungen durch die Deutschen Völker geleistet wurde, war somit nichts weiter als eine Schenkung, da dies bei einer friedensvertraglichen Lösung nicht berücksichtigt werden muß.

Die Haager Landkriegsordnung ist hierbei der Schlüssel. Im Grunde haben unsere Vorfahren hiermit ein Kriegsvölkerrecht geschaffen, durch daß sich Kriegführung überhaupt nicht mehr lohnt, da eine Siegermacht und eine Besatzungsmacht strenge Regeln einzuhalten hat.

(vgl. Haager Landkriegsordnung, Art. 47 vom 18.10.2007; RGBl. 1910, Seite 107 ff.)

Nach 1949 kam es aufgrund einer angeblichen "deutschen Schuld" im Rahmen der sogenannten "Wiedergutmachung" zu weiteren Diktaten der Alliierten. Das Londoner Schuldenabkommen (LSA) von 1953 ergänzte diese Vereinbarungen. Aber nach Artikel 5 Absatz 2 des LSA wurde die Prüfung der aus dem Zweiten Weltkrieg herrührenden

Forderungen der ehemaligen Kriegsgegner und der von Deutschland besetzten Staaten "bis zur endgültigen Regelung der Reparationsfrage zurückgestellt". Das heißt im Klartext: Die Frage der Reparationen wird erst durch einen Friedensvertrag mit Deutschland und seinen ehemaligen Gegnern abschließend geregelt.
(vgl. Überleitungsvertrag von 1952/54, Teil IV, Art. 1).

Im Weiteren fällt auf, daß die Deutschen Völker auch gegenwärtig auf Kosten der eigenen Substanz leben, die Deutschen haben die geringste Kinderzahl in der Welt, wenn die letzten geburtenstarken Jahrgänge der sechziger Jahre gestorben sein werden, wird es in Deutschland keine dreißig Millionen Deutsche geben.
("Deutschland schafft sich ab", Thilo Sarrazin; 7. Auflage; ISBN 3421044309")
Zitat:
"Hundert Deutsche bekommen nur noch 63 Kinder und 39 Enkelkinder. Das wird nur noch vom Vatikanstaat unterboten."
(vgl. Matthias Crone, Leiter des erzbischöflichen Amtes Schwerin am 06.04.2005 im "Hamburger Abendblatt")
Und der Trend geht unaufhörlich weiter:
(vgl. Population Projections and Forecasts for Germany, Prof. Dr. H. Birg, Universität Bielefeld, Workshop "Demographic Change in Europe", American Academy in Berlin, 01. und 02.04.2008)

Zudem sind die deutschen Kinder schlecht gebildet und schlecht ausgebildet, wie man nicht erst seit "PISA"-Studien weiß.
("Die Verblödete Republik", Thomas Wieczorek; Knaur Verlag 2012, ISBN 3426780984)

Dabei haben es die ausländischen Drahtzieher des "BRD"-Systems geschafft, eine kinderfeindliche öffentliche Meinung aufzubauen, in der Frauen mißachtet werden, die sich der Erziehung von Kindern widmen und dies in den Vordergrund ihres Lebens stellen und nicht eine berufliche "Karriere".
Man fragt sich, wie es allen Ernstes möglich war, das Wertvollste, was ein Mensch an Leistung für die Gesellschaft erbringen kann, nämlich die Weitergabe des Lebens und die helfende und erzieherische Begleitung von Kindern ins Leben, als minderwertig zu diskreditieren.
Der Umgang mit Frau Eva Hermann nach ihren mutigen Meinungsäußerungen zu diesem Thema ist ein sehr anschauliches Beispiel dafür, wie die öffentliche Meinung von Verantwortlichen im Medienbereich in diese Richtung gezielt gesteuert und gelenkt wird.

Obgleich die Berufstätigkeit von Frauen natürlich etwas sehr wichtiges und wertvolles ist, zeigt sich hierbei jedoch in der "BRD"-Gesellschaft eine extreme Umkehrung der grundlegenden Werte, wobei die Ausschließlichkeit auffällt, mit der Karriere von Frauen als positiv propagiert wird.
Die deutschen Frauen sollen schließlich im Hamsterrad der Zinssklaven mitlaufen, anstatt kostbare Arbeitszeit für Haushalt, Kinder und den Erhalt der Familie zu vergeuden. Dies fordern zumindest die "Emanzipationsbeauftragten" in Medien um Politik.
Singles und gleichgeschlechtliche Paare werden von Medien und Politik besonders gefeiert.
Dabei hat niemand je die Zahl der Frauen erfaßt, die aufgrund dieser Manipulationen ihr gesamtes Leben ausschließlich auf berufliches Engagement hin ausgerichtet haben, um dann, in ihren vierziger Lebensjahren angekommen, diese einseitige Schwerpunktsetzung zu erkennen, keine Kinder mehr bekommen zu können, und bis ans Lebensende hiermit zu hadern.

Über das "BRD"-Steuer- und Abgabesystem wird dabei gewährleistet, daß Kinder zu haben, in Deutschland das größte Armutsrisiko überhaupt darstellt.
Deshalb müssen junge Eltern wie verrückt im Hamsterrad einer kranken Wirtschaft rennen, um ihren Kindern wenigstens einige Entwicklungschancen zu ermöglichen.
Dabei können sie sich natürlich kaum noch persönlich um die Entwicklung ihrer Kinder sorgen.
Sie sind deshalb auf Fremdbetreuung angewiesen.

Bekanntermaßen ist das Angebot an KiTas und Schulhorten im "BRD"-System jedoch gezielt in einem katastrophalen Zustand gehalten.

Weiterhin wird über das berühmte steuerliche "Ehegattensplitting" gewährleistet, daß Gelder nicht etwa in Familien fließen, in denen Kinder leben, sondern dorthin, wo zwei Erwachsene lediglich verheiratet sind. Was für eine gezielte Verschwendung!

Für Familien mit Kindern wird dabei der Anreiz gesetzt, daß erst einmal geheiratet wird, ein Elternteil der Kinder wegen zuhause bleibt, während der Andere sich außerhäuslich in ruinöser Weise abarbeitet. Jeder für die Familie zusätzliche Geldbetrag muß dabei möglichst von dem außerhäuslichen Elternteil erarbeitet werden, dieser hat schließlich die Lohnsteuerklasse 2. Sofern der häusliche Elternteil arbeitet, wird dies mit Lohnsteuerklasse 5 bestraft.
Es wird somit eine krasse Trennung der Lebenswelten von Mann und Frau betrieben. Beide werden gezielt voneinander entfremdet.

Für häusliche Elternteile, die nach erfolgreicher Entfremdung mit dem Gedanken an Trennung und Scheidung spielen, werden von der Scheidungsindustrie (Anwälte, Beratungsstellen etc.) aberwitzige Unterhaltsansprüche gegenüber dem berufstätigen Elternteil in Aussicht gestellt, wohl um den Trennungs- und Scheidungswillen gezielt zu fördern.

Während einer Trennung oder Scheidung wird vom System ein Kampf um ein Konstrukt namens "Sorgerecht" geschürt. Dabei wird in den "Scheidungsverfahren" einerseits Kindesentzug durch "Schaffen von Fakten" und das Diskreditieren des anderen Elternteiles vom "BRD"-System mit Vergabe des "Sorgerechts" belohnt. Hierzu sind weitere Akteure der Scheidungsindustrie wie "Anwälte", "Jugendamt" und "Beratungsstellen" zur Umsetzung dieser Ziele hilfreich.

Ein Umgangsrecht, wie es für die Entwicklung der Kinder wichtig wäre, wird dabei, im Gegensatz zu anderen Ländern, nicht durchgesetzt.
(EMGR Beschwerde Nr.: 1521/06 vom 10.02.2011, Beschwerde Nr.: 40014/05 vom 07.08.2010, Beschwerde Nr.: 20578/07 vom 21.12.2010)

Offenbar wollen die ausländischen Drahtzieher des "BRD"-Systems keine psychisch gesunden deutschen Kinder, sondern traumatisierte Psycho-Krüppel.

Nach einer Trennung werden die Unterhaltszahlungen nur selten durchgesetzt, sie stellen sich einfach als unrealistisch heraus. Man überläßt es dem vormals häuslichen Elternteil, den berufstätigen Elternteil mittels Kindesentzug zu erpressen. Dieser muß sich nicht selten im "BRD"-System überarbeiten, damit er seine Kinder überhaupt noch zu sehen bekommt.

Ergänzend wird der berufstätige Elternteil vom "BRD"-"Steuer"-System gezielt bis zum Existenzminimum ausgepreßt (Steuerklasse 1 plus Unterhaltsverpflichtungen), insbesondere natürlich auch, um zu verhindern, daß er noch einmal eine Familie gründen kann und womöglich noch weitere Kinder in die Welt setzt. Es reicht, wenn er als Arbeitsbiene das Ende seiner Tage fristet.

Nicht zuletzt wird ein gigantisches Subventions- und Förderprogramm für Abtreibungen gefahren.
(vgl.. Rehder, Stefan; Blasel, Veronika, Staatsaufgabe Abtreibung – Rechtswidrig, straffrei und auch noch subventioniert, in: Lebensforum 4/2003
<u>*sowie*</u>
Merkle Alfred, Die Rolle internationaler Institutionen in der Bevölkerungspolitik, in: www.berlin-institut.org/pages/buehne/buehne_bevpol_merkle_institutionen.html, 25.1.2004)

Die Familienpolitik des "BRD"-Systems läßt sich auf die Begriffe Emanzipation, Kinderlosigkeit, Abtreibungsförderung und Zuwanderung reduzieren.

Nebenbei:
Interessanterweise wird den Deutschen immer als besondere Errungenschaft verkauft, "Exportweltmeister" zu sein. Exportweltmeister zu sein, macht jedoch nur Sinn, wenn man auch "Importweltmeister" ist, sonst produziert man ja nur Geschenke, ohne Gegenleistung.
Und genau das ist der Fall. Damit die Konsumenten im Ausland die in Deutschland produzierten Waren auch kaufen können, versickern pro Jahr etwa 150 bis 200 Milliarden Euro aus dem deutschen Bruttoinlandsprodukt über dunkle Kanäle ins Ausland.
Das Geld könnte man vielleicht auch für KiTas oder ein wirklich gutes Schulsystem verwenden.

Jeder Ökonom bestätigt, daß seit dem Jahre 1950 die Produktivität hierzulande mehr als verhundertfacht wurde. Das heißt, man kann mit immer weniger menschlicher Arbeitskraft immer mehr an Waren und Dienstleistungen herstellen.
Es darf sich jedermann fragen wie es möglich ist, daß heute noch Mangel besteht. Jeder Mangel besteht hierzulande nur deshalb, weil er gezielt herbeigeführt oder gezielt aufrechterhalten wird.

Fazit:
Die Deutschen Völker werden planmäßig benutzt, Sklavenarbeit für die ganze Welt, insbesondere für die Hochfinanz zu leisten, sie leben auf Kosten der eigenen Substanz, die Kinderzahl deutscher Paare ist die geringste in der Welt, die Bildung und Ausbildung deutscher Kinder sind schlecht.
Über das "Steuerrecht" und "Familienrecht" des "BRD"-Systems werden Familiengründung und Geburt von Kindern gezielt bestraft.
Die Entfremdung von Eltern untereinander, die Trennung und schließlich schmutzige Scheidungsformen sowie Kindesentzug werden gezielt mit erheblichen Anreizen gefördert, um für deutsche Kinder die schlechtestmöglichen Entwicklungsbedingungen zu schaffen.

Zur Ergänzung und zum besserem Verständnis noch einige aussagekräftige Zitate:
"Deutschland ist ein Problem, weil die Deutschen fleißiger, disziplinierter und begabter sind als der Rest Europas (und der Welt). Das wird immer wieder zu 'Ungleichgewichten' führen. Dem kann aber gegengesteuert werden, indem so viel Geld wie nur möglich aus Deutschland herausgeleitet wird. Es ist vollkommen egal, wofür. Es kann auch radikal verschwendet werden – Hauptsache, die Deutschen haben es nicht. Schon ist die Welt gerettet. .... "Deutschland muß von außen eingehegt, und von innen durch Zustrom heterogenisiert, quasi verdünnt werden."
(Joseph Fischer: "Risiko Deutschland", Kiepenheuer & Witsch (1994); ISBN: 3462023411)

"Deutschland verschwindet jeden Tag immer mehr, und das finde ich einfach großartig."
(Jürgen Trittin, BÜNDNIS90/DIE GRÜNEN, Frankfurter Allgemeine Sonntagszeitung vom 02.01.2005)

"Es geht nicht um Recht oder Unrecht in der Einwanderungsdebatte, uns geht es zuerst um die Zurückdrängung des deutschen Bevölkerungsanteils in diesem Land."
(Vorstand der BÜNDNIS90/DIE GRÜNEN München 10.11.2011)

"Ihr werdet es nicht verhindern können, daß bald ein türkischstämmiger Richter über Euch das Urteil fällt, ein pakistanischer Arzt Eure Krankheiten heilt, ein Tamile im Parlament Eure Gesetze mit verabschiedet und ein Bulgare der Bill Gates Eurer New Economy wird. Nicht Ihr werdet die Gesellschaft internationalisieren, modernisieren und humanisieren, sondern wir werden es tun – für Euch. Ihr seid bei diesem leidvollen Prozeß lediglich Zaungäste, lästige Gaffer. Wir werden die deutsche Gesellschaft in Ost und West verändern."
(M. Walid Nakschbandi, in WIDERHALL NR. 10)

13.2. "Links" und "Rechts"

Obgleich es in der vorliegenden Abhandlung nicht um Politik sondern um rechtliche Zusammenhänge geht, soll wegen der enormen Bedeutung an dieser Stelle auf ein besonderes Phänomen in der alltäglichen politischen Auseinandersetzung eingegangen werden. Es geht um den Mißbrauch der deutschen Sprache zum Zwecke der Manipulation und Verdummung. Man könnte dies auch mit "Neusprech" bezeichnen.
Eindrucksvolle Beispiele hierfür sind die Begriffe "Friedensmission", "Luftschlag" oder "Bodenoffensive" anstelle von "Krieg".

Zudem wird von den gleichgeschalteten "BRD"-Lügenmedien gerne immer wieder Verwirrung bezüglich der Benennung von Körperschaften gestiftet. Jeder kennt die Begriffsverwirrung um die Bezeichnung "Amerika" wenn lediglich die U.S.A. gemeint sind.
Amerika ist eine Landmasse die von der Arktis bis nach Feuerland reicht – weiter nichts.
Immer wieder hört oder liest man: "Amerika" will dies und "Amerika" verlangt jenes oder man spricht vom "amerikanischen Präsidenten" etc. Dabei meint man lediglich die U.S.A., und tut so, als ob die U.S.A. und Amerika ein und dasselbe seien.
Die Redewendung "Der amerikanische Präsident ….. " ist allein deshalb völliger Quatsch, da es in Amerika über zwanzig Staatspräsidenten gibt, einschließlich jene von Kuba und Venezuela, die man in solchen Zusammenhängen bestimmt nicht meint.
Gleicher Mißbrauch wird mit dem Begriff "Europa" betrieben, wenn man die Firma Namens "Europäische Union" meint. Offenbar will man den Menschen Verdummenderweise suggerieren, bei der Firma "EU" handele es sich um eine Gebietskörperschaft, die legitimiert sei, alle Menschen in Europa zu vertreten.
Eine ähnliche Manipulation ist die Gleichsetzung der Begriffe "BRD" mit "Deutschland". Offenbar will man den Menschen einreden, die "BRD" sei eine Gebietskörperschaft die Legitimerweise berechtigt sei, alle Menschen in Deutschland zu repräsentieren oder gar für diese zu sprechen oder zu entscheiden.
"BRD"-Repräsentanten sind jedoch höchstens berechtigt, für die "BRD" zu sprechen und niemals für Deutschland, was sie sich aber regelmäßig anmaßen.

Ein besonders hohes Maß an Verwirrung wird durch die unkorrekte Verwendung der politischen Richtungsbegriffe "Links" und "Rechts" gestiftet:
Im Allgemeinen kann man zwei mögliche entgegengesetzte Grundausrichtungen in einer Gesellschaft polar gegenüber stellen:
Einerseits ist es möglich, eine Gesellschaft möglichst zentral zu organisieren. Das heißt, es gibt eine zentrale Regierung, und die hat möglichst viel Macht gegenüber der Peripherie.
Anders ausgedrückt, kann eine Gesellschaft "von oben nach unten" organisiert werden. Übergeordnete Entscheidungsebenen haben dann so viel Macht wie nur möglich, untergeordnete Entscheidungsebenen möglichst wenig Befugnisse.
Man könnte das in dem Satz zusammenfassen: "Viel Macht in wenigen Händen".
Diese Gesellschaften bezeichnen sich selbst oft als "sozialistisch", da hier zumeist willkürlich definierte "gesellschaftliche Interessen" über individuelle Interessen gestellt werden. Das vermeintliche gesellschaftliche Interesse wiege mehr als das individuelle Interesse, nach dem Motto: "Gemeinnutz geht vor Eigennutz".
Derartige Gesellschaften sind von einem hohen Maß an Gleichschaltung gekennzeichnet. Man könnte dies auch als ein hohes Maß an rechtlicher Vereinheitlichung bezeichnen. Dies ist erforderlich, wenn die Gesellschaft von der Zentrale aus, beziehungsweise "von oben" "durchregiert" werden soll.
Damit eine derartige zentrale Machtausübung und Gleichschaltung funktioniert, muß ein hohes Maß an Kontroll- und Steuerungsmöglichkeiten geschaffen werden. Hierzu ist es unvermeidlich, gegenüber den Menschen mit Angst zu arbeiten.
Menschen müssen zur Verwirklichung einer sozialistischen, zentralistischen beziehungsweise gleichgeschalteten Gesellschaft permanent eingeschüchtert und geängstigt werden, damit sie in einem derartigen Apparat funktionieren.
Wird hierbei noch gegenüber den Menschen zur ständigen Disziplinierung Gewalt angewandt, kommen also Elemente des Terrors hinzu, spricht man von Faschismus.

Dabei wird das "Fascis" als ein Symbol für gewaltsame Unterdrückung wie bereits im Römischen Reich genutzt.

Römisches Fascis ("Bündel") = Axtsymbol beziehungsweise Symbol von Gewalt und Terror gegenüber dem eigenen Volk zur Disziplinierung.
Das wahre Symbol des Faschismus – und nicht etwa die Swastika.

Merkwürdigerweise gilt heutzutage dieses wahre Symbol des Faschismus nicht als "beschmutzt" oder "diskreditiert", was nach vielen faschistischen Diktaturen weltweit sehr verwundern muß.
Stattdessen hat man es geschafft, daß die Swastika als Symbol "diskreditiert" und "beschmutzt" gilt, die lediglich ein Kraft- und Glückszeichen unserer germanischen Vorfahren ist, und die mit Terror und Menschenverachtung originär niemals etwas zu tun hatte!

Demgegenüber kann eine Gesellschaft möglichst de-zentral organisiert werden. Das heißt, mit einem hohen Maß an individuellen Rechten und Rechten der unteren regionalen Körperschaften, insbesondere der Gemeinden.
Kompetenzen und Macht werden nur an übergeordnete Strukturen delegiert, sofern dies unbedingt notwendig ist, ansonsten verbleiben so viel Macht und Befugnisse wie möglich in der Gemeinde und beim einzelnen Staatsangehörigen **(Subsidiaritätsprinzip)**.

In der folgenden Tabelle sind die politischen Grundausrichtungen gegenübergestellt

"Links":	"Rechts":
Schlüsselwort: Sozialismus	Schlüsselwort: Bürgergesellschaft
Organisation der Gesellschaft "von oben nach unten"	Organisation der Gesellschaft "von unten nach oben"
Zentrale Macht- und Kompetenzverteilung, möglichst "viel Macht in wenig Händen"	Dezentrale Macht- und Kompetenzverteilung, so wenig Macht an die Zentrale wie möglich, nur so viele Befugnisse an die Zentrale wie unbedingt nötig (Subsidiaritätsprinzip)
Gesellschaftliche Interessen übergeordnet, "Sozialismus"	Bürgerliche und individuelle Rechte und Rechte der Gemeinden werden umfassend gewahrt: "Bürgerrechte".
Prinzip der Vereinheitlichung und Gleichschaltung bei der Gesellschaftsstrukturierung	Prinzip der Vielfalt, Individualität und Toleranz
Nutzung von Angst und Terror zur Steuerung und Disziplinierung (diktatorische und faschistische Elemente)	Gewährung von Eigeninitiative, Eigenverantwortung und Entwicklung von individueller Motivation zu konstruktivem sozialen Verhalten.

Gegenüberstellung der beiden politischen Kategorien "Links" und "Rechts".

Mit dem Wissen dieser Gegenüberstellung, frei von den Manipulationen der gleichgeschalteten "BRD"-Lügenmedien, ist es auf einmal leicht zu durchschauen, was gegenwärtig in der Welt vor sich geht.

Was wir gegenwärtig erleben, ist ein Siegeszug einer weltweiten linken Bewegung. In der gesamten westlichen Welt, in der "Westlichen Wertegemeinschaft" ist ein unaufhörlicher Trend zur Zentralisierung, Gleichschaltung, Entrechtung der Individuen und Gemeinden und eine Organisation der Gesellschaft von oben nach unten zu erkennen.

Die Abschaffung der Rechte, die mit der Staatsangehörigkeit verbunden sind, durch die Entstaatlichung, die Anhäufung von viel Macht in wenigen Händen über das Konstrukt "EU", deren Vertreter von niemandem gewählt wurden, ist nichts anderes, als die Etablierung eines linken, sozialistischen Regimes in ganz Europa.

Mit dem Wissen dieser Gegenüberstellung läßt sich auch das sogenannte "Dritte Reich" präziser beurteilen.
Auch hier fand eine Zentralisierung und Konzentration der Macht, eine Gleichschaltung und eine Strukturierung der Gesellschaft "von oben nach unten" statt. Das Motto war: **"Ein Volk – ein Reich – ein Führer"**. Es fand zudem eine nie dagewesene Abschaffung der zivilen Rechte statt. Die Methoden zur Disziplinierung waren Angst und Terror.
Es ist deshalb völlig offensichtlich, daß die nationalsozialistische Bewegung eine <u>linke</u> Bewegung war. Folgerichtig trug sie auch den Begriff "Sozialismus" in ihrem Namen.

In diesem Zusammenhang lohnt es sich genauer zu untersuchen, weshalb die Begriffe "Sozialismus" und "Kapitalismus" ideologisch aufgeladen und propagandistisch gegenübergestellt werden. Dies wird gezielt unternommen, um die Menschen irrezuführen.

Der Begriff "Sozialismus" beschreibt lediglich, daß vermeintlich gesellschaftliche Interessen den individuellen Interessen übergeordnet werden. Gleichschaltung, Vereinheitlichung, zentrale Machtausübung.
Damit ist der Begriff "Sozialismus" dem Begriff "Individualismus" gegenüberzustellen, und nicht dem Begriff "Kapitalismus", der eine ganz andere Dimension beschreibt.

Der Begriff Kapitalismus beschreibt lediglich, über welches Instrument die Macht in einer Gesellschaft ausgeübt wird.
Wurde beispielsweise zu Zeiten des Feudalismus die Macht über die Verleihung von Sachwerten, beispielsweise Grundstücken in Form von "Lehen" ausgeübt, und hierüber der Mehrwert geschaffen, wird in einer kapitalistischen Gesellschaft die Machtausübung über die Verleihung von virtuellen Werten, nämlich Kapital, das heißt nur noch Nullen und Einsen im Computer ausgeübt und der Mehrwert erzeugt.
Somit ist der Begriff "Kapitalismus" eher in Gegenüberstellung zum Begriff "Feudalismus" zu gebrauchen.

Die Begriffe "Sozialismus" und "Kapitalismus" beschreiben somit völlig unterschiedliche Dimensionen, die ihrerseits nichts miteinander zu tun haben.

Mit dieser Klarstellung ist es möglich, die gegenwärtigen Zustände in der Welt realistischer zu erkennen und zu beurteilen. Wir erleben eine unheilvolle Kombination aus beidem, nämlich aus Kapitalismus und Sozialismus (die Herrschaft des Geldes kombiniert mit Zentralisierung der Gesellschaft und rücksichtsloser Abschaffung individueller Rechte).
Es drängt sich der Verdacht auf, daß die Begriffe "Sozialismus" und "Kapitalismus" heutzutage gezielt propagandistisch konträr gegenübergestellt werden, um diese Zustände zu verschleiern.

13.3. Die gegenwärtigen Zustände in den U.S.A.

Eingangs ist festzustellen, daß die U.S.A. zwei gültige Flaggen haben, eine reguläre Flagge für Friedenszeiten und eine für den Zustand des Krieges.

U.S.A. Reguläre Flagge ("civil flag")

U.S.A. Kriegsflagge ("war flag")

Seit dem sogenannten "Bürgerkrieg" der "Südstaaten" gegen die "Nordstaaten" wird nur noch die Kriegsflagge der U.S.A. (rechts) verwendet, ein Hinweis dafür, daß seit jener Zeit der Kriegszustand in den U.S.A. intern rechtlich fortbesteht. Da wir die Friedensflagge ("civil flag") der U.S.A. (links) nicht mehr präsentiert bekommen, halten wir die Kriegsflagge ("war flag") der U.S.A. (rechts) für die "richtige" beziehungsweise "einzige" Flagge der U.S.A..

Entgegen allem, was uns in der Schule erzählt wurde, handelte es sich bei dem Krieg in Nordamerika vom 02.04.1861 bis 23.06.1865 nicht um einen "Bürgerkrieg" sondern um einen gewöhnlichen Krieg. Vorausgegangen war der Austritt der "Südstaaten" aus dem Staatenbund U.S.A.. Diese haben völkerrechtlich korrekt einen neuen Staatenbund gegründet, die sogenannten C.S.A. (Konföderierte Staaten von Amerika).
Damit waren die Staaten der C.S.A. für die nunmehr etwas kleiner gewordenen U.S.A. völkerrechtlich eindeutig Ausland.
Schließlich haben die U.S.A. die C.S.A. mit Krieg überzogen.

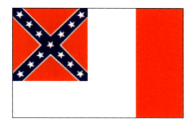
C.S.A. Reguläre Flagge ("civil flag")
Letzte Version 04.03.1865–26.05.1865

C.S.A. Kriegsflagge ("war flag")

Vor diesem Krieg hatten alle Einzelstaaten im Staatenbund U.S.A. ein hohes Maß an Souveränität und hatten ein eigenes Staatsangehörigkeitsrecht. In Urkunden und Reisepässen der U.S.A. wurde folgerichtig dem Paßinhaber die Staatsangehörigkeit des jeweiligen Einzelstaates bescheinigt. Es waren dies beispielsweise Kalifornien, Texas, Florida u.s.w..

Bekanntermaßen haben die C.S.A. im Jahre 1865 den Krieg gegen die U.S.A. verloren. Anschließend hatte man nicht etwa einen Friedensvertrag geschlossen. Vielmehr wurden die Einzelstaaten der C.S.A. von den U.S.A. annektiert.
Merkwürdigerweise haben seit dem Ende dieses Krieges die Angehörigen der U.S.A. in ihren Reisepässen nicht mehr die Staatsangehörigkeit des Einzelstaates eingetragen. Es findet sich vielmehr der Eintrag *"United States of America"*. Dies betrifft allerdings nicht nur die Paßinhaber eines Staates der früheren C.S.A. – sondern es betrifft nunmehr die Paßinhaber aller 50 Einzelstaaten.
Man hat somit das Staatsangehörigkeitsrecht und damit die Staatlichkeit in den Einzelstaaten zumindest teilweise abgeschafft und auf die Bundesebene übertragen. Dies ist jedoch eine Form der Annexion gewesen, da kein Staatsvolk eines Einzelstaates dies jemals legitimiert hat. Da dieser Akt rechtswidrig war, hat man dies nicht rechtswirksam machen können, somit

hat man genauer gesagt, alle Einzelstaaten durch die Bundesebene lediglich partiell handlungsunfähig gestellt.

Eine weitere Veränderung gab es im Jahre 1871. Die U.S.A. waren nach dem Krieg gegen die C.S.A. bei der Hochfinanz überschuldet. Es wurde mit dem "Act of 1871" eine Regelung dahingehend getroffen, daß eine Firma eingesetzt wurde, die die U.S.A. treuhänderisch verwaltet, ähnlich einem Insolvenzverwalter. Diese Vereinbarung wurde ohne Wissen der Öffentlichkeit geschlossen.
Diese Firma wurde zu Verschleierungszwecken "UNITED STATES - CORPORATION" (US-Corp.) genannt. Es handelt sich um ein Unternehmen im District Columbia, welches das Papiergeld druckt, und heute unter der Leitung des Privatbank-Kartells FEDERAL RESERVE steht.

Die beschriebene Firma "UNITED STATES - CORP." wird von dem District of Columbia (D.C.) aus geleitet. Der Distrikt ist kein Bundesstaat und gehört zu keinem Bundesstaat. In diesem Distrikt hat die im Privatbesitz befindliche Zentralbank Federal Reserve ihren Sitz, welche seit 1913 die Rechte an der Papiergeld-Schöpfung vom Kongreß zugestanden bekommen hat.
Nebenbei haben dort auch der Internationale Währungsfond und die Weltbank ihren Sitz.
Der Distrikt ist durch eine Reihe von Gesetzen geschützt, die mit den übrigen Staaten der U.S.A. nichts zu tun haben.

Washington D.C. ist kein Bestandteil der U.S.A..

D.C. steht also zu den U.S.A. exterritorial. Dies kann man auch daran sehen, daß die Bevölkerung von Washington D.C. kein Wahlrecht für den Kongreß hat und dementsprechend keine Repräsentanten, weder in das Repräsentantenhaus noch in den Senat entsenden kann.

Steuern zahlen die Einwohner von D.C. aber trotzdem. Um zu verstehen, welche "Aufmüpfigkeit" es bedeutet, angesichts dieser Tatsachen "Taxation without Represantation" aufs Nummernschild zu schreiben, muß man wissen, daß "No taxation without representation" eine wichtige Parole des sogenannten "Unabhängigkeitskriegs" gegen England war.

Nummernschild eines Fahrzeuges aus D.C.;
"Taxation without Representation" – Steuernzahlen ohne Abgeordnete zu entsenden.
Washington D.C. ist kein "state" beziehungsweise kein territorialer Bestandteil der U.S.A. –
als rechtlicher Trick zur Absicherung der Hochfinanz und sonstiger verbrecherischer Hintergrundmächte, die in Washington D.C. ihren Sitz haben.

Die Firma UNITED STATES - CORP. hat zum Zwecke der Täuschung ein Firmenlogo, das der heute im Alltag verwendeten Kriegsflagge der U.S.A. sehr ähnlich sieht, sie hat als Unterschied lediglich einen Goldrand.

Kriegsflagge der U.S.A.   *Firmenlogo der UNITED STATES - CORP.*

Dabei ist der Präsident der U.S.A. und der UNITED STATES - CORP. in den vergangenen Jahren in Personalunion ein und dieselbe Person gewesen. Deshalb wird bei der Vereidigung der US-

Präsidenten nicht auf die Verfassung der U.S.A. (Constitution of the United States of America) vereidigt sondern auf die AGB's der US-CORP. ("Constitution of the UNITED STATES" ....). Das heißt, in allen Vereidungungstexten und Ansprachen spricht der Präsident niemals von den "United States of America" sondern nur von den "United States ....." – da er nicht den Staatenbund sondern die Firma meint!

Anzumerken ist, daß die U.S.A. gegenwärtig auf der Bundesebene komplett handlungsunfähig sind und die Handlungsmacht ausschließlich von der UNITED STATES - CORP. ausgeht. Schließlich ist Obama nicht in den U.S.A. geboren und nach der Verfassung der U.S.A. kann man nur Präsident der U.S.A. sein, wenn man in den U.S.A. geboren ist.

(vgl. Verfassung der U.S.A. Artikel II Abschnitt 1)

Obama als Betrüger: *nicht als Präsident der U.S.A., sondern als Präsident der UNITED STATES - CORP., die die U.S.A. treuhänderisch verwaltet. Firmenlogo der UNITED STATES - CORP. wohin man schaut – immer schön Flagge mit Goldrand.*

Um diese Tatsache gegenüber der Öffentlichkeit zu verschleiern, hat man eine Geburtsurkunde für Obama gefälscht, nach der er auf Hawaii geboren sein soll. Wer im Internet ein wenig recherchiert, kann sehr leicht nachvollziehen, daß diese Geburtsurkunde eine Fälschung ist.

Die juristische Konstruktion der UNITED STATES - CORP. hat für die Herrschenden den Vorteil, daß sie nicht auf der Grundlage von staatlichem Recht handeln müssen, sondern sich im Handelsrecht bewegen können.
Im Staatsrecht gibt es Individualrechte und den Grundsatz, daß die Staatsgewalt immer vom Volk ausgeht. Im Handelsrecht ist die Sache ganz anders: Es wird gemacht was die Geschäftsführung bestimmt und das Personal hat keine Entscheidungsbefugnisse.

Zudem haben wir in den U.S.A. die Situation, daß mit Hilfe der Lüge vom 11. September und der Lüge vom "internationalen Terrorismus" eine nie dagewesene Abschaffung der Individualrechte erfolgt ist.

Unter Bush wurde ein sogenannter "USA PATRIOT Act" fabriziert. Dieser hat unter anderem zur Folge:
- Das Erfordernis, Richter bei Telefon- oder Internetüberwachung als Kontrollinstanz einzusetzen, entfällt
- FBI, NSA oder CIA erhalten unkontrollierten Zugriff ohne richterliche Anordnung auf die Server von US-Unternehmen sowie auf deren ausländische Töchter
- Telefongesellschaften und Internetprovider müssen ihre Daten komplett offenlegen,
- Hausdurchsuchungen dürfen ohne Wissen der betreffenden Person durchgeführt werden.
- Die Entscheidung, ob eine Vereinigung als terroristisch eingestuft wird, geht an das Justiz- und Außenministerium über (erfolgt durch Politiker ohne Überprüfung durch Gerichte).
- Das FBI hat das Recht, Einsicht in die Daten von Bankkunden zu nehmen,

- ohne eine Begründung liefern zu müssen.
- Der Auslandsgeheimdienst CIA, der im Gegensatz zum FBI keiner öffentlichen Kontrolle unterliegt, erhält das Recht, auch im Inland zu "ermitteln".
- Wirtschaftsspionage im Ausland wird umfassend legalisiert. (Bereits 1993 und damit noch vor dem Inkrafttreten des Patriot Act hatte Präsident Clinton erklärt, CIA und NSA sollten US-amerikanischen Firmen bei internationalen Geschäften "behilflich" sein).

Unter Obama wurde ein sogenannter "National Defense Authorization Act" (NDAA) fabriziert und von ihm am 31.12.2011 unterzeichnet. Dieser hat unter anderem zur Folge:
- Der US-Präsident stellt dem Militär den ungeheuren Betrag von 662 Milliarden US-Dollar zur Verfügung.
- Das US-Militär darf zukünftig Angehörige jeglicher Nationalität irgendwo auf der Welt ergreifen und sie ohne Gerichtsverhandlung auf unbestimmte Zeit inhaftieren.
- Der US-Präsident kann ohne Begründung Staatsangehörige eines jeden Landes verhaften und lebenslang in Militärgewahrsam nehmen lassen (das kommt einem Freibrief zur Abschaffung jeglicher Haftprüfung gleich).

Von der Öffentlichkeit kaum bemerkt wurden in den vergangenen Jahren über 800 KZs in den U.S.A. von der Federal Emergency Management Agency ("FEMA") errichtet (sogenannte "FEMA-Camps") und mehrere Millionen Plastik-Särge bestellt.
In einen Sarg passen 3-5 Menschen. Selbst entsprechende Massengräber sind bereits ausgehoben worden. Bei Google-Earth findet man die "FEMA-Camps" über den Suchbegriff " FEMA Detention Camps". Sie liegen verstreut über das ganze Land.

Im Frühjahr 2013 kaufte die sogenannte "Heimatschutzbehörde" 1,6 Milliarden Gewehrgeschosse. <u>Besonders pikant:</u> Bei der Munition handelt es sich um sogenannte Hohlspitzgeschosse. Solche Geschosse sind laut internationalen Abkommen sogar bei Kriegen geächtet, wegen ihrer grauenvollen Verletzungen, welche praktisch immer einen qualvollen Tod zur Folge haben.
Lieferant ist der US-Waffenproduzent ATK. Die Firma brüstet sich mit dem Slogan: "Optimale Penetration für finale Wirkung".
(vgl. MM-News vom 17.10.2013 – U.S.A.: FEMA-Camps, Millionen Särge, und Milliarden Gewehrkugeln sowie
Forbes 11.03.2013 - 1.6 Billion Rounds Of Ammo For Homeland Security? It's Time For A National Conversation)

Warum nun ausgerechnet die "Heimatschutzbehörde" so viel tödliche Munition braucht, können Denkfähige einfach und logisch herleiten.
Es sind schlichtweg Vorbereitungen für Volksaufstände, zu denen es kommen könnte, wenn die Maske fallen gelassen, und der ganze faschistische Charakter der "Neuen Weltordnung" offenbar wird.
Laut "Forbes" würden die 1,6 Milliarden Geschosse der "Heimatschutzbehörde" für einen 20jährigen Krieg ausreichen: In den U.S.A.. Zum Vergleich: Im Irak-Krieg wurden "nur" 6 Millionen Geschosse verfeuert. Die FEMA-Verordnungen können die U.S.A. jederzeit in eine flächendeckende faschistische Maschinerie verwandeln.
Wenn ein US-Präsident den nationalen Notstand ausruft, dann erhält die FEMA die völlige Kontrolle über die Menschen.

FEMA ist dem "US-Heimatschutzministerium" unterstellt. Interessant sind die Ausführungsbestimmungen, die bereits zu den Erlassen beschlossen wurden. Im Detail liegt die Dramatik. So hat das Heimatschutzministerium für die Umsetzung der Internierungspläne bereits folgende exekutiven Anordnungen aktiviert:

Anordnung 10995: Beschlagnahme aller Kommunikationsmedien in den U.S.A.
Anordnung 10997: Abschaltung der Stromversorgung und Beschlagnahme aller Brennstoffe

Anordnung 10999: Beschlagnahme aller Transportmittel
Anordnung 11000: Einteilung der gesamten US-Bevölkerung in Arbeitsgruppen und der Bundesaufsichtsbehörde und gegebenenfalls unter Teilung der Familien gemäß den Plänen der US-Regierung
Anordnung 11001: Beschlagnahme aller Gesundheits-, Erziehungs- und Fürsorgemittel
Anordnung 11003: Beschlagnahme aller Flughäfen und Flugzeuge
Anordnung 11004: Beschlagnahme aller Häuser und Finanzvollmachten, um Zwangsumsiedlungen zu ermöglichen
Anordnung 11005: Beschlagnahme aller Eisenbahnlinien, aller inländischen Wasserwege und Vorratseinrichtungen
Anordnung 12656: der nationale Sicherheitsrat hat das Recht, über notwendige Notstandsvollmachten zu entscheiden, so Verstärkung der inneren Überwachung, die Trennung von Gemeinden, Einschränkung der Bewegungsfreiheit für Einzelpersonen und Gruppen, Einsatz der Nationalgarde, um die Anordnungen mit Gewalt durchzusetzen.
Es gibt insgesamt mehrere hundert Anordnungen, die sofort angewandt werden können.

Darüber hinaus genehmigt sich Obama das Recht, jeden Menschen, den er als Feind ansieht, ohne Gerichtsverfahren oder Anklage zu ermorden. Dies erledigt Obama per Todesliste jeden Dienstag. Auf diese Weise hat er in den vergangenen Jahren Tausende Menschen umgebracht.

"Herr über Leben und Tod "Süddeutsche.de" vom 06.06.2012) u.a.

Focus online vom 04.11.2013: Der Titel sagt alles – es bedarf keines Kommentars.

Weiterhin betreibt die Obama-Administration die Praxis der "außerrechtlichen Überstellungen". Es geht dabei um die Überstellung von Menschen, die durch das US-Militär oder Geheimdienste verhaftet wurden, zum Zwecke von Verhören und Folter in Drittländer.
Zudem betreibt die Obama-Administration Folter-KZs in aller Welt, von denen Guantanamo nur das bekannteste ist.

Folglich braucht beispielsweise gegenwärtig in den U.S.A. nur irgendein unbedeutender Geheimdienst-Fuzzi behaupten, irgendjemand sei "terrorverdächtig", dann werden demjenigen lediglich auf der Basis dieses geäußerten Verdachtes sämtliche Rechte entzogen.

Er kann dann sofort umgebracht werden, er kann auf unbestimmte Zeit eingekerkert werden, es kann ihm jeder Kontakt zur Außenwelt, somit auch zu einem Anwalt, versagt werden und er kann gefoltert werden.
Obama hat in den U.S.A. sämtliche "Gesetze" selbst fabriziert, auf deren Grundlage er sich über die verfassungsmäßige Ordnung der U.S.A. ohne Not illegal hinwegsetzt.
Die von der Obama-Administration getroffenen Verfügungen sind definitiv nicht verfassungskonform, sie sind damit rechtswidrig.
Durch die Führung von Todeslisten seitens der CIA und des US-Militärs und durch die wöchentlichen Entscheidungen von Obama, wer von den Menschen, die auf diesen Listen stehen, ermordet wird, stilisiert sich Obama zum Führer, der in Verbrecher-Manier willkürlich über Leben und Tod entscheidet.

An dieser Stelle sei erinnert, welche Schwachsinnsentscheidung getroffen wurde, als man Obama bereits zu Beginn seiner ersten Amtszeit den Friedensnobelpreis hinterhergeworfen hat. Man erinnere sich, wie Menschen bei der Wahl und der Vereidigung von Obama wie die Schloßhunde geheult haben, auch und gerade Angehörige der Deutschen Völker im hiesigen Kolonialgebiet. Diese armen naiven Geschöpfe meinten doch tatsächlich, Obama sei "der schwarze Kennedy", er sei der Heilsbringer, und manche mögen sich gefragt haben: "Kann er über das Wasser gehen?".
Das Ausmaß an Naivität einerseits und Betrug und Verbrechen andererseits müßte jedem halbwegs intelligenten Menschen sofort die Wahrheit sichtbar werden lassen.
Aber offenbar brauchen viele Menschen noch die Illusion ihrer heilen Kinderwelt und die Illusion des guten Herrschers und verleugnen die Realität.

Das Führerprinzip in den U.S.A. und der westlichen Welt verwirklicht. Eine weltweite <u>linke</u> Bewegung am Ziel!

Da der "Führer Obama" aufgrund des nach wie vor bestehenden weltweiten Kriegszustandes in der gesamten Welt machen kann, was er will, und die "BRD" lediglich eine Kolonialverwaltung der U.S.A. ist, und Merkel, Gauck und Schäuble sowie die Bundestagsfuzzis etc. Obama weisungsgebunden sind, darf man messerscharf schließen, daß das "BRD"-System ein Ableger des faschistischen Obama-Regimes ist. Eine weltweite <u>linke</u> Bewegung ist inzwischen längst am Ziel.

Realistische Obama-Darstellung in den noch-freien Internet-Medien – Obama als verbrecherischer beziehungsweise faschistischer "Führer".

Im kleineren Stil haben jedoch auch frühere US-Regierungen Attentate beauftragt. Beispielsweise hatte ein gewisser Herr Chip Tatum vom ersten Präsidenten Bush, der damals Chef des Geheimdienstes CIA war, mehrmals die Lizenz zum Töten erhalten. Er führte auch mehrere Anschläge aus, bis es ihm zu viel wurde, als er auch Zivilpersonen und einen politischen Gegenkandidaten umbringen sollte. Tatum verschwand um 1998 herum in einem US-Gefängnis, aber nicht wegen der Attentate, sondern wegen Geheimnisverrats. Er hatte zusammen mit Kollegen zur eigenen Absicherung ein ganzes Bündel von Dokumenten in seinen "Tatum Chronicles" veröffentlicht, mit denen Befehle zum Attentat auf Personen in Honduras gegeben wurden.

(vgl. Ted Gunderson: Black Ops Assassin Debriefed, AOL video, http://video.aol.de)

Inzwischen ist allgemeiner bekannt, daß es unter dem US-Präsidenten Bush und seinem Vize Dick Cheney ein CIA-Kommando für Attentate gab, das weltweit agierte. Und dieses Attentatskommando macht auch unter Obama weiter.

(vgl. Dana Priest: U.S. military teams, intelligence deeply involved in aiding Yemen on strikes. The Washington Post, 27.1.2010)

Hinterhältiger Mord ohne Gerichtsverfahren ist sowieso ein Standard-Prozedere der US-Politik.

(vgl. Greg Miller: CIA may target first US-citizen. Chicago Tribune, www.stripes.com, 31.01.2010 sowie
Joe Kishore: US intelligence chief claims right to assassinate Americans overseas. www.wsws.org, 05.02.2010)

Die wenigsten Menschen wissen, daß nirgendwo sonst in der Welt pro Kopf der Bevölkerung so viele Menschen im Gefängnis sind, wie in den U.S.A. (dem "Land of the Free"). Es ist wohl kein Zufall, daß man nirgendwo in der Welt leichter ins Gefängnis kommt als dort. In den U.S.A. sind Gefängnisse komplett privatisiert und richtige Fabriken. Es gibt Gefängnismessen, auf denen die Gefängnis-Unternehmer plausibel erklären, daß man viel billiger als in China produzieren könne, da eine Gefängnis-Arbeitskraft nur wenige Cent am Tag koste.
Unabhängig hiervon ist ein weiterer interessanter Punkt, daß in den U.S.A. derzeit 56 Millionen Menschen von Lebensmittelmarken abhängig sind.
Spaßigerweise bekommt man staatliche Unterstützung dieser Art jedoch nicht, wenn man beispielsweise vorbestraft ist. Dann muß man eben hungern. Und nun raten Sie einmal, wo in der Welt pro Kopf der Bevölkerung die meisten Menschen vorbestraft sind! Wie Sie es sicher ahnen, natürlich in den U.S.A.. "Unsere amerikanischen Freunde" sind schon zu bewundern für ihre tollen, innovativen Resozialisationsansätze.
Ist doch interessant, daß die hochkarätigen Qualitätsjournalisten im "BRD"-System diese Neuigkeiten nicht präsentieren - oder?

Fazit:

So wie die Nationalsozialisten den Reichstagsbrand inszenierten, um einen Vorwand zu haben, Andersdenkende verschwinden zu lassen, zu foltern und umzubringen, ist der "11. September 2001" und der übrige "internationale Terrorismus" von den Herrschenden der "westlichen Wertegemeinschaft" inszeniert worden, um Andersdenkende verschwinden zu lassen, zu foltern und umzubringen.

Darüber hinaus werden willkürlich weltweit aggressive verbrecherische Kriegshandlungen durchgeführt, und mit dem Konstrukt "Internationaler Terrorismus" gerechtfertigt.

Durch die willkürliche Ermordung per Todesliste hat Obama gezeigt, was er beansprucht: Er beansprucht, Ankläger, Rechtsanwalt, Richter und Henker in einer Person zu sein. Auf dieser Grundlage hat Obama in den vergangenen Jahren Tausende Menschen per Todesliste ermordet.

Damit ist die Gewaltenteilung in den U.S.A. aufgehoben und das Führerprinzip realisiert.

Darüber hinaus unterhält die Obama-Administration in allen möglichen Regionen dieser Welt Folter-KZs, nicht nur in Guantanamo.

Die Gleichschaltung der heutigen Lügenmedien ist ebenfalls kriminell.

Die illegale Obama-Administration ist somit genau das, was uns allen in der Schule über das Hitler-Regime beigebracht wurde!

Mit Hilfe eines geheimdienstlich inszenierten "internationalen Terrorismus" sowie unter schamloser Ausnutzung des weltweiten Kriegszustandes und dem Titel der Hauptsiegermacht des Zweiten Weltkrieges, ist von den US-Präsidenten Busch und Obama in den vergangenen Jahren ein neues "Drittes Reich" geschaffen worden.
Eine seit Jahrzehnten weltweit agierende <u>linke</u> Bewegung hat offensichtlich ihr Ziel erreicht:

Wir alle leben längst im "Dritten Reich". Nur ist die Hauptstadt nicht Berlin, sondern Washington, der Führer heißt nicht Hitler, sondern Obama und das Territorium dieses "Dritten Reiches" ist nicht das des Deutschen Reiches, sondern jenes der U.S.A. und der gesamten "westlichen Welt".

13.4. Die "Rothschild-Gesellschaft" und das Deutsche Kaiserreich

Die gegenwärtige Welt der "Westlichen Wertegemeinschaft" könnte man treffend mit dem Begriff "Rothschild-Gesellschaft" beschreiben.
Es regieren die sogenannten "Rothschild-Banken" und so ziemlich alle Menschen rennen im Hamsterrad dem "Rothschild-Geld" hinterher.
Von vielen Menschen, die mit offenen Augen durch die Welt gehen und ihren Verstand benutzen, um ihre persönlichen Verhältnisse zu analysieren, hört man oft die Worte: "Es geht nur noch ums Geld!". Gute Ideen haben keine Chance, bei jedem bedeutendem und unbedeutendem Vorhaben fällt sehr schnell der Satz: "Wie läßt sich das finanzieren? ...".
Dabei hat das Rothschild-Geld schon religiöse Macht. Die Menschen stehen morgens auf und einer der ersten Gedanken kreist um das Rothschild-Geld. Und wenn sie zu Bett gehen, kreisen ihre Gedanken immer noch um das Rothschild-Geld.

Im Grunde funktioniert fast jeder von uns wie eine Art Taschenrechner: Bei jeder noch so kleinen Alltagshandlung überlegen wir reflexartig, was dies oder jenes in Rothschild-Geld kostet und wie sich dieser oder jener Rothschild-Geld-Betrag auftreiben oder einsparen lassen könnte.

In der Tat benötigt man außer Rothschild-Geld kaum noch etwas sonst. Alles läßt sich dafür kaufen. Man benötigt beispielsweise keine Freunde und keine Nachbarschaft mehr und nachbarschaftliche Hilfe ist unnötig, sofern man über genügend Rothschild-Geld verfügen kann.
Auch braucht man keine Familie mehr. Weder um sich gegenseitig im Alltag zu helfen, noch um generationenübergreifend zusammen zu wirken, weder bei der Erziehung und Versorgung der Jüngsten, noch zur Pflege der Ältesten.
Auch die Gemeinde muß einen nicht mehr groß interessieren, ob das Elektrizitätswerk oder das Wasserwerk der Kommune gehört oder nicht, sofern man genügend Rothschild-Geld hat, hat man Wasser und Strom so viel man eben will.
Die ganze Region in der man lebt kann einem völlig egal sein. Ob die Landwirte in der Region noch Lebensmittel produzieren oder bereits pleite sind, ob es noch eine Bekleidungsindustrie gibt oder nicht, all dies ist letztlich bedeutungslos für den, der genug Rothschild-Geld hat, um sich seinen Anzug in China fabrizieren, oder Erdbeeren aus Südafrika, Schnittblumen aus Marokko oder Kartoffeln aus Brasilien einfliegen zu lassen.

Natürlich kann man vom Rothschild-Geld nie genug haben. Etwas abzugeben, wenn man hat, kommt natürlich nicht in Frage. Man weiß ja nie was noch kommt. Es könnte ja sein, man wird einmal krank und muß teure Medikamente oder Operationen bezahlen, oder verliert seine Arbeitsfähigkeit. Vielleicht ist ja gerade der Betrag, den man heute seinem Nachbarn Helfenderweise geben könnte, damit der sein mittelständisches Unternehmen in der eigenen Region weiterführen kann, genau der Betrag, der einem irgendwann in der Zukunft fehlt.

Damit hat das Rothschild-Geld die weltliche und die religiöse Macht übernommen. Wir sind von ihm nicht nur physisch abhängig, sondern haben unsere Seelen daran verkauft.

Das Rothschild-Geld regiert bis in die intimsten menschlichen Beziehungen. Die überall verfügbare Prostitution ist nichts weiter als der ehrlichste und offenste Ausdruck dessen. Die meisten "bürgerlichen" Ehen dürften in der Rothschild-Gesellschaft auch kaum mehr als verdeckte Prostitutionsverhältnisse sein.

In der modernen Psychologie ist das Partnerwahl-Verhalten sehr gut untersucht. Kaum ein statistisches Merkmal hat einen vergleichbaren prädikativen Wert für die Bereitschaft, eine Partnerschaft mit einer bestimmten Person einzugehen, als deren Besitz an Schuldscheinen – will heißen – Rothschild-Geld.

Der Kontostand ist unser Kapo, unser Aufseher beziehungsweise unser Sklaventreiber.

Damit sind wir gleich viel leichter steuerbar. Das stärkt die Macht der Betreiber des Geldsystems ins unermeßliche, von denen wir wissen, daß sie die wahren Herrscher der Welt sind.

In New York hat die Hochfinanz jetzt schon eine eigene Polizei, die ihr direkt untersteht: FRPD – Federal Reserve Police Departement

Wer mit offenen Augen durch die Welt geht, kann leicht erkennen, daß die Rothschild-Gesellschaft kaum etwas Nachhaltiges leistet, beziehungsweise von bleibendem Wert schafft, woraus kommende Generationen noch einen Nutzen haben könnten.

Was wird man schon in hundert oder zweihundert Jahren über die heutige Rothschild-Gesellschaft sagen?

Allein die Architektur der Rothschild-Gesellschaft offenbart deren ganzes Wesen. Was von ihr für die Mehrheit der Menschen vorgesehen ist, sind primitive, häßliche Betonburgen. Hauptsache viele Menschen passen rein und dürfen sich als Nummer in einem Schließfach fühlen.

Was die Besatzer für die deutschen Völker vorgesehen haben, ist an Häßlichkeit kaum zu überbieten und hat nichts mit einer menschlichen Architektur zu tun.

Häßliche Bauten der Rothschild-Gesellschaft nach dem Motto "Wer hat den Längsten?" oder "Geht´s noch häßlicher?

Nachfolgende Generationen können über die Rothschild-Gesellschaft kaum etwas anderes resümieren, als daß es sich um nichts weiter als um eine gigantische Energieverschwendung gehandelt hat.

Dabei wird unter einem ungeheuren Energieverbrauch mit Millionen Tonnen Öl und Gas jeden Tag und einem permanent laufendem Hamsterrad für Milliarden von Menschen Tag für Tag kaum etwas geschaffen oder erreicht, was unsere Vorfahren nicht schon vor 140 Jahren mit viel einfacheren Mitteln auf die Beine gestellt hätten.

Beispielsweise wird uns immer wieder beigebracht, die Römer seien kultiviert und zivilisiert gewesen und unsere germanischen Vorfahren eben nur kulturlose Wandalen und Barbaren.

Oder einmal das Mittelalter betrachtet. Wenn wir mit offenen Augen durch die Welt gehen, fällt uns auf, daß viele Gebäude aus jener Zeit noch von diesen Leistungen zeugen. Sämtliche romanischen und gotischen Kirchen oder Kathedralen wurden in jener Zeit geschaffen. Einschließlich der dazugehörigen Kunstwerke wie Gemälde, Fenstermalerei, Altare, Skulpturen usw., usw..

Für die Errichtung derartiger Bauwerke waren eine umfassende Planung und eine konsequente Bauausführung über Jahrzehnte erforderlich. Diese Gebäude stehen heute noch als Zeugnisse der Leistungen unserer Vorfahren.

Kein Mensch hat jemals davon gehört, daß es damals eine "internationale Hochfinanz" gegeben hätte, die für derartige Leistungen gebraucht worden wäre.

Die Zeit des Mittelalters wird uns heute als "finsteres Zeitalter" verkauft, aber vielleicht ist das ja zum größten Teil auch nur Propaganda der Rothschild-Gesellschaft.

Schließlich ist uns aus der Antike bekannt, daß neue Herrscher gerne die Skulpturen und Bauwerke ihrer Vorgänger vernichtet haben, um deren Leistungen vergessen zu machen.

Ähnliches erleben wir in der heutigen Rothschild-Gesellschaft. Die Verunglimpfung der Leistungen aus der Zeit des Mittelalters ist nur ein Beispiel für diese Art der Propaganda.

Es gab schließlich noch eine Zeit in unserer Geschichte, in der ebenfalls Nachhaltiges geleistet wurde, wovon nachfolgende Generationen noch viel Nutzen hatten – bis in die Gegenwart. Im Grunde stehen wir heute noch auf den Füßen von jenen toten Leuten – unseren Vorfahren.

Es war die wirkliche Blütezeit der Deutschen Völker. Es waren die Jahre 1871 bis 1914, die Zeit der konstitutionellen Monarchie. Es wurden mit den damaligen, relativ einfachen Möglichkeiten Kanäle, U-Bahnen, ganze Städte aus dem Boden gestampft.

Man stelle sich einmal eine Stadt wie Berlin vor, wenn man sagen würde: "Alles was zwischen 1871 und 1914 gebaut wurde raustreten!" …. was würde dann noch übrigbleiben? Die einzigen Gebäude, die noch ästhetischen Mindestanforderungen genügen würden wären Gebäude von vor 1871. Der Rest wäre Plattenbeton in maximal möglicher Häßlichkeit. Insbesondere alles was nach 1945 gebaut wurde, ist an Häßlichkeit, Kulturlosigkeit und Primitivität nicht zu überbieten – eine unmenschliche Architektur eben.

Häuser unserer Vorfahren aus der Zeit der konstitutionellen Monarchie. Höchste ästhetische Ansprüche wurden verwirklicht. Und das mit den einfachsten Mitteln von vor über 140 Jahren!

Unsere Vorfahren haben in Wohnhäusern gelebt, die praktisch Schlösser waren. Mit modernen Errungenschaften wie Doppelfenster und Kohleöfen und Wassertoiletten. Wohl gemerkt, für die damalige Zeit und mit den damaligen Möglichkeiten enorme Leistungen.
All dies haben unsere Vorfahren geleistet und die Nutznießer waren alle, ob Abteilungsleiter, Reinigungsdamen, Lehrer oder Arbeiter.

Kein geistig gesunder Mensch würde auf die Idee kommen, sofern er abends gerne ausgehen möchte, sich hierfür eine Betonwüste der Rothschild-Gesellschaft auszusuchen. Jeder geht gerne in die Altstadt, in das Gründerzeit-Viertel, um seinen Feierabend zu genießen oder mit Freunden unterwegs zu sein.

Nicht ohne Grund haben die Besatzer in den Jahren um 1950 herum in den Großstädten und insbesondere in Berlin eine Bewegung ins Leben gerufen, die sich zur Aufgabe gemacht hat, die Schmuckelemente an den Wohnhäusern, die den alliierten Bombenterror teilweise überstanden haben, noch abzuschlagen. Angeblich um "Modernität" auszustrahlen. Tatsächlich jedoch, um die Deutschen Völker von ihren historischen Wurzeln abzuschneiden.
Aber auch U-Bahnlinien, Kanäle, Straßen und Hochseeflotten wurden in kürzester Zeit von unseren Vorfahren in die Welt gebracht.
Und das alles bei einer in der Welt einmaligen Sozialgesetzgebung und Sozialstaatlichkeit.
Nicht zu reden von den Individualrechten jener Zeit, die in den ersten Paragraphen des 1900 eingeführten Bürgerlichen Gesetzbuches (BGB) unter dem Konstrukt der "natürlichen Person" definiert wurden.

Wohnhäuser wie Schlösser, U-Bahnen, S-Bahnen, Kanäle, Schiffshebewerke, die deutschen Völker waren vor dem Ersten Weltkrieg die wohlhabendsten der Welt!

Das Deutsche Reich war der komplette Gegenentwurf zur Rothschild-Gesellschaft.

Das Deutsche Reich war de-zentral organisiert. Die Gemeinden und die Bundesstaaten hatten als legitime Gebietskörperschaften gegenüber der Reichsebene eine enorme Macht. Die Staatsangehörigen hatten verbriefte Rechte, wie sie mit der Einführung des Bürgerlichen Gesetzbuches im Jahre 1900 in seinen ersten Paragraphen definiert wurden.
Niemals wäre es unter den bundesstaatlichen Strukturen des Deutschen Reiches möglich gewesen, daß irgendwelche ausländischen Heuschrecken das Vermögen einer Gemeinde oder eines Deutschen Volkes an sich bringen, und das Volk hiernach von sich abhängig machen, es ausbeuten oder versklaven.

Seien es Wälder, Elektrizitätswerke, Wasserwerke, Flüsse, Seen, Bodenschätze, was auch immer. Niemals hätten die Deutschen Völker enteignet und versklavt werden können, solange ihr jeweiliger Einzelstaat und der Staatenbund Deutsches Reich handlungsfähig waren.

Auch wäre es in den Staaten des Deutschen Reiches niemals möglich gewesen, daß eine "Internationale Hochfinanz" eine betrügerische Enteignungsmaschinerie in Gestalt eines privaten, zinsbasierten Zentralbanksystems etabliert.

Um diese Enteignungen und Versklavungen zu ermöglichen, wurden gegen das Deutsche Reich zwei Kriege geführt.

Die dümmliche Alliierten-Propaganda, das Deutsche Reich sei "militaristisch" gewesen und habe zwei Kriege verschuldet, wird heute noch nicht einmal mehr von den Alliierten selbst aufrecht erhalten. Nur noch von Vertretern des "BRD"-Systems, die sich "unseren amerikanischen Freunden" anbiedern wollen.

Es ist kein Wunder, daß noch heute von der "BRD"-Besatzer-Propaganda die Zeit der konstitutionellen Monarchie im Deutschen Reich am meisten verunglimpft wird, beinahe noch mehr, als die Zeit des "Nationalsozialismus". Dargestellt werden die Deutschen Völker jener Zeit hauptsächlich als Idioten, die komische Bärte getragen haben und Pickelhauben geil fanden.

Die wahren Leistungen und Errungenschaften jener Zeit werden von der alliierten "BRD"-Lügenpropaganda verschwiegen oder verdreht.

Die Deutschen Völker waren vor dem Ersten Weltkrieg die wohlhabendsten der Welt. Ihre Leistungen in der Zeit der konstitutionellen Monarchie wurden mit einfachsten Mitteln erbracht, und zwar ohne daß hierfür eine "internationale Hochfinanz" gebraucht worden wäre.

Diese Typen namens Rothschild, Rockefeller, Warburg, Morgan, Goldmann und Sachs etc. braucht absolut niemand in der Welt!

Mit ihrer Militarisierung, Zentralisierung und Gleichschaltung sind sie die Kriegstreiber und die wirklichen Nazis dieser Welt. Die historische Erfahrung zeigt, daß Verbrecher und Nazis niemals freiwillig das Feld räumen.

Die Menschheit wird niemals frei sein, weder frei von Kriegen, noch von Verdummung und Versklavung, solange diese Egoisten ihr Unwesen mit ihrem betrügerischen Geldsystem ungehindert treiben können.

Es bleibt nur zu hoffen, daß die Menschheit frei werden kann, ohne sich an diesen Typen die Finger dreckig machen zu müssen.

Andererseits sollte man nie vergessen, wenn diese Typen wirklich einmal vor Gericht stehen sollten, können sie immer sagen, daß sie nur geschäftliche Angebote gemacht haben. Wir haben sie eben angenommen, wir sind die Träger des Systems weil wir alle mitmachen. Und alles ist rechtlich sauber so gestaltet, daß unser Mitmachen letztlich auf Freiwilligkeit basiert.

An die Zeit der konstitutionellen Monarchie, an diese Blütezeit der deutschen Völker, gilt es wieder anzuknüpfen. Ob wir heute dafür noch einen Adel brauchen sei dahingestellt.

Die Monarchen in den Bundesstaaten des Reiches haben rechtswirksam abgedankt.

Man kann sie durch Regentschaftsräte oder Präsidialräte oder auch durch Ältestenräte ersetzen. Es muß endlich den Deutschen Völkern möglich werden, hierüber in freier Selbstbestimmung selbst zu entscheiden.

Was wir auf jeden Fall brauchen ist Rechtsstaatlichkeit, Souveränität und außenpolitische Neutralität. Neutralität ist extrem wichtig, wie die gegenwärtigen Verstrickungen in die dreckigen Kriege der U.S.A. zeigen.

Was es auf diesem Wege am wenigsten braucht ist eine "Internationale Hochfinanz".

Hierfür müssen wir uns frei machen, von der alliierten "BRD"-Lügenpropaganda, durch die wir von unseren historischen Wurzeln seit Jahrzehnten gezielt abgeschnitten wurden.

Hierfür müssen wir uns auch freimachen von den implementierten Schuldkonzepten, durch die wir in einem geistigen Gefängnis gehalten werden.

14. Die frohe Kunde vom Deutschen Reich

Obgleich an anderer Stelle erwähnt, sei wegen der Bedeutsamkeit an dieser Stelle abermals ausgeführt: Wenn wir wieder staatliches Recht leben wollen, müssen wir berücksichtigen, daß wir nicht einen Staat in einem Staat gründen können, den es bereits gibt.
Dies wäre glatter Völkerrechtsbruch und damit rechtsungültig.

Wir kommen deshalb nicht umhin, die völkerrechtlich bestehenden legitimen Gebietskörperschaften zu reorganisieren. Erst hiernach können wir sie rechtswirksam umbenennen oder in der Struktur verändern.

Zum Verständnis der Rechtslage im Deutschen Reich ist das folgende Fallbeispiel sehr hilfreich.

Angenommen, wir haben einen Freund, nennen wir ihn Wilhelm. Wilhelm wurde in eine Schlägerei verwickelt und hat ein Schädel-Hirn-Trauma erlitten. Er liegt im Koma, und die Ärzte meinen, daß man ein möglichst lang andauerndes künstliches Koma aufrecht erhalten sollte.
In einer solchen Situation wird ein Treuhänder bestellt. Dieser übernimmt treuhänderisch für Wilhelm die Geschäfte. Er soll das Haus und den Hof von Wilhelm erhalten und die anfallenden Kosten aus den anfallenden Einnahmen zahlen, bis Wilhelm wieder auf den Beinen ist. Dann soll natürlich Wilhelm seine Geschäfte irgendwann wieder eigenverantwortlich erledigen. Als Treuhänder wird Paul rechtmäßig eingesetzt. Das Koma von Wilhelm dauert unerwartet lange, und Paul erledigt die Geschäfte von Wilhelm treuhänderisch weiter.
Paul hat jedoch einen persönlichen Feind, nämlich Adolf. Adolf ist seit langem der Meinung, die Geschäfte, die Paul treuhänderisch für Wilhelm erledigt, sollte man ganz anders handhaben.
Adolf schlägt deshalb auf Paul ein, und Paul landet ebenfalls, wie vorher Wilhelm, auf der Intensivstation. Auch er wird wegen schwerer Verletzungen ins künstliche Koma gelegt.
Nun ist die Frage, wer wird der Treuhänder von Wilhelm, da Paul ja nun ausgefallen ist. Und außerdem muß noch ein Treuhänder für Paul gefunden werden, sein Haus und sein Hof sollen ja auch weiter existieren, bis Paul wieder aufwacht.
An dieser Stelle kommt Adolf eine glänzende Idee. Er macht sich selbst (nicht ganz legal) zum Treuhänder von Paul. Obgleich Adolf nur <u>der Treuhänder des Treuhänders</u> ist, übernimmt er damit auch die Treuhänderschaft, die Paul bisher für Wilhelm ausgeführt hat. Somit hat Adolf die Treuhänderschaft auch für Wilhelm, aber eben nur mittelbar.
Das ist bis hierhin relativ einfach.
Nun hat sich Adolf in seinem Bekanntenkreis durch unvornehmes Verhalten unbeliebt gemacht, und hat deshalb einige Feinde. Adolf wird von seinen Widersachern in eine Schlägerei verwickelt und stirbt.
Da Adolf tot ist, braucht es für ihn keinen Treuhänder.
Allerdings muß ein Ersatz-Treuhänder für Paul gefunden werden. Dieser wäre dann auch gleichzeitig <u>mittelbar</u> wieder Treuhänder für Wilhelm.
Auf die Idee, Wilhelm aus dem künstlichen Koma herauszuholen kommt man gar nicht erst. Schließlich will man Wilhelms Eigentum für sich selbst nutzen, was mit Wilhelms Erwachen nicht mehr möglich wäre.
Und Tatsache, es findet sich ein alter Freund von Adolf. Er heißt Konrad. Dieser läßt sich zu seinem Nachfolger bestellen. Konrad übt nun die Treuhänderschaft über Paul aus, und übernimmt damit auch Pauls frühere Verpflichtung, Treuhänder über Wilhelm zu sein.
Nun verstirbt jedoch Paul auf der Intensivstation. Konrad kann nicht mehr der Treuhänder von Paul sein, da das Treuhandschaftsverhältnis mit dem Tod von Paul beendet ist.
Damit hängt jedoch Wilhelm gewissermaßen "in der Luft". Es gibt keinen Treuhänder mehr für ihn, da der Treuhänder tot ist und der Treuhänder des Treuhänders damit nicht mehr auf ihn durchgreifen kann.
Nun sollte es möglich sein, daß man Wilhelm endlich aus dem Koma holt, in dem er schon lange genug dahingemodert ist. Damit hätte der ganze Spuk endlich sein Ende.

Übertragen auf unsere staatsrechtlichen Fragestellungen ergibt sich folgendes Bild:
Die 26 Einzelstaaten im Staatenbund "Deutsches Reich" waren legitime Staaten, die im Ersten Weltkrieg eine militärische Niederlage erlitten haben. Diese Staaten wurden handlungsunfähig gestellt und ein Konstrukt namens "Weimarer Republik", errichtet.
Diese "Weimarer Republik" basierte auf dem Weimarer Grundregelwerk vom 11.08.1919 als Anhängsel des Versailler Diktats. Die "Weimarer Republik" war kein staatliches Recht, sondern lediglich eine Firma.
Diese "Weimarer Republik" ist rechtswidrig zustande gekommen und hat die Staaten des Deutschen Reiches rechtswidrig handlungsunfähig gestellt und in der Folge gewissermaßen lediglich treuhänderisch verwaltet.
Im Weiteren wurde diese "Weimarer Republik" ihrerseits durch das sogenannte "Dritte Reich" rechtswidrig handlungsunfähig gestellt.
Dieses "Dritte Reich" ist ebenfalls rechtswidrig zustande gekommen und hat die rechtswidrige "Weimarer Republik" in der Folge rechtswidrig treuhänderisch verwaltet.
Wir haben es somit beim "Dritten Reich" mit einem rechtswidrigen Treuhänder eines rechtswidrigen Treuhänders zu tun.
Die "BRD" ist von den westlichen Besatzungsmächten als eine Kolonialverwaltung und gleichzeitig als Weiterführung des "Dritten Reiches" konzipiert worden.
Sie war zunächst als Weiterführung des "Dritten Reiches" ein rechtswidriger Treuhänder der rechtswidrigen "Weimarer Republik", und damit mittelbar der rechtswidrige Treuhänder des Deutschen Reiches (Kaiserreich).
Mit der Abzahlung der Forderungen aus dem Versailler Diktat im Jahre 2010 durch die Kolonialverwaltung "BRD" ist das Weimarer Grundregelwerk vom 11.08.1919 als Auflage des Versailler Diktates erloschen.
Damit gibt es keinen Treuhänder mehr für die 26 Einzelstaaten im Staatenbund Deutsches Reich.

Zur Verdeutlichung:
Wenn die "BRD" in ihrer Eigenschaft als Treuhänder der "Weimarer Republik" tätig wird, benutzt sie die hoheitlichen Zeichen der "Weimarer Republik", beispielsweise deren sechseckigen Adler mit 12 Federn.
Dies ist beispielsweise der Fall, wenn "BRD"-Stellen Geburtsurkunden oder andere international verwendbare Urkunden ausstellen. Deshalb ist auf der Vorderseite von Reisepässen auch der sechseckige Adler der "Weimarer Republik" mit 12 Federn aufgebracht. Dabei ist wichtig zu wissen, daß die "BRD" nicht identisch mit der "Weimarer Republik" ist, sondern nur als ihr Treuhänder handelt.

Darüber hinaus wird die "BRD" allerdings nicht nur als Treuhänder der "Weimarer Republik", sondern auch als Firma in eigener Sache handelsrechtlich tätig. Dabei verwendet sie eigene Firmenlogos. Die dabei von der "BRD" am häufigsten verwendeten Firmenlogos sind:

"BRD"-Firmenlogo / Adlerimitation mit 10 Federn

"BRD"-Firmenlogo / Adlerimitation mit 14 Federn

Zum Zwecke der Täuschung sind diese Firmenlogos sehr ähnlich dem sechseckigen Adler aus der Zeit der "Weimarer Republik" mit 12 Federn gestaltet.

Nun wurde in der vorliegenden Abhandlung der "2+4-Vertrag" bereits ausführlich analysiert. Es wurde dargelegt, daß die vier Besatzungsmächte sich in diesem Vertrag auf ein neues

Verwaltungskonstrukt namens "Vereintes Deutschland" geeinigt haben, und daß dieses "Vereinte Deutschland" nie handlungsfähig hergestellt worden ist.

Obgleich der Vertrag nie rechtswirksam nach den Bedingungen dieses Vertrages ratifiziert werden konnte, haben sich die Alliierten in Anschreiben bisher immer dahingehend geäußert, daß sie den Inhalt des "2+4-Vertrages" als rechtswirksam und rechtskräftig betrachten, beziehungsweise sie sich an dessen Inhalt gebunden sehen.

Britische Botschaft
Berlin

Abt. für Presse,
Öffentlichkeitsarbeit und Politik
Britische Botschaft
Wilhelm Straße 70
10117 Berlin

Tel: 030 20457 0
UKinGermany.fco.gov.uk

Frau
Martina Sass
Sophienstr. 2
50321 Brühl

18. November 2011

Sehr geehrte Frau Sass,

vielen Dank für Ihr Schreiben vom 4. November 2011.

Die Militärregierung in Deutschland wurde am 21. September 1949 mit Inkrafttreten des Besatzungsstatuts aufgelöst. Dieses galt, bis die Pariser Verträge am 5. Mai 1955 wirksam und die besatzungsrechtlichen Befugnisse und Zuständigkeiten dadurch vollständig aufgehoben wurden. Die damit verbundenen alliierten Vorbehaltsrechte verloren erst 1990 mit der Deutschen Wiedervereinigung und dem Inkrafttreten des Zwei-plus-Vier-Vertrages am 15. März 1991 auch völkerrechtlich ihre Wirkung, als Deutschland die volle Souveränität wiedererlangte.

Heute ist kein Gesetz der Militärregierung in Kraft.

Ich hoffe, Ihnen hiermit geholfen zu haben.

Mit freundlichen Grüßen

Sibel Ucar
Intern: Receptionist & Public Enquiries Officer

Schreiben der britischen Botschaft mit der Bestätigung, daß <u>Deutschland</u> die volle Souveränität habe und das Besatzungsrecht <u>in Deutschland</u> nicht mehr in Kraft sei.

Dabei haben die Besatzungsmächte in diesem Vertrag zu einer ganz anderen Körperschaft eine sehr wichtige Aussage getroffen, nämlich zu "Deutschland als Ganzes".
In Artikel 7 legen sie fest:

<u>Zitat:</u>
"Die Französische Republik, das Vereinigte Königreich ....., die Union der Sozialistischen Sowjetrepubliken und die Vereinigten Staaten ..... beenden hiermit ihre Rechte und Verantwortlichkeiten in bezug auf Berlin und Deutschland als Ganzes.... "

Deutschland ist nach alliierter Definition das Gebiet des Deutschen Reiches in den Grenzen vom 31.12.1937. Deutschland als Ganzes wurde von den Alliierten Siegermächten immer als Synonym für das Deutsche Reich verwendet (also nicht nur für das Territorium des Deutschen Reiches, sondern für alle drei Elemente aus der Drei-Elemente-Lehre, also für das Territorium, das Staatsvolk und die Staatsgewalt.

"Deutschland als Ganzes" ist somit eine völlig andere Körperschaft als das "Vereinte Deutschland" des "2+4-Vertrages".

Die Festlegung der Alliierten, daß sie ihre Verantwortlichkeiten für das Deutsche Reich beenden, ist deshalb noch lange kein Friedensvertrag. Es ist lediglich eine einseitige Unzuständigkeitserklärung.
Diese einseitige Unzuständigkeitserklärung ist nicht unbefristet und unwiderruflich erfolgt.
Die Alliierten können jederzeit von ihren Rechten als Siegermächte und als Besatzungsmächte wieder Gebrauch machen.
Allerdings haben die drei Siegermächte in früheren Konferenzen beschlossen, in Fragen, die >>Deutschland als Ganzes<< betreffen, gemeinsam zu entscheiden.
Es müßten dann alle drei Siegermächte gemeinsam entscheiden, daß sie ihre Rechte als Sieger und Besatzer wieder wahrnehmen, und das ist angesichts der internationalen Situation gegenwärtig eher unwahrscheinlich.

Trotz dem es nach wie vor keinen Friedensvertrag gibt, liegt in der Festlegung des Artikel 7 des "2+4-Vertrages" etwas ganz Unglaubliches.

Die Alliierten haben das Gebiet des Deutschen Reiches freigegeben.

Aber wie verträgt sich das mit der früheren Feststellung in dieser Abhandlung, daß das Besatzungsrecht weiterhin in Kraft sei, ja im Jahre 2007 auch früher aufgehobene Teile des Besatzungsrechts im "BRD"-System wieder voll hergestellt worden seien?

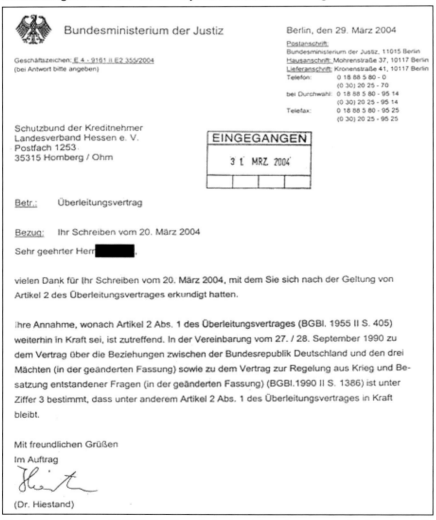

Schreiben einer "BRD-Stelle, daß das Besatzungsrecht heute voll wirksames Bundesrecht sei.

Konkretisieren wir die verschiedenen Aussagen:

Die Alliierten schreiben: "Deutschland hat die volle Souveränität".
"BRD"-Stellen schreiben: "Das Besatzungsrecht ist voll wirksames Bundesrecht."

Das klingt zunächst nach einem Widerspruch. Man fragt sich, wer von beiden lügt hier?!
Die Erklärung hierfür ist jedoch am Ende ganz einfach: Man kann diese Aussagen verstehen, wenn man berücksichtigt, daß die "BRD" und "Deutschland" zwei Dinge sind, die nichts miteinander zu tun haben!

Fassen wir zusammen:
1. Im Jahre 1945 wurden von den Besatzungsmächten Besatzungs<u>zonen</u> und Besatzungs<u>sektoren</u> eingerichtet.
2. Diese Besatzungs<u>zonen</u> und Besatzungs<u>sektoren</u> waren <u>Gebietskörperschaften</u>. In diesen Gebietskörperschaften galt das Besatzungsrecht.
3. Das <u>Besatzungsrecht</u> war somit <u>gebietskörperschaftliches</u> Recht.
4. Dieses Besatzungsrecht ist in "Bundesrecht" überführt worden.
5. Da die "BRD" keine Gebietskörperschaft mehr ist, sondern nur noch eine Personenvereinigung, handelt es sich bei dem <u>Besatzungsrecht</u> heute nur noch um "BRD"-Recht. Es ist heute nur noch <u>personengesellschaftliches</u> Recht.
6. Mit der Freigabe des Deutschen Reiches in Artikel 7 des "2+4-Vertrages" ist das <u>gebietskörperschaftliche</u> Besatzungsrecht für das Deutsche Reich <u>außer Kraft</u> getreten.
7. Das Deutsche Reich hat somit die volle Souveränität.
8. Demgegenüber ist das "BRD"-System lediglich Besatzungsrecht.
   Das Besatzungsrecht gilt heute nur noch als Firmenrecht für Personal der Firma "BRD".
   Das <u>Besatzungsrecht</u> ist heute <u>kein territoriales Recht</u> mehr, es ist <u>kein gebietskörperschaftliches Recht</u>.
   Wer keine rechtliche Verbindung zum "BRD"-System unterhält, wer also nicht Personal der Firma "BRD" ist, für den gilt das Besatzungsrecht nicht, auch wenn er sich in Deutschland aufhält.

Fazit:
Das Besatzungsrecht ist heute kein gebietskörperschaftliches Recht, das heißt kein territoriumsbezogenes Recht mehr. Es gilt heute nur noch als Recht einer Personenvereinigung, das heißt als Firmenrecht für Personalangehörige der Kolonialverwaltung beziehungsweise Firma "BRD". Damit ist das Territorium des Deutschen Reiches frei vom Besatzungsrecht.

Das Deutsche Reich mit seinen Einzelstaaten ist frei!

Das Problem ist nur, daß sich kaum jemand zu seiner Staatsangehörigkeit bekennt.
Die meisten von uns laufen aus freien Stücken heraus mit einer NS-Kennkarte Namens "Bundespersonalausweis" herum und lassen sich hierüber freiwillig enteignen und versklaven.

Dabei ist das Deutsche Reich mit seinen 26 Bundesstaaten das freieste Land der Welt!

Das Deutsche Reich beziehungsweise seine Einzelstaaten sind niemals den "UN" oder der "EU" beigetreten. Für das Deutsche Reich gilt das Sieger- und Besatzungsrecht nicht mehr, obgleich das Siegerrecht der UN für deren 192 Mitglieder gilt und worüber sie an den Präsidenten der U.S.A. versklavt werden.
Das Deutsche Reich mit seinen Einzelstaaten ist niemals der "EU" beigetreten. Damit gelten in den Einzelstaaten des Deutschen Reiches keine "EU"-Knebelverträge oder "EU"-Schwachsinnsauflagen in der Wirtschaft, in der Landwirtschaft oder im Bildungswesen.
Die Einzelstaaten des Deutschen Reiches haben sich niemals verpflichtet, einer "internationalen Hochfinanz" ihr Betrugsgeldsystem in ihren Territorien zu erlauben.

15. Gegenwärtig gültiger Rechtsstand in den Territorien des Reiches

Im folgenden Kapitel soll beschrieben werden, welchen gültigen Rechtsstand wir in den einzelnen Gebietskörperschaften des Deutschen Reiches haben.
Zu klären ist hierbei zunächst der Rechtsstand auf der Reichsebene.
Aber auch auf der Ebene der Einzelstaaten ist der gegenwärtig gültige Rechtsstand zu klären. Schließlich kommt es darauf an, die Handlungsfähigkeit der legitimen Körperschaften unseres Staatsgefüges wieder herzustellen, wofür möglichst präzise Kenntnisse des Rechtsstandes auf allen rechtlichen Ebenen Voraussetzung sind.

Dabei sind lediglich die wesentlichsten staatsrechtlichen Grundsätze zu beachten:

1. In einer Monarchie verschwindet durch die rechtswirksame Abdankung des Monarchen der betreffende Staat nicht einfach.
    Es gibt dann zwei Möglichkeiten wie weiter verfahren wird:
    a) Es wird ein Ersatz für den Monarchen gefunden, beispielsweise wurde dies in früheren Zeiten gemacht, wenn der Thronfolger noch minderjährig oder geisteskrank war.
    Beispielsweise könnte heutzutage ein Monarch auch durch einen gewählten Regenten oder einen Regentschaftsrat ersetzt werden.
    b) Die Verfassung wird geändert und die Monarchie wird auf diese Weise rechtswirksam abgeschafft. Dann braucht es keinen Ersatz für den Monarchen mehr.

2. Die Aufhebung einer Verfassung und die Inkraftsetzung einer neuen Verfassung kann Legitimerweise nur durch zwei Möglichkeiten erfolgen.
    a) Es wird eine Verfassung ausgearbeitet und per Volksentscheid legitimiert.
    Ein Volksentscheid beinhaltet dabei generell in allen Fragen die höchste Legitimation, die in einem Staat überhaupt möglich ist.
    b) Es werden Delegierte gewählt, die die Aufgaben haben, eine Verfassung zu erarbeiten und per Abstimmung in Kraft zu setzen.
    Üblicherweise heißt ein solches Gremium dann **Nationalversammlung**.
    Eine solche Nationalversammlung wird dann nach Vollendung ihrer Arbeit wieder aufgelöst.

3. Der Staat selbst kann aufgelöst werden, aber nur wenn der oberste Souverän dies so entscheidet. Es verschwindet ein Staat Legitimerweise, wenn ein Staatsvolk in freier Selbstbestimmung dies beschließt, beispielsweise durch Anschluß an einen anderen Staat oder durch Zusammenschluß mit einem anderen Staat beziehungsweise mit anderen Staaten zu einem größeren Gesamtstaat.
    Hierfür bedarf es einer besonderen Legitimation. In modernen Gesellschaften kann eine solche Legitimation, zur Auflösung des Staates lediglich durch einen Volksentscheid, erfolgen.

Hierzu muß man wissen, daß beispielsweise ein Parlament, ein Präsident oder eine Regierung nicht befugt sind, eine Verfassung aufzuheben oder eine neue in Kraft zu setzen, oder gar den Staat aufzulösen. Parlament, Präsident oder Regierung sind selbst Verfassungsorgane. Die Verfassung steht über den Verfassungsorganen.
Schließlich gibt es ja die Verfassungsorgane überhaupt nur aufgrund der Verfassung.
Würde beispielsweise ein Parlament, ein Präsident oder eine Regierung eine Verfassung abschaffen, würde es sich damit automatisch selbst abschaffen.
Zudem sind die Abgeordneten eines Parlamentes, ein Präsident oder eine Regierung gewählt, um die Verfassung zu schützen. In aller Regel werden Verfassungsorgane auf die Verfassung vereidigt. Eine Abschaffung der Verfassung durch Verfassungsorgane selbst, wäre deshalb Verfassungshochverrat.

Eine Verfassung aufzuheben oder den Staat abzuschaffen, beispielsweise per Parlamentsbeschluß, per Regierungsverordnung oder per Präsidialerlaß ist folglich niemals legitim.

Für die Abschaffung einer alten Verfassung und die Inkraftsetzung einer neuen Verfassung bedarf es deshalb immer eines besonderen Gremiums, welches für diese Aufgabe eine besondere Legitimation erhalten hat.
Hierfür bedarf es entweder einer legitim zustande gekommenen Nationalversammlung oder eine Legitimation durch einen Volksentscheid.
Analog sind die rechtlichen Voraussetzungen für die Auflösung eines Staates durch Anschuß oder Zusammenschluß.
Sofern Revolutionäre Umbrüche zu Änderungen der Machtverhältnisse in einem Staat führen, muß die neue Verfassung wenigstens nachträglich durch einen Volksentscheid oder eine Nationalversammlung legitimiert werden. Anderenfalls handelt es sich nicht um eine Revolution, sondern lediglich um einen gewöhnlichen Putsch!

Darüber hinaus ist bei der Beurteilung der Frage nach dem gültigen Rechtsstand zu berücksichtigen, daß der Zustand des Krieges generell ein Ausnahmezustand ist.
Während eines Krieges gilt in Staaten das Kriegsrecht. Die Fortentwicklung des zivilen Rechts ist in solchen Zeiten nicht möglich.
Als Grundlage für die Beurteilung des Rechtsstandes des zivilen Rechts gilt im Völkergewohnheitsrecht der Rechtsstand von zwei Tagen vor Ausbruch eines Krieges.

Es darf zudem nicht außer acht gelassen werden, daß für jede einzelne Körperschaft in Deutschland einzeln und unabhängig voneinander geprüft werden muß, wann das letzte legitime staatliche zivile Recht für diese Körperschaft erstellt und angewendet wurde.
Es muß keineswegs sein, daß im gesamten Reichsgebiet für alle Körperschaften dasselbe Datum als letzter Rechtsstand gelten muß.
Schließlich haben wir im Reich verschiedene Rechtsebenen und verschiedene Körperschaften mit unterschiedlicher Geschichte.

15.1. Der gültige Rechtsstand auf Reichsebene

Zu Beginn muß geklärt werden, zu welchem Zeitpunkt letztmalig auf der Reichsebene legitimes staatliches ziviles Recht geschaffen und gepflegt wurde.
Schließlich ist das Recht auf der Reichsebene dem Recht in den Einzelstaaten als höherrangiges Recht übergeordnet. Und höherrangiges Recht bricht immer niederrangiges Recht. Insoweit ist die Klärung des Rechtsstandes auf Reichsebene von erheblicher Bedeutung.
Aufgrund der gegenwärtig bestehenden allgemeinen Unsicherheit sollen die verschiedentlich in Frage kommenden Grundregelwerke dahingehend untersucht werden, inwieweit sie als gegenwärtig gültige Verfassung auf oberster Ebene eines Deutschen Staates überhaupt in Frage kommen.

15.1.1. Die Paulskirchenverfassung

In der Zeit von 1815 bis 1866 gab es den Deutschen Bund. Hierbei handelte es sich um ein Bündnis von souveränen einzelnen Staaten.
Nach der Märzrevolution von 1848 war in der Paulskirche in Frankfurt am Main eine Nationalversammlung zusammengetreten. Diese hatte die sogenannte "Paulskirchenverfassung" beschlossen, und als Verfassung des Deutschen Reiches, welches zu jenem Zeitpunkt noch gar nicht bestand, am 28.03.1849 verkündet. In dieser waren ein Grundrechtekatalog sowie eine konstitutionelle Monarchie mit einem vom Volke legitimierten Erbkaiser an der Spitze vorgesehen. Diese Rolle des Erbkaisers sollte der damalige preußische König Friedrich Wilhelm IV. übernehmen.

Die Realisierbarkeit dieser Verfassung war somit nach dem Text der Verfassung von der Kooperation des preußischen Königs Friedrich Wilhelm IV. existentiell abhängig.

Dieser lehnte jedoch ab, die übrigen Fürsten, als oberste Souveräne der deutschen Einzelstaaten blockierten diese Verfassung ebenfalls.

Die Paulskirchenverfassung konnte folglich niemals zu einer rechtskräftigen Verfassung für das Deutsche Reich werden. Sie hat somit lediglich den Charakter eines politischen Manifests mit dem Einsatz für bürgerliche Grundrechte und staatliche Einigung.

15.1.2. Der Verfassungsvertrag von 1871

Im Jahre 1871 wurde aus den souveränen deutschen Einzelstaaten, mit jeweils eigenen gültigen Verfassungen, ein Staatenbund namens Deutsches Reich geschmiedet.

Hierfür haben sich 25 Einzelstaaten auf einen Verfassungsvertrag geeinigt. Elsaß Lothringen ist als 26. Staat später beigetreten.

Das Resultat war ein Staatenbund, mit dem Namen Deutsches Reich, in dem jeder einzelne Bundesstaat eine Teilsouveränität einschließlich des eigenen Staatsangehörigkeitsrechtes behielt.

Dies spiegelt sich im Reichs- und Staatsagehörigkeitsgesetz von 1913 wieder, in dem die Staatsangehörigkeit in einem Bundesstaat mittelbar zu Reichsangehörigkeit führte.

Die Vergabe einer Staatsangehörigkeit konnte somit nicht durch das Deutsche Reich erfolgen, sondern nur durch einen Einzelstaat. Dementsprechend gab es keine Staatsangehörigkeit >>Deutsches Reich<<, sondern nur die Angehörigkeit in einem Einzelstaat (Königreich Preußen, Königreich Bayern etc.) Folgerichtig wurde damals staatsrechtlich nicht vom "deutschen Volk" gesprochen, es gab lediglich "die Deutschen Völker".

15.1.3. Die "Weimarer Verfassung" von 1919 und das Diktat von Versailles

Im Ersten Weltkrieg hatte das Deutsche Reich 1918 die Alliierten Westmächte um einen Waffenstillstand ersucht und die Aufnahme von Friedensverhandlungen angeregt. Von den Alliierten wurde ein Waffenstillstand gewährt, und vereinbarungsgemäß hatte sich das Deutsche Reich aus allen besetzten Gebieten zurückgezogen.

Dabei wurde von Frankreich und Großbritannien die Position bezogen, daß ein Friedensschluß mit dem Kaiser an der Spitze des Deutschen Reiches nicht möglich sei. Der Kaiser sollte also weg, ansonsten gäbe es keinen Frieden.

Im Weiteren wurde von Frankreich und Großbritannien zunächst an der Erstellung einer Reparationsregelung gearbeitet und der sogenannte "Vertrag von Versailles" erstellt. Deutsche Vertreter waren an der Erstellung dieses Regelwerkes nicht beteiligt. Das Deutsche Reich wurde zur Unterordnung unter dieses Regelwerk von den westlichen Alliierten nachdem es sich aus allen besetzten Gebieten zurückgezogen hatte, durch eine Hungerblockade gezwungen.

Entgegen anderslautender Behauptungen handelt es sich bei dem Diktat von Versailles nicht um einen Friedensvertrag.
1. Ein Friedensvertrag ist eine <u>abschließende</u> Regelung sämtlicher Konflikte und Ansprüche zwischen den vormals kriegführenden Parteien.
2. Demzufolge sind alle friedenschließenden Staaten nach einem Friedensschluß wieder souverän.

Durch das Versailler Diktat wurde jedoch keines dieser Punkte erfüllt.
Damit ist offensichtlich, daß das Versailler Diktat kein Friedensvertrag sein kann.

Das Diktat von Versailles regelte, daß das Deutsche Reich die Alleinschuld am Ersten Weltkrieg auferlegt bekam, und über Jahrzehnte hinweg Reparationen in Form von Sachwerten und Geldwerten zu leisten hatte. Zudem sollten diese Zahlungsregelungen in der

Zukunft noch willkürlich von den Aliierten modifiziert, beziehungsweise geändert werden können. Darüber hinaus war das Deutsche Reich hiernach nicht souverän.
Um die Souveränität des Deutschen Reiches und seiner Bundesstaaten aufzuheben, wurde die sogenannte "Weimarer Reichsverfassung" durchgesetzt.
In dieser "Weimarer Reichsverfassung" ist explizit geregelt, daß dieses Grundregelwerk dem Versailler Diktat untergeordnet wurde.
(vgl. Art. 178 Abs. 2 der "Weimarer Reichsverfassung")

Damit ist das Versailler Diktat elementarer Bestandteil der "Weimarer Verfassung". Zudem wurde ein zweiter wesentlicher Bereich der "Weimarer Verfassung" übergeordnet. Hierbei handelt es sich um die Rechte der Religionsgemeinschaften, insbesondere der katholischen Kirche, der die Bildung eigener Ämter und damit einer eigenen Gerichtsbarkeit außerhalb des Rechtssystems der "Weimarer Republik" zugestanden wurde.

Zur näheren Erklärung
Wenn beispielsweise ein Vertreter der katholischen Kirche Kinder sexuell übergriffig behandelt, wie es bisweilen vorkommt, dann muß sich dieser Priester oder Pastor nicht gegenüber einem "staatlichen" Gericht verantworten, sondern die katholische Kirche regelt dies intern im Rahmen ihrer eigenen Gerichtsbarkeit und eigenen Ämter.
Nebenbei bemerkt wurde diese Regelung für das spätere Bonner Grundgesetz übernommen, weshalb diese Regelungen bis heute bestehen.

Dabei handelt es sich bei dem Begriff "Weimarer Reichsverfassung" noch dazu um einen Begriffsschwindel:
Bekanntermaßen ist eine Verfassung die höchste Rechtsnorm eines Staates. Dies war jedoch mit der "Weimarer Reichsverfassung" nicht gewährleistet, da das Kirchenrecht und die Bedingungen des Versailler Diktats übergeordnet wurden.
Darüber hinaus ist eine Verfassung definitionsgemäß die oberste Rechtsnorm eines Staates. Das heißt, es muß sich bei dem Konstrukt überhaupt um einen Staat handeln, ehe man von einer Verfassung sprechen kann.
Wie beschrieben wurde, ist durch die sogenannte "Weimarer Reichsverfassung" die Staatlichkeit selbst abgeschafft worden. Die Einzelstaaten wurden rechtswidrig zu "Ländern" degradiert, ein Staatsangehörigkeitsrecht der "Weimarer Republik" gab es nicht, eine Souveränität war durch die Unterordnung unter das Versailler Diktat zu keinem Zeitpunkt gegeben.
Der Begriff "Weimarer Verfassung" ist deshalb völlig falsch und irreführend. Die "Weimarer Verfassung" hat eindeutig den Charakter eines Grundgesetzes. Richtiger ist deshalb die Bezeichnung "Weimarer Grundregelwerk" oder " Weimarer Grundgesetz" zu verwenden.

Zur Erstellung des Weimarer Grundregelwerkes hatte sich eine "Nationalversammlung" selbst ernannt, die für das gesamte Deutsche Reich ein einheitliches Grundregelwerk verfassen und beschließen wollte.
Dies war für sich bereits Rechtsbruch, da das Deutsche Reich ein Staatenbund war und aus teilsouveränen Einzelstaaten bestand. Es gab somit zu jenem Zeitpunkt kein Staatsvolk des Deutschen Reiches, sondern es gab nur die Staatsvölker der Einzelstaaten.
Niemand war berechtigt, sich über die Einzelstaaten zu stellen und über sie hinweg zu entscheiden, daß sie als teilsouveräne Einzelstaaten verschwinden und nur noch ein Verwaltungsgebiet in einem größeren Staat sein sollten.
Damit war die Erstellung und Inkraftsetzung des Weimarer Grundregelwerkes nichts weiter als ein Putsch, der auch im Nachhinein nicht durch eine einzige Volksabstimmung legitimiert worden ist.
Durch das Weimarer Grundgesetz wurde zudem rechtswidrig die Staatlichkeit in den Einzelstaaten des Deutschen Reiches abgeschafft: Es wurden nämlich die Einzelstaaten zu "Ländern" degradiert, ohne daß der oberste Souverän dieser jeweiligen Einzelstaaten (Staatsvolk oder Monarch) dies legitimiert hätte.

Mit der Abschaffung der Staatlichkeit in den Einzelstaaten wurden damit letztlich auch die Rechte abgeschafft, die mit der Staatsangehörigkeit verbunden waren.
Eine wie auch immer geartete "Weimarer Nationalversammlung" war hierzu gar nicht berechtigt, da nur die obersten Souveräne (Staatsvolk oder die Monarchen <u>in den Bundesstaaten selbst</u>) dies hätten beschießen dürfen. Auf Reichsebene konnte die Änderung der Machverhältnisse innerhalb der Einzelstaaten überhaupt nicht entschieden werden!

Somit ist die sogenannte "Weimarer Reichsverfassung" selbst unter Rechtsbruch zustande gekommen und beinhaltete ihrerseits wiederum schwere Rechtsbrüche. Sie stellt zudem kein staatliches Recht dar. Die sogenannte "Weimarer Republik" ist damit nichts weiter als eine Company.

Grund für die Abschaffung der Staatlichkeit der Einzelstaaten und die Abschaffung der Staatlichkeit überhaupt war, daß man den Interessen der Alliierten des <u>Ersten</u> Weltkrieges Rechnung tragen mußte. Diese wollten die Abschaffung der Staatlichkeit, damit sie rechtmäßig in die Gebiete der Einzelstaaten, beispielsweise Preußens eindringen konnten, um materielle Güter beschlagnahmen, Gebiete besetzen und Widerständler umbringen zu können.
Hätte es souveräne Einzelstaaten und einen Friedensvertrag damals gegeben, hätten beispielsweise französisches Militär oder polnische Freischärler nicht in das Ruhrgebiet oder nach Schlesien eindringen, Gebiete besetzen, Sachwerte abtransportieren, und Widerständler umbringen können. Derartiges ist jedoch in den zwanziger Jahren hundertfach geschehen.
Souveräne Staaten hätten sich hiergegen rechtmäßig zur Wehr gesetzt.
Das Weimarer Grundgesetz ist unter erheblichem ausländischem Einfluß zustande gekommen. Es ist folgerichtig die perfekte Erfüllung der alliierten Ausplünderungsinteressen im Deutschen Reich gewesen.

<u>Zusammenfassend ist somit festzustellen:</u>
Das Diktat von Versailles ist kein Friedensvertrag:
—   das Diktat ist <u>keine abschließende</u> Regelung der Ansprüche und Konflikte
        zwischen den kriegführenden Parteien.
        Die Alliierten haben sich vorbehalten, bestehende Forderungen zu verändern
        oder noch weitere Forderungen "nachzuschieben".
—   das Diktat hinterläßt <u>keine souveränen</u> Staaten (das Deutsche Reich war
        hiernach nicht souverän, die Staatlichkeit war aufgehoben, ein
        Weimarer Grundregelwerk wurde erstellt und diesem wurden die Rechte der
        Alliierten und der institutionellen Kirche übergeordnet).

Das Diktat von Versailles ist lediglich eine Auflistung von Ansprüchen der selbsternannten Siegermächte.

Die dem Versailler Diktat nachgeordnete sogenannte "Weimarer Reichsverfassung" ist lediglich ein Grundgesetz, denn:
—   sie ist <u>nicht die höchste</u> Rechtsnorm eines Staates
        (Versailler Diktat und Kirchenrecht stehen darüber)
—   sie bewirkt <u>rechtswidrig</u> die Abschaffung der Staatlichkeit in den Bundesstaaten des
        Deutschen Reiches, es war die rechtswidrige Außerkraftsetzung jeglichen
        staatlichen Rechts auf Deutschem Boden.
        Weder die "Länder" noch die sogen. "Weimarer Republik" als Ganzes
        waren Staaten, denn:
        "<u>Weimarer Republik</u>":
             1. <u>ohne Staatsgewalt</u> (ohne Souveränität), Versailler
              Diktat und Kirchenrecht übergeordnet,
             2. <u>ohne Staatsvolk</u> (kein eigenes Staatsangehörigkeitsrecht)
        "<u>Länder" der "Weimarer Republik</u>":
             1. <u>ohne Staatsgewalt</u> (ohne jede Souveränität).

Das Weimarer Grundregelwerk vom 11.08.1919 war damit der größte Anschlag auf Rechtsstaatlichkeit und Individualrechte, den es auf deutschem Boden je gegeben hat. Alles was an Grundgesetzen hiernach auf deutschem Boden noch installiert wurde, ist lediglich eine Modifikation beziehungsweise Fortsetzung dessen.

Die "BRD" hat bis zum Jahre 2010 die Reparationen des Ersten Weltkrieges an die Alliierten des Ersten Weltkrieges vollständig abgezahlt. Hiermit sind die Auflagen aus dem Versailler Diktat komplett abgegolten. Damit ist das Diktat von Versailles heute erfüllt und nicht mehr rechtlich bindend. Das Weimarer Grundregelwerk als Anhängsel das Versailler Diktats ist somit obsolet. Zudem ist es unter schweren Rechtsbrüchen zustande gekommen und beinhaltet seinerseits schwere Rechtsbrüche. Das Weimarer Grundgesetz ist für sich genommen kein staatliches Recht.

Das Weimarer Grundgesetz zu unserer heute gültigen Verfassung auf der Reichsebene zu erklären, wäre somit ein komplettes Absurdum!

15.1.4. Das "Ermächtigungsgesetz" von 1933

Mit dem "Ermächtigungsgesetz" wurde die Ordnung, wie sie für die "Weimarer Republik" gegolten hatte, außer Kraft gesetzt. Dabei wurde die im Weimarer Grundgesetz festgelegte Gewaltenteilung aufgehoben und das Führerprinzip für die Person Adolf Hitler als universelle Führungsfigur durchgesetzt.
Tatsache ist, die Weimarer Republik wurde mit dem "Ermächtigungsgesetz" rechtswidrig handlungsunfähig gestellt und ein Konstrukt darüber errichtet, welches "Drittes Reich", und ab 1938 "Großdeutsches Reich" genannt wurde.
Gemäß der Drei-Elemente-Lehre war das sogenannte "Dritte Reich" kein staatliches Recht.
Das Ermächtigungsgesetz war somit ein Grundgesetz, welches das Weimarer Grundgesetz überlagerte.
Zudem ist das Ermächtigungsgesetz per se illegal, da ein Parlament niemals die Verfassung beseitigen kann. Es handelt sich hierbei um Verfassungshochverrat. Schließlich war die Gewaltenteilung auch in der "Weimarer Republik" ein elementares Prinzip des Grundregelwerkes von 1919.
Das "Ermächtigungsgesetz" ist somit illegal zustande gekommen und beinhaltet seinerseits schwere Rechtsbrüche.
Es zu einer heute gültigen bestehenden Rechtsnorm zu erklären wäre ein komplettes Absurdum, abgesehen davon, daß es nicht nur rechtlich eine Katastrophe sondern auch politisch durch die hiermit verbundene Gleichschaltung und Zentralisierung eine Katastrophe darstellt.

Unabhängig hiervon sind jedoch noch einige Anmerkungen angebracht: Das sogenannte "Dritte Reich" war kein staatliches Recht:
– Das von Hitler erfundene "deutsche Volk" gab es bis dahin nicht. Hitler rekrutierte es zwangsweise und damit illegal aus den Deutschen Völkern. Das Dritte Reich hatte somit kein rechtmäßiges Staatsvolk
– Hitler agierte auf dem Territorium der deutschen Einzelstaaten illegal, das "Dritte Reich" war dementsprechend keine legitime Gebietskörperschaft.
– Das nationalsozialistische Regime war zudem illegal, eine eigene rechtmäßige Staatsgewalt hatte es deshalb nicht ausüben können.

Somit war keines der drei Kriterien der völkerrechtlich verbindlichen Drei-Elemente-Lehre erfüllt. Ergo: Das "Dritte Reich" war kein staatliches Recht.

Eine signifikante Änderung trat jedoch im Jahre 1938 ein, als Hitler in der Antarktis ein Territorium abstecken und in Besitz nehmen ließ, welches bis dahin völkerrechtlich Niemandsland war.
Es handelt sich um ein Territorium von 650.000 km², welches den Namen "Neuschwabenland" erhielt. Hierdurch wurde völkerrechtlich legitim ein Territorium in Besitz genommen – eine wesentliche Voraussetzung für eine Gebietskörperschaft, eventuell sogar für einen Staat.

Eine weitere Änderung tritt ein, wenn man den Zwang herausnimmt, mit dem Hitler aus den Preußen, Bayern und Sachsen das "deutsche Volk" gemacht hat. Der Zwang machte das ganze illegal. Da sich aber heute sehr viele Menschen freiwillig zur "deutschen Staatsangehörigkeit" bekennen, bekommt das ganze Legalität.

Zudem erkennen heute sehr viele Bekenner zur "deutschen Staatsanghörigkeit" Frau Merkel als Führungsfigur an.

Nach geltendem Völkerrecht, insbesondere nach der Drei-Elemente-Lehre läßt sich nun postulieren, daß das nationalsozialistische Großdeutsche Reich ein legitimer Staat ist, das Territorium ist Neuschwabenland, das Staatsvolk ist das "deutsche Volk", und damit die Gesamtheit aller, die sich zur "deutschen Staatsangehörigkeit" bekennen.
Die Tatsache, daß dieses "deutsche Volk" quasi im Alusland lebt (also nicht in Neuschwabenland sondern in Preußen, Bayern etc.) ist dabei unbedeutend, solange es sich zur "deutschen Staatsangehörigkeit" freiwillig bekennt. Zudem geht die Staatsgewalt vom Merkel-Regime aus, was von vielen anerkannt wird. Somit könnte das Großdeutsche Reich als Staat völkerrechtlich als legitim vorhanden angesehen werden.

Ein weiterer pikanter Punkt ist, daß die Republik Österreich im Jahre 1938 eine Volksabstimmung durchgeführt hat, und hierdurch den Anschluß an das "Dritte Reich" vollzogen hat. Hierdurch ist das "Großdeutsche Reich" überhaupt erst entstanden und die Republik Österreich hat damit aufgehört zu existieren. Eine Volksentscheid ist schließlich die höchste Form der Legitimation!
Nicht wenige unabhängige Staatsrechtler argumentieren deshalb, daß das nationalsozialistische Großdeutsche Reich heute noch als rechtmäßiger Staat besteht:
Legales <u>Territorium</u> ist jenes von Österreich und Neuschwabenland. Das <u>Staatsvolk</u> besteht aus sich freiwillig zur "deutschen Staatsangehörigkeit" bekennenden Menschen, einschließlich der Österreicher, die haben ihr freiwilliges Bekenntnis bereits 1938 abgelegt.
Wer heute eine "deutsche Staatsangehörigkeit" oder eine Staatsangehörigkeit "Deutsches Reich" vergeben will, oder den Begriff "Reichsbürger" oder "Neuschwabenländler" benutzt, will die Menschen möglicherweise in die nationalsozialistische Ecke ziehen und die Staatlichkeit über das geschilderte "Großdeutsche Reich" herstellen.

15.1.5. Die "Verfassungen" der "Länder" / "Bundesländer" von 1945 - 1946

Ähnlich wie bei der "Verfassung" des nichtstaatlichen Verwaltungskonstruktes "Weimarer Republik" verhält es sich bei den sogenannten "Verfassungen" der heutigen "Bundesländer". Diese "Bundesländer" sind lediglich Besatzungsrecht. Sie haben kein eigenes Staatsangehörigkeitsrecht und sind nicht souverän, üben somit keine eigene Staatsgewalt aus. Es sind somit überhaupt keine Staaten. Das Bonner Grundgesetz, das übrige Besatzungsrecht, das Siegerrecht des Zweiten Weltkrieges sowie das Kriegsvölkerrecht sind übergeordnet.
Der Begriff "Verfassung" kann jedoch nur für ein Grundregelwerk eines Staates verwendet werden. Daß die "BRD"-Funktionäre den staatsrechtlichen Begriff "Verfassung" für die Grundregelwerke der "Bundesländer" verwenden, ist deshalb nichts weiter als ein Verdummungsversuch.

15.1.6. Das Bonner Grundgesetz

Das Bonner Grundgesetz als unterste Position in der Hierarchie des Besatzungsrechtes der drei westlichen Besatzungsmächte ist in den vorausgegangenen Kapiteln umfassend abgehandelt worden.
Dieses Bonner Grundgesetz als eine aktuell gültige Verfassung auf Reichsebene anzusehen, wäre reiner Hohn.

15.1.7. Die "Verfassung der DDR von 1949" ("Admiralspalastsverfassung")

Eine besondere Würdigung verdient die "Verfassung der DDR von 1949" ("Admiralspalastsverfassung").
Diese ist zweifellos vom "deutschen Volk" (nach nationalsozialistischer Definition) in freier Selbstbestimmung beschlossen worden.
An der Abstimmung zu dieser Verfassung waren legitime Vertreter aus dem gesamten Gebiet des Deutschen Reiches, wie es von den alliierten definiert worden ist, beteiligt.
Damit wurde der Auftrag aus Artikel 146 des Bonner Grundgesetzes umgehend umgesetzt, in dem es im Original heißt:

Artikel 146 Grundgesetz von 1949
Zitat:
"Dieses Grundgesetz, verliert seine Gültigkeit an dem Tage, an dem eine Verfassung in Kraft tritt, die von dem deutschen Volke in freier Entscheidung beschlossen worden ist."

Damit ist das Bonner Grundgesetz nach den eigenen Regeln mit Inkraftsetzung der Verfassung der "DDR" ungültig geworden.
Man könnte deshalb schließen, daß die Verfassung der "DDR" nunmehr im gesamten Gebiete des Deutschen Reiches, wie es von den Alliierten im Gebietsstand vom 31.12.1937 festgelegt wurde, gilt.

Allerdings ist unabhängig von den Regeln des Bonner Grundgesetzes zu prüfen, ob die "Verfassung der DDR" überhaupt eine rechtmäßige Verfassung sein kann.
Zunächst ist zu analysieren, für welches Konstrukt diese "Verfassung" die oberste Rechtsnorm sein sollte.
Dies erschließt sich durch die Analyse, wer überhaupt abstimmungsberechtigt war:
Im Artikel 1 dieser Verfassung wird festgelegt, es gebe nur eine deutsche Staatsangehörigkeit.
Hiermit wird jedoch ignoriert, daß es die jeweiligen Staatsangehörigkeiten der jeweiligen Bundesstaaten des Deutschen Reiches gibt.
Es wird somit der Rechtsbruch von Adolf Hitler aus seiner Gleichschaltungsverordnung vom 05.02.1934 übernommen.
Damit wird durch die "Verfassung der DDR" nationalsozialistisches Recht zu Anwendung gebracht, was jedoch illegal zustande gekommen ist und nicht zuletzt von den Besatzungsmächten verboten wurde.
Eine neue gemeinsame Verfassung hätte von jedem obersten Souverän jedes einzelnen Bundesstaates des Deutschen Reiches getrennt und unabhängig voneinander beschlossen werden müssen.
Es kann nicht auf der Reichsebene die Abschaffung der einzelnen Bundesstaaten beschlossen werden, da dies eine Umgehung des obersten Souveräns des jeweiligen Bundesstaates wäre.
Das heißt, jedes einzelne der 26 deutschen Staatsvölker hätte als jeweiliger oberster Souverän unabhängig voneinander die Möglichkeit haben müssen, über die Annahme der "Verfassung der DDR" und damit über die Abschaffung der Staatlichkeit in den einzelnen Bundesstaaten zu entscheiden.
Da dies nicht geschehen ist, besteht mit der "Verfassung der DDR" der gleiche Rechtsbruch wie im Weimarer Grundregelwerk von 1919, zudem wird der Rechtsbruch der nationalsozialistischen Gleichschaltungsverordnung von Adolf Hitler vom 05.02.1034 übernommen.

Die "Verfassung der DDR" ist somit in der Nachfolge des Weimarer Grundregelwerkes und der nationalsozialistischen Rechtssetzung zu sehen, mit ihr werden dieselben Rechtsbrüche begangen und fortgesetzt. Damit war die "DDR" genau so eine nationalsozialistische Folgeorganisation wie es die "BRD" ist.
Aus diesem Grunde kann die "Verfassung der DDR" staatsrechtlich überhaupt keine legitime Verfassung sein.

15.1.8. Die "Verfassung" der "DDR" von 1968 ("Ulbricht-Verfassung")

Im Jahre 1968 hatte Ulbricht umfassende Änderungen an der "Verfassung der DDR" vorgenommen, er hatte ein Staatsangehörigkeitsgesetz erlassen und "die führende Rolle der SED" festgeschrieben.
Über keine dieser Änderungen gab es jemals eine Abstimmung legitimer Vertreter.
Die Ulbricht-Verfassung ist deshalb das Grundgesetz einer Diktatur von Privatleuten.
Da im Gebiete Mitteldeutschlands die Sowjets als Besatzungsmacht und damit als Hoheitsmacht endverantwortlich sind, könnte man die "Verfassung der DDR" ab 1968 als das Grundgesetz der sowjetischen Besatzungsmacht auffassen.

15.1.9. Ergänzungen

In der ersten Hälfte des neunzehnten Jahrhunderts gab es in Deutschland eine bürgerliche Freiheitsbewegung, die im sogenannten "Hambacher Fest" gipfelte.
Zu den Symbolfarben dieser Freiheitsbewegung wurde <u>Gold-Rot-Schwarz</u>.
Die Bedeutung ist im Folgenden dargestellt:

Original Gemälde vom Hambacher Fest im Museum in Speyer ***Auf Deutschem Boden mit unendlicher Liebe in eine goldene Zukunft***

Die Drahtzieher der "Weimarer Republik" haben die Flagge der Freiheitsbewegung einfach umgedreht, um das Schwarze nach oben zu bekommen, nach dem Motto "Nacht über Deutschland". Die Zukunft sollte für Deutschland eben nicht golden werden.

<u>Beim Fälschen ertappt:</u> Schwarz-Rot-Gold wie auf Darstellungen in Schulbüchern und auf Briefmarken der "BRD"-GmbH. Nacht über Deutschland und keine goldene Zukunft.

Handelsflagge der Weimarer Republik, folgerichtig links oben die Überlagerung der Farben des Kaiserreiches durch die Farben der Kolonialverwaltung "Weimarer Republik"

Schwarz-Rot-Gold - die Farben der Kolonialverwaltung "Weimarer Republik"; Farben, die sich die Deutschen Völker nie gegeben haben!

In der Kolonialverwaltung "BRD" wurden die verdrehten Farben der Kolonialverwaltung "Weimarer Republik" übernommen

Farben mit verschiedenen Firmenlogos der Kolonialverwaltung "BRD".

<u>*Arme Unwissende!*</u> *Die Farben Schwarz-Rot-Gold haben sich die Deutschen Völker nie gegeben. Es sind die Farben von Kolonialverwaltungen.*

15.1.10. Schlußfolgerungen

Zusammenfassend ist festzustellen:
1. Die Paulskirchenverfassung kann nicht als gültige Verfassung für die Reichsebene angesehen werden, da sie infolge Ablehnung durch den obersten Souverän nach ihren eigenen Regelungen niemals Rechtswirksamkeit erlangen konnte.
2. Die souveränen Einzelstaaten hatten im Jahre 1871 rechtsgültige Verfassungen und der Verfassungsvertrag von 1871 konstituierte das Deutsche Reich als Staatenbund rechtswirksam.
3. Das Weimarer Grundregelwerk von 1919 als Anhängsel des Versailler Diktats ist illegitim, das heißt unter schweren Rechtsbrüchen zustande gekommen, und beinhaltet selbst mehrere schwere Rechtsbrüche.
Als Auflage des Versailler Diktats ist es seit 2010 mit Abzahlung der Diktatsauflagen an die Alliierten des Ersten Weltkrieges ohnehin obsolet.
Als rechtsgültige Verfassung für die Gegenwart kann sie nicht in Betracht kommen.
4. Das "Ermächtigungsgesetz" von 1933 führte die Rechtsbrüche des Weimarer Grundgesetzes weiter und ist selbst unter Rechtsbruch zustande gekommen.
5. Das Bonner Grundgesetz ist an sich keine Verfassung und nach seinen eigenen Regeln mit Inkrafttreten der "Verfassung der DDR" als gebietskörperschaftliches Recht ungültig geworden.
6. Die "Verfassung der DDR" von 1949 setzt die Rechtsbrüche des Weimarer Grundgesetzes von 1919 und selbst nationalsozialistisches Recht rechtswidrig

fort, und kann deshalb <u>nicht</u> als eine legitime Verfassung angesehen werden, obgleich hierüber abgestimmt wurde.
7. Die "Verfassung der DDR" von 1968 war ein Grundgesetz wahlweise für eine Diktatur von Privatleuten oder der sowjetischen Besatzungsmacht.

Aus dem Geschilderten erschließt sich zwingend, daß seit dem Ende des Ersten Weltkrieges, das heißt seit Beginn der sogenannten "Weimarer Republik" kein staatliches Recht mehr auf der Reichsebene bestanden hat oder zur Anwendung gebracht werden konnte.

Seither werden die Deutschen Völker bezüglich ihrer Staatsangehörigkeitsrechte nur belogen und betrogen.

Keine so genannte "Verfassung" seit jener Zeit, weder die sogenannte "Weimarer Reichsverfassung von 1919", noch das "Ermächtigungsgesetz von 1933", noch die "Verfassungen der Bundesländer" noch das "Bonner Grundgesetz von 1949", noch die "Verfassung der DDR von 1949", noch die "Verfassung der DDR von 1968" waren Verfassungen. Es handelte sich in jeweils keinem dieser Fälle um die legitimierte oberste Rechtsnorm zur Konstitution eines legitimen Staates.
Es handelt sich ausnahmslos bestenfalls um Grundregelwerke oder besser gesagt, um Grundgesetze.
Diese hatten sämtlich den Zweck, auf rechtwidrige Weise die Handlungsfähigkeit der souveränen Einzelstaaten des Staatenbundes Deutsches Reich zu verhindern.

Aus diesen Gründen kann kein Zweifel darin bestehen, daß die Verfassungen der Einzelstaaten und der Verfassungsvertrag von 1871 mit der Weiterentwicklung des Rechtsstandes bis 1914 auch heute noch einziges legitimes ziviles staatliches Recht auf der Reichsebene darstellen.
Nach Völkergewohnheitsrecht ist der Rechtsstand von zwei Tagen vor Herstellung des Kriegsrechtes bindend.

Fazit:
Das letzte legitime staatliche Recht <u>auf der Reichsebene</u> hat in der Zeit vor der Weimarer Republik bestanden. Da wir für eine Reorganisation an das zivile Recht und nicht an das Kriegsrecht anknüpfen müssen, ist für uns auf der Reichsebene der Verfassungsvertrag des Staatenbundes Deutsches Reich von 1871 mit seiner Fortentwicklung bis zum 30.07.1914, sowie die Gesetze und Verordnungen des Deutschen Reiches im Rechtsstand vom 30.07.1914 (zwei Tage vor Ausbruch des Ersten Weltkrieges) maßgeblich.

<u>Wer oder was ist das Deutsche Reich?</u>

Heutzutage stellt sich vielen die Frage: Ist das Deutsche Reich ein Bundesstaat oder ein Staatenbund? In welchem Verhältnis stehen die Einzelstaaten zum Reich und zueinander?
Hier einige Fakten:

Mit Gründung des Deutschen Reiches 1871 wurde ein Bund geschlossen zwischen den Mitgliedern des Norddeutschen Bundes einerseits, dem Königreich Bayern, dem Königreich Württemberg, dem Großherzogtum Baden und dem Großherzogtum Hessen andererseits.
Dies war gemäß der Eingangsformel als "Ewiger Bund" angelegt. Ein Verlassen dieses Bundes war somit nicht vorgesehen und rechtlich nicht möglich.

Das Präsidium des Bundes steht dem König von Preußen zu, welcher den Namen Deutscher Kaiser führt.
(vgl Art. 11 der Verfassung des Deutschen Reichs vom 16.04.1871)

Durch Eintritt in diesen "Ewigen Bund" haben die Gliedstaaten einen Teil ihrer Souveränität an das hierdurch entstandene Reich abgegeben.

Zunächst wurde das sogenannte Bundesindigenat definiert, dies bedeutete, daß ein Angehöriger jedes Einzelstaates in jedem anderen Einzelstaat hinsichtlich seiner Rechte, die sich aus seiner Staatsangehörigkeit ableiteten, einem Inländer gleichzusetzen war.

Zudem wurden in der Verfassung von 1871 Bereiche definiert, in denen das Reich ausschließliche hoheitliche Kompetenzen erhielt. Dabei wurde klar geregelt, daß Reichsrecht gegenüber dem Recht der Bundesstaaten höherrangiges Recht darstellt.

(vgl Art. 2, Art. 5(1) der Verfassung des Deutschen Reichs vom 16.04.1871)

Diese Bereiche waren unter anderem

- die Hoheit über das Militär einschließlich über Luftwaffe und Kriegsmarine, einschließlich über Militärgesetzgebung, Militärstrafgesetzgebung sowie Entscheidung über Krieg und Frieden, Kriegserklärungen und Friedensverträge
  (vgl Art. 11(1,2) 53, 61, 63, 64 der Verfassung des Deutschen Reichs vom 16.04.1871)
- Recht des Kaisers, in jedem Teil des Reiches den Kriegszustand zu erklären und Truppen auch im Inland zu befehligen.
  (vgl Art. 68 der Verfassung des Deutschen Reichs vom 16.04.1871)
- die Hoheit über die Vertretung gegenüber dem Ausland beziehungsweise die Gestaltung der Außenbeziehungen und der Außenpolitik
  (vgl Art. 3(6), 11 u. 56 der Verfassung des Deutschen Reichs vom 16.04.1871)
- die Hoheit über das Finanzwesen, einschließlich Bestimmungen über das Bankwesen, Obligationenrecht, Handels- und Wechselrecht und das gerichtliche Verfahren Maß-, Münz- und Gewichtsystems
  Schutz des geistigen Eigentums und die Erfindungspatente
  (vgl Art. 4 der Verfassung des Deutschen Reichs vom 16.04.1871)
- die hoheitliche Kompetenz über die Ernennung und Absetzung von Reichsbeamten
  (vgl Art. 18 der Verfassung des Deutschen Reichs vom 16.04.1871)
- die Hoheit über die Gestaltung des Strafrechts
  (vgl Art. 4 der Verfassung des Deutschen Reichs vom 16.04.1871)
- die Hoheit über die Zoll- und Handelsgesetzgebung
  (vgl Art. 4 und Art. 35 der Verfassung des Deutschen Reichs vom 16.04.1871)
- die Hoheit über das Eisenbahnwesen (vorbehaltlich gesonderter Bestimmungen für Bayern), insbesondere die Hoheit über die Bahnlinienführung auch gegen den Willen der betroffenen Bundesstaaten durchsetzen zu können
  (vgl Art. 4 und Art. 41 und 42 der Verfassung des Deutschen Reichs vom 16.04.1871)
  Zudem stand dem Reich die Kontrolle über das Tarifwesen zu
  (vgl Art. 45 und 46 der Verfassung des Deutschen Reichs vom 16.04.1871)
- die Hoheit über das Post- und Telegraphenwesen (vorbehaltlich gesonderter Bestimmungen in Bayern und Württemberg)
  (vgl Art. 4 und Art. 48 und 50 der Verfassung des Deutschen Reichs vom 16.04.1871)
- die Hoheit über die Handelsmarine
  (vgl Art. 54 der Verfassung des Deutschen Reichs vom 16.04.1871)
- Immunität der Reichstagsabgeordneten gegenüber rechtlicher Verfolgung durch die Bundesstaaten
  (vgl Art. 31 der Verfassung des Deutschen Reichs vom 16.04.1871)

Besonders bedeutsam ist der Artikel 18 der Verfassung des Deutschen Reichs vom 16.04.1871:

Zitat:
"Wenn Bundesglieder ihre verfassungsmäßigen Bundespflichten nicht erfüllen, können sie dazu im Wege der Exekution angehalten werden. Diese Exekution ist vom Bundesrathe zu beschließen und vom Kaiser zu vollstrecken."

Aus all diesen Verfassungsbestimmungen, insbesondere Artikel 18 ist zu schließen, daß das Deutsche Reich ein eigenständiges Völkerrechtssubjekt mit eigenen hoheitlichen Befugnissen ist. Unabhängig hiervon besteht es aus Einzelstaaten, die einen Teil ihrer Souveränität abgegeben haben. Die Einzelstaaten des Deutschen Reiches sind somit noch teilsouverän.

Staatsrechtlich entscheidend ist dabei die Tatsache, daß nur die Einzelstaaten ein eigenes Staatsangehörigkeitsrecht hatten und nur die Einzelstaaten beispielsweise eine Staatsangehörigkeit vergeben konnten. Erst hierüber konnte man die Reichsangehörigkeit (mittelbar) erlangen.

Die Flagge des Deutschen Reiches hat nach wie vor die Farben Schwarz-Weiß-Rot, das Hoheitszeichen ist der Reichsadler aus der Zeit des Kaiserreiches.

Flagge und Hoheitszeichen des Deutschen Reiches, aus der Zeit von 1871 bis 1914, die letzte Zeit in der es auf Deutschem Boden noch legitimes ziviles staatliches Recht gab.

Gebietsstand des Deutschen Reiches zur Zeit des letzten legitimen staatlichen zivilen Rechtes auf der Reichsebene am 30.07.1914.

15.2. Der gültige Rechtsstand auf Ebene der Einzelstaaten

Zur Beurteilung des Rechtsstandes auf der Ebene der Einzelstaaten haben sich unter unabhängigen Staatsrechtlichern im Wesentlichen zwei Rechtsauffassungen herausgebildet.

Die erstere wird vorrangig von dem unabhängigen Staatsrechtler Herr Bernhard Pohl vertreten und sie ist an sich einfach erklärt:
Durch den Beginn des Ersten Weltkrieges ist zunächst Kriegsrecht im Deutschen Reich zur Anwendung gebracht worden.
Hieran anschließend ist im Jahre 1919 als Auflage des Versailler Diktates das Konstrukt "Weimarer Republik" installiert worden. Wie bereits dargelegt, handelt es sich hierbei um illegales, nichtstaatliches Recht auf der Ebene des Reiches.
Dieses Rechtskonstrukt habe schließlich nach der Pohlschen Rechtsauffassung alle Rechtsebenen im Reich überlagert, da höherrangiges Recht niederrangiges Recht bricht. Somit hat faktisch das illegale Recht auf der Reichsebene das möglicherweise legale Recht der Ebene der Einzelstaaten überlagert.
Die Schaffung und Anwendung von legalem, zivilem, staatlichen Recht sei hierdurch auch in den übrigen Körperschaften des Deutschen Reiches nicht mehr möglich gewesen.
Nach der Pohlschen Lehrmeinung und Rechtsauffassung haben somit sämtliche Körperschaften im Gebiet des Deutschen Reiches den Rechtsstand vom 30.07.1914.

Demgegenüber wird von einer weiteren Gruppe von unabhängigen Staatsrechtlern eine etwas kompliziertere Rechtsauffassung vertreten.

Hauptvertreter dieser Gruppe ist die unabhängige Staatsrechtlerin Bärbel Redlhammer.

Nach der Redlhammerschen Rechtsauffassung und Lehrmeinung sei es zur Ermittlung des letzten gültigen Rechtsstandes in den Einzelstaaten notwendig, für jede einzelne dieser Körperschaften, getrennt und unabhängig voneinander, zu untersuchen, zu welchem Zeitpunkt das letztem Mal legitimes, ziviles, staatliches Recht geschaffen und zur Anwendung gebracht wurde.

Die Tatsache, daß beispielsweise ein Einzelstaat in seinen Rechten als Staat von der Reichsebene aus rechtswidrig ignoriert oder beschnitten worden ist, könne nicht verhindern, daß ein solcher Staat jedoch im Inneren auch nach dem 30.07.1914 legitimes, ziviles, staatliches Recht gestaltet, und zur Anwendung gebracht hat.

Hierfür wären jedoch strenge Kriterien anzusetzen:

Sofern sich ein solcher Staat eine neue Verfassung gegeben haben sollte, wäre hierfür erforderlich gewesen, daß eine Nationalversammlung rechtmäßig gewählt worden ist oder ein Volksentscheid stattgefunden hat, bei dem alle Stimmberechtigten des jeweiligen Staatsvolkes die Möglichkeit gehabt haben, an der Abstimmung oder der Wahl teilzunehmen.

Schließlich habe die neue Verfassung für den jeweiligen Staat dann auch rechtswirksam verkündet werden müssen.

Einig sind sich die unabhängigen Staatsrechtler, daß ab dem 01.01.1933 jedoch aufgrund des Terrors und der Verfolgungen durch das nationalsozialistische Unrechts-Regime in keiner Körperschaft des Deutschen Reiches die Gestaltung und Anwendung von legitimem, zivilem, staatlichem Recht mehr möglich gewesen ist.

Ein gültiger Rechtsstand in einem Bundesstaat mit dem Datum nach dem 01.01.1933 ist deshalb einhellig nicht möglich.

Die Einzelstaaten hatten im Jahre 1914 legitime Verfassungen. Sofern man in den Einzelstaaten den gültigen Rechtsstand ermitteln möchte, kann man davon ausgehen, daß es dort am 30.07.1914 noch legitimes, ziviles, staatliches Recht gegeben hat und zur Anwendung gebracht wurde.

Durch die rechtswidrige sogenannte "Weimarer Reichsverfassung" wurde beispielsweise definiert, daß es sich bei den teilsouveränen Einzelstaaten nunmehr um "Länder" handele, ohne staatliche Rechte. Diese Vorgehensweise war jedoch komplett rechtswidrig.

Somit konnten die souveränen Einzelstaaten durch die rechtswidrige sogenannte "Weimarer Reichsverfassung" nicht rechtswirksam abgeschafft werden. Sie konnten höchstens <u>rechtswidrig handlungsunfähig</u> gestellt werden.

Damit sind diese Einzelstaaten mit all ihren Rechten formalrechtlich weiterhin existent.

Für die Einzelstaaten gilt selbstverständlich, daß sie nicht untergegangen sind, auch wenn die Monarchen rechtswirksam abgedankt haben. Staatsrechtlich besteht dann die Möglichkeit, einen Ersatz für den Monarchen zu finden oder über eine neue Verfassung zu entscheiden.

Für Letzteres bedürfte es einer legitim zustande gekommenen Nationalversammlung oder besser, eines Volksentscheides.

Und schließlich müßte dann die neue Verfassung rechtswirksam verkündet worden sein.

Revolutionäre Umbrüche, die nicht wenigstens im Nachhinein durch einen Volksentscheid oder eine Nationalversammlung legitimiert werden, wären nichts weiter als ein gewöhnlicher Putsch, und damit illegal.

Hauptargument der Redlhammerschen Lehrmeinung ist nun, daß die Einzelstaaten im Staatenbund Deutsches Reich weiterhin legitimes, ziviles, staatliches Recht schaffen, und zumindest im Inneren zur Anwendung bringen konnten, da die Verweigerung von der Reichsebene aus, sie nach außen hin als Staaten zu behandeln illegal gewesen sei.

Ausgangspunkt der Rechtsbetrachtung:

Einzelstaaten im Staatenbund Deutsches Reich im Jahre 1914:

Staat	Hauptstädte
Königreich Preußen	Berlin
Thüringische Staaten:	
Großherzogtum Sachsen-Weimar-Eisenach	*Weimar*
Herzogtum Sachsen-Coburg-Gotha	*Coburg und Gotha*
Herzogtum Sachsen-Altenburg	*Altenburg*
Herzogtum Sachsen-Meiningen	*Meiningen*
Fürstentum Schwarzburg-Rudolstadt	*Rudolstadt*
Fürstentum Schwarzburg-Sondershausen	*Sondershausen*
Fürstentum Reuß ältere Linie	*Greiz*
Fürstentum Reuß jüngere Linie	*Gera*
Königreich Bayern	München
Königreich Sachsen	Dresden
Königreich Württemberg	Stuttgart
Großherzogtum Baden	Karlsruhe
Großherzogtum Hessen	Darmstadt
Großherzogtum Mecklenburg-Schwerin	Schwerin
Großherzogtum Mecklenburg-Strelitz	Neustrelitz
Großherzogtum Oldenburg	Oldenburg
Herzogtum Anhalt	Dessau
Herzogtum Braunschweig	Braunschweig
Fürstentum Lippe	Detmold
Fürstentum Schaumburg-Lippe	Bückeburg
Fürstentum Waldeck	Arolsen
Freie und Hansestadt Bremen	Bremen
Freie und Hansestadt Hamburg	Hamburg
Freie und Hansestadt Lübeck	Lübeck
Reichsland Elsaß-Lothringen	Straßburg

15.2.1. Königreich / Freistaat Preußen

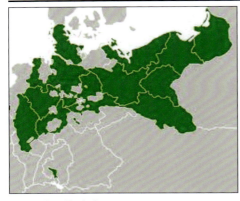
Lage im Reich

Flagge

Hoheitszeichen / Wappen

Das Königreich Preußen ist zunächst eine konstitutionelle Monarchie, dessen Verfassung in der Verfassungsurkunde vom 31.01.1850 niedergelegt wurde. Staatsoberhaupt ist der König. Am 09.11.1918 wurde durch Reichskanzler Max von Baden der Thronverzicht von Kaiser Wilhelm II. verkündet, hiermit war das Königreich Preußen ohne legitimes Staatsoberhaupt. In den Tagen danach beanspruchten verschiedene selbsternannte "Revolutionäre" die oberste Regierungsgewalt.

Nach der Pohlschen Lehrmeinung befinden wir uns bekanntermaßen in sämtlichen Körperschaften des Deutschen Reiches, so auch im Königreich Preußen im Rechtsstand vom 30.07.1914 (mit der Verfassung vom 31.01.1850 mit der Rechtsfortentwicklung bis zum 30.07.1914).

Für die Redlhammersche Lehrmeinung sind nachfolgende Ereignisse bedeutsam:
Am 14.11.1918 wurden ohne verfassungsrechtliche Grundlage das Herrenhaus und das Abgeordnetenhaus rechtswidrig für aufgelöst erklärt.
Die Regierung erließ am 23.12.1918 die Verordnung zur Wahl einer verfassungsgebenden Landesversammlung.
Am 26.01.1919 fanden die Wahlen verfassungsgebenden preußischen Nationalversammlung (genannt "verfassungsgebende Landesversammlung") statt, die am 13.03.1919 erstmals zusammentrat.
Am 30.11.1920 beschloß diese "Landesversammlung" die Verfassung des Freistaates Preußen. 280 Abgeordnete stimmten dafür, 60 dagegen und sieben enthielten sich.

Nach dem Text dieser Verfassung wurde nicht eine neue Körperschaft gegründet, sondern der Freistaat Preußen als rechtssubjektidentisch mit dem Königreich Preußen definiert.
Da nicht mehr vom Monarchen, sondern vom Staatsvolk alle Staatsgewalt ausgehen sollte, wurde diese Körperschaft umbenannt in >>Freistaat Preußen<< (Freistaat ist der deutsche Begriff für Republik)
Diese Verfassung wurde auch öffentlich verkündet und findet sich in der preußischen Gesetzessammlung wieder. Aus ihr geht hervor, daß mit dieser Verfassung das Gesetz zur vorläufigen Ruhe und Ordnung vom 20.03.1919 und die Verfassung von 1850 aufgehoben sind. Ferner sagt diese Verfassung aus, daß alle Gesetzte übernommen werden, die dieser Verfassung nicht im Wege stehen.

In der Verfassung des Freistaates Preußen wurde auf das gesamte Territorium des Königreiches Preußen Bezug genommen, also auch auf die Provinzen Westpreußen und Posen. Hierdurch besteht Kontinuität zur preußischen Verfassung von 1850.
(vgl. Art. 32 der Verfassung des Freistaats Preußen vom 30.11.1920)

Für Gebietsänderungen, die das Reich vornehmen lassen will, war nach der neuen Verfassung grundsätzlich die Zustimmung von Preußen per Gesetz erforderlich.
(vgl. Art. 1 (2) der Verfassung des Freistaats Preußen vom 30.11.1920)

Zudem wurde erklärt, daß der Freistaat Preußen ein Glied des Deutschen Reiches sei, somit wurde die Bezugnahme auf den Verfassungsvertrag von 1871 hergestellt.
(vgl. Art. 1 der Verfassung des Freistaats Preußen vom 30.11.1920)

Der Freistaat Preußen hat sich somit nicht als ein "Land" der sogenannten "Weimarer Reichsverfassung" untergeordnet, sondern hat durch die Verfassung seine Staatlichkeit bekräftigt. Es wird immer wieder behauptet, daß durch Arikel 81 (3) eine Unterordnung erfolgt sei. Hier ist jedoch der Verfassungstext ausschlaggebend:
Zitat:
"Die ..... gegenüber den Religionsgesellschaften ausgeübten Rechte werden im Sinne des Artikel 137 der Reichsverfassung neu geregelt."
(vgl. Art. 81 (3) der Verfassung des Freistaats Preußen vom 30.11.1920)

Dabei wird eben nicht gesagt, daß der Artikel 137 des Weimarer Grundgregelwerkes als höherrangiges Recht übernommen wird, sondern lediglich, daß die Neuregelung im Sinne dieses Artikels erfolgen soll.
Gemäß der Redlhammerschen Lehrmeinung hatte sich somit der Freistaat Preußen nach rechtswirksamer Abdankung des Monarchen durch eine legitime Nationalversammlung (genannt "verfassungsgebende Landesversammlung") eine neue Verfassung gegeben, und damit auf der Ebene des Einzelstaates legitimes, staatliches, ziviles Recht geschaffen.

Daß gleichzeitig auf der Reichsebene durch das Konstrukt "Weimarer Republik" illegales, und noch dazu nichtstaatliches Recht zur Anwendung gebracht wurde, könne hieran nichts ändern.

Mit dem sogenannten "Preußenschlag" (auch als Staatsstreich in Preußen bezeichnet) wurde am 20.07.1932 die Regierung des Freistaates Preußen durch einen Reichskommissar rechtswidrig ersetzt.
Der Staat >>Freistaat Preußen<< wurde somit mit diesem Putsch durch den damaligen Kanzler der "Weimarer Republik", von Papen, Illegalerweise handlungsunfähig gestellt und der Regierung des nichtstaatlichen Konstrukts "Weimarer Republik" Illegalerweise unterstellt.
Hiernach war die Schaffung und Anwendung von legitimem, staatlichem, zivilem Recht im Freistaat Preußen nicht mehr möglich.
Demzufolge befinden wir uns gemäß der Redlhammerschen Lehrmeinung in Preußen im Rechtsstand vom 18.07.1932.

Von den "BRD"-abhängigen "Staatsrechtlichern" wird immer wieder behauptet, einen Staat Preußen gebe es heute nicht mehr.
Folgende Argumente werden angeführt, weshalb Preußen als legitimer Staat "untergegangen" sein soll:
1. Preußen soll völkerrechtlich rechtmäßig "verschwunden" sein, infolge der nationalsozialistischen Rechtssetzung unter dem Begriff "Reichsstatthaltergesetz vom 07.04.1933"
2. Preußen soll völkerrechtlich rechtmäßig "verschwunden" sein, infolge der nationalsozialistischen Rechtssetzung unter dem Begriff "Gesetz über den Neuaufbau des Reichs vom 30.01.1934"
3. Preußen soll völkerrechtlich rechtmäßig "verschwunden" sein, infolge der nationalsozialistischen Rechtssetzung, unter der seit 1934 nahezu alle Ministerien des Freistaates Preußen (mit Ausnahme des preußischen Finanzministeriums, der Archivverwaltung und weniger anderer Landesbehörden) mit den entsprechenden Reichsministerien zusammengelegt wurden.
4. Preußen soll völkerrechtlich rechtmäßig "verschwunden" sein, infolge des Kontrollratsgesetzes Nr. 46 vom 25.02.1947.
    In ihm stellte der Alliierte Kontrollrat fest:
    Artikel 1
    "Der Staat Preußen, seine Zentralregierung und alle nachgeordneten Behörden werden hiermit aufgelöst."
    (Kontrollratsgesetz Nr. 46 vom 25.02.1947)
5. zum Zeitpunkt dieser "Auflösung" sollen in den westdeutschen Besatzungszonen flächendeckend "Länder" gebildet worden seien, wodurch eine völkerrechtlich korrekte Dismembration des Staates Preußen stattgefunden habe.

Zu Punkt 1-3:
Sämtliche dieser Argumentationen, wie sie selbst von Rechtsprofessoren an "BRD"-angeschlossenen Universitäten vertreten werden, stellen einen unglaublichen Skandal dar. Die Aussagen unter den oben genannten Punkten 1-3 implizieren, daß die nationalsozialistische Rechtssetzung zur Gleichschaltung von diesen "BRD"-Bediensteten für legitim erklärt wird!
Dabei widersprechen sich diese "BRD"-Funktionäre selbst, erinnert sei an dieser Stelle an die nach wie vor gültigen Regeln des Besatzungsrechts:

SHAEF Gesetz Nr. 1

Zitat:
Artikel II - Nichtanwendung von Rechtssätzen
4. "Die Auslegung oder Anwendung des deutschen Rechtes nach nationalsozialistischen Grundsätzen, gleichgültig wann und wo dieselben kundgemacht wurden, ist verboten."

(Verkündung und Gültigkeit ab dem ersten Tag der Besetzung am 18.09.1944)

Der Skandal besteht nicht nur darin, daß "BRD"-Bedienstete nationalsozialistisches Recht für legitim erklären, der Skandal besteht darin, daß diese Leute am nächsten Montag noch ihre "BRD"-Pöstchen inne haben, und nicht hochkant gefeuert werden!

Zu Punkt 4:
Wer dieses Kontrollratsgesetz als eine für heute noch gültige Rechtsnorm erklärt, erklärt damit gleichzeitig, daß das Besatzungsrecht weiterhin in Kraft ist. Dies wird jedoch von "BRD"-Funktionären regelmäßig bestritten. Auch hier widersprechen sich diese Leute selbst.
Zudem wissen wir heute, daß das Besatzungsrecht heute kein gebietskörperschaftliches Recht, sondern nur noch Firmenrecht innerhalb der Kolonialverwaltung "BRD" ist. Die Alliierten haben bisher immer deutlich gemacht, daß sie ihre Verantwortlichkeiten für "Deutschland als Ganzes" als beendet betrachten.
Zudem ist die Frage zu klären, ob eine Besatzungsmacht einen Staat überhaupt auflösen darf.
Dies ist nach geltendem Völkerrecht beziehungsweise Kriegsvölkerrecht natürlich nicht möglich. Eine Siegermacht kann bekanntermaßen einen Staat nach geltendem Völkerrecht beispielsweise annektieren.
Durch eine Annektion würden die Staatsangehörigen des annektierten Staates die Staatsangehörigkeit des annektierenden Staates automatisch erhalten – selbstverständlich mit allen Rechten und Pflichten.
Einen Staat aufzulösen oder einfach zu "verbieten", ohne völkerrechtskonform zu regeln, welche Rechtsstellung das Staatsvolk des verbotenen Staates künftig hat, ist schlichtweg gar nicht möglich.
Schließlich können wir eine Anleihe bei der Allgemeinen Erklärung der Menschenrechte nehmen in der es in Artikel 15 heißt:

Zitat:
(1) "Jeder hat das Recht auf eine Staatsangehörigkeit."
(2) "Niemandem darf seine Staatsangehörigkeit willkürlich entzogen ..... werden ..... .

Nebenbei
Da man auch international zugeben mußte, daß es völkerrechtlich nicht möglich ist, einen existierenden Staat aufzulösen oder zu verbieten, wurde bereits 1951/52 in den westlichen Besatzungszonen das Kontrollratsgesetz Nr. 46 aufgehoben. Adenauer verhinderte jedoch die Reorganisation des Freistaates Preußen.
Auf dem SMAD Territorium wurde das Kontrollratsgesetz Nr. 46 am 20.09.1955 auf Beschluß des Ministerrats der UdSSR aufgehoben.

Zu Punkt 5:
Eine Dismembration ist definitionsgemäß das Zerfallen eines Staates in mehrere Einzelstaaten, die ihrerseits souverän sind, und kein Rechtsnachfolger des Ursprungsstaates sind.
Da es sich bei den sogenannten "Bundesländern" nicht um Staaten handelt, ohne Souveränität und ohne Staatsangehörigkeitsrecht, sondern ausschließlich um nichtstaatliche Besatzungskonstrukte, kann eine Dismembration des Staates >>Freistaat Preußen<< durch die Gründung von "Ländern" niemals rechtswirksam stattgefunden haben.

Nach der Redlhammerschen Lehmeinung ist der Freistaat Preußen rechtswirksam konstituiert, er besteht weiterhin legitim, und wir befinden wir uns im Freistaat Preußen im Rechtsstand vom 18.07.1932.

Freistaat Preußen

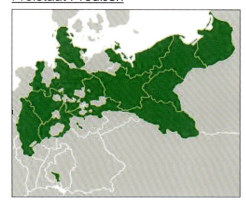

Lage im Reich *Flagge* *Hoheitszeichen / Wappen*

15.2.2. Die thüringischen Staaten

Lage im Reich

Die Thüringischen Staaten sind folgende:

1. Großherzogtum Sachsen-Weimar-Eisenach
2. Herzogtum Sachsen-Coburg und Gotha
3. Herzogtum Sachsen-Altenburg
4. Fürstentum Schwarzburg-Rudolstadt
5. Fürstentum Schwarzburg-Sondershausen
6. Herzogtum Sachsen-Meiningen
7. Fürstentum Reuß ältere Linie
8. Fürstentum Reuß jüngere Linie

15.2.2.1. Großherzogtum Sachsen (- Weimar – Eisenach)

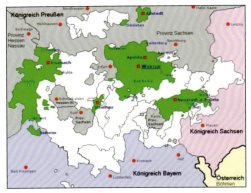  

Lage im Reich (grün)   *Flagge seit 29.01.1897*   *Hoheitszeichen / Wappen*

Sachsen-Weimar-Eisenach ist ein ernestinisches Herzogtum und ein Territorium des Heiligen Römischen Reiches Deutscher Nation. Die Hauptstadt ist Weimar. Es entstand 1741, als das Herzogtum Sachsen-Eisenach an das Herzogtum Sachsen-Weimar fiel. 1809 wurden Sachsen-Eisenach und Sachsen-Weimar unter Herzog Carl August von Sachsen-Weimar-Eisenach per Verfassung auch staatsrechtlich zum Herzogtum Sachsen-Weimar-Eisenach vereinigt.
Auf dem Wiener Kongreß erlangte das Herzogtum 1815 den Status eines Großherzogtums; ab 1903 bezeichnete es sich als Großherzogtum Sachsen.
Das Großherzogtum Sachsen-Weimar-Eisenach besteht aus drei großen Gebietsteilen, welche die Kreise bilden, sowie einige Exklaven.

Nach der Verfassung vom 05.05.1816 (ergänzt am 15. Okt. 1850) ist das Großherzogtum Sachsen-Weimar-Eisenach eine konstitutionelle Monarchie, erblich im Mannesstamm. Nach dem Landtagswahlgesetz von 1852 besteht der Landtag aus 31 Abgeordneten.
Auf Carl Alexander folgte 1901 sein Enkel Wilhelm Ernst, verheiratet in erster Ehe mit Karoline von Reuß Ältere Linie und in zweiter mit Feodora von Sachsen-Meiningen. Am 09.11.1918 verzichtete er auf den Thron. Die Rechtmäßigkeit der Abdankung ist seither von keiner Instanz bestritten worden.

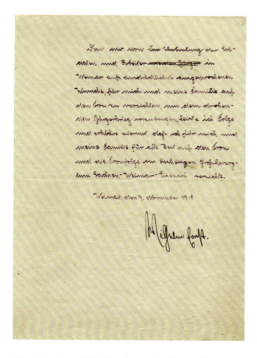

Abdankungsurkunde des Großherzogs Wilhelm Ernst von Sachsen-Weimar-Eisenach 09.11.1918.

Nach der Pohlschen Lehrmeinung befinden wir uns bekanntermaßen im Großherzogtum Sachsen im Rechtsstand vom 30.07.1914 (mit der Verfassung vom 05.05.1816 mit der Rechtsfortentwicklung bis zum 30.07.1914).

Am 15.05.1920 verabschiedete der Landtag eine "Landesverfassung" für einen "Freistaat Sachsen-Weimar-Eisenach", entworfen von dem Jenaer Abgeordneten Eduard Rosenthal.
Dieser "Landtag" hatte später die Auflösung des Staates "beschlossen", und für eine Fusion mit anderen thüringischen Verwaltungskonstrukten gestimmt, um einen "Freistaat Thüringen" zu installieren.
Der sogenannte "Freistaat Sachsen-Weimar-Eisenach" ist damit nicht rechtswirksam konstituiert, da die Abschaffung der Verfassung oder des gesamten Staates durch ein Parlament überhaupt nicht rechtswirksam erfolgen konnte.
Eine legitime Abschaffung des Staates Großherzogtum Sachsen ist somit unter den geschilderten Bedingungen weder staats- noch völkerrechtlich legitim erfolgt.

Somit befinden wir uns sowohl nach der Pohlschen als auch nach der Redlhammerschen Lehrmeinung im Großherzogtum Sachsen im Rechtsstand vom 30.07.1914 (mit der Verfassung vom 05.05.1816 mit der Rechtsfortentwicklung bis zum 30.07.1914).

Zur Ergänzung
Der Monarch hat nach gegenwärtigem Kenntnisstand rechtswirksam abgedankt. Deshalb muß entweder ein Ersatz für den Monarchen gefunden werden, anderenfalls muß eine legitime Verfassung noch erarbeitet, vom obersten Souverän legitimiert, und anschließend in Kraft gesetzt werden.

15.2.2.2. Herzogtum Sachsen-Coburg und Gotha

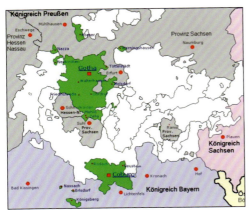

Lage im Reich (grün) **Flagge seit 1911** **Hoheitszeichen / Wappen**

Das Herzogtum Sachsen-Coburg und Gotha entstand 1826 aus den ernestinischen Herzogtümern Sachsen-Coburg und Sachsen-Gotha. Das neu entstandene Herzogtum Sachsen-Coburg und Gotha war ein Doppelherzogtum, das vom Haus Sachsen-Coburg und Gotha in Personalunion regiert wurde.
Spätere Versuche zur Verschmelzung der Herzogtümer scheiterten.
Das Herzogtum Sachsen-Coburg und Gotha erhielt am 03.05.1852 eine Verfassung, welche wesentliche Teile der Grundrechte aus der Verfassung der Frankfurter Nationalversammlung übernommen hatte.
Es bestand für jedes Herzogtum ein eigener Landtag (11 Mitglieder im Coburger Landtag und 17 Mitglieder in Gotha), die durch Zusammentritt einen gemeinschaftlichen Landtag bilden konnten.
Durch den Vertrag vom 18.08.1866 trat das Herzogtum dem Norddeutschen Bund bei und wurde so 1871 ein teilsouveräner Einzelstaat im Staatenbund Deutsches Reich.
Die Verfassung des Herzogtums Sachsen-Coburg und Gotha ist konstitutionell-monarchistisch und beruht auf dem Staatsgrundgesetz vom 03.05.1852.
Der Herzog übt als Oberhaupt des Staates die Rechte der Staatsgewalt aus. Die Regierungsnachfolge ist erblich im Mannesstamm des herzoglichen Hauses nach dem Rechte der Erstgeburt und der Linealerbfolge.
Herzog Carl Eduard verzichtete am 13.11.1918 auf den Thron.
Nach einer Volksabstimmung am 30.11.1919 vereinigte sich der Freistaat Coburg am 01.07.1920 mit dem Freistaat Bayern.
Am 23.02.1919 wurde eine Landesversammlung an Stelle des Landtages gewählt.
Aus dem Land werden nun zwei Freistaaten gebildet.
Am 01.07.1920 wurde der Coburger Gebietsteil (Freistaat Sachsen Coburg) per Volksentscheid an Bayern angegliedert, damit hörte er auf, zu existieren.

15.2.2.3. Herzogtum Sachsen-Altenburg

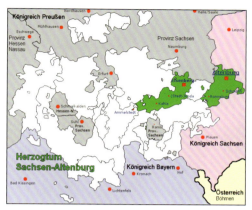
Lage im Reich

Flagge

Hoheitszeichen / Wappen

Das Herzogtum Sachsen-Altenburg ist eine Monarchie. Nach dem Tod Herzog Friedrichs IV. (reg. 1822-1825) am 11.02.1825 erlischt die Linie Sachsen-Gotha-Altenburg. hierdurch fiel ganz Sachsen-Hildburghausen und der Saalfelder Teil von Sachsen-Coburg-Saalfeld an Sachsen-Meiningen. Herzog Friedrich III. von Sachsen-Hildburghausen erhielt dafür im Gegenzug Sachsen-Altenburg als selbständiges Herzogtum mit dem ehemaligen Teil von Sachsen-Eisenberg. Herzog Friedrich (1826-34) gab dem Lande 1831 eine ständische Verfassung.

Nachdem Sachsen-Altenburg Teil des Norddeutschen Bundes geworden, schloß es 1867 eine neue Militärkonvention mit dem Königreich Preußen.

1871 wurde das Herzogtum Sachsen-Altenburg ein Einzelstaat im Staatenbund Deutsches Reich.

Nachdem Herzog Ernst nach 55jähriger Regentschaft 1908 ohne männlichen Thronerben gestorben war, folgte ihm sein Neffe Ernst II.

Im Zuge "revolutionärer Ereignisse" ruft der am 09.11.1918 gebildete Arbeiter- und Soldatenrat Sachsen-Altenburgs am 10.11.1918 während einer großen Volksversammlung die Republik aus, ohne daß der regierende Herzog bereits abgedankt hätte.

Herzog Ernst II. dankte am 14.11.1918 ab.

Die Rechtmäßigkeit der Abdankung ist seither von keiner Instanz bestritten worden.

Seither ist staatsrechtlich nicht geklärt, wie die Machtverhältnisse auf legitime Weise neu geregelt worden sein könnten.

Weder ist nach den einschlägigen historischen Quellen eine Nationalversammlung, noch eine Nationalversammlung gegründet worden, noch ist eine neue Verfassung erstellt, in Kraft gesetzt, oder legitimiert worden.

Es ist davon auszugehen, daß ein Ersatz für den Monarchen nicht gefunden wurde und eine neue legitime Verfassung nicht in Kraft gesetzt wurde.

Daß es legitime Vertreter oder Körperschaften gegeben haben könnte, die das Herzogtum in einen "Freistaat Sachsen Altenburg" haben umwandeln können oder die das Territorium Legitimerweise in einen späteren Freistaat Thüringen Legitimerweise überführen konnten ist nicht anzunehmen.

Für die Zukunft ist wahlweise ein Monarchenersatz zu finden oder eine neue Verfassung Legitimerweise in Kraft zu setzen.

15.2.2.4. Herzogtum Sachsen-Meiningen

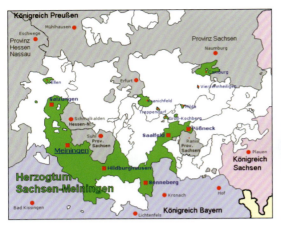

Lage im Reich   *Flagge*   *Hoheitszeichen / Wappen*

Das Herzogtum Sachsen-Meiningen ist ein ernestinisches Herzogtum, das 1680 durch Teilung des Herzogtums Sachsen-Gotha unter den Söhnen Herzog Ernsts I. von Sachsen-Gotha (1601–1675) entstand. Herzogliche Residenz und Landeshauptstadt ist die Stadt Meiningen mit dem Residenzschloß Elisabethenburg. Seit 1815 war Sachsen-Meiningen Mitglied des Deutschen Bundes. Das Herzogtum Sachsen-Meiningen erhielt 1829 eine eigene Verfassung. Im Deutschen Krieg 1866 stand Sachsen-Meiningen auf der Seite Österreichs.
1871 wurde das Herzogtum Mitglied des Deutschen Reiches.
Irgendwann im Jahre 1918 soll der Herzog abgedankt haben, weder die Abdankung noch die Rechtmäßigkeit der Abdankung wurde bisher von irgendeiner Institution bestritten.
Unbekannte haben später den "Freistaat Sachsen-Meinigen" ausgerufen. Eine verfassungsrechtliche oder anderweitige staatsrechtliche Legitimation für das Ende der Monarchie oder den Anschluß an einen "Freistaat Thüringen" konnten vom Autor nicht gefunden werden.
Vorbehaltlich weiterer Recherche befinden wir uns nach gegenwärtigem Kenntnisstand im Herzogtum Meiningen sowohl nach Pohlscher als auch nach Redlhammerscher Lehrmeinung im Rechtsstand vom 30.07.1914.

15.2.2.5. Fürstentum Schwarzburg-Rudolstadt

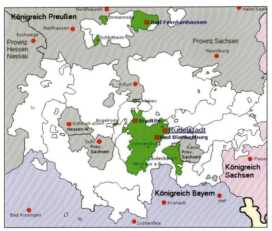

Lage im Reich   *Flagge*   *Hoheitszeichen / Wappen*

Das Staatsgebiet von Schwarzburg-Rudolstadt besteht aus den drei getrennten Teilgebieten Rudolstadt, Frankenhausen und Leutenberg. Dazu kommt noch eine größere Anzahl von Exklaven.

Die Geschichte des Fürstentums geht auf das Geschlecht der Grafen von Schwarzburg zurück, die erstmals 1123 ihren heutigen Namen führten. Durch verschiedene Erbteilungen und Erwerbungen veränderte die Grafschaft Schwarzburg bis zum 16. Jahrhundert häufig ihre Gestalt. Nach dem Tod von Graf Günther XLI. im Jahr 1583 teilten seine beiden Brüder die Grafschaft Schwarzburg und bildeten ab 1584 die beiden Hauptlinien Schwarzburg-Arnstadt und Schwarzburg-Rudolstadt. Mit dem Stadtilmer Vertrag vom 21.11.1599 wurden die schwarzburgischen Territorien neu aufgeteilt. Die Gebiete der beiden Grafschaften und späteren Fürstentümer Schwarzburg-Rudolstadt und Schwarzburg-Sondershausen blieben im Wesentlichen bis in die Gegenwart unverändert.

1815 trat das Fürstentum dem Deutschen Bund bei, nachdem es 1807 Mitglied des Rheinbunds geworden war und damit bis 1813 unter der Protektion Napoleons gestanden hatte. 1816 trat die erste Verfassung des Landes in Kraft.

1866 trat das Fürstentum dem neuen Norddeutschen Bund bei, wodurch 1867 die Militärhoheit an Preußen überging. 1871 wurde Fürstentum Schwarzburg-Rudolstadt Bundesstaat im Deutschen Reich.

Das Fürstentum besitzt eine konstitutionell-monarchische Verfassung, die auf der Verfassung vom 21.03.1854 und dem Gesetz vom 16.11.1870 beruht.

Von 1890 bis 1918 regierte Fürst Günther Victor als letzter Monarch des Landes. Da 1909 die Linie Schwarzburg-Sondershausen mit dem Tod Fürst Carl Günther ausstarb, regierte Fürst Günther Victor von Schwarzburg-Rudolstadt auch das Fürstentum Schwarzburg-Sondershausen bis 1918 in Personalunion.

Am 23.11.1918 dankte Fürst Günther Victor ab. Die Rechtmäßigkeit der Abdankung wurde bisher von keiner Seite bestritten.

Unbekannte haben später den "Freistaat Schwarzburg Rudolstadt" ausgerufen. Eine verfassungsrechtliche oder anderweitig staatsrechtliche Legitimation für das Ende der Monarchie oder den Anschluß an einen "Freistaat Thüringen" hat es nach Kenntnis des Verfassers nicht gegeben. Damit befinden wir uns im Fürstentum Schwarzburg Rudolstadt nach Pohlscher und Redlhammerscher Lehrmeinung im Rechtsstand vom 30.07.1914.

15.2.2.6. Fürstentum Schwarzburg-Sondershausen

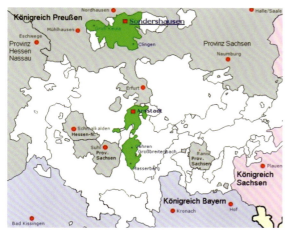  

Lage im Reich   **Flagge seit 1866**   **Hoheitszeichen / Wappen**

Die Geschichte des Fürstentums geht auf das Geschlecht der Grafen von Schwarzburg zurück, die erstmals im 11. Jahrhundert erwähnt wurden. Durch Erbteilungen und Erwerbungen veränderte die Grafschaft Schwarzburg bis zum 16. Jahrhundert häufig ihre Gestalt. Mit dem Stadtilmer Vertrag vom 21.11.1599 wurden die schwarzburgischen Territorien neu aufgeteilt. Es entstanden die beiden Grafschaften Schwarzburg-Sondershausen und Schwarzburg-Rudolstadt. Die beiden Grafschaften blieben seither im Wesentlichen unverändert. Auf dem Wiener Kongreß wurden sie zu Fürstentümern erhoben.

1815 trat das Fürstentum dem Deutschen Bund bei.

Am 12.12.1849 wurde eine freisinnige Verfassung verkündet. Am 08.07.1857 wurde die Verfassung konservativ umgestaltet, und somit waren zuvor beschnittene fürstliche Rechte im Wesentlichen wieder hergestellt.

Das Fürstentum Schwarzburg-Sondershausen trat 1866 dem Norddeutschen Bund bei, wodurch 1867 die Militärhoheit an Preußen überging. Seit 1871 ist das Fürstentum Schwarzburg-Sondershausen Bundesstaat des Deutschen Reiches. Im Jahr 1909 starb Fürst Karl Günther von Schwarzburg-Sondershausen kinderlos, und die Sondershäuser Linie erlosch im Mannesstamm. Gemäß dem Hausvertrag von 1713 übernahm Günther Victor von Schwarzburg-Rudolstadt die Herrschaft. Bemühungen, einen Schwarzburger Gesamtstaat zu schaffen, scheiterten an den konservativen Kräften in Sondershausen. Am 25.11.1918 dankte Fürst Günther Victor ab.

Von einer Neugestaltung der Verfassung oder Ähnlichem ist dem Verfasser nichts bekannt. Vorbehaltlich weiterer Recherchen befinden wir uns nach gegenwärtigem Kenntnisstand sowohl nach Pohlscher als auch nach Redlhammerscher Lehrmeinung im Fürstentum Schwarzburg-Sondershausen im Rechtsstand vom 30.07.1914.

15.2.2.7. Fürstentum Reuß ältere Linie und Fürstentum Reuß jüngere Linie

Die Vorfahren des reußischen Fürstenhauses waren im 12. Jahrhundert kaiserliche Vögte im Sorbenland (Vogtland) und wurden allmählich selbstständig. Ihr Gebiet war einst erheblich größer und umfaßte auch Plauen und Hof.

Heinrich, Vogt von Plauen (gestorben vor 1296), erhielt infolge seiner Heirat mit der Tochter einer russischen Fürstin den Beinamen "Reuß" (deutsches Wort für Russe), der seinen Nachkommen blieb.

1564 teilten die Reußen ihr Herrschaftsgebiet in die Linien Obergreiz - mittlere Linie Reuß, in Untergreiz - ältere Linie Reuß und in Gera - jüngere Linie. Im Jahre 1616 starb die mittlere Linie Reuß aus und deren Gebiet wurde auf die beiden anderen Linien aufgeteilt. 1778 erfolgte die Ernennung zum Reichsfürsten für Reuß ältere Linie und 1790 bzw. 1806 für die Vertreter von Reuß jüngerer Linie. Alle Fürsten und Prinzen des Hauses Reuß führen den Namen Heinrich, wobei die ältere Linie alle hintereinander bis hundert, die jüngere bis zum Ende eines Jahrhunderts fortzählt und dann von vorne anfängt. Im Aussterben der einen Linie fällt das Land an die Andere.

15.2.2.7.1. Fürstentum Reuß ältere Linie

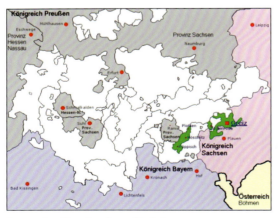  

Lage im Deutschen Reich   **Flagge**   **Hoheitszeichen / Wappen**

Das Fürstentum Reuß älterer Linie ist ein Kleinstaat im Deutschen Reich. Hauptstadt ist Greiz. Im Deutschen Krieg 1866 war Reuß ä. L. Verbündeter Österreichs. Am 11.08.1866 kam es zur militärischen Besetzung durch Preußen.

Am 26.09.1866 wurde dann in Berlin der Friedensvertrag unterzeichnet, Reuß ä. L. trat dem Norddeutschen Bund bei. Die Außenpolitik und Militärhoheit ging an Preußen über.

Mit der Reichsgründung 1871 war Reuß ä. L. fortan Bundesstaat im Deutschen Kaiserreich.
Durch die Verfassung vom 28.03.1867 wurde im Fürstentum als letzter Staat Thüringens die konstitutionelle Monarchie eingeführt.
Mit dem Tod von Fürst Heinrich XXII. endete 1902 die Regentschaft der älteren Linie, da sein Sohn Fürst Heinrich XXIV. für geisteskrank und somit dauernd regierungsunfähig erklärt wurde. So fiel die Vormundschaft und Regentschaft an Fürst Heinrich XIV. (Reuß jüngere Linie). Seit 1908 regierte sein Sohn Heinrich XXVII. beide Fürstentümer in Personalunion bis 1918.
Am 11.11.1918 erklärte Fürst Heinrich XXVII., auch als Regent des Fürstentums Reuß jüngere Linie, seinen Thronverzicht. In den historischen Quellen finden sich keine Volksabstimmung oder eine Abstimmung zu einer Nationalversammlung über die Aufhebung des Staates oder die Umgestaltung in einen Freistaat oder Volksstaat.
Aufgrund dessen ist davon auszugehen, daß wir uns im Fürstentum Reuß jüngere Linie im Rechtsstand vom 30.07.1914 befinden, sowohl nach Pohlscher, als auch nach Redlhammerscher Lehrmeinung.

15.2.2.7.2. Fürstentum Reuß jüngere Linie

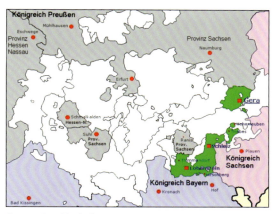
Lage im Reich

Flagge

Hoheitszeichen / Wappen

Reuß jüngere Linie war ein Hauptzweig des Fürstenhauses Reuß. 1849 erhielt das Fürstentum als konstitutionelle Monarchie eine Verfassung.
Im Deutschen Krieg von 1866 hielt sich Reuß jüngere Linie neutral, trat aber schon am 26.06.1866 durch freiwilligen Vertrag mit Preußen dem in Aussicht genommenen Norddeutschen Bund bei. 1867 ging infolge einer Konvention die Militärhoheit auf Preußen über. 1871 wurde das Fürstentum Reuß jüngere Linie Bundesstaat im Deutschen Reich. 1902 übernahm Fürst Heinrich XIV. die Regentschaft über das Fürstentum Reuß ältere Linie.
Am 11.11.1918 erklärte Fürst Heinrich XXVII., auch als Regent des Fürstentums Reuß älterer Linie, seinen Thronverzicht. In den historischen Quellen findet sich keine Volksabstimmung oder eine Abstimmung einer Nationalversammlung über die Aufhebung des Staates oder die Umbenennung in "Freistaat" oder "Volksstaat". Zudem finden sich keine Hinweise auf eine Abstimmung legitimer Vertreter für eine neue Verfassung.
Aufgrund dessen ist davon auszugehen, daß wir uns im Fürstentum Reuß jüngere Linie sowohl nach Pohlscher, als auch nach Redlhammerscher Lehrmeinung im Rechtsstand vom 30.07.1914 befinden.

15.2.3. Königreich Bayern

Lage im Reich

Flagge

Hoheitszeichen / Wappen

Das Königreich Bayern besteht aus zwei Landesgebieten, dem rechtsrheinischen Bayern und dem linksrheinischen Bayern mit dem einen Regierungsbezirk Pfalz.
Das Königreich Bayern ist eine konstitutionelle Monarchie, der König ist das Oberhaupt des Staates. Haupt- und Residenzstadt ist München.
Am 07.11.1918 verließ der bayerische König Ludwig III. mit seiner Familie München. Er verließ Bayern und fuhr nach Salzburg, wo er im Schloß Anif vorerst Zuflucht fand. Am 07.11.1918 wurde in München von Unbekannten der "Freistaat Bayern" ausgerufen.
Eine Gruppe linker Revolutionäre putschte sich später an die Macht und proklamierte am 07.11.1919 die "Räterepublik Bayern". Die Berufsrevolutionäre Levien und Leviné aus Rußland übernahmen alsbald die Macht und stellten sogar eine "Rote Armee" auf.
Eine Legitimation der Änderung der Machtverhältnisse im Königreich Bayern, beispielsweise durch eine Nationalversammlung oder durch einen Volksentscheid, hat es nach Kenntnis des Verfassers nicht gegeben.
Später wurde von Unbekannten eine "Verfassung des Freistaats Bayern vom 14.08.1919" erstellt und vom damaligen Landtag, das heißt von einem Parlament "beschlossen".
Eine Nationalversammlung wurde nicht einberufen und einen Volksentscheid hat es nicht gegeben.
Bekanntermaßen ist ein Parlament nicht befugt, eine Verfassung aufzuheben oder eine neue in Kraft zu setzen. Der sogenannten "Freistaat Bayern" konnte somit, vorbehaltlich weiterer Recherche, nicht rechtswirksam zustande gekommen sein.
Somit ist der Staat Königreich Bayern noch heute als letztes legitimes, ziviles, staatliches Recht vorhanden. Der Monarch hat abgedankt. Die Abdankung des Monarchen wurde in der gesamten zurückliegenden Zeit auch von keiner Instanz in Frage gestellt. Sie ist somit als rechtswirksam anzusehen.
Deshalb muß entweder ein Ersatz für den Monarchen gefunden werden, anderenfalls muß eine legitime Verfassung noch erarbeitet, vom obersten Souverän beispielsweise durch eine Nationalversammlung oder durch einen Volksentscheid in Kraft gesetzt werden.
Bis dahin ist die Rechtssetzung das Staates Königreich Bayern nach wie vor in den entsprechenden Territorien als letztes legitim zustande gekommenes staatliches, ziviles, Recht gültig. Wir befinden uns somit im Territorium des Staates Königreich Bayern im Rechtsstand vom 30.07.1914. Hierin stimmen auch Pohlsche und Redlhammersche Lehrmeinung überein.

15.2.4. Königreich Sachsen

Lage im Reich

Flagge

Hoheitszeichen / Wappen

Das Königreich Sachsen ist eine konstitutionelle Monarchie und ein Glied des Deutschen Reichs. Die Staatsverfassung beruht auf der Verfassungsurkunde vom 04.09.1831, welche durch die Gesetze vom 05.05.1851, 27.11.1860, 19.10.1861, 03.12.1868 und 12.10.1874 modifiziert worden ist.

Während des Deutschen Krieges stand das Königreich Sachsen an der Seite Österreichs. Die Preußen haben das Königreich Sachsen besetzt. Im Frieden zu Berlin (21.10.1866) trat Sachsen dem Norddeutschen Bund bei. Als König Johann 1873 starb, wurde Albert König und regierte bis 1902. Ihm folgte König Georg, der nur 2 Jahre regierte. Sein Nachfolger, König Friedrich August III., war der letzte König von Sachsen, der am 13.11.1918 infolge revolutionärer Unruhen auf sein Amt verzichtete.

Bereits am 10.11.1918 übernahmen Arbeiter- und Soldatenräte die Macht und riefen die Republik Sachsen aus.

Am 13.11.1918 verzichtet König Friedrich August III., mit den Worten "Macht euren Dreck alleene!", auf den Thron. Als er auf dem Bahnhof von einer Menschenmenge umjubelt wird, soll er gesagt haben: "Scheene Demokraten seid ihr".

Hinsichtlich der Legitimation einer Verfassung für einen "Freistaat Sachsen" sind weitere Recherchen erforderlich.

15.2.5. Königreich Württemberg

Lage im Reich

Flagge

Hoheitszeichen / Wappen

Das Königreich Württemberg ist ein Staat im Südwesten des Deutschen Reiches. Es entstand als souveränes Königreich auf Betreiben des französischen Kaisers Napoléon Bonaparte zum 01.01.1806 und ging aus dem Herzogtum Württemberg hervor.

Nach der Verfassung des Königreichs Württemberg vom 25.09.1819 ist das Königreich eine konstitutionelle Monarchie mit im Vergleich zu vielen anderen deutschen Staaten relativ stark ausgeprägten liberalen und demokratischen Strömungen, die sich auch nach der

Niederschlagung der in Württemberg weitgehend friedlich verlaufenen deutschen Revolution von 1848/49 behaupten und verstärken konnten.

Württemberg war von 1806 bis 1813 Mitglied des Rheinbundes und von 1815 bis 1866 Mitglied des Deutschen Bundes. Nach dem Deutsch-Französischen Krieg von 1870/71 schloß sich das Königreich dem Kaiserreich als Gliedstaat an.

Infolge der Novemberrevolution von 1918 verzichtete König Wilhelm II. von Württemberg als einer der letzten deutschen Monarchen am 29.11.1918 auf den Thron, und nahm den Titel Herzog zu Württemberg an. Er starb am 02.10.1921. Der nächste Agnat, Herzog Albrecht verzichtete indes nicht. Erst sein Enkel Ludwig (geb.: 1930), verzichtete am 29.06.1959 für sich und seine Nachkommen auf etwaige Thronrechte.

Hinsichtlich der Legitimation einer Verfassung für einen "Freistaat Württemberg" sind weitere Recherchen erforderlich.

15.2.6. Großherzogtum Baden

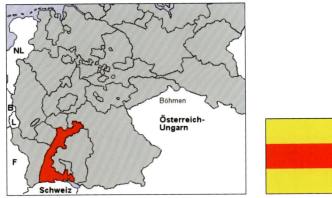

Lage im Reich   **Flagge**   **Hoheitszeichen / Wappen**

Das Großherzogtum Baden kam in den großen historischen Umwälzungen in der Folge der Französischen Revolution und der ihr folgenden Koalitionskriege zuwege. Zu Beginn des 19. Jahrhundert entstand so aus einem territorialen Flickenteppich entlang des Oberrheins ein geschlossenes Staatsgebiet.
Durch die Verfassung vom 22.08.1818 wurde Baden zur konstitutionellen Monarchie. Hauptstadt ist Karlsruhe.
Am 18.01.1871 wurde das Großherzogtum Baden ein Bundesstaat des Staatenbundes Deutsches Reich.
Im Rahmen der revolutionären Ereignisse von 1919 verzichtete Großherzog Friedrich II. am 13.11.1918 vorläufig auf die Regierungsgeschäfte. Eine provisorische Regierung proklamierte schließlich am 14.11.1918 die Freie Volksrepublik Baden und setzte den Wahltermin für eine verfassunggebende Nationalversammlung auf den 05.01.1919 fest. Neun Tage nach dem vorläufigen Regierungsverzicht dankte Friedrich II. am 22.11.1918 endgültig ab und nahm in der Folge den Titel des Markgrafen von Baden an.
Am 05.01.1919 wurde die Badische Nationalversammlung gewählt. Die von ihr erarbeitete neue badische Verfassung wurde am 21.03.1919 erstellt und am 13.04.1919 durch eine Volksabstimmung angenommen. Sie ist die einzige, durch eine Volksabstimmung beschlossene, Verfassung der Jahre 1919/1920 im Deutschen Reich.
Entgegen der Pohlschen Lehrmeinung ist nach der Redlhammerschen Rechtsauffassung der Freistaat Baden mit der Verfassung vom 21.03.1919 rechtswirksam konstituiert. Wir befinden uns somit nach der Redlhammerschen Lehrmeinung im Freistaat Baden im Rechtsstand vom 31.12.1932.

Freistaat Baden:

Flagge *Hoheitszeichen / Wappen*

15.2.7. Großherzogtum Hessen

Lage im Reich *Flagge* *Hoheitszeichen / Wappen*

Mit der am 17.12.1820 eingeführten Verfassung des Großherzogtums Hessen beendete Großherzog Ludwig I. den Absolutismus in seinem Staat zugunsten einer konstitutionellen Monarchie. Die Position des Großherzogs blieb aber stark. Das Großherzogtum Hessen war von 1815 bis 1866 ein Mitgliedstaat des Deutschen Bundes.

Die regierenden Fürsten entstammten dem Haus Hessen und führten nach der Erweiterung ihres Herrschaftsgebietes um die linksrheinischen Gebiete in Anlehnung an die ehemalige Pfalzgrafschaft bei Rhein den Titel Großherzog von Hessen und bei Rhein.

Nach den preußischen Annexionen Kurhessens 1866 verblieb das Großherzogtum als letzter selbständiger hessischer Staat mit der Hauptstadt Darmstadt.

Mit der Reichsgründung 1871 wurde das Großherzogtum Hessen Bundesstaat des Deutschen Reichs. Am 09.11.1918 wurde der amtierende Großherzog Ernst Ludwig vom Darmstädter Arbeiter- und Soldatenrat verjagt. Er dankte jedoch nie ab.

Unbekannte haben am 26.01.1919 eine "Republik Volksstaat Hessen" ausgerufen. Eine Nationalversammlung oder ein Volksentscheid gab es nach den zur Verfügung stehenden Quellen nicht.

Am 20.02.1919 hat der Landtag, also ein Parlament, eine vorläufige Verfassung fabriziert, und am 12.12.1919 eine "endgültige" "Verfassung". Da es keine Nationalversammlung und keinen Volksentscheid gegeben hat, ist dies illegal und staatsrechtlich unwirksam. Sowohl nach der Pohlschen, als auch nach der Redlhammerschen Lehrmeinung kann ein Volksstaat Hessen nicht rechtswirksam konstituiert worden sein. Wir befinden uns damit nach beiden Lehrmeinungen im Großherzogtum Hessen im Rechtsstand vom 30.07.1914.

15.2.8. Großherzogtum Mecklenburg-Schwerin

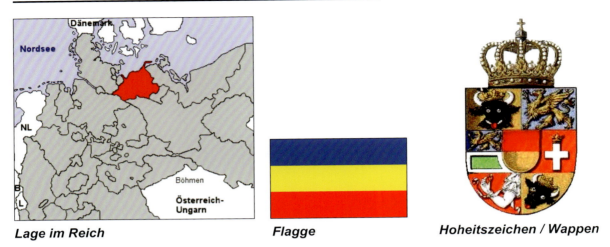

Lage im Reich   *Flagge*   *Hoheitszeichen / Wappen*

Mecklenburg-Schwerin ist ein alters Herzogtum, Haupt- und Residenzstadt ist Schwerin. Auf dem Wiener Kongreß wurde es wie Mecklenburg-Strelitz 1815 zum Großherzogtum. Die Staatsform ist eine erbliche, durch Feudalstände beschränkte Monarchie.
Nach der Auflösung des Deutschen Bundes und im Deutschen Krieg von 1866 standen beide mecklenburgischen Staaten auf der Seite des Königreichs Preußen und wurden Mitglieder im Norddeutschen Bund. 1871 wurden beide Staaten Bundesstaaten im Deutschen Reich.
Großherzog Friedrich Franz IV von Mecklenburg-Schwerin entsagte am 14.11.1918 infolge der revolutionären Ereignisse dem Thron.
Die erste Sitzung einer verfassunggebenden Versammlung soll am 21.02.1919 stattgefunden haben.
Trotz Recherche war es dem Autor nicht möglich, zitierfähige Quellen für eine Volksabstimmung oder Nationalversammlung zu finden. Es ist deshalb vorbehaltlich den Ergebnissen weiterer Recherche davon auszugehen, daß wir uns im Großherzogtum Mecklenburg-Schwerin im Rechtsstand vom 30.07.1914 befinden. Ein Unterschied zwischen Pohlscher und Redlhammerscher Lehrmeinung erscheint dabei nicht gegeben.

15.2.9. Großherzogtum Mecklenburg-Strelitz

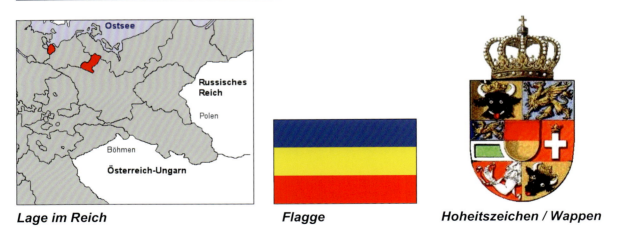

Lage im Reich   *Flagge*   *Hoheitszeichen / Wappen*

Das (Teil-) Herzogtum Mecklenburg-Strelitz entstand 1701 nach mehr als fünfjährigem Thronfolgestreit der mecklenburgischen Dynastie. Mecklenburg-Strelitz, verkürzt Strelitz, ist seit 1701 ein (Teil-) Herzogtum des mecklenburgischen Gesamtstaates ohne eigene Legislative, Haupt- und Residenzstadt ist Neustrelitz.

Beide Länder haben einen gemeinschaftlichen Landtag, der abwechselnd in Mecklenburg-Schwerin (Malchin) und in Mecklenburg-Strelitz (Sternberg) tagt, auf dem aber nur die Ritterschaft und die Städte vertreten sind.

Auf dem Wiener Kongreß wurden die beiden mecklenburgischen Herzogtümer 1815 zu Großherzogtümern.

Im Deutschen Krieg von 1866 standen beide mecklenburgischen Staaten auf der Seite des Königreichs Preußen und wurden Mitglieder im Norddeutschen Bund. 1871 wurden beide Staaten Bundesstaaten im Deutschen Reich.

In Mecklenburg-Strelitz folgte nach dem Tod des Großherzogs Adolf Friedrich, gestorben am 11.06.1914, dessen Sohn, der am 24.02.1918 durch Freitod aus dem Leben schied. Großherzog Friedrich Franz IV von Mecklenburg-Schwerin übernahm daraufhin die Regentschaft über Mecklenburg-Strelitz. Am 14.11.1918 entsagte er infolge der revolutionären Ereignisse dem Thron.

Unbekannte haben im November 1918 einen Freistaat Mecklenburg-Strelitz ausgerufen.

Über eine Nationalversammlung oder eine Volksabstimmung ist dem Autor nichts bekannt.

Am 23.05.1923 soll nach "BRD"-nahen Quellen ein "Landesgrundgesetz" in Kraft getreten sein.

Trotz Recherche war es dem Autor nicht möglich, zitierfähige Quellen für eine Volksabstimmung oder Nationalversammlung zu finden. Es ist deshalb vorbehaltlich den Ergebnissen weiterer Recherche davon auszugehen, daß wir uns im Großherzogtum Mecklenburg-Strelitz im Rechtsstand vom 30.07.1914 befinden. Ein Unterschied zwischen Pohlscher und Redlhammerscher Lehrmeinung erscheint somit nicht gegeben.

15.2.10. Großherzogtum Oldenburg

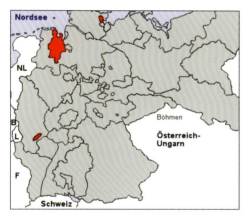  

Lage im Reich   *Flagge*   *Hoheitszeichen / Wappen*

Das Großherzogtum Oldenburg ist ein altes Herzogtum. Auf dem Wiener Kongreß 1815 folgte die Erhebung zum Großherzogtum. Zusätzlich erhielt Oldenburg als weitere Exklave das Fürstentum Birkenfeld an der Nahe. 1818 erhielt Oldenburg die Herrschaft Jever vom russischen Zaren Alexander I. zurück, so daß das Staatsgebiet nunmehr drei Teile umfaßt.

Am 28.02.1849 trat die Verfassung in Kraft. Diese wurde bereits 1852 wieder revidiert. 1854 trat das Großherzogtum Oldenburg dem Deutschen Zollverein bei.

Im Deutschen Krieg 1866 stand Oldenburg auf Seiten Preußens. 1871 wurde das Großherzogtum Oldenburg Bundesstaat im Staatenbund Deutsches Reich. Großherzog Friedrich August dankte am 11.11.1918 ab. An der Rechtmäßigkeit der Abdankung wurden von keiner Seite bisher Zweifel angemeldet.

Am 19.01.1919 wurde eine verfassunggebende Nationalversammlung gewählt und am 17.06.1919 wurde eine freistaatliche Verfassung durch die Nationalversammlung in Kraft gesetzt. Entgegen der Pohlschen Lehrmeinung ist nach der Redlhammerschen Lehrmeinung beim gegenwärtigen Kenntnisstand davon auszugehen, daß der Freistaat Oldenburg rechtswirksam konstituiert ist, und wir uns deshalb im Freistaat Oldenburg im Rechtsstand vom 31.12.1932 befinden.

15.2.11. Herzogtum Anhalt

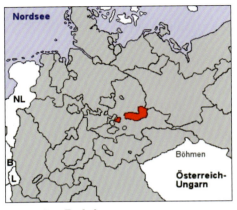
Lage im Reich

Flagge

Hoheitszeichen / Wappen

Das alte niedersächsische Fürstengeschlecht, der Askanier, herrschte im mitteldeutschen Raum. Es brachte u.a. Sophie Auguste Friederike von Anhalt-Zerbst (1729 - 1796), die spätere Katharina II. (Katharina die Große) hervor.
Nach dem Erlöschen der Linien in Köthen (1847) und Bernburg (1863) kam es zum Zusammenschluß von drei Herzogtümern zu einem vereinigten Herzogtum Anhalt mit Dessau als Hauptstadt. Es besteht aus zwei größeren Gebieten und mehreren sehr kleinen Landesteilen.
Das Herzogtum Anhalt ist seit dem 17.09.1859 eine konstitutionelle Monarchie.
Die anhaltinischen Truppen nahmen am Deutschen Krieg nicht teil. Kurz nach dem Deutschen Krieg 1866 trat Anhalt dem unter preußischer Führung entstandenen Norddeutschen Bund und 1871 dem Deutschen Reich bei.
Nach dem Tode Friedrichs I. (24.01.1904) folgte dessen Sohn Friedrich II. (gestorben am 21.04.1918), diesem dessen Bruder Eduard (gestorben am 13.09.1918), darauf dessen Sohn Joachim Ernst unter Vormundschaft seines Oheims Aribert, der für ihn am 12.11.1918 auf den Thron verzichtete.
Für die Redlhammersche Lehrmeinung ist bedeutsam, daß für den 15.12.1918 Wahlen zur verfassunggebenden Landesversammlung angesetzt wurden. Diese hat die Verfassung vom 18.07.1919 angenommen. Das Staatsvolk von Anhalt gab seinem Staat den Namen "Freistaat Anhalt". Nach Redlhammerscher Lehrmeinung ist beim gegenwärtigen Kenntnisstand davon auszugehen, daß die Verfassung des Freistaates Anhalt vom 18.07.1919 rechtswirksam zustande gekommen ist, und der Rechtsstand vom 31.12.1932 gilt.

15.2.12. Herzogtum Braunschweig

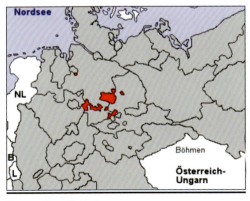
Lage im Reich

Flagge

Hoheitszeichen / Wappen

Das Herzogtum Braunschweig wurde 1814 nach dem Wiener Kongreß in der Nachfolge des Fürstentums Braunschweig-Wolfenbüttel begründet. Seine Wurzeln liegen im Herzogtum Braunschweig-Lüneburg, das 1235 durch Aufteilung des sächsischen Stammesherzogtums der Welfen entstand. Nach dem Wiener Kongreß wurde das Herzogtum Braunschweig 1814 in den alten Grenzen des Fürstentums Braunschweig-Wolfenbüttel errichtet.

1832 erhielt es eine konstitutionell-monarchische Verfassung welche 1848 vorübergehend liberale Änderungen, und 1851 und 1886 weitere Überarbeitungen erfuhr. Der Regent führt den Titel Herzog zu Braunschweig und Lüneburg.

Mit dem am 18.10.1884 erfolgten Ableben des Herzogs Wilhelm (er hinterließ mindestens 5 uneheliche Kinder, aber keinen legitimen Erben), übernahm der Vorsitzende des Regentschaftsrates Hermann Graf von Görtz-Wrisberg die Regierungsgeschäfte, bis am 02.11.1885 auf Bestreben Preußens nicht ein Welfe aus dem Haus Hannover (Herzog Ernst August von Cumberland), sondern Prinz Albrecht von Preußen als Regent eingesetzt wurde. Nach dem Tod Albrechts im Jahr 1906 übernahm erneut der Präsident des Regentschaftsrates, Albert von Otto, die Regierungsgeschäfte. Am 05.06.1907 wurde Herzog Johann Albrecht zu Mecklenburg die braunschweigsche Regentschaft übertragen. Erst mit der Hochzeit, am 24.05.1913, zwischen Prinzessin Viktoria Luise (Tochter Kaiser Wilhelm II.) mit Prinz Ernst August von Braunschweig-Lüneburg (Sohn des Herzog Ernst August von Cumberland) kommt es zur Aussöhnung zwischen Welfen und Hohenzollern und am 01.11.1913, dem Tag des Einzugs des Paares in Braunschweig, wurde ein Welfe wieder Herrscher über das Herzogtum Braunschweig.

Am 08.11.1918 verzichtet Herzog Ernst August auf den Thron. Unbekannte riefen eine "Sozialistische Republik Braunschweig" aus.

Im Dezember 1921 wird eine neue Verfassung angenommen, diese tritt am 06.01.1922 in Kraft. Vorbehaltlich weiterer Recherchen ist nach gegenwärtigem Kenntnisstand nach der Redlhammerschen Lehmeinung der "Freistaat Braunschweig" rechtswirksam konstituiert und es besteht der Rechtsstand vom 31.12.1932.

15.2.13. Fürstentum Lippe

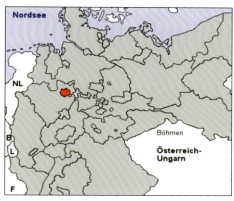  

Lage im Reich   *Flagge*   *Hoheitszeichen / Wappen*

Als Stammvater der Lippeschen Dynastie gilt Bernhard de Lippia um 1123. Simon VI. teilte das Land unter seinen drei Söhnen, wodurch die Linien Lippe (Detmold), Brake (erloschen 1709) und Bückeburg (Schaumburg-Lippe) entstanden. Lippe wurde 1720 Reichsfürstentum und 1807 durch Beitritt zum Rheinbund eigenständig. Nach Überwindung der französischen Fremdherrschaft gehörte es von 1815 bis 1866 dem Deutschen Bund an. Die Verfassung vom 06.07.1836 wurde 1848 und 1849 durch den Fürsten Leopold II. liberalisiert, aber unter seinem Nachfolger Leopold III. am 26.03.1853 wieder hergestellt, worauf ein langjähriger Verfassungskonflikt entstand. Im Deutschen Krieg von 1866 unterstützte das Fürstentum Lippe von vornherein das Königreich Preußen. Am 01.10.1867 schloß Lippe mit Preußen eine Militärkonvention ab. Das Land trat dem Norddeutschen Bund bei und wurde 1871 ein Bundesstaat im Deutschen Reich. Als Fürst Woldemar am 20.03.1895 ohne Nachkommen starb, übernahm auf seine Verordnung Prinz Adolf von Schaumburg-Lippe die Regentschaft für Woldemars geisteskranken Bruder Alexander (gestorben am 13.01.1905). Der danach zwischen Lippe-Biesterfeld, einem Zweig der Detmolder Linie, und Schaumburg-Lippe entstandene Streit über die Erbfolge in Lippe wurde von einem Schiedsgericht unter Vorsitz des Königs von Sachsen am 22.06.1897 zugunsten des Grafen Ernst zur Lippe-Biesterfeld entschieden, worauf dieser die Regentschaft antrat. Als er am 26.09.1904 starb, übernahm sein Sohn Leopold die Regentschaft die er bis zum 12.11.1918 ausübte.

Eine neue Verfassung soll gemäß "BRD"-nahen Quellen am 21.12.1920 in Kraft getreten sein. Trotz Recherche war es dem Autor nicht möglich, zitierfähige Quellen für eine Volksabstimmung oder Nationalversammlung zu finden. Es ist deshalb vorbehaltlich den Ergebnissen weiterer Recherche davon auszugehen, daß wir uns im Fürstentum Lippe im Rechtsstand vom 30.07.1914 befinden. Ein Unterschied zwischen Pohlscher und Redlhammerscher Lehrmeinung erscheint somit nicht gegeben.

15.2.14. Fürstentum Schaumburg-Lippe

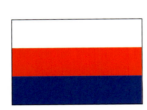

Lage im Reich   **Flagge**   **Hoheitszeichen / Wappen**

Schaumburg-Lippe ist eine alte Grafschaft. Sie entstand 1647 durch die Aufteilung der Grafschaft Schaumburg zwischen dem Haus Braunschweig-Lüneburg, den Landgrafen von Hessen-Kassel und den Grafen zur Lippe. 1807 trat Graf Georg Wilhelm dem Rheinbund bei, nahm darauf den Fürstentitel an und gab am 15.01.1816 dem Land eine ständische Verfassung. Nach längeren Verhandlungen wurde am 17.11.1868 eine neue ständische Verfassung mit der Landesversammlung vereinbart.

Im Deutschen Krieg stand Schaumburg-Lippe zunächst an der Seite Österreichs, trat aber am 18.08.1866 dem Norddeutschen Bund bei und wurde 1871 ein Bundesstaat im Deutschen Reich.

Fürst Adolf zu Schaumburg-Lippe verzichtete am 15.11.1918 auf seinen Thron, unbekannte haben einen Freistaat Schaumburg-Lippe ausgerufen.

Trotz Recherche war es dem Autor nicht möglich, zitierfähige Quellen für eine Volksabstimmung oder eine Nationalversammlung zu finden. Es ist deshalb vorbehaltlich den Ergebnissen weiterer Recherche davon auszugehen, daß wir uns im Fürstentum Schaumburg-Lippe im Rechtsstand vom 30.07.1914 befinden. Ein Unterschied zwischen Pohlscher und Redlhammerscher Lehrmeinung erscheint somit nicht gegeben.

15.2.15. Fürstentum Waldeck und Pyrmont

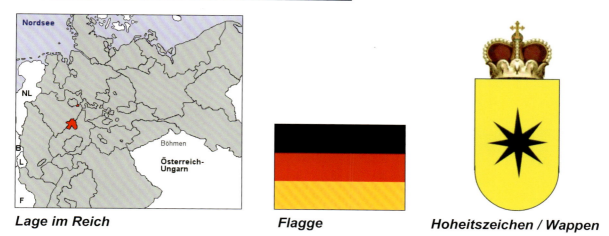

| Lage im Reich | Flagge | Hoheitszeichen / Wappen |

Waldeck ist ein altes Fürstentum. Die Wirren an der Wende des 18. zum 19. Jahrhundert überstand das Fürstentum, wie auch eine kurzfristige Erbteilung 1806-1812, und trat 1815 dem Deutschen Bund bei.
Am 19.04.1816 erhielt das Fürstentum Waldeck eine neue von Fürst und Ständen gemeinsam verabschiedete Verfassung.
Durch einen Akzessionsvertrag mit Preußen vom 18.07.1867 ging die Verwaltung des Landes vom 01.01.1868 an Preußen über. Der Fürst behielt sich das Begnadigungsrecht, das Kirchenregiment und die Zustimmung bei der Gesetzgebung, die von der Abtretung der Verwaltung nicht berührt wird, vor. 1871 wurde Waldeck ein Bundesstaat des Deutschen Reiches.
1879 heiratete die 20jährige Prinzessin Emma von Waldeck-Pyrmont (Tochter von Fürst Georg Viktor) König Wilhelm III. der Niederlande und wurde damit zur Ahnin aller folgenden niederländischen Könige und Königinnen.
Am 13.11.1918 wurde der letzte regierende Fürst, Friedrich (1865–1946) durch selbsternannte Vertreter der Kasseler Arbeiter- und Soldatenräte für abgesetzt erklärt. Die Putschisten machten sich erst gar nicht die Mühe, eine republikanische Verfassung auszuarbeiten.
Es ist deshalb davon auszugehen, daß wir uns im Fürstentum Schaumburg-Lippe im Rechtsstand vom 30.07.1914 befinden. Ein Unterschied zwischen Pohlscher und Redlhammerscher Lehrmeinung erscheint somit nicht gegeben.

15.2.16. Freie und Hansestadt Bremen

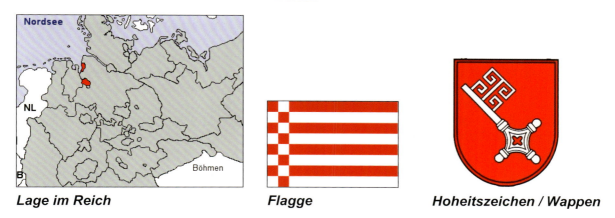

| Lage im Reich | Flagge | Hoheitszeichen / Wappen |

782 wurde die Fischer- und Fährleutesiedlung an der Weser zum ersten Male erwähnt. 788 gründete Karl der Große in Bremen ein Bistum, das 849 Erzbistum wurde. 1646 wurde Bremen formell die Reichsunmittelbarkeit zuerkannt. Kaiser Ferdinand III. verlieh 1646 der Stadt die Freiheiten einer Reichsstadt. Kurfürst Georg von Hannover, der 1720 das Erzstift erwarb, erkannte die Reichsfreiheit Bremens an. Der Weserstrom genügt trotz zahlreicher zu

seiner Vertiefung ausgeführter Arbeiten nur für den Verkehr von Flußschiffen und kleinen Seeschiffen. Bremen gründete deshalb 1827 an der Unterweser den Ort Bremerhaven. Von 1815 bis 1866 gehörte die Stadt Bremen zum Deutschen Bund. 1866 trat Bremen dem Norddeutschen Bund bei und wurde 1871 ein teilsouveräner Bundesstaat im Deutschen Reich. Die Verfassung des Staates ist republikanisch. Am 08.03.1849 publiziert, im März 1852 aber durch Einschreiten des Deutschen Bundes teilweise suspendiert, hat sie endlich am 21.02.1854, 17.11.1875 und 01.01.1894 durch Revision ihre gegenwärtige Gestalt erhalten. Nach derselben üben Senat und Bürgerschaft die Staatsgewalt gemeinschaftlich aus.

Nach der Pohlschen Lehrmeinung befinden wir uns in der freien und Hansestadt Bremen im Rechtsstand vom 30.07.2014.

Für die Redlhammersche Lehrmeinung ist bedeutsam, daß eine "Bremer Räterepublik" am 10.01.1919 ausgerufen wurde, später wurde eine provisorische Regierung des Stadtstaates eingesetzt. Diese ließ am 09.03.1919 in allgemeiner und freier Wahl die Bremer Nationalversammlung wählen, die 1920 eine neue, Verfassung verabschiedete.

Das Staatsvolk der Freien und Hansestadt Bremen behielt den Namen der Körperschaft.

Nach der Redlhammerschen Lehrmeinung ist davon auszugehen, daß die Verfassung der Freien und Hansestadt Bremen von 1920 rechtswirksam zustande gekommen ist.

Es sei hiernach in der Freien und Hansestadt Bremen nach der Redlhammerschen Lehrmeinung der Rechtsstand vom 31.12.1932 anzunehmen.

15.2.17. Freie und Hansestadt Hamburg

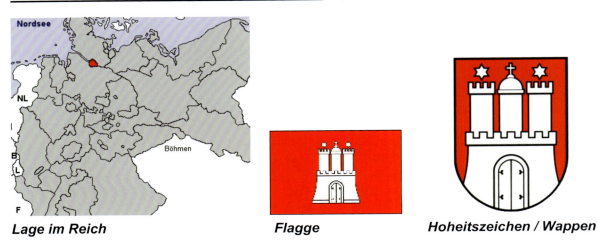

Lage im Reich   **Flagge**   **Hoheitszeichen / Wappen**

Die Gründung Hamburgs geht vermutlich auf Karl den Großen zurück, der 810 als Schutz gegen die Heiden eine Burg anlegen ließ. 1215 wurde Hamburg Freie Reichsstadt. Durch seinen Vertrag mit Lübeck im Jahr 1241 wurde Hamburg einer der Gründungsorte der Hanse. Durch die Bundesakte vom 08.06.1815 trat Hamburg als souveräner Staat dem Deutschen Bund bei und bildete mit Bremen, Lübeck und Frankfurt die Kurie der Freien Städte.

Die Militärhoheit ging infolge der Konvention vom 23.07.1867 an Preußen über.

Es ist deshalb davon auszugehen, daß wir uns in der Freien und Hansestadt Hamburg im Rechtsstand vom 30.07.1914 befinden. Ein Unterschied zwischen Pohlscher und Redlhammerscher Lehrmeinung erscheint somit in dieser Frage nicht gegeben.

15.2.18. Freie und Hansestadt Lübeck

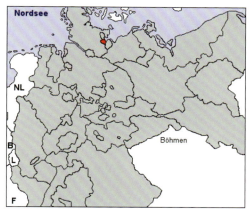 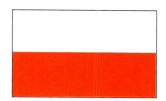 

Lage im Reich **Flagge** **Hoheitszeichen / Wappen**

1072 wurde die Stadt als "Liubice" erstmals urkundlich erwähnt. 1157 brannte die Stadt völlig nieder. 1159 gründete Herzog Heinrich dem Löwen Lübeck ein zweites Mal.
Von der französischen Fremdherrschaft wurde Lübeck 1813 befreit und durch die Wiener Kongreßakte 1815 völkerrechtlich souveränes Mitglied des Deutschen Bundes.
Während des Deutschen Krieges stand die Freie und Hansestadt Lübeck an der Seite Preußens. Am 27.06.1867 schloß Lübeck eine Militärkonvention mit Preußen, wodurch die Militärhoheit an Preußen überging.
1871 wurde Lübeck ein Bundesstaat im Deutschen Reich.
Im Mai 1920 soll es nach "BRD"-nahen Quellen zu einer neuen Verfassung im modernen Sinne gekommen sein.
Trotz Recherche war es dem Autor nicht möglich, zitierfähige Quellen für eine Volksabstimmung oder eine Nationalversammlung zu finden. Es ist deshalb vorbehaltlich den Ergebnissen weiterer Recherche davon auszugehen, daß wir uns in der freien und Hansestadt Lübeck im Rechtsstand vom 30.07.1914 befinden. Ein Unterschied zwischen Pohlscher und Redlhammerscher Lehrmeinung erscheint somit nicht gegeben.

15.2.19. Reichsland Elsaß-Lothringen

Lage im Reich **Flagge** **Hoheitszeichen / Wappen**

Wenn die Elsässer auch in geistiger Beziehung eine Vermittlerrolle zwischen deutschem und französischem Wesen einnahmen, so waren sie doch in politischer und materieller Hinsicht mit dem französischen Staat völlig verschmolzen als 1870 der Deutsch-Französische Krieg ausbrach.

Im Präliminarfrieden von Versailles am 26.02.1871 wurde die Abtretung des Elsaß an Deutschland festgesetzt. Nur der Distrikt von Belfort, wozu im Frankfurter Frieden vom 10.05.1871 noch einige französischsprachige Kantone des Sundgaues kamen, blieb bei Frankreich. Da man das Land nicht teilen wollte wurde das Elsaß mit dem gleichzeitig von Frankreich abgetretenen Departement Mosel (Lothringen) vereinigt und Elsaß-Lothringen zum Reichsland erklärt, über welches das Deutsche Reich selbst die Herrschaft ausübt.
Am 01.01.1874 wurde die Reichsverfassung eingeführt. Am 10.11.1918 erklärte sich Elsaß-Lothringen nach Aufgabe der militärischen Kontrolle durch die Reichswehr zur unabhängigen Republik. Nichtsdestotrotz besetzen französische Truppen Elsaß-Lothringen. Das Versailler Diktat verfügte 1919 die Angliederung Elsaß-Lothringens ohne Plebiszit (Volksabstimmung) an Frankreich. Die Bewohner des Gebietes wurden je nach Abstammung in 4 Gruppen eingeteilt, Einwohner reichsdeutscher Abstammung müssen das Land verlassen. Alle nach 1870 zugewanderten Deutschen werden vertrieben. Es folgt eine radikale Unterdrückung der deutschen Sprache. Deutsch ist bis heute keine anerkannte Minderheitensprache.
Aufgrund der französischen Assimilierungspolitik wächst insbesondere im Elsaß eine starke Autonomiebewegung, die jedoch massiv unterdrückt wird. So wurde der Führer der Autonomistenpartei Karl Roos am 07.02.1940 in Nancy wegen angeblicher Spionage hingerichtet.
Ab Mitte Juni 1940 besetzte die Wehrmacht Elsaß-Lothringen. Jedoch verzichtete Deutschland auf eine Eingliederung des Landes in das Reichsgebiet, um sich alle Optionen für einen Frieden im Westen offen zu halten.
Nach 1945 verfolgte Frankreich eine massive Unterdrückung der deutschen Sprache, so daß nachfolgende Generationen inzwischen nur noch Französisch sprechen können.

16. Zwischenfazit

Die "BRD" ist kein Staat. Sie erfüllt keines der drei völkerrechtlich notwendigen Kriterien nach der völkerrechtlich verbindlichen Drei-Elemente-Lehre.
Die "BRD" übt weder eine eigene Staatsgewalt aus, noch hat sie ein eigenes Staatsvolk, noch hat sie ein Staatsgebiet beziehungsweise ein Territorium.
Unabhängig von den Kriterien der Drei-Elemente-Lehre hat die "BRD" auch keine Verfassung.
Das gesamte "BRD"-System hat folglich keine verfassungsrechtliche und keine staatsrechtliche Legitimation.

Das "Grundgesetz für die BRD" ist lediglich Besatzungsrecht. Die "BRD" ist nach ihren eigenen Rechtsgrundlagen kein Staat, sondern eine von den Besatzungsmächten eingesetzte Kolonialverwaltung auf der Basis von Handelsrecht. Das Agieren der Firma "BRD" wird nach wie vor von den drei westlichen Besatzungsmächten, allen voran den U.S.A. bestimmt.
Das gesamte Besatzungsrecht ist weiter in Kraft, als "voll wirksames Bundesrecht".
Alle Personalangehörigen des "BRD"-Systems, insbesondere ihre Funktionäre wie "Bundeskanzler", "Bundespräsident" etc. sind den westlichen Besatzungsmächten weisungsgebunden.
Die Aufgabe des "BRD"-Systems und ihrer Funktionäre ist die Durchsetzung der Interessen der Besatzungsmächte gegenüber den Deutschen Völkern.
Das "Grundgesetz" ist keine Verfassung, und damit nicht die höchste Rechtsnorm im "BRD"-System. Das übrige Besatzungsrecht, das Siegerrecht des Zweiten Weltkrieges und das Kriegsvölkerrecht sind höherrangiges Recht.
Nach dem Grundsatz "Höherrangigeres Recht bricht niederrangigeres Recht" ist der Grundrechtekatalog des "Grundgesetzes" reine Makulatur. Die Besatzungsmächte können sich jederzeit hierüber hinwegsetzen.

Aufgrund des Fehlens der Staatlichkeit der "BRD" kann sie keine eigene Staatsangehörigkeit definieren oder vergeben. Es gibt auf der ganzen Welt keinen einzigen "Bundesbürger".
Bis zum Jahre 1990 hatte die "BRD" ein definiertes Territorium und war somit, wenn auch nicht als Staat, so doch wenigstens als eine Gebietskörperschaft anzusehen.
Im Jahre 1990 erfolgte die Umwandlung der "BRD" aus einer Gebietskörperschaft in eine reine Personenvereinigung, genauer, in eine Firma mit der inneren Struktur einer GmbH.

Unabhängig davon, daß die "BRD" keine Gebietskörperschaft ist, kann aufgrund der nach wie vor rechtsgültigen alliierten Bestimmungen insbesondere Berlin kein territorialer Bestandteil der "BRD" sein. Auch wenn die "BRD" irgendwann wieder in eine Gebietskörperschaft umgewandelt werden sollte, kann Berlin unter keinen Umständen Hauptstadt einer "BRD" sein.

Der sogenannte "2+4-Vertrag" ist alles andere als ein Friedensvertrag. Aufgrund des Fehlens eines Friedensvertrages für das Deutsche Reich gilt für die Deutschen Völker nicht das allgemeine Völkerrecht, sondern das spezielle Völkerrecht für den Sonderfall des Krieges. Es gilt hierzulande als höchste Rechtsnorm das Kriegsvölkerrecht in Gestalt der Haager Landkriegsordnung und der Genfer Konvention.
Gemäß Artikel 24 der Haager Landkriegsordnung sind Kriegslisten und Bespitzelungen durch die Besatzungsmächte legitim. Dies ist die rechtliche Grundlage für Lügen und Täuschungen der Besatzungsmächte und ihrer Vertreter im "BRD"-System gegenüber den Deutschen Völkern. Dies ist auch die Grundlage für Täuschung, Lügen und Propaganda in den gleichgeschalteten "BRD"-Lügenmedien und in Schulen des "BRD"-Systems.
Ein wesentlicher Hauptinhalt der alliierten Propaganda ist die Gleichsetzung des Begriffes "Drittes Reich" mit dem Begriff "Deutsches Reich", um den völkerrechtlichen Begriff "Deutsches Reich" zu diskreditieren und die Deutschen Völker von der Herstellung legitimer staatlicher Verhältnisse abzuhalten.

Die "BRD" ist eine Firma in Deutschland, sie ist jedoch nicht Deutschland. Deutschland ist gemäß den Bestimmungen der Alliierten das Territorium des Deutschen Reiches, wie es am 31.12.1937 bestanden hat. Eine Rechtsnachfolge des Deutschen Reiches in Gestalt der "BRD" war zu keiner Zeit gegeben. Funktionäre der Kolonialverwaltung "BRD" dürfen sich im Ausland nirgendwo als Repräsentanten von "Deutschland" ausgeben.

Auf internationalen Urkunden und der Vorderseite von Reisepässen verwenden "BRD"-Stellen als Hoheitszeichen jenes der "Weimarer Republik". Einen "Bundesadler" gibt es nicht.
Reisepässe und "Personalausweise" der Firma "BRD" sind selbst nach "BRD"-Bestimmungen aufgrund eines falschen Eintrages der Staatsangehörigkeit ungültig.

Sämtliche Stellen der Firma "BRD" sind lediglich "BRD"-Unterfirmen. Sie haben Umsatzsteuer-Identifikationsnummern und werden in sämtlichen internationalen Branchenführern mit D.U.N.S-Nummern und Ust.-Ident.-Nummern als private Firmen gelistet.
Die zahlreichen polizeiähnlichen Firmen des "BRD"-Systems sind rechtlich privaten Sicherheitsdiensten oder auch wahlweise Trachtenträgervereinen gleichzusetzen. "BRD"-"Gerichte" sind lediglich private Schiedsgerichte.
Die sogenannte "BUNDESWEHR" ist eine Söldnertruppe, sie wird für illegale Angriffskriege und Kriegsverbrechen im Interesse der Besatzungsmächte und somit im Interesse ausländischer Machthaber eingesetzt.

Repräsentanten der Firma "BRD" versuchen mittels der Tatbestände "Täuschung im Rechtsverkehr", "Betrug" und "Amtsanmaßung" einen Staat zu simulieren. Sie verhalten sich damit wissentlich schwerstkriminell.
Da Stellen der "BRD" keinerlei Legitimation zur Ausübung von Hoheitsgewalt haben, können sie jedweden Privatleuten, Unternehmen oder Gemeinden lediglich geschäftliche Angebote unterbreiten, deren Annahme ausschließlich auf Freiwilligkeit beruht.

Einziges legitimes, ziviles staatliches Recht auf deutschem Boden, ist jenes der Bundesstaaten des Deutschen Reiches und des Deutschen Reiches selbst. Der gültige Rechtsstand auf der Reichsebene ist jener vom 30.07.1914.
Die Einzelstaaten im Staatenbund Deutsches Reich erfüllen gegenwärtig zwei der drei völkerrechtlich notwendigen Merkmale der Drei-Elemente-Lehre. Sie verfügen jeweils über ein Staatsvolk und über ein legales, definiertes staatliches Territorium.
Die Einzelstaaten im Staatenbund Deutsches Reich sind lediglich nicht handlungsfähig, können also derzeit die Staatsgewalt nicht ausüben.

Seit Beginn des Ersten Weltkrieges besteht völkerrechtlich der Kriegszustand fort, eine Friedensregelung mit dem Deutschen Reich ist nicht in Sicht.

Das Deutsche Reich wird von den drei westlichen Besatzungsmächten, allen voran der Hauptsiegermacht U.S.A., mit Hilfe der Firma "BRD" handlungsunfähig gehalten, damit es keinen Friedensvertrag einfordern, beziehungsweise schließen kann.
Die Folge einer Friedensregelung mit dem Deutschen Reich wäre das Ende der völkerrechtlichen Absicherung der absoluten Vormachtstellung der U.S.A. in der Welt. Es wäre das Ende der völkerrechtlichen Legitimation sämtlicher weltweiter Zerstörungs- und Tötungshandlungen der U.S.A..

Aufgrund des Fehlens einer Friedensregelung und der Gültigkeit der Haager Landkriegsordnung als höchste Rechtsnorm hierzulande (insbesondere Artikel 24) sind die Massenmedien und Ersteller der Lehrpläne an den Schulen des "BRD"-Systems in besonderer Weise die Erfüllungsgehilfen der drei westlichen Besatzungsmächte, allen voran der U.S.A.. Sowohl die Schulen als auch die Massenmedien erfüllen ihre Aufgabe zur Niederhaltung der Deutschen Völker unter anderem mittels eines universellen Kollektivschuldkonzeptes als Teil einer "BRD"-Religion, aber auch mittels gezielter Desinformation, Geschichtsfälschung, Verdummung, Verblödung und Verrohung.

Derzeit werden die Menschen in der westlichen Welt über einen juristischen Trick versklavt. Sie werden durch Täuschung zu einer juristischen Person, beziehungsweise zu einer Ein-Mann-Firma gemacht. Hierdurch ist es den Machthabern juristisch möglich, die Menschen als Sachen zu verwalten, ohne daß ihnen die Rechte, die auf die Staatsangehörigkeit gründen, oder die Menschenrechte gewährt werden müssen.
In der gesamten westlichen Welt werden die legitimen Staaten allmählich handlungsunfähig gestellt, und Firmenkonstruktionen darüber errichtet, mittels derer die Menschen durch ausschließliche Anwendung von Privat- beziehungsweise Handelsrecht, und Umgehung von jeglichem staatlichen Recht, ihrer Individualrechte und Menschenrechte beraubt werden.

Die tatsächlichen Herrscher in der Welt sind die Angehörigen einer kleinen Privatclique. Es sind die Vertreter der internationalen Hochfinanz. Deren Macht basiert auf einem betrügerischen, zinsbasierten Zentralbanksystem, mit dessen Hilfe die Menschen, Unternehmen und Staaten weltweit permanent überschuldet und schleichend enteignet werden.
Sämtliche "Staaten" sind nicht nur durch eine gigantische konstruierte Verschuldung von diesem Herrschaftssystem abhängig, sie sind vielmehr die Erfüllungsgehilfen beziehungsweise der bewaffnete Arm dieser internationalen Hochfinanz.
Die Akteure der internationalen Hochfinanz agieren als Rüstungs- und Kriegstreiber. Ein sogenannter "internationaler Terrorismus" wird auf Geheiß der Hochfinanz weltweit geheimdienstlich inszeniert, um als Vorwand zu dienen, verbrecherische Kriege zu führen, den letzten Rest an Individualrechten in der westlichen Welt abzuschaffen, und die Menschen für die Hochfinanz gläsern zu machen, um deren Enteignung und Versklavung weiter voranzutreiben.

Auf Betreiben der drei westlichen Besatzungsmächte, insbesondere der U.S.A., wird der Kaufmann/Morgenthau-Plan umgesetzt. Er beinhaltet die schleichende Auslöschung der Deutschen Völker. Durch die Umsetzung dieses Planes leben die Deutschen Völker auf Kosten der eigenen Substanz. Deutsche haben aufgrund der entsprechenden Anreiz- und Steuerungssysteme des "BRD"-Systems die geringste Kinderzahl der Welt, deutsche Kinder werden noch dazu gezielt schlecht gebildet und schlecht ausgebildet.
Ein erheblicher Teil des deutschen Brutto-Inlandsproduktes wird gezielt über dunkle Kanäle ins Ausland geleitet, damit es für die Reproduktion der materielllen und imateriellen Lebensgrundlagen der Deutschen Völker nicht mehr zur Verfügung steht.
Damit erbringen die Deutschen Völker Sklavenarbeit für die gesamte Welt, sie werden zudem für die internationale Hochfinanz permanent schleichend enteignet und langfristig ausgelöscht.

Die von den "BRD"-Vertretern im Alltag angewandten Gesetze sind im Wesentlichen nationalsozialistische Gesetze aus dem sogenannten "Dritten Reich". Eine zentrale Stellung hat hierbei das "Staatsangehörigkeitsgesetz" der "BRD". In diesem wird die Zugehörigkeit zum Dritten Reich gleichgesetzt mit der Zugehörigkeit zur "BRD".
Die "BRD" ist damit eine nationalsozialistische Folgeorganisation. Wer sich mit einem "Bundespersonalausweis" ausweist, bekennt sich zur nationalsozialistischen Rechtssetzung und ist somit bekennender Nationalsozialist.

Wie der internationale Gerichtshof in Den Haag feststellte, ist die "BRD" Rechtsnachfolger nicht etwa des Deutschen Reiches, sondern des sogenannten "Dritten Reiches". Gemäß ihrer Rechtsanwendung im Alltag ist die "BRD" darüber hinaus juristisch sogar die Fortsetzung des sogenannten "Dritten Reiches".
Entsprechend den Regeln der Besatzungsmächte dürfen jedoch nationalsozialistische Gesetze nicht angewendet werden. Sobald die "BRD" sich an ihre eigenen Regeln hält, wäre sie somit augenblicklich nicht mehr handlungsfähig.
Die "BRD" existiert und handelt somit nur noch auf der Basis von permanentem Rechtsbruch.
Auch und gerade nach den Regeln des "BRD"-Systems ist es jedem Menschen verboten, sich mit einem "Bundespersonalausweis" auszuweisen, Einkommenssteuer an die "BRD" zu zahlen, einen "BRD"-Richter zu akzeptieren etc..
Die sogenannte "BRD" ist damit juristisch aufgelöst, sie besteht und handelt nur noch auf der Basis von permanentem Rechtsbruch.
Entgegenaller Propagandabehauptungen sind Grundgesetz und "BRD" die größten Feinde und Hinderungsgründe für eine freiheitlich-demokratische Grundordnung auf deutschem Boden.

In den U.S.A. tritt die Obama-Administration rechtswidrig die Verfassung mit Füßen. Unter Ausnutzung des Kriegsrechts des Zweiten Weltkrieges und unter dem Vorwand eines hausgemachten "internationalen Terrorismus" wurde durch die Obama-Administration in den U.S.A. die Gewaltenteilung rechtswidrig aufgehoben und das Führerprinzip hergestellt. Obama spielt sich auf zum Ankläger, Anwalt, Richter und Henker in einer Person. Obama ist für den Mord von Tausenden Menschen per Todesliste persönlich verantwortlich. Die Obama-Administration unterhält zudem Folter-KZs in aller Welt. Das größte und bekannteste US-Folter-KZ ist Guantanamo.
Da die "BRD" nur eine Besatzungsverwaltung der U.S.A.. ist, und die Akteure des "BRD"-Systems Obama weisungsgebunden sind, haben wir hierzulande denselben rechtlichen Status wie die Gefangenen in Obamas Folter-KZs.
Eine seit Jahrzehnten aktive weltweit linke Bewegung hat offenbar ihr Ziel erreicht, und ein neues Drittes Reich etabliert. Der Führer heißt nicht Hitler sondern Obama, die Hauptstadt ist nicht Berlin sondern Washington und das Territorium dieses "Dritten Reiches" umfaßt das der U.S.A. und jenes der übrigen "westlichen Welt."
Dieses neue "Dritte Reich" kann nur bestehen, weil die gesamte Medienlandschaft der "Westlichen Welt" keinen Journalismus mehr betreibt, sondern nur noch permanent Propaganda und Lügen verbreitet.
Die "Westliche Wertegemeinschaft" ist somit nichts weiter als eine Bande von Lügnern und Verbrechern.

Aufgrund der besonderen Loyalitätspflicht eines jeden Staatsangehörigen gegenüber seinem Staat und nicht zuletzt aufgrund der Bestimmungen in den Berliner Beschlüssen ("Potsdamer Abkommen") ist jeder Angehörige eines deutschen Staatsvolkes verpflichtet, sich eigenverantwortlich, demokratisch und rechtsstaatlich zu organisieren.
Es gilt, die legitimen Gebietskörperschaften wieder handlungsfähig zu machen. Es sind dies in allererster Linie die Gemeinden, im Weiteren auch die Provinzen, die Bundesstaaten und die Reichsebene des Deutschen Reiches.
Grundlage hierfür ist die nach wie vor gültige verfassungsmäßige Ordnung auf der Basis der gültigen Verfassungen der Bundesstaaten des Deutschen Reiches und des Verfassungsvertrages von 1871 mit dem Rechtsstand vom 30.07.1914.
Dabei kommt dem Reichs- und Staatsangehörigkeitsgesetz vom 22.07.1913 eine Schlüsselstellung zu.

17. Welche Zukunftschancen bestehen?

Vermutlich werden die meisten Leser aus den vorliegenden Ausführungen folgerichtig ableiten, daß es nicht sinnvoll sein kann, nunmehr die 98. Partei im "BRD"-System zu gründen, um zu rechtsstaatlichen Verhältnissen zu gelangen.
Alle Parteien, die einmal im "BRD"-System als Opposition begonnen haben (auch "Linke" oder "Grüne" oder "Piratenpartei" u.s.w.), sind inzwischen zu Systemparteien verkommen, die die Deutschen Völker belügen und sich in ihre eigene Tasche wirtschaften.
Schließlich ist von keiner einzigen Systempartei etwas Ehrliches zur Rechtslage im "BRD"-System, zu den tatsächlichen Entscheidungsprozessen oder zu den Mechanismen des internationalen Finanzsystems zu hören.

Folgerichtig haben es viele Menschen satt, überhaupt noch an irgendeiner "BRD"-Wahl teilzunehmen. Schließlich will niemand seine Stimme abgeben, und diesen Kriminellen noch eine Scheinlegitimation geben, die sie für ihre betrügerischen Machenschaften, insbesondere Menschenrechtsverletzungen und Kriegsverbrechen weiter mißbrauchen.

Wahlen dienen nur dazu, die Illusion einer Demokratie aufrecht zu erhalten. Und wer nicht wählen will, dessen Stimme wird automatisch durch die Einheitspartei, also die CDUCSUSPDFDPGrünenLinke, per Umlageverfahren gestohlen. Hat ein Parlamentarier erst einmal seinen Sitz ergattert, dann kann ihm praktisch nichts mehr passieren – solange er nicht gegen die echte Regierung vorgeht, versteht sich. Als einer von Tausenden von Parlamentariern in "Bund", "Ländern" und Gemeinden muß er dann nur noch Gesetzesvorlagen abnicken, ist bis zum Lebensende reichlich versorgt und trägt für die Folgen seiner Handlungen nicht die geringste persönliche Verantwortung.

Wirkliche Demokratie unter einem kapitalistischen System ist eine Illusion. Wie der Name sagt, bedeutet Kapitalismus "Herrschaft des Kapitals", und nicht "Herrschaft des Volkes".
Der Volksmund sagt es: "Geld regiert die Welt", folglich ist das Zentrum der Macht die internationale Hochfinanz und nicht das Volk.

Man vermeide es in seinem Leben unbedingt, seine Stimme abzugeben. Dann ist sie weg und man hat Irgendjemandem einen Blanko-Scheck ausgestellt, der mit der eigenen Stimme das macht, was für ihn am profitabelsten ist, und nicht für uns.
Zudem vermeide man es, einen Antrag zu stellen! Wenn man einen Antrag stellt, erkennt man die Zuständigkeit des Gegenübers an. Man schließt einen Vertrag und anerkennt dessen AGB´s. Damit hat man zumindest im "BRD"-System schon mal verloren.

Wenn man sich über die Frage Gedanken macht "Was macht Mächtige mächtig und Ohnmächtige ohnmächtig?", kommt man rasch zu dem Ergebnis, daß diese Frage in aller Regel wenig mit Geld zu tun hat. Vielmehr hat dies mit Verhaltensweisen zu tun!

Was tun **Mächtige** den lieben langen Tag? Sie
– proklamieren, – delegieren, – postulieren, – erlassen, – gebieten,
– verordnen, – genehmigen.

Was tun **Ohnmächtige** – was macht "die Masse" den lieben langen Tag (wenn sie nicht gerade fern sieht)? Sie
– protestieren, – reklamieren, – demonstrieren, – befolgen, – petitieren
und vor allem:
– beantragen!

Haben letztere Dinge schon einmal irgendwann irgendetwas gebracht?
Stichworte "Stuttgart 21", "Castortransporte", "Startbahn West", "Brockdorf", "Wackersdorf", "Stationierung von Mittelstreckenraketen" etc., etc..
Die "BRD"-Vertreter sind da offenbar viel eher der Meinung:
"Unsere fleißigen Steuerzahler haben das Recht, auch mal zu sehen, wie der Wasserwerfer funktioniert, den sie bezahlt haben!"

Um aus dem Alten herauszukommen ist es nötig, Selbstverantwortung zu übernehmen und der Begriff Selbstermächtigung spielt hierbei eine zentrale Rolle.
Zunächst sollte man sich mit der Rechtslage vertraut machen. Ein Volk, das seine Rechte nicht kennt, hat keine Rechte!
Rechtskenntnisse sind keine Bringschuld der Oberen, sondern eine Holschuld von uns!
Es ist wichtig, sich stets weiter zu informieren und vor allem unabhängig, jenseits des Mainstreams!

Einige Beispiele der Informationsmöglichkeit zur Rechtslage:

Ralf Uwe Hill: "Das Deutschland Protokoll"   *von Sven B. Büchter:*   *von Holger Fröhner:*
(Der Klassiker)   *"Geheimsache BRD"*   *"Die Jahrhundertlüge"*

Bewußt-TV

An dieser Stelle soll die Aufklärungsarbeit durch den freien Internet-Sender Bewußt-TV hervorgehoben werden.

Dabei erscheinen die themenbezogenen Interviews von Herrn Alexander Wagandt durch Jo Conrad und die gleichermaßen kreierten Sendungen unter dem Begriff "Tagesenergien" als besonders erhellend erwähnenswert.

Alexander Wagandt

Weitere Möglichkeiten der unabhängigen Information sind die Intenetseiten des Frestaates Preußen, der Exilregierung Deutsches Reich, von Conrebbi, vom Honigmann, Volksbetrug etc.

Der Verfasser möchte an dieser Stelle auch auf die Aufklärungsarbeit von Herrn Andreas Popp und Rico Albrecht in ihrer "Wissensmanufaktur" aufmerksam machen.

Sehr prägnante und erhellende Aussagen insbesondere zum Finanzsystem und zur Medienlandschaft!

Andreas Popp

Mitunter arbeiten Vertreter des "BRD"-Systems auch gezielt mit Angst und Einschüchterung, beispielsweise mit der Angst vor Kontopfändung, Führerscheinaberkennung, etc. etc..
In diesem Zusammenhang ist sehr wichtig sich zu vergewissern, daß man sich nicht "absichern" kann, indem man untätig bleibt.

Es gilt der alte Satz von Benjamin Franklin:

"Wer Freiheit aufgibt, um Sicherheit zu gewinnen, wird am Ende beides verlieren!"

Benjamin Franklin   **(Benjamin Franklin,** *einer der Gründungsväter der U.S.A. (1706 bis 1790)***)**

Individuelles Verlassen des "BRD"-Systems durch Wiederherstellung der individuellen Rechtsfähigkeit als Mensch und natürliche Person

Zunächst ist anzuerkennen, daß wir alle mit dem "BRD"-System Geschäftsbeziehungen eingegangen sind. Die Ersten, die uns unverschuldet und unbeabsichtigt im "BRD"-System rechtlich verankert haben, sind unsere Eltern, indem sie für uns die Ausstellung einer Geburtsurkunde beantragt haben. In der Folge haben wir jedoch diese Rechtsbeziehung bestätigt, indem wir im Erwachsenenalter einen "Bundespersonalausweis" beantragt haben. Hierdurch sind wir zur juristischen Person mutiert und haben unsere Rechte als Menschen und natürliche Personen aufgegeben.
Wir haben somit unsere Rechtsfähigkeit durch eigenes Zutun verloren. Um überhaupt rechtswirksam handeln zu können, müssen wir unsere Rechtsfähigkeit wiedererlangen.
Man kann dies nicht einfach, indem man für sich sagt "ich mach hier nicht mehr mit". Man muß versuchen, sich <u>nach den Regeln des Systems</u> aus dem Personalstand des "BRD"-Systems zu befreien.

Da die "BRD" nachgewiesenermaßen kein Staat ist, ist die folgende Regelung aus der Allgemeinen Erklärung der Menschenrechte anwendbar:
Zitat:
"Niemand darf gezwungen werden, einer Vereinigung anzugehören."
(AEM (Resolution 217 A (III) der Generalversammlung vom 10.12.1948))
Die Mitgliedschaft in der Vereinigung "BRD" ist somit rein freiwillig.

Bisher haben zahlreiche Aktivisten ein Verlassen des "BRD"-Systems nach den Regeln des Systems in verschiedener Weise versucht. Beispiele hierfür sind Personenstandserklärungen, Erklärungen in die Staatliche Selbstverwaltung usw.
Nachdem viele Aktivisten in verschiedene Fettnäpfe bei Behörden und Institutionen des "BRD"-Systems getreten sind, und gezielt irre geleitet wurden, hat sich nunmehr offenbar ein gangbarer Weg zum legitimen Verlassen des "BRD"-Systems herauskristallisiert.
Hierzu ist wichtig zu wissen, daß die Besatzungsmächte im "Grundgesetz" dafür gesorgt haben, daß der Verlust unserer Staatsangehörigkeit des jeweiligen Bundesstaates durch den

Transfer in die Hitlersche Entstaatlichung unter dem Begriff "DEUTSCH", die von der "BRD" weitergeführt wird, geheilt werden kann.
Der Schlüssel hierfür ist der Artikel 116 GG, dabei aber nicht der oft zitierte Absatz 1 sondern der Absatz 2:

Zitat:

"Frühere deutsche Staatsangehörige, denen zwischen dem 30.01.1933 und dem 08.05.1945 die Staatsangehörigkeit aus politischen, rassischen oder religiösen Gründen entzogen worden ist, und ihre Abkömmlinge sind auf Antrag wieder einzubürgern. Sie gelten als nicht ausgebürgert, sofern sie nach dem 08.05.1945 ihren Wohnsitz in Deutschland genommen haben und nicht einen entgegengesetzten Willen zum Ausdruck gebracht haben."

Durch die Beantragung von "BRD"-Paß und "Bundespersonalausweis" hat man einen entgegengewetzten Willen zum Ausdruck gebracht.
Aber man kann nun den Weg in die individuelle Freiheit, raus aus dem Personalstand der "BRD" wie folgt in mehreren Schritten gehen:

1. Patientenverfügung

Sofern man in diesem Bereich tätig wird, empfiehlt es sich, zum eigenen Schutz eine Patientenverfügung zu machen. Es ist damit zur rechnen, daß Funktionsträger des "BRD"-Systems die Rechtswirksamkeit der nun folgenden Handlungen verhindern wollen, indem sie eine Psychiatrisierung einleiten und hierüber einen Verlust der Geschäftsfähigkeit des betreffenden Menschen bewirken.
Die Patientenverfügung sollte unbedingt eine Aussage enthalten, wer im Falle des Verlustes der Geschäftsfähigkeit zum rechtlichen Betreuer zu bestellen ist.
Dies ermöglicht im Extremfall, daß es sich hierbei dann um eine Vertrauensperson handelt und nicht um einen fremden Menschen, der möglicherweise Auflagen von im Hintergrund Stehenden erfüllt.
Zur Absicherung der Patientenverfügung empfiehlt sich die Beiholung eines Psychiatrischen Gutachtens, indem die Geschäftsfähigkeit zum Zeitpunkt der Erstellung der Patientenverfügung belegt wird.

2. Einholung des Nachweises über sämtliche gezahlten Steuern beim sogen. "Finanzamt"

Zunächst hole man sich die Nachweise über sämtliche gezahlte Steuern im "BRD"-System, insbesondere der zurückliegenden zehn Jahre.
Dies ist bedeutsam, um die gezahlten Steuern zurückzuholen, nachdem man seinen Personalstatus verlassen hat.

3. Ahnenforschung

Man muß nun etwas Ahnenforschung betreiben um nachweisen zu können, welche Staatsangehörigkeit eines welchen Bundesstaates des Deutschen Reiches man hat. Hierzu holt man die Geburtsurkunden des Vaters und des Großvaters am besten bis in die Zeit vor 1914.
Gemäß RuStaG von 1913 wird die Staatsangehörigkeit über die väterliche Linie vererbt, sofern die Eltern und Großeltern jeweils bei Geburt der jeweiligen Nachkommenschaft verheiratet gewesen sind. Ansonsten gilt bei Nicht-Verheiratetsein die Staatsangehörigkeit der Mutter beziehungsweise Großmutter etc.
Liegen die Geburtsorte der Vorfahren außerhalb des Besatzungsgebietes, beispielsweise östlich von Oder und Neiße, so kann man die Urkunden beim Standesamt I von Berlin anfordern. Die Zusendung von dort kann in einzelnen Fällen bis zu 20 Monate in Anspruch nehmen. Zumindest erhält man jedoch einen Bescheid.

4. Organisation des Geburtsscheins.

Wenn man die Ahnennachweise hat, gehe man als Nächstes zum Standesamt des eigenen Geburtsortes. Dort hole man sich den Auszug aus dem Geburtenbuch.
Die Anzeige dort lautet "das Mädchen" ... oder ... "der Knabe" mit Benennung von Vater und Mutter wurde am ... , um ... , in ... geboren – weiter nichts.
Dieses Dokument ähnelt der Geburtsurkunde, ist es aber nicht.

Am Besten, man bringt die schriftliche Fragestellung hierzu zum Standesamt mit und nehme sich Zeugen mit, da die "BRD"-Akteure zumeist versuchen, eine Geburtsurkunde auszustellen und nicht den Auszug aus dem Geburtenbuch. Mit der Geburtsurkunde wird nämlich die Existenz einer (juristischen) Person bescheinigt und nicht die eines Menschen!

5. Organisation der internationale Geburtsurkunde
Danach lasse man sich 2 beglaubigte Exemplare der eigenen internationalen Geburtsurkunde ausstellen, man erkundige sich dort sogleich nach der Apostillierungsstelle.
Dort lasse man sich eine der Urkunden apostilieren, die Andere legalisieren und fertig sind die Reisedokumente in alle Welt. Man braucht weder "Paß" noch "Perso".

6. Abfassung einer Willenserklärung
Die Willenserklärung beinhaltet drei wichtige Aspekte
1. die Lebenderklärung
2. die Erklärung zur juristischen Person
3. die Erklärung zur echten Staatsangehörigkeit in dem betreffenden Bundesstaate des Deutschen Reichs und damit die Rücknahme des entgegengesetzten Willens wie im Art. 116 Abs. 2 des "Grundgesetzes" formuliert.

Damit hat man die eigene Proklamation verfaßt, die sogar den Regeln des "BRD"-Systems entspricht.
Diese Willenserklärung läßt man notariell beurkunden und legt sie dem Standesamt des eigenen Geburtsortes vor.

*Als Mensch und Angehöriger eines Bundesstaates sind wir souverän. Souveräne stellen keine Anträge sondern ordnen an. Anordnungen und Erklärungen machen wir in der gültigen Amtssprache und Schrift. Das bedeutet, wir verwenden nicht die "BRD"-"Rechtschreibung" sondern unsere alte Rechtschreibung. Und wir verwenden die Frakturschrift. Es war nämlich ein Führerbefehl, der die Verwendung von unserer Frakturschrift in Behörden verbot.
Schließlich kennen wir die Redewendung wenn jemand sagt, daß er "jetzt mal Fraktur redet", dann weiß jeder was gemeint ist, jetzt wird es nämlich ernst.*

Man ordnet an, daß man als natürliche Person im Personenstandsregister des Standesamtes des Geburtsortes als natürliche Person mit der entsprechenden Staatsangehörigkeit geführt wird und daß dieser Eintrag öffentlich geführt wird.
Somit ist man im Personenstandsregister des Standesamtes für alle einsehbar nun wieder Preuße, Sachse, Bayer, Bade etc..,
Dies ist der erste wichtige Schritt.
Die nächsten Schritte sind die Reorganisationen der Gemeinden und Kommunen durch echte Souveräne. Erst dann können die Bundesstaaten reorganisiert werden.
Dies ist auch unterläßlich. Eine Entlassung aus dem "BRD"-Status "DEUTSCH" ist nur möglich, wenn man dadurch nicht staatenlos wird. Somit muß man gegenüber dem "BRD"-System den Nachweis der Staatsangehörigkeit innerhalb eines Jahres erbringen. Tut man dies nicht fristgerecht, gehen "BRD"-Stellen davon aus, daß man nur behauptet hat, man habe eine Staatsangehörigkeit. Man wird dann von den "BRD"-Stellen automatisch wieder in die Kategorie "DEUTSCH" einsortiert, ohne daß man hierüber informiert wird.

Nebenbei:
*Dies macht die "BRD" mit ihren Funktionären auch so, sie werden aus der Kategorie "DEUTSCH" entlassen und sind dann für ein Jahr in der Lage, auf der Rechtsgrundlage der Weimarer Republik hoheitlich zu handeln.
Nach diesem Jahr fallen sie automatisch in die Kategorie "DEUTSCH" zurück und der Vorgang muß entweder wiederholt werden oder ist damit beendet.
Dies wird beispielsweise mit Angehörigen von Zoll oder anderen Bereichen gemacht, in denen eine rechtliche Mindestabsicherung für hoheitliche Handlungen benötigt wird.*

Dies ist beispielsweise der Grund, warum immer mehr Zollverwaltungen und nicht Gerichtsvollzieher Pfändungen verfügen, sozusagen für Enteignungszwecke mißbraucht werden.

Eine gute Hilfe sind zu diesem Thema die ständigen Aktualisierungen, die beispielsweise auf der Internetseite *www.novertis.de/downloads* angeboten werden. Es ist die Seite des Stiftungsverbandes >>Novertis<< des Aktivisten Andreas Clauss.

Und niemals vergessen:
Kein Zettel wird einem zur Freiheit verhelfen, wenn man sie nicht bereits fühlt!

Reorganisation der Gemeinde
In allererster Linie ist es notwendig, die eigenen legitimen Gemeinden zu reorganisieren. Gemeinden die nach "BRD"-Recht agieren sind keine legitimen Gemeinden sondern nur illegale Firmen. Der "BRD"-Bürgermeister ist der Geschäftsführer einer "BRD"-Unterfirma und repräsentiert kein legitimes gebietskörperschaftliches Recht.
Sofern Menschen einer Gemeinde die Rechtslage erkannt haben, können sie sich sehr schnell organisieren. Man bestimmt als erstes per Abstimmung die Gemeindeordnung und anschließend per Abstimmung den Bürgermeister.
Der legitime Bürgermeister kann sich nun alle Entscheidungen auf der Basis einer legitimen Gemeindeordnung per Abstimmung legitimieren lassen.
Und schon haben wir wirklich demokratische Verhältnisse. Wenn die Größe des Gemeindezentrums eines Tages nicht mehr ausreicht, macht man die Abstimmungen einfach auf dem Marktplatz. Die Schweiz ist hierfür ein allbekanntes und gutes Beispiel.
Und schon haben wir die Rechte, die wir immer haben wollten, nicht weil uns "BRD"-Funktionäre oder die Besatzer sie uns freundlicherweise geben, sondern weil wir sie uns rechtmäßig nehmen.
Ein legitimer Bürgermeister kann letztlich jederzeit einen Polizeichef und einen Amtsrichter selbst ernennen. Zu empfehlen ist dabei, daß sich der Bürgermeister diese Entscheidungen durch eine Abstimmung der Gemeinde legitimieren läßt.
Hierdurch haben wir wieder wahre Volksrichter und Volkspolizisten.
Im Weiteren muß die Gemeinde ihr eigenes Recht per Abstimmungen schaffen. Dabei wäre lediglich zu beachten, daß nicht gegen die Grundregeln der Verfassungen der Bundesstaaten verstoßen wird. Diese sind schließlich höherrangiges Recht und können nicht durch die Rechtssetzung innerhalb der Gemeinde außer Kraft gesetzt werden.
Letztlich ist anzuerkennen, daß es hierfür noch keine Präzedenzfälle gibt. Mit Schwierigkeiten ist zu rechnen, allerdings kann man nur durch das eigene Handeln lernen, um auf diesem Wege weiterzukommen.

Allgemeines zu zentralen Organisationen
Zentrale Organisationen, die vorgeben, übergeordnete Körperschaften des Deutschen Reiches, wie die Reichsebene oder die Ebene der Bundesstaaten zu reorganisieren, sind sehr anfällig für Unterwanderung und geheimdienstliche Steuerung.
Man kann die Plazierung und Steuerung durch das bestehende System sehr leicht an wenigen Fakten erkennen:
Man sollte unbedingt stutzig werden, wenn Organisationen sich auf Rechtsgrundlagen oder auf Hoheitszeichen der folgenden Kolonialverwaltungen beziehen:

"Weimarer Republik", "Drittes Reich", "Großdeutsches Reich", "DDR" oder "BRD", dies ist alles Braune Soße!

Dementsprechend sollte man stutzig werden, wenn eine Staatsangehörigkeit >>Deutsches Reich<< oder eine >>deutsche Staatsangehörigkeit<< vergeben wird, oder von >>Reichsbürgern<< oder vom >>deutschen Volk<< gesprochen wird. Organisationen die diese Begriffe verwenden ziehen die Menschen in irgendwelche nichtstaatlichen Konstrukte der Alliierten beziehungsweise in das sogenannte "Dritte Reich". Sie wollen offenbar die gesamte Rechtsstaatlichkeitsbewegung in die rechte Ecke ziehen.

Menschen, die sich mit derartigen Dokumenten ausweisen, erkennen die Zuständigkeit des "BRD"-Systems an, denn das "BRD"-System ist als Rechtsnachfolger des "Dritten Reiches" für diese Kategorien zuständig.

Man schaue sich die Symbolik oder die Eintragungen in den Pässen dieser Organisationen genau an und man weiß sehr schnell Bescheid!

Zudem sollte bei einem sehr schnell der Groschen fallen, wenn Organisationen die Rechtsstaatlichkeitsthemen vermengen, etwa mit Themen, die in der Mitte der Gesellschaft einfach als großer Blödsinn angesehen werden.

Beispielsweise das Thema "Chemtrails". Ein Mensch aus der Mitte der Gesellschaft würde dies sofort für Quatsch halten, da mit systematischen Vergiftungen der Bevölkerung aus Flugzeugen sich die Systemträger ja auch selbst vergiften würden.

Oder das Thema "Außerirdische". Eine Vermengung mit diesem Thema führt dazu, daß der durchschnittlich gebildete Personalangehörige der "BRD" sogleich die ganze Darstellung als unseriös abspeichert.

Ähnlich verhält es sich mit den Themen "Wir werden von Reptilien regiert", oder "In der Antarktis gibt es geheime Untertassen-Basen von einer Reichsabsetzbewegung", oder "Wir leben auf einer hohlen Erde", oder "Wir erleben demnächst einen Polsprung" etc..

Diese Themen haben nichts mit der völkerrechtlichen Situation in Deutschland zu tun. Organisationen die das Völkerrechtsthema mit den genannten Quatschthemen in Verbindung bringen, wollen offensichtlich der Rechtsstaatlichkeitsbewegung in Deutschland einfach nur propagandistisch schaden.

Zur Reorganisation der legitimen Körperschaften braucht es letztlich nur Menschen, die bereit sind, Initiative zu ergreifen, sich einzubringen und mitzuarbeiten.

Dabei werden noch nicht einmal besonders viele Menschen benötigt.

Im Gebiet des Deutschen Reiches leben gut 60 Millionen Angehörige der Deutschen Völker. Sofern 0,1 Promille an Menschen, das sind 6.000 Menschen, bereit sind, die Reorganisation zu betreiben, würde dies genügen, daß alle Körperschaften reorganisiert werden könnten, das heißt alle Bürgermeisterämter, alle Provinzen, alle Bundesstaaten mit Parlamenten und Regierungen könnten so reorganisiert werden.

Damit wäre der Staatenbund Deutsches Reich mit seinen Bundesstaaten völkerrechtlich korrekt reorganisiert und eine basale Handlungsfähigkeit wäre hergestellt. Diese kann dann zunehmend erweitert werden.

Die Reorganisation der legitimen Gebietskörperschaften im Deutschen Reich ermöglicht den Abschluß von Friedensverträgen und die Herstellung der Souveränität, die Herstellung der außenpolitischen Neutralität und die Herstellung von Wahrhaftigkeit und menschenwürdigen Verhältnissen in Schulen, Medien und in der Wirtschaft hierzulande.

Reorganisation der Bundesstaaten

Bärbel Redlhammer

In den vergangen Monaten haben sehr viele engagierte Menschen begonnen, sich als Regierungen der Bundesstaaten zu formieren.

Als beispielhaft kann die Organisationsarbeit für den Freistaat Preußen um Frau Anette Lorenz oder Bärbel Redlhammer in Potsdam genannt werden, siehe *freistaat-preussen.org*.

Über das Internet sind die einzelnen Initiativen ausfindig zu machen. Ein jeder kann hierbei mitwirken. Es ist wichtig, sich zu vernetzen, in der Gemeinde, in der Region und im jeweiligen Bundesstaat.

Exilregierung Deutsches Reich

Während man bei den früher recht aktiven kommissarischen Reichsregierungen gegenwärtig nicht mehr viel Aktivität beobachten kann, weist die Exilregierung Deutsches Reich unter *www.friedensvertrag.org* sowohl einen hohen Organisationsgrad, als auch einen großen permanenten Angehörigenzuwachs auf.

Die Exilregierung Deutsches Reich konzentriert ihre Arbeit auf die Information möglichst vieler Menschen bezüglich der erschütternden Rechtslage in Deutschland. Sie leistet somit eine wichtige informative Arbeit.

Die Alliierten haben den Begriff >>Deutsches Reich<< gezielt verbrannt. Da eine staatliche Reorganisation ohne die Körperschaft >>Deutsches Reich<< nicht möglich ist, leistet die Exilregierung wertvolle Arbeit in der Herstellung der psychologischen Akzeptanz des Begriffes >>Deutsches Reich<<.

Allein sich auf diese Weise zu seinem Bundesstaat und zum Staatenbund Deutsches Reich und damit zum legitimem staatlichen Recht zu bekennen, ist bereits eine sehr wichtige Handlung. Man wirkt hiermit bewußtseinsformend und der allgemeinen Lethargie und Verdummung durch die "BRD"-Drahtzieher entgegen.

Die Besonderheit dieser Bewegung ist dabei ihre völkerrechtliche Position.

Während andere Gruppierungen sich dem UN-Recht, das heißt dem Siegerrecht des Zweiten Weltkrieges von vornherein unterordnen oder im Vereins- und Stiftungsrecht sich dem "BRD"-System und damit dem Besatzungsrecht unterordnen, hat eine Exilregierung hierbei eine völlig andere rechtliche Position:

Die Exilregierung Deutsches Reich hat sich durch den Exil-Status weder dem Besatzungsrecht, noch dem Siegerrecht des Zweiten Weltkrieges untergeordnet. Sie unterliegt lediglich dem Völkerrecht. Dies bedeutet, daß die Exilregierung Deutsches Reich die einzige Organisation ist, die in völkerrechtlicher Hinsicht den Alliierten auf Augenhöhe begegnen kann. Nur die Verhandlung mit den Siegermächten des Zweiten Weltkrieges auf Augenhöhe kann dereinst einen gerechten Friedensvertrag, der diesen Namen auch verdient, ermöglichen.

Kritisch ist anzumerken, daß man in der Exilregierung Deutsches Reich etwas langsam geworden ist, was die Umsetzung der Rechtskenntnisse in die Alltagspraxis anbelangt.

Es werden immer noch Ausweise und Reisepässe mit dem Hoheitszeichen der Weimarer Republik ausgegeben. Die Amtsträger werden immer noch auf das Wohl des "deutschen Volkes" (nach nationalsozialistischer Definition) vereidigt und in den Reisedokumenten findet sich immer noch unter der Rubrik >>Staatsangehörigkeit<< der Eintrag >>Deutsches Reich<<, was von keiner legitimen Körperschaft jemals so ausgestellt worden ist.

Weitere Handlungen Einzelner
Steuerboykott / Bußgeldboykott

Sehr viele Einzelne, die die Rechtslage erkannt haben, haben ihre Geschäftsbeziehung mit dem "BRD"-System in Form einer Personenstandserklärung beendet. Sie zahlen beispielsweise keine Bußgelder und keine Steuern mehr, da hierfür ja schließlich keine Rechtsgrundlage besteht, weder für Personen innerhalb des "BRD"-Systems und erst recht nicht für Jene, die sich außerhalb des "BRD"-Systems gestellt haben.

Der Entzug des Geldes ist zudem eine wichtige Form des Widerstandes gemäß Art. 20 Abs. 4 "Grundgesetz" gegen die Faschistisierung der Gesellschaft über das Konstrukt "EU" und insbesondere das Ermächtigungsgesetz "ESM", sowie gegen Menschenrechtsverletzungen und Kriegsverbrechen, die durch das "BRD"-System verübt werden.

Boykott der gleichgeschalteten Systemmedien

Eine wirksame Maßnahme ist, sich nicht mehr den Manipulationen und Lügen der gleichgeschalteten "BRD"-Massenmedien auszusetzen. Viele haben ihre Zeitungen und Zeitschriften abbestellt und informieren sich aus dem Internet, bei den alternativen Quellen.

Nicht ohne Grund brechen die Auflagen der gleichgeschalteten "BRD"-Massenmedien immer weiter ein.

("Spiegel" und "Stern" schwach wie Jahrzehnte nicht; Medienmagazin DWDL.de, IVW 2/2011 und 4/2011)

Es gibt eben kaum noch Menschen, die Lust haben, sich mit den althergebrachten Lügen die Welt erklären zu lassen.

Wegen des persönlichkeitszerstörenden Effektes des Mediums Fernsehen in Verbindung mit den entsprechenden Verdummungsinhalten des "BRD"-Systems, halten viele Eltern ihre Kinder von diesem Medium fern, aber auch sehr viele Erwachsense schützen sich auf diese Weise vor der Verblödung.

In der Tat ist ein radikaler Schnitt das Beste: Alles abschalten und nur noch über unabhängige Medien informieren!

Die dauerhafte Meidung der "BRD"-Lügenmedien und insbesondere des Mediums Fernsehen ist ein guter Schutz vor Persönlichkeitszersetzung und Verdummung.

Die Gehirnwäsche der System-Medien ist so allgegenwärtig und so effektiv, daß man sie erst erkennen kann, wenn man sich ihr einige Wochen lang konsequent entzogen hat.

Schutz vor Enteignung durch das "BRD"-System

Man sollte sich verdeutlichen, daß die rechtlichen Grundlagen, sich kampflos dem "BRD"-System zu entziehen, mitunter das System selbst liefert.

Es gibt viele Erfolge im Versuch, sich effektiv vor Enteignungsübergriffen durch das "BRD"-System beziehungsweise der internationalen Hochfinanz zu schützen.

In alter römischer und kanonischer Rechtstradition unterscheidet das bürgerliche Recht zwischen "Eigentum" und "Besitz".

Eigentum bedeutet, daß man alle Rechte an einer Sache hat und diese dem Eigentümer persönlich zugeordnet werden.

Besitz bedeutet jedoch die unmittelbare Verfügungsgewalt über eine Sache, ohne daß man Eigentümer sein muß.

Kauft man beispielsweise ein Auto auf Kredit, dann ist die Bank bis zur Abzahlung der Eigentümer und kann letztinstanzlich bestimmen, was mit dem Auto gemacht wird. Die Bank wird beispielsweise das Auto einziehen, wenn die Raten nicht pünktlich gezahlt werden.

Derjenige der den Schlüssel für das Auto hat und es im Alltag nutzt, ist der Besitzer. Er hat das Auto in seiner unmittelbaren Verfügungsgewalt, ohne Eigentümer zu sein.

Da im bürgerlichen Recht nur Eigentum gepfändet werden kann, Besitz jedoch nicht, ist es unter Umständen sinnvoll, sich so intelligent von seinem Eigentum zu trennen, daß man auf Besitz nicht verzichten muß.

Durch die Gründung von Stiftungen oder Vereinen kann man sich von seinem Eigentum trennen, indem man es in die Stiftung oder in den Verein einbringt.

Dabei muß man keineswegs auf Besitz verzichten: Wenn die Stiftungssatzung oder die Vereinssatzung gut gemacht ist, ist man als Vorsitzender des Vereins oder der Stiftung berechtigt, über die Sachwerte zu verfügen, ohne daß man an diesen Dingen Eigentumsrechte haben muß. Somit muß man keineswegs auf Besitz verzichten. Gleichzeitig kann man nicht enteignet werden, da es sich bei den Sachwerten dann um Eigentum der Stiftung oder des Vereins handelt. Alle Größen in der Wirtschaft haben aus diesen Gründen eigene Familienstiftungen. Als Stichworte seien genannt: Bertelsmann-Stiftung LIDL-Stiftung, Rockefeller-Stiftung usw. usw.

Andreas Clauss

Besondere Erfahrung hat der Aktivist und Finanzdienstleister Andreas Clauss mit der Einrichtung von Stiftungen.

Sehr zu empfehlen ist sein Buch "Das Deutschland Protokoll 2". Aber auch seine Vorträge im Internet auf Youtube zu sehen ist nicht nur allgemeinbildend, sondern noch dazu sehr erhellend und augenöffnend.

Das Deutschland Protokoll 2

Boykott der "BRD"-KiTas und "BRD"-Schulen

Aufgrund des Manipulations- und Lügencharakters der Lehrpläne in Schulen des "BRD"-Systems haben viele Eltern begonnen, ihre Kinder selbst zuhause zu unterrichten und sich der Schulpflicht des "BRD"-Systems zu entziehen.

Wegen folgender terrorartiger Aktivitäten von Vertretern des "BRD"-Systems ("Jugendamt", "Gerichte") zur Erzwingung des Schulbesuches haben es bereits zahlreiche Familien aus dem deutschen Besatzungsgebiet geschafft, in den U.S.A. Asyl zu erhalten! – auch ohne Green

Card und ohne Einbürgerung leben sie dort, wobei man in Frage stellen darf, ob das insgesamt dann wirklich eine Verbesserung ist.

Unabhängig hiervon kann man auch innerhalb des "BRD"-Systems freie KiTas, freie Schulen und freie Universitäten gründen und so ideologische Freiräume für Kinder schaffen!

Wirtschaftliche Förderung der eigenen Region

Große Konzerne stehen in der Regel im Eigentum Weniger im Hintergrund. Sie schöpfen oft Macht und Profite aus Kinderarbeit, Ausbeutung, Krieg, Umweltzerstörung und Korruption. Alternativen bieten Wochenmärkte und regionale Hersteller, von deren Moral man sich vor Ort überzeugen kann. Außerdem fördert man damit die eigene Region wirtschaftlich.

Boykott der Pharmamafia

Darüber hinaus ist es hilfreich und wichtig, sich nicht mehr der Pharmaindustrie auszuliefern. Schließlich können die Medikamente der Konzerne keine Gesundheit bringen, da nur an chronischer Krankheit verdient werden kann. Der Einfluß der Pharma-Mafia auf Politik, auf Inhalte im Medizinstudium sowie auf das Verschreibungsverhalten von Ärzten ist immens. Alternative Medizin bringt deshalb oft viel mehr.

Boykott der Systembanken

Vom betrügerischen zinsbasierten Zentralbanksystem kann man sich befreien, indem man das Geld der internationalen Hochfinanz nicht mehr benutzt.

Ein Weg hierzu ist als Sofortmaßnahme, daß man sein Geld nicht in "Euro" anlegt sondern in Dinge, die man wiegen und messen kann, beispielsweise in Gold, Silber oder andere Sachwerte. Dies ist letztlich auch eine Möglichkeit der "Abstimmung mit den Füßen".

Aus gleichem Grunde haben viele Menschen eigene, zinsfreie Regionalwährungen entwickelt, die im Dienste der Gemeinschaft stehen und nicht im Dienste einer privaten Clique.

Derzeit gibt es im Besatzungsgebiet über 700 Regionalgeldinitiativen, denen man sich anschließen kann,

Je mehr Menschen sich diesen Initiativen anschließen, indem sie Regionalgeld akzeptieren, umso tragfähiger werden sie als Alternative zum gegenwärtigen Betrugsgeldsystem mit allen Gefahren wie Hochrüstung und Kriege.

Gewerbsmäßiger Tausch ohne Bankengeld ist gegenwärtig durch die Regeln des "BRD"-Systems verboten. Wenn beispielsweise ein Gärtner einem Kfz-Mechaniker den Garten richtet und dabei als Gegenleistung das Auto repariert bekommt, machen sich im "BRD"-System beide der "Steuerhinterziehung" schuldig, woran man sieht, daß das "BRD"-System nichts weiter als der verlängerte Arm der Hochfinanz ist.

Dennoch ist es wichtig, sich auf diese Weise gegenseitig zu helfen und das kriminelle Hochfinanz-System durch den damit verbundenen Energieentzug zu schwächen.

Des Weiteren ist es wichtig, sich der Versicherungswirtschaft zu entziehen. Versicherungskonzerne sind lediglich eine Zusammenballung von Juristen, Statistikern und Verkäufern.

Sie kreieren und verkaufen Verträge, aus denen für ihre Opfer nur Beiträge entstehen, während Leistungen weitestgehend ausgeschlossen werden. Über ihre Kontakte in die Politik schreibt sich die Versicherungsmafia die Gesetze für ihre Branche selbst. Die meisten Versicherungen sind deshalb "staatlich" gedeckter Betrug.

Staatliche Selbstverwaltungen

Die Menschen, die diesen Weg gehen, stützen sich auf die UN-Resolution 56/83 die da lautet:

UN Resolution A/RES/56/83 vom 28. Jan. 2002/Art. 9:

Zitat:

Verhalten im Falle der Abwesenheit oder des Ausfalls der staatlichen Stellen:

"Das Verhalten einer Person oder Personengruppe ist als Handlung eines Staates im Sinne des Völkerrechts zu werten, wenn die Person oder die Personengruppe im Falle der Abwesenheit oder des Ausfalls der staatlichen Stellen faktisch hoheitliche Befugnisse ausübt und die Umstände die Ausübung dieser Befugnisse erfordern".

Aufgrund des Ausfalles der staatlichen Stellen hierzulande kann sich somit ein jeder auf der geschilderten Rechtsgrundlage in die staatliche Selbstverwaltung, beziehungsweise zu einem Ein-Mann-Staat erklären, aber auch Zusammenschlüsse zu Gruppierungen sind auf dieser rechtlichen Basis möglich.

Peter Frühwald

Die staatlichen Selbstverwaltungen haben eine Arbeitsgemeinschaft gebildet, ihr Vorsitzender ist Peter Frühwald, der im Politikgeschäft der "BRD" über 30 Jahre Erfahrung besitzt.
Nach Auskunft von Peter Frühwald haben sich bereits über 1.500.000 Menschen dieser Bewegung angeschlossen (Stand 07/2013).

Inzwischen gibt es eine Abspaltung, die die "Republik Freies Deutschland" gegründet hat, und als Staat eine Registrierung bei den UN erreicht hat. Damit ist diese "Republik Freies Deutschland" mehr Staat als die sogenannte "BRD", die dort nur einen NGO-Status hat.

Kritisch ist anzumerken, daß man sich hiermit dem UN-Recht und damit dem Siegerrecht des Zweiten Weltkrieges unterordnet.
Da das Ziel ein Friedensvertrag für das Deutsche Reich bleiben muß, und die Herstellung staatlicher Handlungsfähigkeit ebenfalls oberste Priorität haben muß, kann die Organisation unter dem Dach einer staatlichen Selbstverwaltung auf der Basis von UN-Recht nur ein Provisorium und eine Übergangsaktivität sein.
Mit Friedensschluß wäre schließlich das UN-Recht nicht mehr existent und mit Herstellung der Handlungsfähigkeit der legitimen staatlichen Körperschaften wäre die Rechtsgrundlage für die Selbstverwaltung auf der Basis der UN-Resolution 56/83 ohnehin nicht mehr gegeben.

Deutsches Amt für Menschenrechte

Selim Sürmeli

Die Gründung des Deutschen Amtes für Menschenrechte wurde in erster Linie von Herrn Selim Sürmeli initialisiert, die dort organisierten Aktivisten stellen die Verhinderung von Menschenrechtsverletzungen durch das "BRD"-System, aber auch weltweit, in den Vordergrund der eigenen Arbeit.
Die Tätigkeit dieses Amtes basiert auf den Rechtsgrundlagen, wie sie im "Bonner Grundgesetz" und in der "Weimarer Republik" definiert sind.

Das Deutsche Amt für Menschenrechte beansprucht, eine Weltanschauungsgemeinschaft im Sinne des Artikels 140 des "Bonner Grundgesetzes" zu sein, wobei Weltanschauungsgemeinschaften sowohl im "BRD"-System als auch nach dem Weimarer Grundregelwerk von 1919 den Religionsgemeinschaften gleichzustellen sind. In der Konsequenz bedeutet dies, daß ihr eigene gebietskörperschaftliche, das heißt hoheitliche Befugnisse zugestanden werden müssen und zwar ohne daß hierfür ein besonderes Anerkennungsverfahren durchlaufen werden müßte.
(vgl. GG Art. 140
in Verbindung mit
Art 137 (2), (3) und (7) WRV)

Die zugestandenen hoheitlichen Befugnisse beinhalten insbesondere auch die Bildung eigener Ämter und damit einer eigenen Gerichtsbarkeit!
Beispielsweise genießt die katholische Kirche gegenüber dem "BRD"-System diese Rechte, dies zeigt sich darin, das beispielsweise Kirchenfunktionäre, die Kinder sexuell mißbraucht haben, nicht vor "BRD"-"Gerichten" zur Verantwortung gezogen werden, sondern diese Fälle durch die eigene Gerichtsbarkeit der katholischen Kirche behandelt werden.
Das Amt für Menschenrechte beansprucht folgerichtig die gleichen Rechte.
Kritisch ist anzumerken, daß sich das Deutsche Amt für Menschenrechte auf das eindeutig illegale Weimarer Grundregelwerk bezieht.
Damit ist die Rechtsgrundlage der Arbeit dieser Organisation durchaus fraglich.

Sobald das legitime staatliche Recht auf deutschem Boden wieder in Anwendung gebracht wird, würde sich die Arbeit der Aktivisten des Deutschen Amtes für Menschenrechte ohnehin erübrigen.

Erstens gäbe es dann keine Sonderrechte für Religions- und Weltanschauungsgemeinschaften, was ohnehin hoch problematisch ist, wie die Mißbrauchsfälle der katholischen Kirche zeigen, die nicht öffentlich verhandelt und abgeurteilt werden, sondern kirchenintern.

Zweitens würden durch Herstellung der Handlungsfähigkeit der legitimen staatlichen Körperschaften die Grundrechte, wie sie unter dem Konstrukt der natürlichen Person in den ersten Paragraphen des BGB formuliert sind, wieder voll zum Tragen kommen.

Hierdurch würde sich die Arbeit einer eigenen Körperschaft, die sich ausschließlich für die Einhaltung der Menschenrechte einsetzt, wohl erübrigen.

Initiative "NeuDeutschland"

Die Initiative "NeuDeutschland" stellt die Schaffung autonomer Wirtschaftsbeziehungen sowie das Betreiben eines autonomen Währungssystems in den Vordergrund der eigenen Arbeit.

Die Gründung dieser Initiative geht auf die Pionierarbeit von Herrn Peter Fitzek zurück und arbeitet hauptsächlich in der Region um Lutherstadt Wittenberg. Dabei haben sich bereits viele Menschen und mittelständische Firmen in Deutschland angeschossen, die das "Engel-Geld" akzeptieren sowie das Wirtschafts- und Rechtssystem dieser Initiative mittragen.

Peter Fitzek

Zur Vermeidung von Energieverlusten konnte die Initiative "NeuDeutschland" bereits zahlreiche Oberlandesgerichtsurteile des "BRD"-Systems erstreiten, in denen klar festgelegt wurde, daß "BRD"-Stellen für die einzelnen Unterbereiche dieser Initiative (eigene Gesundheitskasse, eigenes Bankensystem, eigene Währung – "Engel-Geld") keine Zuständigkeit haben.

Dabei hat sich interessanterweise herausgestellt, daß sehr viele Akteure im oberen Mittelbau des "BRD"-Systems bereit waren, offiziell und inoffiziell wichtige Unterstützung zu geben. Es ist offensichtlich, daß die dortigen Akteure des "BRD"-Systems wissen, daß das "BRD"-System nicht heilbar ist und daß es wichtig ist, alternative Strukturen zu unterstützen.

Die Initiative "NeuDeutschland" hat inzwischen viele tausend Mitglieder und vor allem sind hier viele mittelständische Betriebe organisiert. Diese haben keine direkte rechtliche Verbindung mehr zum "BRD"-System und damit auch nicht zum "EU"-System, wodurch die Knebelbedingungen der genannten Firmenkonstrukte für sie keine Gültigkeit mehr haben.

Kritisch ist hierbei anzumerken, daß die Initiative Neudeuschland inzwischen in ein Königreich umgewandelt wurde. Es ist somit eine Gebietskörperschaft auf deutschem Boden gegründet worden. Hierdurch ergeben sich jedoch durchaus auch Legitimationsprobleme, da man einen Staat nicht in einem Staat gründen kann, den es bereits gibt.

Lutherstadt Wittenberg ist preußisches Staatsgebiet und spätestens mit der Reorganisation der Bundesstaaten und der legitimen Gemeinden wird die Legitimationsfrage zu beantworten sein, was sich als schwierig herausstellen könnte.

Weitere Möglichkeiten der Mitarbeit bieten sich bei den Organisationen
Volksbundesrat, **Der runde Tisch Berlin**, **Wissensmanufaktur mit Andreas Popp**, **Aufbruch Gold-Rot-Schwarz**, zu denen man eigene Recherchen anstellen kann.

Nach gegenwärtigem Wissensstand leisten alle aufgeführten eine sehr wertvolle Aufklärungsarbeit. Jedoch ist zu beachten, daß nach der Redlhammerschen Lehrmeinung speziell für den Freistaat Preußen mittlerweile die staatlichen Stellen ihre Arbeit aufgenommen haben. Deshalb gelten die Modelle der nichtstaatlichen vorgestellten Alternativen seit 19.10.2012 nach internationalem Recht nur noch außerhalb des Hoheitsgebiets des Freistaats Preußen (siehe Internetseite Auswärtiges Amt Freistaat Preußen: *freistaat-preussen.org*).

Fazit:
Auch wenn nicht alle Initiativen an dieser Stelle beschrieben werden können, ist ersichtlich, daß derzeit sehr viele engagierte Menschen an der praktischen Umsetzung von Alternativen auf der Basis der erkannten rechtlichen Gegebenheiten arbeiten. Natürlich werden sie dabei von einigen "BRD"-Vertretern nach Kräften behindert, die vermutlich um ihre Positionen im "BRD"-System fürchten oder einfach nur befürchten, daß man sie als Lügner erkennt.
Anstatt, daß der sogenannte "VERFASSUNGSSCHUTZ" seine Arbeit aufnimmt und die Herstellung der verfassungsmäßigen Ordnung voranbringt, ist er damit beschäftigt, uns davor zu "schützen", daß die rechtmäßige verfassungsmäßige Ordnung gelebt werden kann.

Letztlich ist die Frage, ob man sich für die Handlungsfähigkeit der legitimen Körperschaften einsetzt, keine Frage, ob man am Wochenende eher im Gesangsverein tätig ist oder Pflichten als Amtsträger übernimmt und aktiv legitime staatliche Strukturen zur Handlungsfähigkeit verhilft.
Schließlich sind wir Angehörige eines Bundesstaates und hierüber mittelbar des Deutschen Reiches. Als solche haben wir die Pflicht, uns für das Funktionieren beziehungsweise die Handlungsfähigkeit unseres Staates einzusetzen. Letztlich ist jeder gefordert, das zu tun, was er tun kann, um hieran mitzuwirken. Dies ergibt sich aus der besonderen Loyalitätspflicht, die man als Staatsangehöriger nun einmal gegenüber seinem Staat hat.
Es gilt also, Verantwortung für unser Gemeinwesen zu übernehmen und aktiv zu handeln.

Erinnert sei an **Artikel 74 der Verfassung des Deutschen Reichs vom 16.04.1871:**

Zitat:
"Jedes Unternehmen gegen die Existenz, die Integrität, die Sicherheit oder die Verfassung des Deutschen Reichs ..... werden ..... bestraft ....."

Man kann keinen Staat gründen, in einem Staat den es bereits gibt. Deshalb sind die Bundesstaaten des Deutschen Reiches nach wie vor unsere legitimen Staaten. Viele Menschen, die über die Jahrzehnte zu gelungenen Umerziehungsprodukten der Besatzungsmächte geworden sind, haben ohne Grund eine Abneigung gegenüber dem Begriff "Deutsches Reich". Dabei ist dieser Begriff nur die völkerrechtlich korrekte Bezeichnung für den Staatenbund, dem unser jeweiliger Bundesstaat angehört.
Dabei bedenke man, daß es sehr viele Länder gibt, die im Namen den Begriff "Reich" tragen, ohne daß hieran jemand Anstoß nimmt. Beispielsweise Länder wie die Republik Öster_reich_, Frank_reich_, das König_reich_ der Niederlande, das König_reich_ Belgien, das König_reich_ Schweden, das König_reich_ Norwegen, das König_reich_ Spanien, das Vereinigte König_reich_ von Großbritannien und Nordirland .....*reich*.....*reich*.....*reich*.....
Warum sollte dann der Staatenbund nicht einfach Deutsches Reich heißen? Zumal er doch schon immer, so viele Jahrhunderte lang, so geheißen hat?

Offensichtlich gibt es nur einen Weg, der staatsrechtlich und völkerrechtlich sauber ist und uns hinsichtlich Rechtsstaatlichkeit weiterbringt.
Es ist die Herstellung der Handlungsfähigkeit der Gemeinden und hierauf aufbauend der Bundesstaaten und schließlich der Organe des Deutschen Reichs. Im Weiteren muß dringend ein Friedensvertrag mit den Alliierten geschlossen werden. Nur hierdurch ist es möglich, daß die Nationen wieder gleichberechtigt ihre Interessen aushandeln können und nicht unter dem politischen, finanziellen und militärischem Diktat der Hochfinanz und der von ihr usupierten U.S.A. stehen.
Dies ist letztlich auch der einzige Weg, daß wir als Menschen in Deutschland wieder Individualrechte erlangen und als natürliche Personen handeln können, deren Rechte geachtet werden.

Das Ziel muß ein <u>souveräner</u> und <u>neutraler</u> <u>Rechtsstaat</u> sein. Die Staaten Schweiz, Österreich oder Schweden geben hinsichtlich ihrer außenpolitischen Neutralität ein gutes Beispiel.
Durch eine verfassungsmäßig garantierte Neutralität könnten wir uns als die Deutschen Völker aus den zahllosen schmutzigen Kriegen dieser Welt effektiv heraushalten.

Darüber hinaus muß das Hoheitlichste, was ein Staat haben kann, nämlich die Macht und Kontrolle über das Finanzsystem, aus den Händen von mafiös organisierten Privatleuten zurück unter die Kontrolle des Staates, das heißt unter Kontrolle des Gemeinwesens gebracht werden.

Die wohl beste Staatsform die wir kennen, ist die einer konstitutionellen Monarchie. Durch einen Adel kann gewährleistet werden, daß es Menschen mit politischem Einfluß gibt, die in der Region verwurzelt sind, sich mit dem Land identifizieren und die nachhaltig zum Wohle ihres Landes mitdenken und neben dem übrigen Staatsvolk in besonderer Weise verantwortungsbewußt mit entscheiden.
In sogenannten "Demokratien" denken Politiker nur bis zur nächsten Wahl, wobei sie bis dahin alle Geschäftsabschlüsse zum Wohle ihrer Klientel und deren Lobbyisten erledigt haben müssen, da sie nicht sicher sein können, daß sie wiedergewählt werden.
Die Länder, in denen eine konstitutionelle Monarchie besteht, fahren hiermit sehr gut, beispielsweise die Niederlande, Belgien, Schweden, Norwegen, Spanien und nicht zuletzt das vereinigte Königreich von Großbritannien und Nordirland.
Schließlich war die Zeit zwischen 1871 und 1914 eine Blütezeit in Deutschland, mit Individualrechten und einer beispielhaften Sozialgesetzgebung und mit bürgerlichen Individualrechten. Nicht zuletzt kann man dies noch heute an den unzähligen architektonischen und infrastrukturellen Leistungen der damaligen Zeit erkennen.
Aber letztlich sollen und müssen die Deutschen Völker selbst entscheiden und zwar in freier Selbstbestimmung.
Die Zeit der Rechtlosigkeit, Bevormundung und Versklavung durch die Besatzungsmächte über das "BRD"-System muß ein Ende haben!
Entgegen aller "BRD"-Besatzerpropaganda sind Grundgesetz und "BRD" die größten Feinde und Hinderungsgründe für eine freiheitlich-demokratische Grundordnung auf deutschem Boden.

In Zeiten wie diesen sind 10 Menschen, die aktiv werden und ins Handeln kommen und an der Wiederherstellung der Handlungsfähigkeit der staatlichen Strukturen mitarbeiten, gewichtiger als Tausende interessierte Beobachter.
Die oberen Vertreter des "BRD"-Systems haben die Deutschen Völker im Auftrag der Besatzer dazu erzogen, ihre Stimme abzugeben und sich sehenden Auges bevormunden und betrügen zu lassen. Damit muß ein für allemal Schluß sein!

Zum Abschluß noch ein passendes Zitat:

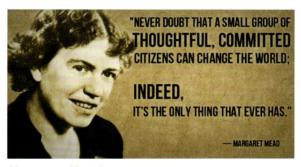

Margaret Mead

Zweifle nie daran, daß eine kleine Gruppe engagierter Menschen die Welt verändern kann –

tatsächlich ist dies die einzige Art und Weise, in der die Welt jemals verändert wurde!"

(Margaret Mead (1901 bis 1978)
US-amerikanische Anthropologin und Ethnologin)

Das liebe Leserinnen und Leser war Ihr Weckruf!

18. Juristische Hilfen

18.1. Grundlegendes

Prinzipiell gibt es zwei grundlegende Rechtspositionen, die man in der Interaktion mit dem "BRD"-System beziehen kann. Zum einen positioniert man sich als Jemand, der eine Geschäftsbeziehung mit dem "BRD" System eingegangen ist und besteht darauf, daß sich "BRD"-Stellen <u>an die eigenen Regeln</u> halten.
Die Erfahrung hat zwar gezeigt, daß man vor "BRD"-Gerichten insofern rechtskonform behandelt wird, als daß Verfahren eingestellt werden, sofern man rechtlich sauber argumentiert, oder den Richter mit entsprechender Argumentation ablehnt.
Dies nützt einem allerdings nicht viel, wenn die Angelegenheit für einen selbst sehr teuer wird, da man zum Gericht anreisen muß, oder die Angelegenheit gar nicht vor einem "BRD"-Gericht landet.
Hierbei ist allerdings zu berücksichtigen, daß die Rechtssituation für uns letztlich unklar bleibt. Die "BRD" ist niederrangiges Besatzungsrecht. Die Besatzungsmächte können sich jederzeit über das "BRD"-Recht hinwegsetzen. Das Problem ist nun, daß die "BRD" ein Organ der Besatzungsmächte ist. "BRD"-Richter oder "BRD"-Polizisten repräsentieren die Besatzungsmächte und nicht die Deutschen Völker. Damit können sich auch die "BRD"-Bediensteten über das geschriebene "BRD"-Recht hinwegsetzen. Solange ihre Vorgesetzten und als ranghöchste Vorgesetzten die Besatzungsmächte nicht intervenieren, ist alles was "BRD"-Bedienstete machen, wohl rechtens.
Wir sind eben nach wie vor Kriegsbeute und haben nur die Rechte des Kriegsvölkerrechts. Es sind dies die Rechte aus der Haager Landkriegsordnung und der Genfer Konvention.
Aber es gibt keine Rechtsinstanz, die den Alliierten Grenzen setzt. Der Internationale Strafgerichtshof in Den Haag ist kein staatliches Recht sondern lediglich UN-Recht, beziehungsweise Siegerrecht des Zweiten Weltkrieges. Hierin haben die U.S.A. das letzte Wort. Die mehreren Millionen Strafanzeigen gegen Bedienstete des "BRD"-Systems, die aus Deutschland in den vergangenen Jahren dort eingegangen sind, bleiben auf Geheiß der U.S.A. liegen und werden nicht bearbeitet.

Die zweite mögliche Rechtsposition ist die, daß man keine Geschäftsbeziehung mit dem "BRD"-System hat, die ungültige nationalsozialistische Staatsangehörigkeit DEUTSCH ablehnt und die Zuständigkeit von "BRD"-Stellen grundlegend bestreitet.
Hierfür sind sämtliche Rechtsgrundlagen bereits im Laufe der vergangenen Jahre von Aktivisten erarbeitet worden.
Dabei sollte man rechtlich sauber vorgehen, da man ja schließlich durch die Beantragung eines Personalausweises vormals eine umfassende Geschäftsbeziehung mit dem "BRD"-System eingegangen ist, wenn auch in Unkenntnis der Rechtslage und der Konsequenzen.

Letztlich ist noch ein weiterer Punkt extrem bedeutsam:
Sofern man sich kritisch mit Stellen der "BRD" auseinandersetzt, sollte selbstverständlich sein, daß man freundlich und respektvoll bleibt. Alles andere ist nicht nur unangemessen, sondern schadet der gegenwärtigen Rechtsstaatlichkeitsbewegung.
Auch ist es völliger Unsinn, pauschal alle Bediensteten des "BRD"-Systems zu verdammen. Es wäre mit Sicherheit nicht als Erfolg zu werten, wenn morgen alle Verkehrspolizisten, Richter, Staatsanwälte, etc. zuhause bleiben würden, aufgrund der Tatsache, daß die "BRD" kein staatliches Recht verkörpert.
Das Ergebnis wäre sehr bald Chaos. Die Menschen haben jedoch ein Recht auf einen berechenbaren, gefahrlosen Alltag und auf Sicherheit. Chaos würde nur denen nützlich sein, die aus diesem Chaos heraus ihre neue faschistische Weltordnung etablieren wollen.
Deshalb besteht die gegenwärtige allgemeine intellektuelle Herausforderung darin, zu differenzieren!
In den Bereichen, in denen Bedienstete des "BRD"-Systems notwendige Arbeit machen, sollte man vernünftigerweise die gegebenen Machtverhältnisse akzeptieren.

In Bereichen, in denen "BRD"-Bedienstete mißbraucht werden, vorzugsweise zum Zwecke der Enteignung oder anderweitiger Unterdrückung, hat man dann ein ideales Arbeitsfeld zur Aufklärung und zur Organisation von Kräften gegen derartige Übergriffe.

Kein gesunder Mensch würde jedoch beispielsweise auf die Idee kommen, bei einem Verkehrsunfall gegen die von "BRD"-Polizisten errichteten Absperrungen zu fahren, mit der Frage nach deren Legitimation.
Weitere Beispiele für die Unsinnigkeit derartigen Verhaltens lassen sich in anderen Bereichen leicht finden. Zudem hätten die Alliierten einen prächtigen Grund, sich ins Fäustchen zu lachen, weil die Deutschen sich wieder einmal untereinander zerfleischen, falsche Feindbilder aufbauen, anstatt an einem Strang zu ziehen.
Wenn alle Deutschen sich als in einem Boot sitzend begreifen würden und in die gleiche Richtung rudern würden, ob innerhalb oder außerhalb des "BRD"-Systems, wären wir längst viel weiter. Mit "alle Deutschen" sind übrigens auch die Zuwanderer gemeint, die sich in Unkenntnis die nationalsozialistische Kategorie "DEUTSCH" haben verpassen lassen.
Das Ideal muß bleiben, daß wir einen geordneten Übergang zu stattlichen Verhältnissen hinbekommen und niemand zu Schaden kommt.

Somit richtet sich die vorliegende Abhandlung an verantwortungsbewußte Menschen und nicht an eher weniger reife Persönlichkeiten, die durch Aggressivität, maßlose Rechthaberei, unerbittliche Konfrontation und verächtliches Verhalten gegenüber Bediensteten des "BRD"-Systems der Rechtsstaatlichkeitsbewegung hierzulande durchaus Schaden zufügen und in der Vergangenheit bereits erheblich geschadet haben.

GEZ
Sehr ärgerlich ist die Propaganda-Zwangsabgabe an die sogenannte "GEZ". Für Menschen, die im "BRD"-System als Personal gemeldet sind, ist dies wohl auch unvermeidlich, da man damit die AGB´s der Firma "BRD" akzeptiert hat. Man kann jedoch noch als "BRD"-Angehöriger argumentieren, daß Grundlage der Propagandasteuer ein sogenannter "Staatsvertrag" ist und bei diesem Vertrag kein einziger Staat involviert war. Damit handelt es sich bei den Begriffen "Rundfunkbeitragsstaatsvertrag vom 13. Dezember 2011" sowie dem "Fünfzehnten Rundfunkänderungsstaatsvertrag vom 15./21. Dezember 2010" um Täuschung im Rechtsverkehr und Betrug. Da sämtliche kriminellen Handlungen keine vertragsrechtliche Wirksamkeit entfallen können, sind Zahlungsverpflichtungen hieraus nicht ableitbar.
Präzedenzfälle müssen nunmehr geschaffen werden, aber das "BRD"-System wird sich im Zweifelsfalle wohl nicht an die eigenen niedergeschriebenen Regeln halten, sondern sich das Geld von seinen "BRD"-Sklaven holen, notfalls mit Überfallkommandos nach dem Muster des "Dritten Reiches", wie man das von Aktionen sogenannter "Finanzämter" des "BRD"-Systems kennt.
Wer nicht im "BRD"-System gemeldet ist, hat normalerweise keine diesbezüglichen Zahlungsverpflichtungen und normalerweise nichts zu befürchten.

Sozialhilfe
Bekanntermaßen erhalten Deutsche oder Ausländer mit "Bundespersonalausweis" und der damit verbundenen nationalsozialistischen Kategorie "DEUTSCH" im "BRD"-System im Bedarfsfalle "Arbeitslosengeld II" oder "Grundsicherung".
Wer jedoch eine richtige Staatsangehörigkeit hat, hat den Status einer natürlichen Peron und nicht den von Personal.
Dies erklärt, warum Ausländer, die gemäß RuStaG einem Bundesstaat des Deutschen Reiches angehören und andererseits die Staatsangehörigkeit eines anderen Signatarstaat der Haager Landkriegsordnung nachweisen können, die Kriegsbesoldung oder Bismarcksche Sozialhilfe nach SGB XII in Höhe von derzeit ca. 1840,00€ pro Person erhalten, wenn sie Bewohner in Deutschland sind.
Dies ergibt sich aus der Anordnung der Militärregierung vom 13.03.1946.
Jetzt müssen wir also nur noch von den reorganisierten Bundesstaaten des Deutschen Reiches unsere Staatsangehörigkeit amtlich beurkundet nachweisen und wir sind raus aus dem Versklavungssystem der "BRD" mit Arbeitslosengeld II und Grundsicherung.

Das bedeutet, daß wir solange Zwangsdeutsche nach NS-Definition sind, solange unsere Bundesstaaten nicht reorganisiert sind und damit keine Staatsangehörigkeitsurkunden ausstellen können.

Ein pikantes Detail am Rande:
Jeder der Anspruch auf Kriegsbesoldung / Bismarcksche Sozialhilfe nach SGB XII einfordert (als natürliche Person beantragt man nicht sondern ordnet "BRD"-Stellen an), hat das Recht, diese zehn Jahre rückwirkend zu erhalten.

Bei Anschreiben an Behörden sollte man generell Frakturschrift verwenden, schließlich war es eine Anordnung von Adolf Hitler, durch die die Anwendung von Frakturschrift in Behörden verboten wurde.

Sofern man eine "BRD"-Behörde anschreibt, empfiehlt es sich, im Briefkopf bereits darauf hinzuweisen, daß man als natürliche Person gemäß §1 des staatlichen BGB auftritt.
Beispielsweise in der folgenden Form:

Max Mustermann
(natürliche Person gemäß §1 des staatlichen BGB)

Schindluderstraße 1
82736 Teufelstal
Fernsprecher: 0283 - 1234567
Fernkopierer: 0283 - 1234568
Funkfernsprecher: 0170 - 1234567

E-Post: allemalachen@gmx.net

Die jeweilige "BRD"-Behörde sollte man als das kennzeichnen was sie ist, nämlich eine Firma. Man schreibt sie deshalb am besten in der folgenden Form an, beispielsweise:

An die Firma
"DER POLIZEIPRÄSIDENT IN
HINTERTUPFINGEN"
Herrn Maier
Stubenstraße 11
28374 Kuhpläge

Ganz wichtig ist die Vergabe eines eigenen Zeichens / Aktenzeichens, welches man immer auch zuerst nennt. Man darf sich nämlich nicht auf das Zeichen des Gegenübers einlassen, weil hieraus bereits auf das Einlassen auf eine Geschäftsbeziehung geschlossen werden könnte.
Man schreibe etwa in der folgenden Form:

Mein Zeichen: WP BRD-GmbH 08/15
Ihr Zeichen: DR II 93/12

Im folgendem "Betreff" deklariert man das vormalige Anschreiben als das was es ist, nämlich ein geschäftliches Angebot einer Firma. Etwa in der folgenden Weise:

Betr.:
Ihre Werbepost an die juristische Person MUSTERMANN, Max vom TT.MM.JJJJ

Die Anrede kann man selbst gestalten. Wenn man nicht sehr wohlwollend gestimmt ist, schreibt man auch die Person als Sache beziehungsweise Firma an, mittels Verwendung von Großbuchstaben, wie etwa:

Sehr geehrter Herr MAIER,

Im folgenden Satz sollte man eindeutig das vormalige Schreiben Ihres Gegenübers als das klassifizieren, was es ist. Dies ist extrem wichtig, um jedwede Mißverständnisse und Angreifbarkeiten zu vermeiden. Man könnte dies in etwa so formulieren:

ich beziehe mich auf Ihre Werbepost an die von Ihnen kreierte juristische Person MUSTERMANN, Max vom TT.MM.JJJJ an meine oben genannte Adresse.

Es erscheint sinnvoll, im Weiteren klarzustellen, daß das von Ihnen gefertigte Anschreiben keine Geschäftsbeziehung mit dem Gegenüber begründet und kein Anerkenntnis der Zuständigkeit der betreffenden "BRD"-Stelle darstellt. Etwa dergestalt:

Dieses Schreiben wird lediglich zur Erfüllung des Schadensminderungsgebotes gemäß §254 BGB an Sie gerichtet und begründet ausdrücklich keine Geschäftsbeziehung mit der Firma "DER POLIZEIPRÄSIDENT IN HINTERTUPFINGEN" und stellt ausdrücklich kein Anerkenntnis deren Zuständigkeit in der oben genannten Angelegenheit dar.

Hat man es mit einer "BRD"-Stelle zu tun, die Zwangsmaßnahmen durchführen will, empfiehlt sich folgende Ausführung:

Nach umfangreicher Prüfung der Rechtslage bin ich zu dem Ergebnis gelangt, daß Sie nicht berechtigt sind, Zwangsmaßnahmen gegen mich durchzuführen.

Eine mögliche Alternative wäre:

Das in Ihrem Schreiben vom 21.11.2012 gemachte geschäftliche Angebot lehne ich hiermit ausdrücklich ab, beziehungsweise weise es zurück.

An dieser Stelle müßte man sich entscheiden, wie weit man noch weitere Ausführungen machen will.
Je nach eigenem Geschmack könnte man die rechtliche Situation hiernach noch genauer schildern, beispielsweise in der folgenden Weise:

Bekanntermaßen ist die "BRD" kein Staat, noch nicht einmal eine Gebietskörperschaft, sondern als Kolonialverwaltung der Besatzungsmächte eine Firma, das heißt eine Personenvereinigung.
Stellen der "BRD" haben somit keinerlei Legitimation zur Ausübung von Hoheitsgewalt gegenüber jedweden Personen, die sich dem "BRD"-Firmenrecht nicht freiwillig unterordnen.
Schließlich sind gemäß Allgemeiner Erklärung der Menschenrechte Zwangsmitgliedschaften in jedweden Vereinigungen unzulässig.
(vgl. AEMR Artikel 20 Satz 2)

Ich stelle hiermit klar, kein Personalangehöriger der Firma "BRD" zu sein. Ich bin dementsprechend auch nicht im Besitz eines sogenannten "Personalausweises" der Firma "BRD".
Jedwede Stellen der Firma "BRD" sind für mich deshalb nicht zuständig.

Wie beiliegend nachgewiesen, habe ich mit Erstellung und Bekanntgabe meiner Erklärung zum veränderten Personenstand als natürliche Person gemäß §1 des staatlichen BGB keinerlei geschäftliche Beziehungen zur Firma "BRD". Meine Erklärung zum veränderten Personenstand habe ich an die Geschäftsführung der Firma "BRD", die Herrschaften Gauck und Merkel, am TT.MM.JJJJ mit Einzelseitennachweis gefaxt, auf Nachfrage ist eine Kopie erhältlich.

Unabhängig hiervon gestatte ich mir den Hinweis, daß die Forderungen in Ihrem Schreiben auch nach den Allgemeinen Geschäftsbedingen der Firma "BRD" ohne Rechtsgrundlage sind.

Bußgeldsachen / Ordnungswidrigkeiten

Gemäß §5 des sogenannten "Ordnungswidrigkeitengesetzes" können

(Zitat):
".....nur Ordnungswidrigkeiten geahndet werden, die im räumlichen Geltungsbereich dieses Gesetzes oder außerhalb dieses Geltungsbereichs auf einem Schiff oder in einem Luftfahrzeug begangen werden, das berechtigt ist, die Bundesflagge oder das Staatszugehörigkeitszeichen der Bundesrepublik Deutschland zu führen".

(vgl. §5 des Gesetzes über Ordnungswidrigkeiten (OWiG) neugefaßt durch B.v. 19.02.1987 BGBl. I Seite 602; zuletzt geändert durch Artikel 2 G. v. 29.07.2009 BGBl. I Seite 2353; Geltung ab 01.01.1975)

Nachdem die drei westlichen Besatzungsmächte das Einführungsgesetz zum sogenannten "Ordnungswidrigkeitengesetz" durch das sogenannte "Zweite Gesetz über die Bereinigung von Bundesrecht im Zuständigkeitsbereich des Bundesministeriums der Justiz" ("2. BMJBBG") vom 23.11.2007, Art. 57 aufgehoben haben,

(siehe Zweites Gesetz über die Bereinigung von Bundesrecht im Zuständigkeitsbereich des Bundesministeriums der Justiz (2. BMJBBG), Artikel 57 (G. v. 23.11.2007 BGBl. I Seite 2614)

ist ein räumlicher Geltungsbereich dieses sogenannten "Ordnungswidrigkeitengesetzes" weder im sogenannten "Ordnungswidrigkeitengesetz", selbst, noch anderenorts definiert. Insbesondere ist auch im sogenannten "Grundgesetz <u>für die</u> Bundesrepublik Deutschland" ein territorialer Geltungsbereich nicht definiert.

Zudem stellt es eine offensichtliche Tatsache dar, daß es sich bei dem von Ihnen beschriebenen Fahrzeug OPEL MANTA B-XY 6969 weder um ein Flugzeug noch um ein Schiff handelt.
Auch die von Ihnen beschriebene Lokalität (Hintertupfingen, Schifferstraße Höhe HsNr. 10) ist eine Straße und kein Flugzeug oder Schiff.

Ich gehe deshalb davon aus, daß Sie das Fehlen einer Rechtsgrundlage hinsichtlich Ihrer Forderung erkennen und jedwede weitere Anschreiben in der oben genannten Angelegenheit unterlassen.

13.3. Geldschulden mit Haftandrohung
Im Protokoll Nr. 4 zur Europäischen Menschenrechtskonvention (EMRK) wurde mit Datum vom 16.09.1963 das Verbot der Freiheitsentziehung wegen Schulden ausdrücklich normiert.

Zitat:
"Niemandem darf die Freiheit allein deshalb entzogen werden, weil er nicht in der Lage ist, eine vertragliche Verpflichtung zu erfüllen."

Richterliche Legitimation
Eingangs sei erwähnt, daß die Regelungen zur Erstellung eines Geschäftsverteilungsplanes aufgehoben wurden. Mit dem Fehlen eines Solchen oder dessen formaler Mängel läßt sich somit nicht mehr argumentieren.
Es gibt dennoch verschiedene Möglichkeiten, einen Richter abzulehnen, wobei dann die nächsthöhere Instanz entscheidet wie es weitergeht.
Im Zivilrecht regelt dies der §42 ZPO, im Strafrecht der §24 StPO.
Wohl gegenwärtig stärkstes Argument ist die Anwendung nationalsozialistischen Rechtes durch den Richter, allein durch die Behauptung, daß er nach "BRD"-Recht Richter ist.
Deutsches Richtergesetz

§ 9 Voraussetzungen für die Berufungen
Zitat:
In das Richterverhältnis darf nur berufen werden, wer
"1. Deutscher im Sinne des Artikels 116 des Grundgesetzes ist, ….."

Dies stellt jedoch die Anwendung nationalsozialistischen Rechts dar, da die "deutsche Staatsangehörigkeit" von Hitler in seiner Gleichschaltungsverordnung vom 05.02.1934 überhaupt erst geschaffen wurde.

Selbst unter der rechtsirrtümlichen Annahme, daß eine Zuständigkeit durch Sie gegeben ist, ist festzustellen, daß es Staatsgerichte in der "BRD" nicht gibt (vgl. §15 GVG, aufgehoben durch die Besatzungsmächte im Jahre 1950).
Es handelt sich somit offenbar bei jedem "Gericht" in der so genannten "BRD" um ein Ausnahme- beziehungsweise Sondergericht. Deren Unstatthaftigkeit brauche ich Ihnen sicher nicht näher darzulegen.
Anderenfalls weisen Sie mir bitte gemäß §99 VwGO, §§ 138, 139 ZPO sowie §§ 16,21 GVG und Art. 97 Absatz 1 GG nach, daß Sie der für mich zuständige staatliche und gesetzliche Richter gemäß Art. 101 Grundgesetz sind.

Ich bitte deshalb um Rücksendung der beigefügten und von Ihnen unterschriebenen Eidesstattlichen Versicherung:

Eidesstattliche Versicherung

Ich

Vorname:_____

Familienname (gemäß §1 BGB):_____

Geburtsdatum: _____ Geburtsort:_____

Wohnsitz:_____

versichere hiermit gerichtsverwertbar an Eides statt,

in Kenntnis und Bewußtsein der Strafbarkeit einer falschen fahrlässigen oder vorsätzlich falschen eidesstattlichen Versicherung, daß ich staatlicher Richter mit einer wirksamen Ernennung und somit staatlicher Amtsträger bin.

Ich versichere, daß ich die / der gesetzliche Richte/r Richter/in in dem Verfahren
AZ: _____ bin.

Ich versichere, daß ich im genannten Verfahren bei einem Staatsgericht und nicht bei einem Privat-, Ausnahme-, Sonder- oder Schiedsgericht tätig bin.

Ort, Datum   Unterschrift   Amtssiegel   Unterschriftsbeglaubigung

Unterschrift unter Anschreiben allgemein

Ich gestatte mir den Hinweis, daß selbst nach den allgemeinen Geschäftsbedingungen der Firma "BRD", insbesondere nach §126 BGB Ihre Anschreiben keine Rechtswirksamkeit und damit keine Rechtskraft entfalten können, da Ihre Anschreiben nicht unterschrieben sind.

Zitat:
"Ist durch Gesetz schriftliche Form vorgeschrieben, so muß die Urkunde von dem Aussteller eigenhändig durch Namensunterschrift oder mittels notariell beglaubigten Handzeichens unterzeichnet werden"

(vgl. §126 BGB)

Ich verweise in diesem Zusammenhang auf den §44 des "Verwaltungsverfahrensgesetzes" (VwVfG):

Zitat:
"….. ist ein Verwaltungsakt nichtig, ….. der nach einer Rechtsvorschrift nur durch die Aushändigung einer Urkunde erlassen werden kann, aber dieser Form nicht genügt."

(vgl. BGBl. I 2003 Seite 102; zuletzt geändert durch Artikel 2 Abs. 1 G. v. 14.08.2009 BGBl. I Seite 2827; Geltung ab 30.05.1976)

Ich habe deshalb den Inhalt Ihres Schreibens vom TT.MM.JJJJ in vollem Umfang ignoriert.

speziell richterliche Unterschrift

Ich gestatte mir den Hinweis, daß selbst nach den allgemeinen Geschäftsbedingungen der Firma "BRD" Ihr "Beschluß", "Haftbefehl", "Urteil" etc. keine Rechtswirksamkeit und damit keine Rechtskraft entfalten kann, da eine richterliche Unterschrift unter diesem nicht vorhanden ist.

(vgl. §126 BGB) (grundlegend für jedwede rechtsgeschäftliche Handlungen)
(vgl. §§315, 317 ZPO) *(für zivilprozessuale gerichtliche Schriftstücke)*
(vgl. §257 StPO) *(für strafprozessuale gerichtliche Schriftstücke)*

Zum Thema richterliche Unterschrift unter Beschlüssen, Urteilen, Haftbefehlen etc. empfehle ich ferner folgende Quellen:

(§§ 315 I ZPO, 275 II StPO, 12 RPflG, 117 I VwGO und 37 III VwVfG)
sowie
(Urteil vom 06.12.1988 BVerwG 9 C 40.87; BVerwGE 81, 32 Beschluß vom 27.01.2003; BVerwG 1 B 92.02 NJW 2003, 1544)

Zwar hat der Gemeinsame Senat der obersten Gerichtshöfe des "Bundes" entschieden, daß bei Übermittlung bestimmender Schriftsätze auf elektronischem Wege dem gesetzlichen Schriftformerfordernis unter bestimmten Voraussetzungen auch ohne eigenhändige Unterschrift genüge getan ist

(vgl. Beschluß vom 05.04.2000 GmS-OBG 1/98 Buchholz 310 § 81 VwGO Nr. 15);

dies gilt aber nur in den Fällen, in denen aus technischen Gründen die Beifügung einer eigenhändigen Unterschrift unmöglich ist, und nicht für die durch normale Briefpost übermittelten Schriftsätze, deren Unterzeichnung möglich und zumutbar ist.

(vgl. BFH, Urteil vom 10.07.2002 VII B 6/02 BFH/NV 2002, 1597; Beschluß vom 27.01.2003 BVerwG 1 B 92.02 a.a.O.)

Die kommentierte Fassung der Zivilprozeßordnung sagt eindeutig:
"Unterschriften von Richtern müssen stets mit dem Namen oder zumindest so wiedergegeben werden, daß über ihre Identität kein Zweifel aufkommen kann. Denn für den Zustellempfänger muß nachprüfbar sein, ob die Richter, die an der Entscheidung mitgewirkt haben, das Urteil auch unterschrieben haben. Deshalb genügt insoweit die Angabe "gez. Unterschrift" nicht."

(vgl. RGZ 159, 25, 26, BGH, Beschlüsse v. 14.07.1965 – VII ZB 6&65 = Vers.R 1965, 1075, v. 15.04.1970 – VIII ZB 1/70 = VersR 1970, 623, v. 08.06.1972 – III ZB 7/72 = VersR 1972, 975, Urt. v. 26.10.1972 – VII ZR 63/72 = VersR 1973, 87)

"Eine eigenhändige Unterschrift liegt vor, wenn das Schriftstück mit dem vollen Namen unterzeichnet worden ist. Die Abkürzung des Namens – sogenannte Paraphe – anstelle der Unterschrift genügt nicht."
(BFH-Beschluß vom 14.01.1972 III R 88/70, BFHE 104, 497, BStBl II 1972, 427; Beschluß des Bundesgerichtshofs – BGH – vom 13.07.1967 I a ZB 1/67, Neue Juristische Wochenschrift – NJW – 1967, 2310)

Es wird zwar nicht die Lesbarkeit der Unterschrift verlangt. Es muß aber ein die Identität des Unterschreibenden ausreichend kennzeichnender individueller Schriftzug sein, der einmalig ist, entsprechende charakteristische Merkmale aufweist und sich als Unterschrift eines Namens darstellt. Es müssen mindestens einzelne Buchstaben zu erkennen sein, weil es sonst an dem Merkmal einer Schrift überhaupt fehlt."
(BGH-Beschlüsse vom 21.03.1974 VII ZB 2/74, Betriebs-Berater – BB – 1974, 717, Höchstrichterliche Finanzrechtsprechung – HFR – 1974, 354, und vom 27.10.1983 VII ZB 9/83, Versicherungsrecht – VersR – 1984, 142)

"Wird eine Erklärung mit einem Handzeichen unterschrieben, das nur einen Buchstaben verdeutlicht, oder mit einer Buchstabenfolge, die erkennbar als bewußte und gewollte Namensabkürzung erscheint, liegt keine Namensunterschrift im Rechtssinne vor."
(vgl. st. Rspr. vgl. BGH, Beschluß vom 27.09.2005 – VIII ZB 105/04 – NJW 2005, 3775 unter II 2 a und b)

Anwaltszwang
Der im "BRD"-System postulierte Anwaltszwang ist auch nach den AGB´s der Firma "BRD" nicht zulässig:

Zitat:
"Jeder hat das Recht, überall als rechtsfähig anerkannt zu werden."
**(vgl. UN-Resolution 217 A (III) Artikel 6 der Generalversammlung vom 10.12.1948;
in Verbindung mit
"Grundgesetz <u>für die</u> Bundesrepublik Deutschland" Art. 25)** .

"Steuern" im "BRD"-System allgemein
Grundsätzlich hat nur ein Staat das Recht, von seinen Staatsangehörigen Steuern zu verlangen. Da die sogenannte "Bundesrepublik Deutschland" kein Staat ist, und es keine Staatsangehörigen der "BRD" gibt, gibt es keine Steuerpflichtigen und demzufolge keine Steuerpflicht im "BRD"-System.
Sofern Sie anderer Rechtauffassung sind, teilen Sie mir bitte rechtsverbindlich mit, wie der Staat heißt, dessen Angehöriger ich bin, und dann weisen Sie bitte Ihre durch diesen Staat erteilte Legitimation zur Erhebung von Steuern nach.

Unabhängig von der Tatsache, daß ich als natürliche Person gemäß §1 des staatlichen BGB keine Geschäftsbeziehung mit der Firma "STEUERVERWALTUNG HINTERTUPFINGEN" habe, gestatte ich mir den Hinweis, daß auch nach den AGB´s der Firma "BRD" keine rechtliche Grundlage für die Erhebung von "Steuern" besteht.

Bekanntermaßen ist im sogenannten "Grundgesetz für die Bundesrepublik Deutschland" eine Steuerpflicht generell nicht definiert, insbesondere bestehen keine Regelungen über die Grundsätze der Art einer Besteuerung.

Zitat:
"Die Besteuerungsmöglichkeit im Verhältnis zum Bürger wird vom GG stillschweigend vorausgesetzt"
(vgl. BVerfGE 55, 274/30 1)"

Insoweit ist der Nachweis geführt, daß das sogenannte "Grundgesetz" keine Steuerpflicht erklärt. Stillschweigende Voraussetzungen zu Lasten Dritter, ohne deren Kenntnis vom Stillschweigen, sind aber grundsätzlich unzulässig, da sie gegen den Grundsatz von Treu und Glauben verstoßen.

Gemäß Art. 96 Abs. 1 EGAO heißt es zudem:
Zitat:
"Mit Inkrafttreten der Abgabenordnung treten außer Kraft:
1. Die Reichsabgabenordnung vom 22.05.1931 (Reichsgesetzblatt I, Seite 161)"

Damit ist auch die Steuerpflicht nach der "Weimarer Reichsverfassung" ersatzlos entfallen.

Zudem ist die Definition von Steuerpflichtigen im Einkommensteuergesetz rechtswidrig, da es sich hierbei um eine Anwendung nationalsozialistsicher Rechtssetzung handelt.
Zitat:
§ 1 Steuerpflicht
(2) "Unbeschränkt einkommensteuerpflichtig sind ….. deutsche Staatsangehörige, die ….."

Das Einkommensteuergesetz enthält somit ganz klar eine Bezugnahme auf nationalsozialistische Rechtssetzung von Adolf Hitler (Verordnung vom 05.02.1934)
(vgl. BGBl. I Seite 3366, ber. Seite 3862)

Dies ist jedoch verboten durch Art. 139 "GG" in Verbindung mit SHAEF-Gesetz Nr. 1.

"Steuern" im "BRD"-System, speziell "Umsatzsteuer"

Mit dem Einfügen des §27b wurde in das Grundrecht des Art. 13 des "Grundgesetzes" (Unverletzlichkeit der Wohnung) eingegriffen. Dabei ist im Art. 19 Absatz 1 Satz 2 des "Grundgesetzes" verbindlich festgeschrieben, daß in einem Gesetz, welches die Grundrechte mehr als im Grundrecht selbst schon angelegt ist, einschränkt, dieses einzuschränkende Grundrecht namentlich zitiert werden muß (Zitiergebot).
Die zwingende Rechtsfolge ist im Fall des Unterlassens, die Nichtigkeit des Gesetzes zum Zeitpunkt seines Inkrafttretens, um ausdrücklich eine "Grundgesetz"-Verletzung durch die vollziehende Gewalt zu verhindern.
Damit ist das gesamte Umsatzsteuergesetz spätestens seit dem 01.01.2002 nichtig.

Geltungsbereich von Gesetzen allgemein

Ohne die Definition eines territorialen Geltungsbereiches sind die entsprechenden Gesetze ungültig:

Zitat:
"Jedermann muß, um sein eigenes Verhalten darauf einrichten zu können, in der Lage sein, den räumlichen Geltungsbereich einer Satzung ohne weiteres feststellen können. Eine Verordnung, die hierüber Zweifel aufkommen läßt, ist unbestimmt, und deshalb wegen des Verstoßes gegen das Gebot der Rechtssicherheit ungültig."
(vgl. BVerwGE 17,192=DVBl 1964, 147)

Zitat:
"….. diese Norm ….. muß rechtsstaatlich in jeder Hinsicht einwandfrei sein. Dazu gehört in erster Linie die unbedingte Klarheit und Nachprüfbarkeit des räumlichen Geltungsbereiches."
(vgl. BVerwGE I C 74/61)

Zitat:
"... Die ..... erlassene Verordnung ist jedoch nichtig. Denn sie verstößt gegen die Formvorschrift ...... .Danach muß eine Verordnung den räumlichen Geltungsbereich angeben...... .Die Angabe des räumlichen Geltungsbereichs ist zwingend erforderlich ..... .Der Verstoß ..... führt zu Nichtigkeit der gesamten Verordnung ......"
(vgl. VerwGE Hannover, Beschluss vom 11.07.2001, Az. 10 A 2120/01)

Zitat:
"Hierbei hat der Normgeber überdies zu beachten, daß sich eine derartige Norm in aller Regel nicht an einen fachlich qualifizierten Personenkreis wendet, er mithin nicht davon ausgehen kann, jedermann könne Karten oder Texte mit überwiegendem juristischem Inhalt lesen."
(vgl. BVerfG 1 C 74/61 vom 28.11.1963)

Gleiches gilt übrigens auch für die Strafprozeßordnung (StPO), das Gerichtsverfassungsgesetz (GVG) und die Zivilprozeßordnung (ZPO). Auch hier ist der Geltungsbereich aufgehoben worden.

Demarkationslinie / Pass
Der folgende Text ist interessant für Leute, die aus Mitteldeutschland nach Ostdeutschland (in die polnisch verwalteten Gebiete des Deutschen Reiches) reisen, und dabei ausschließlich Reichspersonendokumente bei sich führen und keinen "Bundespersonalausweis" und keinen "BRD"-"Reisepaß":

In ihrem Schreiben vom .... beziehen Sie sich auf die allgemeinen Geschäftsbedingungen der Firma "BRD" insbesondere den §1 des sogenannten "Paßgesetzes".
Hierbei werde eine Pflicht postuliert, einen Paß oder Paßersatz mit sich zu führen, sofern man
Zitat:
"über eine Auslandsgrenze aus dem Bundesgebiet aus- oder einreist."

Ein sogenanntes "Bundesgebiet" sowie hieraus ableitbare "Außengrenzen" sind jedoch im sogenannten "Paßgesetz" nicht definiert.
Auch andernorts, wie beispielsweise im sogenannten "Grundgesetzes für die Bundesrepublik Deutschland" ist eine Definition eines territorialen Geltungsbereiches und damit eines "Bundesgebietes", aus dem man "Außengrenzen" ableiten könnte, nicht gegeben.

Sie haben in ihrem Schreiben geltend gemacht, ich hätte eine Auslandsgrenze überschritten.
Dies ist jedoch mitnichten der Fall, da nach geltendem Völkerrecht Deutschland in den Grenzen vom 31.12.1937 fortbesteht.
(vgl. SHAEF Gesetz Nr. 52, Artikel VII Absatz e)

Es handelt sich somit bei der von Ihnen beschriebenen "Grenze" lediglich um eine Demarkationslinie zwischen Besatzungsgebiet und polnisch verwaltetem Gebiet des Deutschen Reiches, nicht jedoch um eine "Auslandsgrenze".

Zudem steht Ihre Forderung im Gegensatz zur Allgemeinen Erklärung der Menschenrechte, Artikel 13 Satz 1 in dem es heißt:

Zitat:
"Jeder hat das Recht, sich innerhalb eines Staates frei zu bewegen und seinen Aufenthaltsort frei zu wählen."
(vgl. UN-Resolution 217 A (III) Artikel 13 Satz 1 der Generalversammlung vom 10.12.1948;
in Verbindung mit
"Grundgesetz für die Bundesrepublik Deutschland" Art. 25) .

Im Übrigen sind die von der Firma "BRD" ausgegebenen Pässe auch nach den Allgemeinen Geschäftsbedingungen der Firma "BRD" sämtlich ungültig, da gemäß "Paßgesetz" §4 Punkt 10 die Staatsangehörigkeit zwingend angegeben werden muß.
Der Eintrag unter der Rubrik >>Staatsangehörigkeit<< erfolgt in "BRD"-Pässen mit "DEUTSCH". Einen Staat namens "DEUTSCH" gibt es jedoch nicht.
Die Bezeichnung "DEUTSCH" ist zudem im internationalen Rechtsverkehr irreführend, da auch Österreich sowie der völkerrechtlich nach wie vor existierende Staat "Freie Stadt Danzig" sowie das Fürstentum Liechtenstein deutsche Staaten sind.
Somit sind alle "Personaldokumente" der Firma "BRD" auch nach den allgemeinen Geschäftsbedingungen der Firma "BRD" ungültig.

Besatzungsrecht in Kraft, Funktionsträger benötigen Erlaubnis des SHAEF-Gesetzgebers

Mit dem "2. Bundesbereinigungsgesetz" vom 23.11.2007, werden im Artikel 4 ("Gesetz zur Bereinigung des Besatzungsrechts") wesentliche Teile des Besatzungsrechtes wieder vollständig hergestellt.

Letzteres hatte zur Folge, daß gemäß der SHAEF – Proklamation Nr. 1 Punkt II und III, in Verbindung mit dem SHAEF – Gesetz Nr. 1 Artikel II, Punkt 3b und SHAEF – Gesetz Nr. 2 Artikel I Punkt 1a, Artikel III Punkt 5, Artikel IV Punkt 7, Artikel V Punkt 8 und 9 alle mit hoheitlichen Aufgaben befaßte Organe für ihre Tätigkeit ausdrücklich die Genehmigung und Autorisation durch den SHAEF – Gesetzgeber bedürfen, ansonsten wirken sie illegal.

Bitte weisen Sie mir freundlicherweise ihre Legitimation der Alliierten nach, die Sie berechtigt, sogenanntes "Bundesrecht" mir gegenüber zur Anwendung zu bringen.

Formwahrung

Ich gehe deshalb davon aus, daß Sie das Fehlen der Rechtsgrundlage Ihrer Forderungen einsehen, und Ihre Anschreiben in obiger Angelegenheit einstellen werden.

Im Falle einer Weiterverfolgung durch Sie bestehe ich auf die Zusendung eines rechtsmittelfähigen Bescheides mit richterlicher Unterschrift durch einen gesetzlichen Richter / eine gesetzliche Richterin.
Sofern diese von Ihnen nicht beigebracht werden kann, muß ich davon ausgehen, daß Sie ohne gesetzliche Grundlage, das heißt aus privaten, beziehungsweise persönlichen Motiven, sozusagen auf eigene Rechnung handeln. Somit wären Sie für die Konsequenzen Ihres Handelns persönlich haftbar zu machen.

rechtliche Bewertung

Die von Ihnen angedrohte "Erzwingungshaft" erfüllt den Tatbestand der Nötigung, bei Ausführung den Tatbestand der Geiselnahme und bei Einziehung von Geldern den Tatbestand der Plünderung im besetzten Gebiet.

Klärung der Haftung
Klarstellung – keine Staatshaftung

Allgemein gilt der Grundsatz, daß Bedienstete der Firma "BRD" sich über ihren Rechtsstand eigenverantwortlich selbst Klarheit verschaffen müssen. Bekanntermaßen gibt es keine Staatshaftung im Besatzungsgebiet, da die "BRD" kein Staat ist.
Folgerichtig heißt es im §63 Satz 1 des sogenannten "Bundesbeamtengesetzes"
§63 (1)

Zitat:
"Beamtinnen und Beamte tragen für die Rechtmäßigkeit ihrer dienstlichen Handlungen die volle persönliche Verantwortung."

Zudem besteht Remonstrationspflicht, wenn gegen die Rechtmäßigkeit von Anordnungen Bedenken bestehen.
Zitat:
(2) "Bedenken gegen die Rechtmäßigkeit dienstlicher Anordnungen haben Beamtinnen und Beamte unverzüglich bei der oder dem unmittelbaren Vorgesetzten geltend zu machen. Wird die Anordnung aufrechterhalten, haben sie sich, wenn ihre Bedenken gegen deren Rechtmäßigkeit fortbestehen, an die nächsthöhere Vorgesetzte oder den nächsthöheren Vorgesetzten zu wenden. Wird die Anordnung bestätigt, müssen die Beamtinnen und Beamten sie ausführen und sind von der eigenen Verantwortung befreit. Dies gilt nicht, wenn das aufgetragene Verhalten die Würde des Menschen verletzt oder strafbar oder ordnungswidrig ist und die Strafbarkeit oder Ordnungswidrigkeit für die Beamtinnen und Beamten erkennbar ist. Die Bestätigung hat auf Verlangen schriftlich zu erfolgen."

(3) "Verlangt eine Vorgesetzte oder ein Vorgesetzter die sofortige Ausführung der Anordnung, weil Gefahr im Verzug ist und die Entscheidung der oder des höheren Vorgesetzten nicht rechtzeitig herbeigeführt werden kann, gilt Absatz 2 Satz 3 bis 5 entsprechend."

Ansonsten besteht z.B. begründeter Tatverdacht der:
- Rechtsbeugung (§339StGB)
- Umdeutung von Unrecht zu Recht (§138 ZPO)
- Nötigung im Amt (§240 StGB).

Jeder Beschäftigte im öffentlichen Dienst, der auch nur einen Fall von juristischer Willkür oder Rechtsbeugung zur Kenntnis nimmt und nicht zur Bewahrung der grundgesetzmäßigen Ordnung alles Notwendige unternimmt, ist auch bei bloßem Wegsehen oder billigender Duldung, Mittäter.
(vgl. §25 StGB)

Klarstellung – strafrechtliche Verfolgung
Sofern Sie den Inhalt dieses Schreibens ignorieren sollten, beziehungsweise nicht von Ihrem illegalen Handeln abzubringen sind, erfolgen unmittelbar die entsprechenden Strafanträge beim IStGH, auf Grundlage der Römischen Statuten vom 04.11.1950
(vgl. Konvention zum Schutze der Menschenrechte und Grundfreiheiten in der Fassung der Protokolle Nr. 11 und 14 samt Zusatzprotokoll und Protokolle Nr. 4,6,7,12 und 13)

Ich fordere Sie deshalb vorsorglich auf, mir Ihre Haftpflichtversicherung mit Policennummer und Deckungssummen, sowie Ihre ladungsfähige Anschrift zu übermitteln.

privatrechtliches Gegenangebot
Man kann je nach eigenem Gusto seinem Gegenüber im "BRD"-System ein geschäftliches Gegenangebot machen, hierdurch erhöht man die Hemmschwelle für Übergriffe. Etwa in folgender Form:

Das in Ihrem Schreiben vom TT.MM.JJJJ gemachte privatrechtliche Angebot lehne ich hiermit ausdrücklich ab, beziehungsweise weise es zurück.

Ich mache Ihnen hiermit jedoch folgendes Gegenangebot:
Sofern Sie von mir 25 "Euro" einnehmen, gehen Sie durch konkludentes Verhalten folgenden Vertrag ein:
Durch Einnahme von 25 "Euro" verpflichten Sie sich zur Zahlung eines Gesamtbetrages von 10 Kg 999-er Feingold (in Worten: zehn Kilogramm) an mich, innerhalb von 21 Tagen.

Im Gegenzug erwerben Sie das Recht, von mir innerhalb von 24 Stunden nach Entgegennahme der besagten 25 "Euro" durch Sie, eine Rechtsberatung von mir in Anspruch zu nehmen.

Gleiches gilt für den Fall, daß durch Ihr Handeln ein Kontakt zu Bediensteten der Firma "BRD" wie beispielsweise sogenannte "Polizeiangehörige" oder "Justizvollzugsangestellte" in dieser Angelegenheit hergestellt, beziehungsweise vermittelt wird. Ich gehe dann davon aus, daß es das ganz persönliche vertragliche Anliegen und die ganz persönliche vertragliche Forderung von Ihnen ist, daß diese Herrschaften innerhalb von 24 Stunden nach Kontaktherstellung eine umfassende Rechtsberatung von mir, für einen Betrag in Höhe von 10 Kg 999-er Feingold erhalten sollen, und daß Sie persönlich diese Kosten tragen wollen.

Recht am eigenen Namen
Des Weiteren untersage ich Ihnen hiermit die Verwendung der Kombination aus meinem Familiennamen und meinem Vornamen zur Bezeichnung von juristischen Personen oder sonstigen artifiziellen Gebilden.
Ich biete Ihnen in diesem Zusammenhang folgenden weiteren Vertrag an:
Sofern Sie die Kombination aus meinem Familiennamen und meinem Vornamen zur Bezeichnung von juristischen Personen oder sonstigen artifiziellen Gebilden verwenden, schließen Sie durch konkludentes Verhalten einen Vertrag, in dem Sie sich im Gegenzug dazu verpflichten, mir hierfür 30kg 999-er Feingold (in Worten: dreißig Kilogramm) innerhalb von 21 Tagen nach Nutzung meines Familiennamens und meines Vornamens zu zahlen.

Personenstandserklärung - Kurzform
Zur Vermeidung von Mißverständnissen erkläre ich, Max Mustermann, geboren am TT.MM.JJJJ in XXXXX, hiermit, daß ich mich in Geschäftsführung ohne Auftrag (nach BGB §677) wegen Personenstandsänderung und Abwesenheit/Ausfall der staatlichen Stellen in Gebrauch meiner latenten Rechtsfähigkeit durch Selbstermächtigung in alle meine Rechte als natürliche Person nach §1 des staatlichen BGB eingesetzt habe.
Es besteht keine Identität zwischen mir, der natürlichen Person Max Mustermann einerseits, und einer etwaig behaupteten artifiziellen, juristischen Person MUSTERMANN, Max andererseits.
Ich, die natürliche Person Max Mustermann bin nicht das Organ einer etwaig behaupteten, artifiziellen juristischen Person MUSTERMANN, Max, und kann mitnichten gezwungen werden, für eine solche als Organ zu handeln.
Ich erkläre weiterhin, daß ich keiner etwaig behaupteten juristischen Person MUSTERMANN, Max wissentlich Vertretungsvollmacht erteilt habe.
Eine Fremdgeschäftsführung durch die Staats-Simulation "BRD" oder sonstige juristische Personen ist somit definitiv nicht gegeben.
Als natürliche Person Max Mustermann untersage ich Ihnen jedwede mißbräuchliche Nutzung meines Namens für die Benennung etwaiger juristischer Personen oder sonstiger artifizieller Gebilde.

Einladung
Man sollte die Chance immer nutzen, freundlich die Mitarbeiter des "BRD"-Systems auf Alternativen und Mitwirkungsmöglichkeiten hinzuweisen. Hier sind der eigenen Kreativität keine Grenzen gesetzt.
Nachfolgend ein kleines Beispiel:

Angesichts schwerer Menschenrechtsverletzungen und Kriegsverbrechen der Firma "BRD" möchte ich Sie herzlich einladen, daran mitzuwirken, daß rechtsstaatliche Verhältnisse in Deutschland erreicht werden können, was für Ihre Arbeit ja schließlich auch wichtig wäre.
Anregungen hierfür finden sich im Internet zuhauf, beispielsweise unter den Rubriken >>"BRD"-Schwindel<<, >>Neudeutschland<<, >>staatliche Selbstverwaltungen<<, >>Exilregierung Deutsches Reich<<, >>volksbetrug.net<< etc. etc..

Abschluß
Für eventuelle Rückfragen stehe ich Ihnen selbstverständlich jederzeit gerne zur Verfügung, mit freundlichen Grüßen

Hintertupfingen, den TT.MM.JJJJ
Unterschrift
Max Mustermann
(natürliche Person gemäß §1 des staatlichen BGB)

Und auf die folgende ironische Abschlußbemerkung sollte man auch nicht verzichten:

Dieses Schreiben wurde maschinell erstellt und trotzdem gemäß §126 BGB – der auch für Sie gilt – unterschrieben, wofür um Verständnis gebeten wird, vielen Dank!

DEUTSCHES REICH ↑

Willkommen im Deutschen Reich ! Hier gelten die Bürgerrechte !!!

Willkür strengstens verboten !!!

~~"Bundesrepublik Deutschland"~~

*Das ist nicht des Deutschen Größe,
obzusiegen mit dem Schwert,
in das Geisterreich zu dringen,
männlich mit dem Wahn zu ringen,
das ist seines Eifers wert.*

*Schwere Ketten drücken alle
Völker auf dem Erdenballe,
als der Deutsche sie zerbrach,
Fehde bot dem Vatikane,
Krieg ankündigte dem Wahne,
der die ganze Welt bestach.*

*Höheren Sieg hat der errungen,
der der Wahrheit Blitz geschwungen,
der die Geister selbst befreit.
Freiheit der Vernunft erfechten,
heißt für alle Völker rechten,
gilt für alle ewge Zeit.*

(Friedrich Schiller 1800)